KB090208

연암집

【중】

신호열辛鎬烈

호는 우전雨田이다. 1914년 전남 함평에서 출생했으며 겸산謙山 이병수李炳壽 선생 문하에서 한학을 수학했다. 1961년 동국대 국문과 대학원에 출강한 이후 오랫동안 서울대·고려대·성균관대 대학원에서 강의했으며, 1974년부터 1993년 작고할 때까지 민족문화추진회 국역연수원 교수를 역임했다. 국역서로 『완당전집』阮堂全集 『하서전집』河西全集 『퇴계시』退溪詩 등 수십 종이 있으며, 민족문화추진회 제정 제1회 고전국역상을 수상했다. 유고집으로 『우전선생일고』雨田先生逸稿가 있다.

김명호金明昊

1953년 부산에서 출생했다. 서울대 국문과를 졸업하고 동 대학원에서 문학박사 학위를 받았으며, 우전 신호열 선생 문하에서 한학을 수학했다. 덕성여대 국문과, 성균관대 한문학과 교수를 거쳐 서울대 국문과 교수로 정년 퇴임했다. 저서로 『열하일기 연구』 『박지원 문학 연구』 『초기 한미관계의 재조명』 『환재 박규수 연구』 『홍대용과 항주의 세 선비』 등이 있다. 우경문화저술상과 두계학술상, 월봉저작상을 수상했다.

연암집 중 〔개정판〕

박지원 지음 | 신호열·김명호 옮김

2007년 2월 26일 초판 1쇄 발행
2012년 7월 16일 개정판 1쇄 발행
2022년 6월 3일 개정판 4쇄 발행

펴낸이 한철희 | 펴낸 곳 돌베개 | 등록 1979년 8월 25일 제406-2003-000018호.
주소 (413-756) 경기도 파주시 회동길 77-20 (문발동)
전화 (031) 955-5020 | 팩스 (031) 955-5050
홈페이지 www.dolbegae.co.kr | 전자우편 book@dolbegae.co.kr

편집 이경아
표지디자인 박정은 | 본문디자인 이애란·이은정·박정영
제작·관리 윤국중·이수민 | 마케팅 심찬식·고운성
인쇄 한영문화사 | 제본 경일제책사

ISBN 978-89-7199-268-5 04810
      978-89-7199-266-1 (세트)

연암집

《중》

박지원 지음 — 신호열 · 김명호 옮김

돌베개

일러두기

이 책은 다음과 같은 요령으로 엮었다.

1. 이 책은 민족문화추진회에서 간행한 한국문집총간 252집 소재 『연암집』燕巖集을 대본으로 국역하고, 원문은 교감·조판하여 국역문 뒤에 첨부하였다.

2. 원문은 각종 이본을 참고하여 오자誤字, 탈자脫字, 연문衍文 등을 바로잡은 다음 교감기를 달아 참고하도록 하였다.

   단 원문에 반복적으로 나타나는 사소한 오자들(己↔己, 母→毋, 欽→歛 등)은 번잡스러움을 피하기 위해, 이를 바로잡기만 하고 그 사실을 일일이 밝히지 않았다. 또한 이본들 간의 차이도 이체자異體字거나 동의어인 경우, 어순의 도치倒置에 불과한 경우(輕重→重輕 등)는 역시 번잡스러움을 피하기 위해, 별도로 표시하지 않았다.

3. 주석은 간단한 내용인 경우에는 간주間註하고, 긴 경우에는 각주脚註하였다.

4. 한자는 필요한 경우 이해를 돕기 위하여 넣었으며, 운문韻文은 원문을 병기하였다.

5. 원문 목차는 따로 만들지 않고 번역문 차례에 함께 넣었다.

6. 맞춤법과 띄어쓰기는 한글 맞춤법과 표준어 규정을 따르는 것을 원칙으로 하였다.

7. 이 책에 사용되는 부호는 다음과 같다.

   ( ) : 번역문과 뜻은 같으나 음이 다른 한자를 묶는다.

   " " : 대화 등의 인용문을 묶는다.

   ' ' : " " 안의 재인용, 또는 강조 부분을 묶는다.

   「 」: 편명을 묶는다.

   『 』: 책명을 묶는다.

차례

연암집 제4권
영대정잡영　映帶亭雜咏

연암집 제5권
영대정잉묵 映帶亭賸墨

연암집

【 제3권 】

공작관문고
孔雀館文稿

자서 自序

글이란 뜻을 그려내는 데 그칠 따름이다. 글제를 앞에 놓고 붓을 쥐고서 갑자기 옛말을 생각하거나, 억지로 경서經書의 뜻을 찾아내어 일부러 근엄한 척하고 글자마다 장중하게 하는 사람은, 비유하자면 화공畵工을 불러서 초상을 그리게 할 적에 용모를 가다듬고 그 앞에 나서는 사람과 같다. 시선을 움직이지 않고 옷은 주름살 하나 없이 펴서 평상시의 태도를 잃어버린다면, 아무리 훌륭한 화공이라도 그 참모습을 그려내기 어려울 것이다. 글을 짓는 사람도 어찌 이와 다를 것이 있겠는가.

말이란 거창할 필요가 없으며, 도道는 털끝만한 차이로도 나뉘는 법이니, 말로써 도를 표현할 수 있다면 부서진 기와나 벽돌인들 어찌 버리겠는가.[1] 그러므로 도올檮杌은 사악한 짐승이지만 초楚나라의 국사國史는

---

1. **말로써 …… 버리겠는가**　부서진 기와나 벽돌처럼 쓸모없는 것들에도 도道가 존재하므로, 이를 소재로 삼아 말로 표현할 만한 가치가 있다는 뜻이다. 『장자』莊子 「지북유」知北遊에서 동곽자東郭子가 "이른바 도道란 어디에 있느냐?"고 묻자, 장자는 "없는 데가 없다"(無所不在)고 하면서, 땅강아지나 개미에도 있고, 피(稊稗)에도 있고, 기와나 벽돌(瓦甓)에도 있고, 똥이나 오줌에도 있다고 하였다. 『노자』老子에 "도를 말로써 표현할 수 있다면 영원한 도가 아니다"(道可道 非常道)라

그 이름을 취하였고,[2] 몽둥이로 사람을 때려죽이고 몰래 매장하는 자는 극악한 도적이지만 사마천司馬遷과 반고班固는 이에 대한 기록을 남겼으니,[3] 글을 짓는 사람은 오직 그 참을 그릴 따름이다.

　이로써 보자면 글이 잘되고 못되고는 내게 달려 있고 비방과 칭찬은 남에게 달려 있는 것이니, 비유하자면 귀가 울리고[4] 코를 고는 것과 같다. 한 아이가 뜰에서 놀다가 제 귀가 갑자기 울리자 입을 다물지 못한 채 기뻐하며, 가만히 이웃집 아이더러 말하기를,

　"너 이 소리 좀 들어 봐. 내 귀에서 앵앵 하며 피리 불고 생황 부는 소리가 나는데 별같이 동글동글하다!"[5]

하였다. 이웃집 아이가 귀를 기울여 맞대어 보았으나 끝내 아무 소리도 듣지 못하자, 안타깝게 소리치며 남이 몰라주는 것을 한스럽게 여겼다.

　일찍이 어떤 촌사람과 동숙한 적이 있는데, 그 사람의 코 고는 소리

고 하였고, 『시경』詩經 용풍鄘風 「장유자」墻有茨에 "말할 수도 있겠지만 말하면 추해진다네"(所可道也 言之醜也)라고 하였다.

2. 도올檮杌은 …… 취하였고　　『맹자』孟子 「이루 하」離婁下에 "진晉나라의 『승』乘과 초楚나라의 『도올』과 노魯나라의 『춘추』春秋가 똑같은 것이다" 하였다. 도올은 원래 전설에 나오는 사악한 짐승이었는데, 초나라에서 악을 징계하기 위해 이로써 국사의 이름을 삼았다고 한다.

3. 몽둥이로 …… 남겼으니　　극도로 흉악한 사람에 대한 기록이라 할지라도 역사책에 남겨 후세 사람들이 교훈으로 삼게 한다는 뜻이다. 한漢나라 무제武帝 때 왕온서王溫舒라는 혹리酷吏가 젊은 시절 사람을 죽이고 암매장하는 악행을 자행했던 고사를 인용한 것이다. 『사기』史記와 『한서』漢書의 「혹리전」酷吏傳에 그의 전기가 실려 있다.

4. 귀가 울리고　　병으로 인해 귀에 이상한 잡음이 들리는 이명증耳鳴症을 말한다.

5. 내 귀에서 …… 동글동글하다　　이와 비슷한 비유가 이덕무李德懋의 『이목구심서』耳目口心書 권1에 나온다. 이덕무가, 어린 동생이 갑자기 귀가 쟁쟁 울린다고 하여 그 소리가 무엇과 비슷하냐고 물었더니, "그 소리가 별같이 동글동글해서 빤히 보고 주울 수 있을 듯해요"(其聲也 圓然如星 若可覩而拾也)라고 답했다. 이에 이덕무는 "형상을 가지고 소리를 비유하다니, 이는 어린애가 무언중에 타고난 지혜이다. 옛날에 한 어린애가 별을 보고 '저것은 달의 부스러기이다'라고 했다. 이런 따위의 말들은 몹시 곱고 속기를 벗어났으니, 케케묵은 식견으로는 감히 할 수 있는 말이 아니다"라고 평하였다.

가 우람하여 마치 토하는 것도 같고, 휘파람 부는 것도 같고, 한탄하는 것도 같고, 숨을 크게 내쉬는 것도 같고, 후후 불을 부는 것도 같고, 솥의 물이 끓는 것도 같고, 빈 수레가 덜커덩거리며 구르는 것도 같았으며, 들이쉴 땐 톱질하는 소리가 나고, 내뿜을 때는 돼지처럼 씩씩대었다. 그러다가 남이 일깨워 주자 발끈 성을 내며 "난 그런 일이 없소" 하였다.

아, 자기만이 홀로 아는 사람은 남이 몰라줄까 봐 항상 근심하고, 자기가 깨닫지 못한 사람은 남이 먼저 깨닫는 것을 싫어하나니, 어찌 코와 귀에만 이런 병이 있겠는가? 문장에도 있는데 더욱 심할 따름이다. 귀가 울리는 것은 병인데도 남이 몰라줄까 봐 걱정하는데, 하물며 병이 아닌 것이야 말해 무엇 하겠는가. 코 고는 것은 병이 아닌데도 남이 일깨워 주면 성내는데, 하물며 병이야 말해 무엇 하겠는가.

그러므로 이 책을 보는 사람이 부서진 기와나 벽돌도 버리지 않는다면, 화공의 선염법渲染法[6]으로 극악한 도적의 돌출한 귀밑털[7]을 그려낼 수 있을 것이요, 남의 귀 울리는 소리를 들으려 말고 나의 코 고는 소리를 깨닫는다면 거의 작자의 의도에 가까울 것이다.

---

6. **선염법渲染法** 동양화에서 먹을 축축하게 번지듯이 칠하여 붓 자국이 보이지 않게 하는 수법을 이른다.
7. **돌출한 귀밑털** 원문은 '突鬢'인데, 즉 봉두돌빈蓬頭突鬢, 쑥대머리에다 돌출한 귀밑털이란 뜻으로, 거칠고 단정치 못한 모습을 말한다.

계우季雨[1]에게 증정한 서문

스승의 도道가 폐기된 지 오래되었다. 중니仲尼(공자)가 돌아가신 때로부터 맹자孟子 이하는 모두 스승의 도로써 자처할 수 없었다. 저 '스승'이니 '제자'니 하고 말하는 사람들이 반드시 그 스승의 어짊을 참으로 안다고는 할 수 없으니, 그렇다면 도를 믿는 것이 반드시 돈독하다고는 할 수 없다. 도가 이미 반드시 믿을 만한 것이 못 된다면, 스승도 존숭할 만한 존재가 되지 못할 것이다.

공자孔子는 문하의 제자를 부를 적에 반드시 삼參,[2] 회回,[3] 사賜,[4] 상商,[5] 적赤,[6] 유由,[7] 옹雍[8]이라고 이름을 부르면서 너나들이하였으니, 무릇 이름

---

1. **계우季雨**　신광직申光直(1738~1794)의 일자—字로 추정된다. 중권, 392면 주1 및 하권, 94면 주3 참조 그런데 국립중앙도서관 온재문고 소장 『연암집목록』에는 제목이 「증이계우 알사서」贈李季雨謁師序라고 하여 계우의 성이 이씨로 되어 있다.
2. **삼參**　성명은 증삼曾參, 자字는 자여子輿이다.
3. **회回**　성명은 안회顔回, 자는 자연子淵이다.
4. **사賜**　성명은 단목사端木賜, 자는 자공子貢이다.
5. **상商**　성명은 복상卜商, 자는 자하子夏이다.
6. **적赤**　성명은 공서적公西赤, 자는 자화子華이다.
7. **유由**　성명은 중유仲由, 자는 자로子路이다.

을 바로 부르면서 너나들이하는 것은 자제子弟로부터 더 아래로 부리는 종이나 하인들에게까지도 모두 쓰는 말이다.

공자가 돌아가셨을 때 문인門人들이 복服을 어떻게 입을지를 정하지 못하자, 자공子貢이 이르기를,

"옛날에 부자夫子께서 안연顏淵의 상喪을 당했을 때 아들의 상을 당한 것같이 하였으나 복은 입지 않았으니, 지금 문인들도 부친의 상을 당한 것같이 하되 복은 입지 말도록 하자."

하였다.[9] 문인이 스승에 대해서 아비와 자식 관계같이 했으니 어찌 도를 믿지 않고서 그렇게 되겠는가. 수레를 팔 것을 청하자 허락지 아니하고, 후히 장사를 치르자 탄식하였으니,[10] 이는 문인을 아들과 똑같이 대하려는 것이었고, 시詩와 예禮 외에 특별히 들은 것이 없었으니,[11] 이는 아들을 문인과 똑같이 대하려는 것이었다.

맹자는 일찍이 문하의 제자에 대해 이름을 부르지 않고, 반드시 '자'

---

8. **옹雍** 성명은 염옹冉雍, 자는 중궁仲弓이다.

9. **공자가……하였다** 『예기』禮記「단궁 상」檀弓上에 나오는 내용이다.

10. **수레를……탄식하였으니** 안회가 죽었을 때 안회의 아버지 안로顏路가 공자의 수레를 팔아 외관外棺인 곽槨을 장만하기를 청하였는데, 공자는 자신의 아들 이鯉가 죽었을 때도 관棺만 있었고 곽은 없었다고 대답하면서 승낙하지 않았다. 그리고 문인들이 후히 장사 지내려 하자 공자는 옳지 않다고 하였다. 그런데도 결국 후히 장사 지내자, "안회는 나를 아버지처럼 여겼는데 나는 그를 자식처럼 대하지 못했으니, 이것은 내 잘못이 아니라 저들이 그렇게 한 것이다" 하고 탄식하였다. 『論語』「先進」

11. **시詩와……없었으니** 공자가 문하의 제자와 자신의 아들을 가르치는 데 차별을 두지 않았음을 보여 주는 고사故事이다. 진항陳亢이 백어伯魚(공자의 아들 이鯉)에게 "그대도 뭔가 좀 특별히 들은 것이 있지 않겠는가?"라고 묻자, 백어가 대답하기를, "그런 것은 없었다. 언젠가 홀로 서 계실 때에 내가 종종걸음으로 뜰을 지나는데, '시詩를 배웠느냐?' 하고 물으시기에 '아직 못 배웠습니다' 하고 대답하였더니, '시를 배우지 않으면 제대로 말을 할 수 없다' 하시므로 내가 물러 나와 시를 배웠다. 그 후에 또 홀로 서 계실 때에 내가 종종걸음으로 뜰을 지나는데, '예禮를 배웠느냐?' 하고 물으시기에 '아직 못 배웠습니다' 하고 대답하였더니, '예를 배우지 않으면 제대로 설 수 없다' 하시므로 내가 물러 나와 예를 배웠다. 이 두 가지를 들었노라" 하였다. 『論語』「季氏」

子(그대)라 칭했다. '자'라는 것은 상대를 높이는 언사로서, 자기와 대등한 사람으로부터 그 위로 군공君公(제후)과 아버지나 스승에게까지 쓸 수 있는 말이니, 문인에게 이 말을 쓴다면, 이는 친구가 친구를 대하는 도리이다.

공자의 70명의 제자들[12] 중에 제 스승을 요순堯舜보다 어질다고 칭송하는 자가 있어도,[13] 참람되이 여기지 않았다. 그가 스승의 어짊을 참으로 알고 그 도를 깊이 믿었다면, 해와 달도 크다고 할 만한 것이 되지 못하고, 태산泰山도 높다고 할 만한 것이 되지 못하며, 강과 바다도 깊다고 할 만한 것이 되지 못했을 것이다.[14]

맹자의 제자인 만장萬章과 공손추公孫丑의 무리는 재주와 식견이 낮아서, 스승의 어짊을 참으로 알지 못했고 그 도를 깊이 믿지 못했기 때문에 기껏 그 스승을 높인다는 것이 관중管仲과 안자晏子의 부류에 지나지 않았다.[15] 그러므로 맹자는 문인에 대하여, 그들이 물으면 대답하였지 자

---

12. **공자의 70명의 제자들**　　공자 문하의 제자 약 3천 명 중에서 재주와 덕이 출중한 제자로 72명 또는 77명을 꼽는데, 『史記』 卷47 「孔子世家」, 卷67 「仲尼弟子列傳」 대충하여 70명이라고도 한다. 『맹자』 「공손추 상」公孫丑上에 "덕으로써 사람을 복종시키는 자는 마음이 즐거워서 진실로 복종하게 하나니, 70명의 제자가 공자에게 복종하는 경우와 같다"고 하였다.

13. **제 스승을 …… 있어도**　　공자의 제자 재아宰我가 "내가 보기에 부자夫子(공자)는 요순堯舜보다 훨씬 뛰어나시다"라고 한 것을 가리킨다. 『孟子』 「公孫丑上」

14. **해와 …… 것이다**　　숙손무숙叔孫武叔이 공자를 헐뜯자 공자의 제자 자공은, 다른 현자들이 언덕과 같아 넘을 수 있는 존재라면 "공자는 해와 달 같아 도저히 넘을 수 없다"(仲尼 日月也 無得而踰焉)고 옹호하였다. 『論語』 「子張」 또한 공자의 제자 유약有若은 스승을 예찬하여, 언덕과 개밋둑에 비교하면 태산과 비슷하고, 길바닥에 괸 물에 비교하면 강과 바다와 비슷하다고 하였다. 『孟子』 「公孫丑上」

15. **만장萬章과 …… 않았다**　　관중管仲과 안자晏子는 춘추 시대 제齊나라 사람이다. 관중은 이름이 이오夷吾, 자가 중仲인데, 환공桓公을 섬겨 부국강병에 힘쓰고 제후를 규합하여 환공을 오패五霸의 으뜸이 되게 하였다. 안자는 이름이 영嬰, 자가 평중平仲인데, 영공靈公·장공莊公·경공景公의 재상이 되어 절검 역행節儉力行하여 국력 배양에 힘썼다. 공손추가 맹자에게 "부자夫子께서 만일 제齊나라에서 요직을 맡으신다면 관중과 안자의 공적을 다시 기대할 수 있겠습니까?"라고 묻자, 맹자는 "그대는 참으로 제나라 사람이구나, 관중과 안자밖에 모르는 것을 보니!"라고 못마땅해하였다. 『孟子』 「公孫丑上」

신의 포부를 말한 적이 없었다. 이미 스승의 어짊을 알지 못하고 그 도를 믿지 못한다면, 길에 지나가는 사람과 다를 바가 거의 없다. 그렇다면 길에 지나가는 사람을 붙들고서 너나들이하는 것도 안 될 말인데, 더구나 감히 스승의 도로써 자처하겠는가.

비록 그렇기는 하지만 맹자는 일찍이 스승의 도에 엄하여 진상陳相을 책망하고,[16] 조교曹交를 거절했으니,[17] 아마도 그는 70명의 제자들이 공자에게 심복한 것에 대해 탄식하지 않은 적이 없었을 것이다. 일찍이 맹자는 천하의 영재를 얻어 교육할 것을 생각했지만,[18] 또 사람들이 남의 스승되기를 좋아하는 것을 근심하였으니,[19] 그가 경솔하게 남에 대해 스승

---

16. **진상陳相을 책망하고**   등문공滕文公이 맹자의 가르침을 따라 인정仁政을 펴자, 이 소문을 듣고 초楚나라의 유자儒者 진량陳良의 문도인 진상이 등나라로 와서 그 백성이 되기를 자원하였다. 이때 신농씨神農氏의 설說을 따르는 허행許行도 등나라로 옮겨와 직접 신을 삼고 자리를 짜서 생활하였는데, 진상이 허행을 보고는 자신이 그동안 해 온 학문을 버리고 허행을 추종하였다. 진상이 맹자를 만나 "등나라 군주는 현군賢君이기는 하지만 도道는 듣지 못했습니다. 현자賢者는 백성들과 함께 밭갈이해서 먹고 손수 밥을 지어 가며 다스려야 하는데, 지금 등나라에는 창름倉廩과 부고府庫가 있으니, 이는 백성들을 해쳐서 자신을 봉양하는 것입니다. 그러니 어찌 어질 수 있겠습니까" 하였다. 이 말을 듣고 맹자는 허행의 학설의 문제점을 조목조목 따져가며 설명하고, 진상이 스승의 학문을 배반한 것을 호되게 꾸짖었다. 『孟子』「滕文公上」
17. **조교曹交를 거절했으니**   조교는 조군曹君의 동생이다. 조교가 맹자에게 "사람은 누구나 다 요순이 될 수 있다고 하는데, 정말 그렇습니까?" 하고 묻자, 맹자가 그렇다고 대답하였다. 조교가 다시 "문왕文王은 키가 10척이고 탕湯임금은 9척이라고 했는데, 지금 저는 9척 4촌이나 되는데도 밥만 축낼 뿐이니, 어찌해야 하겠습니까?" 하자, "노력하지 않아서 그렇지 누구든 노력만 하면 요순처럼 될 수 있다"며 자상하게 설명해 주었다. 그런데 조교가 "제가 추군鄒君을 만나면 관사館舍를 빌릴 수 있을 것이니, 여기에 머물면서 문하門下에서 배웠으면 합니다" 하므로, 맹자는 도道를 구하고자 하는 그의 뜻이 돈독하지 않다는 것을 알고는 "도道는 대로大路와도 같으니 어찌 알기 어렵겠는가. 사람들의 병통은 구하지 않는 데 있을 뿐이니, 그대가 돌아가서 찾는다면 스승은 얼마든지 있을 것이다" 하면서 거절하였다. 『孟子』「告子下」
18. **천하의 …… 생각했지만**   맹자가 군자君子의 세 가지 즐거움을 말하면서, 천하의 영재를 얻어 가르치는 것을 세 번째 즐거움으로 들었던 것을 두고 한 말이다. 『孟子』「盡心上」
19. **사람들이 …… 근심하였으니**   맹자가 "사람들의 병통은 남의 스승이 되기를 좋아함에 있다"고 했던 것을 두고 한 말이다. 『孟子』「離婁上」

노릇을 하고자 아니 한 것 역시 분명하다.

지금 계우季雨는 나이 겨우 약관인데, 험한 길을 멀다 아니 하고 대추와 육포[20]를 품고 책상자를 짊어지고 그의 스승을 찾아가 따르려고 한다.[21] 나는 그 선생님이 반드시 영재를 얻어 교육할 것을 생각하시고, 또 경솔하게 아무에게나 스승 노릇을 하고자 아니 하실 줄을 안다. 아마도 틀림없이 나의 이 말로써 먼저 그 선생님께 예물 삼아 올릴 터인데 선생님께서도 의당 답이 있으실 것이다. 그래서 글로 써서 계우에게 증정하는 바이다.

✻　✻　✻

공자와 맹자는 100여 년밖에 차이가 나지 않지만, 사제 간의 친분이 치수淄水와 승수澠水[22]같이 판이하였다. 나는 이 글을 읽으면서 세상의 도의가 날로 하락한 것을 한탄하지 않은 적이 없다.

---

20. **대추와 육포**　스승에게 경의를 표하기 위해 바치는 예물로 쓰인다.
21. **그의 …… 한다**　이 대목이 『병세집』에는 "운평雲坪으로 찾아가 따르려 한다. 장차 스승으로 모시기 위해서이다"(往從于雲坪 蓋將以師之也)라고 되어 있다. 운평은 곧 송능상宋能相(1710~1758)인 듯하다. 송능상은 우암尤庵 송시열宋時烈의 현손玄孫이자 한원진韓元震의 제자로 저명한 성리학자인데, 1751년부터 충청도 회덕懷德 운평에 살면서 운평을 호로 삼고 학문과 교육에 전념했다. 저서로 『운평집』雲坪集이 있다.
22. **치수淄水와 승수澠水**　현재 중국 산동성山東省에 있는 두 강의 이름이다. 두 강의 물맛이 서로 달랐던 데서 유래하여, 두 가지 사물의 성격이 판이한 경우를 일컫는 말로 쓰인다.

낭천狼川 수령으로 나가는
심백수沈伯修를 송별하는 서문[1]

낭천狼川은 고대의 맥국貊國[2]으로, 땅은 외지고 백성은 가난한 지역이다. 벗인 심군 백수沈君伯修가 이곳에 수령으로 부임하게 되자 의기가 충만하였으며, 날을 정해서 행장을 꾸려 가족을 이끌고 떠나는데, 뜻을 이룬 사람과 몹시 흡사하였다.

심군은 겨우 약관일 적에 용모와 자태가 단정하고 수려하며 학문과 창작이 걸출하고 정민精敏할 뿐더러, 논의를 펴면 바람이 이는 듯하고 붓을 잡으면 나는 듯하여 명성과 예찬이 마침내 당대에 떨쳐졌다. 그래서 그가 교유한 사람들은 모두 그보다 연배나 지위가 높았는데도 그와 교유하기를 원했던 것이며, 우리 왕조 개국 이래로 조달早達한 이를 낱낱이

---

1. **낭천狼川 …… 서문**　낭천은 강원도에 있던 현縣으로 지금의 화천군華川郡인데, 현감縣監이 다스렸다. 백수伯修는 심염조沈念祖(1734~1783)의 자이다. 심염조는 연암의 젊은 시절 절친한 벗으로, 음관蔭官으로 공조 좌랑을 거쳐 영조 47년 12월(1772년 1월) 낭천 현감으로 나갔다. 1776년 문과에 급제한 뒤 1778년 사은사謝恩使의 서장관書狀官으로서 연행燕行을 다녀왔으며, 정조의 총애를 받아 규장각 직제학, 홍문관 부제학, 황해도 관찰사 등을 지냈다.
2. **맥국貊國**　지금의 강원도 춘천 지역에 맥족貊族이 세웠다는 소국小國이다.

헤아려 볼 때 이한음李漢陰(이덕형李德馨)이나 김문곡金文谷(김수항金壽恒)만큼은 될 것으로 기대하고 있었다.[3]

임금께서 일찍이 진사進士들을 불러 정시庭試를 보일 적에 친림親臨하여 시험지를 하사하셨다. 때마침 비가 내려 선비들이 모두 앞을 다투어 시험지를 하사받고 비를 피하여 행랑 아래로 들어갔으나, 군은 공수拱手하고 홀로 비를 맞으며 뜰 가운데 서 있었다. 임금께서 바라보고 기특하게 여겨 돌아보며,

"저기 홀로 섰는 자가 누구냐?"

하고 묻자, 측근 신하가 군君의 이름을 아뢰었다. 임금은 감탄하며,

"어떻게 하면 분주히 이익을 다투지 않고 홀로 이렇게 행동하는 사람을 얻을 수 있겠는가?"

하셨다. 그래서 그가 과거에 합격하기를 권면하고 장차 크게 쓰려는 뜻이 매우 성대하였다. 군 역시 발탁되었다가 공교롭게도 면직을 당한 적이 여러 번이었다. 임금은 그의 이름을 들을 적마다 늘 탄식하고 애석하게 여겼다.

오랫동안 군도 과거 답안 쓰는 공부를 그만두고 더욱 글을 읽어, 문장의 수준이 날로 높아갔다. 그러나 도리어 낭서郎署[4]에 머물면서 승진되거나 좌천되거나 하였다. 지금 그를 옛사람에 비교해 보면 문형文衡(대제학)을 맡고 정승에 제수될 나이인데, 마침내 산간 벽지의 한 작은 고을에 벼슬자리를 얻었으니 이 어찌 운명이 아니겠는가.

군을 송별하는 사람들은 바야흐로 입을 모아 군이 뜻을 펴지 못했노

---

3. **조달무달한 …… 있었다** 이덕형李德馨(1561~1613)은 21세에 문과 급제하고 31세에 대제학이 되었으며 42세에 영의정이 되었다. 김수항金壽恒(1629~1689)은 23세에 문과 급제하고 34세에 예조 판서가 되었으며 44세에 우의정과 좌의정이 되었다.

4. **낭서郎署** 낭관郎官이라고도 하며, 주로 육조六曹의 정5품 벼슬인 정랑正郎이나 정6품 벼슬인 좌랑佐郎을 이른다.

라고 읊었지만,[5] 군으로 말하자면 장차 밤낮으로 장부와 문서를 정리하고 부지런히 백성의 고통을 조사하며, 청사廳숨는 어떻게 보수해야 하며 고을의 폐단은 어떻게 개혁해야 하나 생각하여, 마치 평생토록 평소에 뜻을 둔 사람같이 할 것이다. 그리고 군의 불우함을 거론하며 근심스럽게 여겨 슬퍼한 사람들은 모두 장차 겸연쩍어하면서 자신을 폄하貶下하기에 겨를이 없을 것이다.

군이야말로 진정 내면의 만족을 얻어 외적인 영화를 잊은 사람이 아니겠는가. 선비가 성공과 실패, 영예와 치욕의 갈림길에서 자주 운명을 뇌까린다면 참으로 운명을 모르는 자가 아니겠는가. 군은 일찍이 밭을 팔아 책을 사서 몸소 만 권을 이루고 날마다 서루書樓[6]에서 강독하였으니, 방법에 대해서는 준비를 마친 것이다. 그렇다면 지금 조그마한 고을을 다스리는 데에 무슨 어려움이 있겠는가.

---

5. **군을 …… 읊었지만**　심염조와 송별할 때 사람들이 그의 불우함을 위로하는 시를 지어 주었다는 뜻이다. 벗인 김기장金基長이 지은 송별시가 전한다. 『在山集』 卷7 「送沈員外伯修出守狼川」
6. **서루書樓**　김기장의 송별시에 설향루雪香樓라고 하였다.

은산殷山 수령으로 나가는
서원덕徐元德을 송별하는 서문[1]

옛날에는 사대부들이 내직內職(중앙관직)을 중히 여기고 외직外職(지방관직)은 가볍게 여겼다. 그래서 임금 측근의 친밀한 신하들은 정세상 조정에 있기 거북하거나 특명으로 견책을 당해 외직에 보임된 자가 아니면, 아무도 선뜻 고을살이로 자기 몸을 얽어매려 아니 하였으며, 재능과 지혜를 말하는 것을 부끄러워하고 명예와 절조를 근엄하게 갖추었다. 대개 그 명망이 매우 높아서 스스로 처신하는 것이 보통 사람들과 현격히 달랐던 것이다. 그러므로 명성이 클수록 관직은 더욱 맑으며,[2] 관직이 맑을수록 그 녹봉으로 받는 것이 더욱 청렴했다.

간혹 집이 가난하고 부모가 늙은 경우에는 관례적으로 걸군乞郡[3]을 할

---

1. **은산殷山 …… 서문** 은산은 평안도에 속한 현縣으로, 현감이 다스렸다. 원덕元德은 서유린徐有隣(1738~1802)의 자이다. 서유린은 아우 서유방徐有防과 함께 약관 시절부터 연암과 절친한 사이로, 1766년 문과 급제 후 1769년 홍문관 수찬·교리 등을 거쳐 1770년 은산 현감으로 나갔다. 정조 즉위 후 관찰사, 참판, 판서 등을 역임했으며, 시호는 문헌文獻이다.
2. **관직은 더욱 맑으며** 비록 지위나 봉록은 높지 않으나 학식과 문벌이 높은 사람만이 임명될 수 있는 명예로운 관직을 청환淸宦이라 한다. 주로 홍문관·예문관·규장각 등의 당하관堂下官을 이른다.

수 있지만, 웅장하게 큰 고을은 아무리 가득 찬 고을 창고를 차지하고 있고 어업과 소금 판매의 이익을 마음대로 한다 할지라도, 감히 털끝만큼이라도 자신을 기름지게 하는 데 사용하여 명예와 절조를 훼손하지 못하게 했을 뿐만 아니라, 애당초 번화하고 비옥한 지방을 다스릴 생각이 조금도 없었으며, 반드시 산수가 뛰어난 지역을 선택하였다. 산에 오르고 물을 찾아가는 즐거움과 한적하고 후미진 정취가 있어야만 기꺼이 잠깐 외직으로 나가 휴식을 취하려고 하였다. 노계露雞(야생 닭)와 석봉石蜂[4]으로 몸을 보양할 만하고 기생의 춤과 노래로 스스로 즐거울 수 있는지라, 날마다 나가 놀며 잔치를 열고 일이 어떻게 돌아가는지 전혀 살피지 않지만, 항상 위엄과 무게를 갖추고, 관직을 맡게 되느냐 그만두게 되느냐에 대해서는 하찮게 여겼다.

그러므로 관찰사도 그를 공경하면서 두려워하여, 공문公文으로 아뢰고 청하면 곡진히 들어주지 않음이 없으며, 늘 암행어사가 옆에서 감시하는 것같이 쉬지 않고 부지런히 근무하고 삼가고 경계하여 스스로 행실을 닦아 나갔으며, 무관武官이나 음관蔭官으로 수령이 된 사람들은 이를 본받음으로써 힘들이지 않고 공을 거두었다. 백성들은 그의 간략함을 사모하고, 아전들은 그의 청렴을 두려워하게 되었다. 그러므로 공적을 평가할 때는 노상 모든 고을 중에서 으뜸이었으니, 유독 위엄과 명망이 특별하고 명성과 위세를 과시해서 그런 것만이 아니라, 청렴한 지조와 간략한 정사政事로 문치文治[5]가 저절로 넉넉하여 조치를 번거롭게 시행하지 아니해도 효

---

3. **걸군乞郡**　　지방 수령은 본인이나 처의 고향에는 부임하지 못하는 것이 원칙이나, 문과 급제자에 한하여 노부모를 봉양하기 위해 고향이나 고향 가까운 곳의 수령직을 청할 수 있는데 이를 걸군乞郡이라 한다.
4. **석봉石蜂**　　바위틈에 집을 짓고 사는 석벌을 이른다. 석벌에서 얻는 꿀이 석청石淸이다.
5. **문치文治**　　원문은 '文理'인데, 이는 문교文敎와 예악禮樂으로써 백성을 다스리는 문치와 같은 말이다.

과가 착실히 드러나기 때문이었다.

근세에 와서 명환名宦(명예롭게 여기는 벼슬)이 무너져 버리고 나자, 사대부들이 날로 더욱 태만하고 방자하여 조금도 명예를 소중히 여기지 않아, 염방廉防과 명론名論[6]이 날로 따라서 무너지게 되었다. 그리하여 스스로 처신함도 유품流品[7]과 다름이 없으므로, 전택田宅이나 재산 마련을 일삼지 않는 자가 없게 되었다.

일단 가산家産에 마음을 둔 이상에는 비옥한 고을의 수령 자리가 하나 나오면, 수만 명이 눈독을 들여 청탁이 어지럽게 쏟아지므로 세력이 강하고 민첩한 자가 아니면 마침내 한 번도 얻지 못하니, 그 자리를 얻기가 본디 어려운 것이다. 그러므로 밤낮으로 부서기회簿書期會[8]하는 사이에 이익을 탐하게 된다. 그래서 예전에 위엄과 무게를 근엄하게 갖추었던 자들도 애써 자신을 억누르며, 대개는 단련되어 익숙해지게 된다. 이렇게 되면 비단 감사나 병사兵使[9]가 걸핏하면 군무軍務나 이사吏事(관리의 사무)로써 서로 감찰하고 견책할 뿐만 아니라, 진사鎭司나 방영防營[10]에서도 모두 상관上官으로서 탄압할 수 있으니, 호령을 따르고 받들 겨를도 없는데 설마 어찌 경치 좋은 곳을 찾아가 잔치하며 여유 있게 즐길 수 있겠

---

6. **염방廉防과 명론名論**　염방은 염치와 예방禮防 즉 예법을 말하고, 명론은 사대부로서의 출처出處에 관한 명분론을 말한다.

7. **유품流品**　유품잡직流品雜織이라 하여, 문무 양반만이 맡는 정직正職 이외의 여러 가지 잡다한 벼슬들을 통틀어 일컫는 말이다.

8. **부서기회簿書期會**　1년 동안의 회계를 장부에 기입하여 기일 내에 조정에 보고하는 것을 말한다.

9. **감사나 병사兵使**　원문은 '方伯連帥'인데, 원래 방백方伯은 다섯 나라 제후들의 우두머리, 연수連帥는 열 나라 제후들의 우두머리를 뜻한다. 천자의 다음이며 제후보다 상위이다. 柳宗元, 「封建論」 조선 시대에는 고을 수령을 천자국의 제후에 비겼으므로, 방백과 연수를 감사와 병사로 번역하였다.

10. **진사鎭司나 방영防營**　진사는 곧 진영鎭營으로, 여기서는 진영장鎭營將을 가리킨다. 각 도의 병영이나 수영에 소속된 정3품 무관 벼슬이다. 방영은 곧 방어영防禦營으로, 여기서는 방어사防禦使를 가리킨다. 종2품 무관 벼슬이다.

는가. 아아, 내직이 경시되고 외직이 중시됨으로써 사대부들이 비로소 재능과 지혜를 말하게 되었으니, 임금 측근의 친밀한 신하들이 진실로 휴식할 곳이 없게 된 셈이다.

벗 서군 원덕徐君元德이 홍문관 교리로서 은산 수령으로 나가게 되었는데, 그가 떠나면서 군이 나에게 한마디 말을 요구하므로, 나는 자중自重하여 상관에게 굽히지 말 것을 굳이 권면했다.

무릇 내직과 외직에 경중輕重을 두어 차별하는 것은 역시 외물外物에 기대하는 것이다. 군자가 이에 처하면서, 어찌 경중을 분별하며, 지금과 예전에 차이가 있으랴. 그러므로 "군자는 밝은 때라 해서 자신의 절의를 드러내 보이려 하지 않고, 어두운 때라 해서 자신의 행실을 태만하게 하지 않는다"[11] 하였다. '자중하라'고 말한 것은 그 지체와 명망으로 위엄 있고 무게 있게 굴라는 것이 아니요, '굽히지 말라'고 한 것은 오만불손하라는 말이 아니다. 청렴하고 간략하며 깨끗하고 신중하면, 백성은 편안하고 아전은 두려워하며, 관직을 맡느냐 못 맡느냐를 하찮게 여긴다면, 상관이 하기 어려운 일로써 책임 지우지 아니하는 법이다. 이리하여 세상 사람들이 외직을 중시하는 것이 재물이나 이득으로 인한 혜택 때문에 중시하는 것이 아니라, 장차 서군徐君으로부터 깨끗하고 명예로운 관직이 되었기 때문이라면, 은산은 진실로 장차 다른 고을에 솔선하여 우뚝이 사방에서 우러러보는 바가 될 것이다. 무릇 이와 같이 된다면 지방에 있는 고을을 중시하는 데 대해 내가 또 무슨 유감이 있겠는가.

---

11. 군자는 …… **않는다** 위衛나라 영공靈公의 부인이 한 말로, 『소학』小學 「계고」稽古에 나온다. 그녀는 한밤중에 궁궐에 출입할 때 나는 수레바퀴의 소리만 듣고도, 그 수레를 탄 사람이 위나라의 어진 대부大夫 거원蘧瑗임을 알아차렸다고 한다. 거원은 어두운 밤일지라도 대궐 문 앞에서 반드시 하마례下馬禮를 행하고 어가御駕를 끄는 말에게 경례를 표하는 예의를 폐하지 않기 때문이라는 것이다. 단 "무릇 충신과 효자는"(夫忠臣與孝子)으로 되어 있는 원문을 연암은 "군자는" (君子)으로 조금 고쳐 인용하였다.

　내직과 외직의 경중을 말한 것이 도도하면서도 근거가 있으니, 사대
부의 관잠官箴[12]이 될 만하다.

---

12. 관잠官箴　　관리로서 지켜야 할 계율이라는 뜻이다. 잠箴은 원래 문체의 하나로, 스스로 경
계警戒하기 위해 짓는 글이다.

대은암大隱菴에서 창수唱酬한 시의 서문[1]

무인년 섣달 열나흗날 국지國之(이구영李耉永), 의지誼之(이서영李舒永), 원례元禮(한문홍韓文洪)와 함께 밤에 백악白岳(북악산北岳山) 동쪽 기슭에 올라 대은암大隱巖 아래 줄지어 앉았노라니, 시냇물 언 것이 뚝뚝 떨어져 새어 나오면서 층층이 얼어서 쌓여 있고, 얼음 밑의 그윽한 샘에서는 옥이 부딪듯 맑은 소리가 쓸쓸하게 들렸다. 달은 몹시 차고 눈은 가무스름하여, 지경은 고요하고 정신은 차분하였다. 서로 바라보며 웃고, 농담하면서 즐겁게 시를 주고받다가, 이윽고 탄식하며 이렇게 말했다.

"여기는 옛날 남곤 사화南袞士華[2]가 살던 곳이다. 박은 중열朴闇仲說[3]은

---

1. **대은암大隱菴에서 …… 서문**　영조 34년 무인년 12월 14일(양력 1759년 1월 12일) 서울 북악北岳 동쪽 기슭의 대은암에서 연암이 벗들과 시를 창수한 사실은 이희천李羲天(1738~1771)의 『석루유고』石樓遺稿 「화백록시서」和白麓詩序에도 기록되어 있다. 이에 의하면 당시 함께한 사람들은 이희천의 당숙부堂叔父인 이서영李舒永(1736~1800), 이희천의 족숙부族叔父인 이구영李耉永(1736~1787), 연암과 과거科擧 공부를 같이 하던 한문홍韓文洪(1736~1792)이었다.
2. **남곤 사화南袞士華**　사화는 남곤(1471~1527)의 자이다. 남곤은 중종中宗 때 기묘사화己卯士禍를 일으켜 조광조趙光祖 등 신진 사림파를 숙청하고 영의정까지 지냈다. 죽은 뒤에 사림파의 탄

온 나라에 이름난 선비였는데 중열이 술을 마시려면 반드시 이 대은암으로 왔으며, 그가 시를 지을 적에는 사화와 더불어 짓지 않은 적이 없었다. 이 당시에 문장과 교유가 융성하여, 관리로 선발된 그 시대의 우수한 인재들을 망라하였다고 할 만했으나, 수백 년이 지나는 사이에 앞사람들의 명승고적은 모두 이미 묻히고 사라져서 알 수 없게 되었으니, 그렇다면 더군다나 남곤 같은 자에 있어서랴.

지금 그 무너진 담장과 황폐해진 집터 사이에서 감개하여 서성대는 것은, 성쇠盛衰가 때가 있음을 슬피 여김과 동시에 선악善惡은 민멸될 수 없다는 것을 아는 때문이다. 그런데 지금 원례가 이곳에 잠시 거처하여 시를 노래하며 즐겁게 놀면서 흉금을 털어놓는 것이 거의 장차 중열과 맞먹을 정도인 데다, 시냇물과 솔바람에는 상기도 여운이 남아 있다.

아아, 그 두 사람이 여기에서 노닐 적에 그들의 의기意氣의 융성함이 또한 어떠했겠는가. 실컷 마시고 한껏 취하여 둘이 서로 속내를 다 털어놓고는 손을 맞잡고 길게 한숨지을 적에, 그 기개는 산악을 무너뜨릴 듯하고 그 언변은 황하나 한수漢水(양자강의 지류)의 둑이 터진 듯하였을 것이니, 또한 천고千古의 인물들을 논평할 적에도 어찌 군자와 소인의 구별에 엄하지 않은 적이 있었겠는가.

그러나 중열은 연산군의 조정에서 간諫하다 죽었는데, 그의 시가 많지 않은 것은 아니지만 오히려 적다고 한스럽게 여기게 된다. 지금도 그의 시를 읽어보면 늠름하여 확고히 설 수 있었음을 상상케 한다. 남곤은

핵을 받아 시호와 관작을 삭탈당했다. 대은암大隱巖은 남곤의 집 뒤에 있던 바위였는데 그 밑을 흐르는 여울을 만리뢰萬里瀨라 하였다. 젊은 시절 남곤의 벗이었던 박은朴誾이 각각 그와 같이 이름을 지었다고 한다.

3. 박은 중열朴誾仲說 중열은 박은(1479~1504)의 자이다. 박은은 조선 중기의 해동강서파海東江西派를 대표하는 시인으로, 연산군 때 직언直言으로 인해 파직되었으며 갑자사화甲子士禍에 걸려 요절하였다.

북문北門의 화禍[4]를 불러일으켜 바른 사람들을 참살하였는데, 남곤이 바야
흐로 죽을 적에 자신의 글을 다 불태우면서 말하기를, '이 글을 후세에
전한다 하더라도 누가 보려 하겠는가' 하였다.

　　이로 말미암아 본다면 문장과 특별한 교유도 진실로 하나의 여사餘事
일 따름이니, 그것이 어찌 그 사람의 어질고 어질지 못함에 관계되는 것
이겠는가. 그러나 군자인 경우에는 뒷사람이 그 자취를 사모하고 후세에
까지도 그 전하는 시가 많지 않음을 한스러워하며, 소인인 경우에는 오
히려 자기 손으로 글을 없애 버리기에 바빴는데, 하물며 다른 사람들에
있어서랴."

　　창수한 시는 대략 몇 편이다.

　　중미仲美(연암)가 서문을 쓰다.

---

4. **북문北門의 화禍**　　기묘사화를 말한다. 기묘사화 때 남곤이 훈구 대신勳舊大臣들과 함께 승지
와 사관들이 모르도록 경복궁의 북문인 신무문神武門으로 들어와서 중종에게 조광조趙光祖 일파
의 죄를 청하는 계사啓辭를 올렸다.

자소집서 自笑集序

아아, "예가 상실되면 재야에서 구한다"(禮失而求諸野)[1]고 하더니 그 말이 틀
림없지 않은가! 지금 중국 천하가 모두 머리 깎고 오랑캐 옷을 입어 한
관漢官의 위의威儀[2]를 알지 못한 지 이미 100여 년인데, 유독 연희演戱 마당
에서만 오모烏帽와 단령團領과 옥대玉帶와 상홀象笏(상아로 만든 홀)을 본떠서
장난과 웃음거리로 삼고 있다. 아아, 중원中原의 유로遺老들[3]이 다 세상을
떠났지만, 그래도 혹시 낯을 가리지 않고는 차마 보지 못할 이가 있겠는
가? 아니면 혹시 이 연희 마당에서 그것들을 즐겁게 구경하면서 예로부
터 전해 온 제도를 상상하는 이라도 있겠는가?

　　세폐사歲幣使(동지사)가 북경에 들어갔을 때 오吳 지방 사람[4]과 이야기

---

1. 예가……구한다　　『한서』 권30 「예문지」藝文志에 인용된 공자의 말이다. 안사고顔師古는 주註
에서 "도읍都邑에서 예가 사라졌을 경우 재야에서 구하면 역시 장차 얻을 수 있다는 말이다" 하
였다.
2. 한관漢官의 위의威儀　　한漢나라 관리들의 위엄 있는 복식과 전례典禮 제도라는 말로, 중화中
華의 예의 제도를 뜻한다.
3. 중원中原의 유로遺老들　　한족漢族 왕조인 망한 명明나라에 대해 여전히 신민臣民으로서 충성
을 다하는 노인 세대를 가리킨다.

하게 되었는데, 그 사람이 말하기를,

"우리 고장에 머리 깎는 점방이 있는데 '성세낙사'盛世樂事(태평성세의 즐거운 일)라고 편액을 써 걸었소."

하므로, 서로 보며 크게 웃다가 이윽고 눈물이 주르르 흐르려고 했다는 것이었다.

나는 그 말을 듣고서 슬퍼하며, 이렇게 말하였다.

"습관이 오래되면 본성이 되는 법이다. 세속에서 습관이 되었으니 어찌 변화시킬 수 있겠는가. 우리나라 부인들의 의복이 이 일과 매우 비슷하다. 옛 제도에는 띠가 있으며 모두 소매가 넓고 치마 길이가 길었는데, 고려 말에 이르러 원元나라 공주에게 장가든 왕이 많아지면서 궁중의 수식首飾이나 복색이 모두 몽골의 오랑캐 제도가 되었다. 그러자 사대부들이 다투어 궁중의 양식을 숭모하여 마침내 풍속이 되어 버려, 3, 400년 된 지금까지도 그 제도가 변하지 않고 있다.

저고리 길이는 겨우 어깨를 덮을 정도이고 소매는 동여 놓은 듯이 좁아 경망스럽고 단정치 못한 것이 너무도 한심스러운데, 여러 고을 기생들의 옷은 도리어 고아古雅한 제도를 간직하여 비녀를 꽂아 쪽을 찌고 원삼圓衫에 선을 둘렀다. 지금 그 옷의 넓은 소매가 여유 있고 긴 띠가 죽 드리워진 것을 보면 유달리 멋져 만족스럽다. 그런데 지금 비록 예禮를 아는 집안[5]이 있어서 그 경망스러운 습관을 고쳐 옛 제도를 회복하고자 하더라도, 세속의 습관이 오래되어 넓은 소매와 긴 띠를 기생의 의복

---

4. **오吳 지방 사람**　원문은 '吳人'인데, '오'吳는 중국의 강남 지방을 가리킨다. 『연암집』 상, 20쪽 주11 참조. 이 지방 사람들은 학문과 예술에 뛰어났을 뿐 아니라, 명나라 말에 최후까지 만주족의 침략에 저항하여 유달리 반청反淸 사상이 강하였다.

5. **예禮를 아는 집안**　유교 경전에 대한 지식과 예의범절을 대대로 전승해 오는 명문가를 '시례지가'詩禮之家라고 한다. 연암의 집안에서는 5대조 박미朴瀰 부인 정안옹주貞安翁主가 중국식의 상복上服을 착용한 이후 현석玄石 박세채朴世采가 이를 집안의 예禮로 확정했으며, 조부 박필균朴弼均도 집안 부인네에게 이를 따르게 했다고 한다. 『居家雜服攷』「內服」

과 흡사하다고 여기니, 그렇다면 그 옷을 찢어 버리고 제 남편을 꾸짖지 않을 여자가 있겠는가."

이군 홍재李君弘載[6]는 약관 시절부터 나에게 배웠으나 장성해서는 한역漢譯(중국어 통역)을 익혔으니, 그 집안이 대대로 역관인 때문이었다. 그래서 나는 그에게 다시 문학을 권면하지 않았다. 이군이 한역을 익히고 나서 관복을 갖추고 본원本院(사역원司譯院)에 출사出仕하였으므로, 나 역시 속으로 '이군이 전에 글을 읽을 적에 자못 총명하여 문장의 도를 알았는데 지금은 거의 다 잊어버렸을 터이니, 재능이 사라지고 말 것이 한탄스럽다.[7]'고 생각하였다.

하루는 이군이 자기가 지은 글들이라고 말하면서 '자소집'自笑集이라고 이름을 붙이고는 나에게 보여 주었는데, 논論, 변辨 및 서序, 기記, 서書, 설說 등 100여 편이 모두 해박한 내용에다 웅변을 토하고 있어 특색 있는 저작을 이루고 있었다.[8]

내가 처음에 의아해하며,

"자신의 본업을 버리고 이런 쓸데없는 일에 종사한 것은 무엇 때문인가?"

하고 물었더니, 이군은 사과하기를,

"이것이 바로 본업이며, 과연 쓸데가 있습니다.[9] 대개 사대事大와 교

---

6. **이군 홍재李君弘載**　홍재는 이양재李亮載(1751~?)의 초명初名이다. 이양재는 본관이 전주全州이고 이언용李彦容의 아들이다. 1771년(영조 47) 역과譯科에 급제하고 사역원司譯院에 재직하였다. 『譯科榜目』

7. **재능이 …… 한탄스럽다**　원문은 '乾沒可歎'인데 '간몰'乾沒에는 여러 가지 뜻이 있다. 여기에서는 물속으로 침몰한 것처럼 흔적도 없이 사라졌다는 뜻이다.

8. **특색 있는 …… 있었다**　원문은 '勒成一家'인데, 글을 엮어 책을 만드는 것을 '늑위성서'勒爲成書 즉 '늑성'勒成이라 하고, 특색 있는 저작을 '일가서'一家書라고 한다.

9. **과연 쓸데가 있습니다**　대본은 '果有用 則'인데, '則' 자가 '也' 자로 되어 있는 이본도 있다. '則'이 되면 문리가 잘 통하지 않아, 이본에 따라 고쳐 번역하였다.

린交隣의 외교에 있어서는 글을 잘 짓고 장고掌故에 익숙한 것보다 더 중요한 일이 없습니다. 그래서 본원의 관리들이 밤낮으로 익히는 것은 모두 옛날의 문장(古文辭)이며, 글제를 주고 재주를 시험하는 것도 다 이것에서 취합니다."

하였다. 나는 이에 낯빛을 고치고 탄식하면서 이렇게 말했다.

"사대부가 태어나 어렸을 적에는 제법 글을 읽지만, 자라서는 공령功슈(과거 시험 문장)을 배워 화려하게 꾸미는 변려체騈儷體의 문장을 익숙하게 짓는다. 과거에 합격하고 나면 이를 변모弁髦나 전제筌蹄[10]처럼 여기고, 합격하지 못하면 머리가 허옇게 되도록 거기에 매달린다. 그러니 어찌 다시 이른바 옛날의 문장이 있다는 것을 알겠는가."

역관의 직업은 사대부들이 얕잡아 보는 바이다. 그러나 나는, 오랜 세월이 흐르는 사이에 책을 저술하여 후세에 훌륭한 글을 남기는 참된 학문을 도리어 서리들의 하찮은 기예로 간주하게 될까 두렵다. 그렇게 되면 그것을 연회 마당의 오모나 고을 기생들의 긴 치마처럼 여기지 않을 자가 거의 드물 것이다. 나는 그렇기 때문에 이 점을 두려워하여 이 문집에 대해 특별히 쓰고 나서, 다음과 같이 서문을 붙인다.

아아, "예가 상실되면 재야에서 구한다"고 하였다. 중국 고유의 예로부터 전해 온 제도를 보려면 마땅히 배우들에게서 찾아야 할 것이요, 부인 옷의 고아古雅함을 찾으려면 마땅히 고을 기생들에게서 보아야 할 것이다. 문장의 융성함을 알고 싶다면 나는 실로 미천한 관리인 역관들에게 부끄러울 지경이다.

---

10. **변모弁髦나 전제筌蹄**　무용지물을 뜻한다. 변모는 관례冠禮를 치르고 나면 쓸데없는 치포관緇布冠과 동자童子의 다팔머리를 말하고, 전제는 물고기를 잡고 나면 쓸데없는 통발과 토끼를 잡고 나면 쓸데없는 올가미를 말한다.

유구悠久[1]에게 증정한 서문

이유구李悠久가 부임하는 부친을 따라 장차 평안도의 영유현永柔縣으로 가게 되었으므로, 그와 더불어 노닐던 이들이 다 그 집에서 전송하였는데, 죄다 세상에 이름이 알려진 선비들이었다. 이들과 함께 노닐고 함께 거처하며 글을 읽고 의리를 이야기하곤 했는데, 지금 유구가 벗들을 버리고 학업조차 중단하고, 서울에서 600리나 떨어진 곳으로 떠나가 벗들과 헤어져서 외로이 지내게 되었단 말인가.

평안도는 산수가 아름답고 도회지가 풍요하고 웅대하며, 풍속이 사치스럽고 방탕하였다. 밖에 나가면 누관樓觀을 유람하고, 들어앉으면 기악妓樂을 즐기며, 편을 나누어 쌍륙雙陸 놀이를 하고 무리를 지어 투호投壺 놀이를 하며, 맑은 노래와 칼춤이 늘 좌우에 있으니, 그만하면 서울 생각도

---

1. **유구悠久**   이영원李英遠(1739~1799)의 자이다. 이영원은 본관이 전주全州이고, 경상 감사, 대사헌, 한성부 판윤 등을 지낸 이연상李衍祥의 아들로서, 1774년 진사시進士試에 급제하였다. 그의 부친 이연상은 1762년 음력 4월 영유 현령永柔縣令으로 임명되었다.

잊을 만하고 외로이 지내는 근심을 위로할 만할 것이다.

　그런데도 그의 안색은 우울해하는 것 같고 풀이 죽어 뜻을 이루지 못한 사람과도 같다. 나는 이로써 유구가 오래 이곳에 있지 않을 것이며, 벗들과 헤어져 외로이 지내지 않을 것임을 안다. 남아 있는 사람은 오랫동안 헤어져 있을 것이 아니요, 떠난 사람은 반드시 속히 돌아올 것임을 안다. 이런 까닭에 나는 여러 말을 할 필요가 없다.

　어떤 이가,

　"유구가 비록 배움을 위해서라 하지만 장차 혼정신성昏定晨省(부모님을 보살펴 드리는 예의)을 소홀히 하게 되는 것은 어찌하겠는가?"

하기에, 나는,

　"옛사람 중에는 수천 리 먼 곳으로 유학하는 사람도 있었네. 하물며 그의 부모님이 아직 늙지 않았을 뿐 아니라 그 아들을 오래 붙잡아둘 분들이 아님에랴!"

했더니, 모두들

　"그렇겠다."

고 했다.

여름날 밤잔치의 기록

스무이튿날 국옹麴翁[1]과 함께 걸어서 담헌湛軒[2]의 집에 이르렀다. 풍무風舞[3]가 밤에 왔다. 담헌이 가야금을 타니, 풍무는 거문고로 화답하고, 국옹은 맨상투 바람으로 노래를 불렀다. 밤이 깊어 떠도는 구름이 사방으로 얽히고 더운 기운이 잠깐 물러가자, 줄에서 나는 소리는 더욱 맑게 들렸다. 곁에 있는 사람들은 조용히 침묵하고 있어 마치 단가丹家가 장신臟神을 내관內觀하고[4] 참선하는 승려가 전생前生을 돈오頓悟하는 것 같았다. 무릇 자

---

1. **국옹麴翁**　누구의 호인지 알 수 없다. 홍대용洪大容의 벗으로, 성姓은 이씨李氏이며 시와 글씨에 뛰어났다고 한다. 『湛軒書』 內集 卷3 「次友人韻却寄李麴翁」 국옹은 혹시 이한진李漢鎭(1732~1815. 호 경산京山)의 일호一號일지 모른다. 이한진은 명필로서 전서篆書를 특히 잘 썼을 뿐 아니라 음률에도 밝았으며, 통소의 명수로서 홍대용, 김억金檍 등과 즐겨 합주合奏하였다고 한다. 만년에 『청구영언』靑丘永言을 편찬하기도 했다.
2. **담헌湛軒**　홍대용의 당호이다. 담헌의 집은 서울 남산 기슭 영희전永禧殿 북쪽에 있었는데 그 집의 유춘오留春塢라는 정원에서 악회樂會를 자주 열었다고 한다.
3. **풍무風舞**　김억金檍(1746~?)의 호이다. 본관은 청양靑陽이고 자는 효직孝直이며, 절충장군折衝將軍으로 첨지중추부사를 지낸 김종택金宗澤의 아들이다. 1774년 생원시에 급제하였으며, 금사琴師이자 가객歌客으로 유명하였다.

신을 돌아보아 올바를 경우에는 삼군三軍이라도 반드시 가서 대적한다더니,[5] 국옹은 한창 노래 부를 때는 옷을 훨훨 벗고 두 다리를 쭉 뻗고 앉은 품이 옆에 아무도 없는 듯이 여겼다.

매탕梅宕[6]이 언젠가 처마 사이에서 왕거미가 거미줄 치는 모습을 보고 기뻐하며 나에게 말하기를,

"절묘하더군요! 때로 머뭇거리는 것은 마치 무슨 생각이 있는 것 같고, 때로 재빨리 움직이는 것은 마치 무언가를 깨달은 것 같으며, 파종한 보리를 발로 밟아주는 것과 같고, 거문고 줄을 손가락으로 누르는 것과도 같습디다."[7]

하더니, 지금 담헌이 풍무와 어우러져 연주하는 것을 보고서 나는 왕거미의 행동을 깨우치게 되었다.

지난해 여름에 내가 담헌의 집에 간 적이 있었는데, 그때 담헌은 한창 악사樂師 연延[8]과 함께 거문고에 대해 논하는 중이었다. 때마침 비가 올 듯이 동쪽 하늘가의 구름이 먹빛과 같아, 천둥소리 한 번이면 용이 승천하여 비를 부를 수 있을 듯싶었다.[9] 이윽고 긴 천둥소리가 하늘을

---

4. **단가丹家가 장신臟神을 내관內觀하고** 　단가는 연단술煉丹術을 행하는 도사道士를 이른다. 연단술은 기공氣功으로 정신을 수련하는 내단內丹과 약물을 복용하는 외단外丹으로 나눌 수 있는데, 내단에서 오장五臟에 깃든 신神을 관조하는 수련법을 내관이라 한다.

5. **무릇……대적한다더니** 　『맹자』「공손추 상」에서 맹자가 부동심不動心의 방법으로 용기勇氣에 관해 논한 대목에 출처를 둔 표현이다. 거기에서 증자曾子는 공자로부터 대용大勇에 관해 가르침을 들은 적이 있다고 하면서, "자신을 돌아보아 올바를 경우에는 비록 수천 수만 명이라도 나는 가서 대적할 것이다"(自反而縮 雖千萬人 吾往矣)라고 하였다. 여기서 '축縮' 자는 '직直' 자와 뜻이 같다.

6. **매탕梅宕** 　이덕무李德懋의 일호一號이다.

7. **절묘하더군요……같습디다** 　「선귤당농소」蟬橘堂濃笑에서 이덕무가 거미 줄을 치는 모습을 관찰하고서 한 말과 같다. 『청장관전서』靑莊館全書 卷63

8. **연延** 　연익성延益成이다. 『담헌서』潭軒書 내집內集 권4에 「연익성에 대한 제문」(祭延益成文)이 실려 있는데, 이에 따르면 연익성은 뛰어난 거문고 연주가로서 장악원掌樂院의 악공을 지냈던 것으로 보인다. 53세로 세상을 떠났으며, 홍대용과는 30년 동안 교유하였다고 한다.

지나가자, 담헌이 연延더러

　"이것은 무슨 성聲에 속하겠는가?"[10]

하고서, 마침내 거문고를 당겨 천둥 소리와 곡조를 맞추었다. 이에 나도
천뢰조天雷操를 지었다.[11]

---

9. **용이 …… 듯싶었다**　원문은 '可以龍矣'인데 문리가 잘 통하지 않는다. '可以龍□矣'이든 '可以□
龍矣'이든 글자가 누락된 듯하기에 문맥을 감안하여 의역하였다.

10. **이것은 …… 속하겠는가**　전통음악의 다섯 가지 기본 음률인 궁宮·상商·각角·치徵·우羽의 오
성五聲 중 어디에 속하느냐고 물은 것이다.

11. **나도 …… 지었다**　조操는 금곡琴曲에 붙이는 명칭이다. 여기서는 '천뢰조'라는 금곡의 가사歌
辭를 지었다는 뜻이다.

초구貂裘에 대한 기록

선문왕宣文王[1]이 심양瀋陽에 볼모로 가 있다가 돌아와서는 개연히 복수할 뜻을 품었으니, 하루라도 심양에 있던 날을 잊을 수 없어서였다. 이때 명나라가 망한 지 10여 년이 지난 뒤였다. 청나라가 이미 천하에서 뜻을 이루어 세계만방을 예속시킴에 따라, 중국 천하의 사대부들이 모두 이미 머리 깎고 오랑캐 옷을 입었으며, 그 조정에 나아가 그 임금을 섬기는 자들 역시 이미 있었으니, 천하에 다시 명나라 왕실은 있지 않았다. 그러나 유독 선문왕의 뜻만은 언제나 명나라의 왕실을 보존하는 것이었다.

선문왕이 대통大統을 이어받은 뒤 맨 먼저 우암尤庵 송 선생宋先生(송시열宋時烈)을 초빙하여 빈사賓師의 예로써 대우하고,[2] 위대한 명나라(大明)의 원

---

1. **선문왕宣文王**   효종孝宗이다. 효종은 시호諡號가 선문장무신성현인대왕宣文章武神聖顯仁大王이다.
2. **빈사賓師의 예로써 대우하고**   빈사는 관직에 나아가지는 않았지만 군주로부터 귀빈 대접을 받는 사람을 이른다. 대본은 '待□以賓師之禮'인데, '待' 자 다음에 '之' 자로 되어 있는 이본도 있다.

수를 갚고 선왕先王[3]의 치욕을 씻을 방법을 도모했으니, 이는 먼저 배우고 난 뒤에 신하로 대하려는 것[4]이었다. 선생은 아침저녁으로 성의 정심誠意 正心의 학문[5]을 아뢰었는데, 왕이 그 말을 즐겨 들음으로써 산중에 은거하던 선비들이 모두 나와서 왕의 조정에 줄을 잇게 되었다.

하루는 선생이 대궐에서 숙직하고 있었는데 세자가 무릎을 꿇고서 왕이 손수 쓴 편지를 직접 건네주므로, 선생은 달려 나아가 조정에 입시入侍하였다. 왕이 좌우의 신하들을 물리치고 초구貂裘를 하사하면서 이르기를,

"연계燕薊[6]에는 추위가 일찍 오니 이것으로 바람과 눈을 막을 수 있을 것이오."

하였다.[7] 이에 선생은 드디어 왕에게 있는 힘을 다할 것을 약속하였으니, 대개 앞으로 10년 동안 인구를 늘리고 물자를 비축한 뒤에[8] 대의大義를

---

3. 선왕先王   청나라에 항복한 인조仁祖를 가리킨다.
4. 먼저 …… 것   군주가 현인賢人을 초빙할 경우 신하로 삼기 이전에 먼저 스승으로 섬긴다는 뜻이다. 『맹자』「공손추 하」에 "탕왕湯王은 이윤伊尹에게 배운 뒤에 그를 신하로 삼았기 때문에 힘들지 않게 왕도王道를 행하였고, 환공桓公은 관중管仲에게 배운 뒤에 그를 신하로 삼았기 때문에 힘들지 않게 패자覇者가 된 것이다" 하였다.
5. 성의 정심誠意正心의 학문   『대학』大學을 이른다. 여기에서 군주가 자신의 뜻을 성실히 하고 마음을 바르게 가짐으로써 나라를 다스리고 천하를 화평하게 할 수 있다고 하였다. 한유韓愈의 「원도」原道에서도 『대학』의 말을 인용하고 나서 "옛날의 이른바 마음을 바르게 가지고 뜻을 성실히 하는 이는 장차 그럼으로써 큰 일을 하려는 것이었다" 하였다.
6. 연계燕薊   유계幽薊라고도 한다. 거란契丹이 지배했던 유주幽州와 계주薊州 등 연운燕雲 16주州를 가리키는데, 지금의 하북성河北省과 산서성山西省의 북부 일대에 해당한다.
7. 왕이 …… 하였다   초구는 담비의 모피로 만든 갖옷으로, 값비싼 방한복이다. 실록에 관련 기사가 나오는데, 이와 내용이 조금 다르다. 『효종실록』 9년 12월 10일조에 왕이 하교하기를, "요즘 보니 이조 판서 송시열이 입은 옷이 몹시 얇아서 추위로 고생할까 염려되어 이 초구를 지었으나, 내가 병으로 인해 직접 하사할 수 없으니 승정원에서 이 옷을 대신 전하고 아울러 나의 뜻을 유시하여 사양하지 말게 하라"고 하였다.
8. 10년 …… 뒤에   원문은 '生聚十年'인데, 이는 『춘추좌씨전』春秋左氏傳 「애공」哀公 원년元年 조에 월越나라가 "10년 동안 인구를 늘리고 물자를 비축하며, 10년 동안 백성을 잘 가르치면"(十

천하에 떨쳐, 비록 임금과 신하가 함께 군중軍中에서 죽더라도 원망하지 않으려는 것이었다.

얼마 안 있어 왕이 승하하고 나자 산중에 은거하던 선비들도 차차 스스로 관직에서 물러나 떠나갔다. 선생은 이미 물러나 파곡葩谷[9]에 살고 있었는데, 늘 혼자서 깊은 산속에 들어가 가슴을 치고 하늘에 부르짖으며 초구에 눈물을 흘리지 않은 적이 없었다. 적신賊臣들 중에 음해하고자 하는 자들이 많아 유언비어를 만들어 청나라에 넌지시 알리니,[10] 청나라 사람들이 많은 군사를 이끌고 국경에 이르렀다.

선생이 안으로는 이미 적신들에게 자주 배척을 당하고 밖으로는 청나라 사람들에게 협박을 받았지만, 배우는 사람들과 더불어 반드시 춘추대의春秋大義[11]를 강론하여 선왕先王(효종孝宗)의 뜻을 밝히니, 선왕에게서 뜻을 얻지 못한 자들이 선생을 많이 원망하여 선생을 여러 번 죽음으로 몰아넣었다. 선생은 바닷가로 귀양 가서도,[12] 춘추대의를 펴지 못하고 종주국宗主國(명나라)이 장차 위태로워질 것을 원통히 여기고, 매양 선왕을 추모하며 초구를 안고 눈물을 흘리지 않은 적이 없었다. 마침내 죄인들이 다

年生聚 而十年敎訓) 20년 뒤에는 오吳나라가 월나라에게 망할 것이라고 우려한 오자서伍子胥의 말에 출처를 둔 것이다. 그러므로 상하가 합심해서 부국강병을 도모하여 원수를 갚는 것을 '생취교훈'生聚敎訓이라 한다.

9. 파곡葩谷 　지금의 충청북도 괴산에 있는 화양동華陽洞 구곡九曲 중의 제9곡인 파곶(葩串 : 또는 巴串)을 말한다.

10. 적신賊臣들 …… 알리니 　1650년(효종 1) 김자점金自點 일파가 청나라에 조선의 북벌계획을 밀고한 사실을 이른다.

11. 춘추대의春秋大義 　『춘추』에서 강조한바 주周나라를 존숭하고 오랑캐를 물리치자는 존주양이尊周攘夷의 의리를 이른다. 여기서는 명나라를 존숭하고 청나라를 배척하는 존명배청尊明排淸의 의리를 이른다.

12. 바닷가로 귀양 가서도 　효종비孝宗妃의 상喪으로 인한 갑인년(1674)의 예송禮訟에서 서인西人들이 남인南人들에게 패함에 따라 우암도 파직, 삭탈되고 경상도 장기長鬐와 거제도巨濟島 등지로 귀양 간 사실을 이른다.

처벌을 받고 선생은 돌아오게 되었으나,[13] 선왕의 유신遺臣들은 이미 하나도 남아 있지 않았다. 이에 다시는 원수를 갚고 치욕을 씻는 일을 말하지 않고, 무심하게도 40년 세월 동안 조공朝貢하는 사신이 해마다 연계의 교외를 달려가게 되었다.

급기야 예송禮訟이 일어나고 적신들이 다시 정권을 쥐자, 선생이 선왕에게 불만을 품어 종통宗統을 폄하시키고 복服을 낮추었다고 하여 끝내 죽음에 몰아넣고 말았으니,[14] 국내에서는 마침내 초구에 대한 일에 관해 말하기를 꺼렸다. 문인들이 선생의 유명遺命에 따라 파곡에 사우祠宇[15]를 세워 명나라 현황제顯皇帝(신종神宗)와 열황제烈皇帝(의종毅宗)를 제사하였다. 숙종肅宗 때 금원禁苑에 대보단大報壇을 쌓아 두 분 황제를 아울러 제사하면서도,[16] 파곡의 사우를 보존하여 선생의 의리를 잊지 않게 하였다.

지금 임금(영조英祖) 32년에 선생을 문묘文廟에 종향從享하게 되어 선생의 자손이 선생의 유상遺像과 초구를 받들어 임금께 올리니, 임금께서 찬贊을 지어 내렸다. 3월 19일은 열황제가 사직을 위해 순절殉節하신 날이다. 숭정崇禎 기원紀元 이후 세 번째 돌아오는 갑신년(1764, 영조 40)에 임금께

---

13. **죄인들이 …… 되었으나**   1680년(숙종 6)의 이른바 경신대출척庚申大黜陟으로 남인들이 정계에서 숙청되고 서인들이 복귀한 사건을 이른다. 당시 우암은 영중추부사 겸 영경연사領中樞府事兼領經筵事로 임명되고, 이어서 봉조하奉朝賀가 되었다.

14. **급기야 …… 말았으니**   1689년(숙종 15)의 이른바 기사환국己巳換局으로 서인들이 숙청되고 남인들이 재집권한 사건을 이른다. 당시 숙종이 서인들의 반대를 무릅쓰고 후궁 장씨張氏의 소생을 세자로 책봉한 데 대해 우암이 상소를 올려 다시 반대론을 제기하자, 이에 격분한 숙종은 우암을 비롯한 서인들을 축출하고 남인들을 불러들였다. 우암은 세자 책봉에 반대했을 뿐만 아니라 기해년(1659)의 예송禮訟에서 종통宗統과 적통嫡統을 둘로 나누고 효종이 적장자嫡長子가 아니라는 이유로 효종에 대한 조대비趙大妃의 복상을 삼년복三年服이 아닌 기년복朞年服으로 강등시켰다는 공격을 받고, 제주도로 유배되었다가 결국 사약을 받고 죽었다.

15. **사우祠宇**   화양동華陽洞에 있는 만동묘萬東廟를 가리킨다.

16. **숙종肅宗 때 …… 제사하면서도**   숙종 때는 대보단에서 신종 황제만 제사하였다. 영조 25년(1749) 이후 의종과 명 태조를 합사合祀하였다.

서 여러 신하를 거느리고 친히 대보단에 제사를 지냈다.

이에 즈음하여 마을 안의 부형들이 성城 서쪽에 있는 송씨의 우사寓舍로 가서, 선생의 초상에 절하고 초구를 꺼내어 대청 가운데에 펼쳐 놓고 서로 탄식하며 눈물을 흘렸다. 그리고는 모두 나에게 부탁하기를,

"곡부曲阜[17]의 공자 후손들은 공자가 신던 신발을 보배로 여겼고, 정호鼎湖의 신하들은 떨어진 황제黃帝의 활을 안고 울었다네.[18] 더구나 이 초구는 선왕께서 하사하시고 선생께서 받으신 것이 아닌가. 더더구나 열황제가 순절하신 때가 바로 이해요 이날이 아닌가!"

하기에, 내가 감히 사양하지 못하고 마침내 공손히 손 모아 큰절하며 수락하였다. 다음과 같이 시를 덧붙인다.

우리 선왕에게도	維我先王
위에 임금 있었나니	亦維有君
대명의 천자님은	大明天子
우리 임금의 임금일레	我君之君
선왕에게 신하 있었나니	先王有臣
이름은 시열 자는 영보라	時烈英甫
천자님께 충성하길	忠于天子

---

17. **곡부曲阜** 중국 산동성山東省에 있는 공자의 고향이다. 『동관한기』東觀漢記 권7 「동평헌왕창」東平憲王蒼 조에 "노魯나라 공씨孔氏들이 아직까지도 중니의 수레, 가마, 관冠, 신발을 간직하고 있으니, 훌륭한 덕을 지녔던 사람은 그 영광이 멀리까지 미침을 밝힌 것이다" 하였다.

18. **정호鼎湖의⋯⋯ 울었다네** 정호는 옛날에 황제黃帝가 솥(鼎)을 만들고 난 뒤 승천昇天했다는 곳이다. 『사기』 권28 「봉선서」封禪書에, 황제가 용을 타고 신하와 후비后妃 70여 인도 함께 용에 올라타고 승천하자 남아 있던 신하들이 함께 가려고 용의 수염을 잡았는데, 용의 수염이 빠지면서 신하들은 추락하고 황제의 활과 검도 함께 떨어졌다고 하였다. 제왕帝王의 서거를 슬퍼하는 고사로 쓰인다. 화양구곡華陽九曲에 읍궁암泣弓巖이 있다.

제 임금께 충성하듯 했네   如忠其主

선왕에게 원수 있었나니   先王有仇

저 건주建州[19] 오랑캐라   維彼建州

어찌 단지 사감私憾 때문이리   豈獨我私

대국의 원수로세   大邦之讎

왕께서 복수코자   王欲報之

대로大老[20] 불러 상의하며   大老與謀

힘쓸지어다   王曰懋哉

초구를 하사하노라 하셨네   賜汝貂裘

서리 만난 갓옷은   秋毫啣霜

북쪽 변방에서 빛을 발했을 텐데   紫塞騰光

큰 공을 못 이룬 채   大功未集

왕이 문득 승하하셨네   王遽陟方

대로는 상심하여   大老其寒

갓옷 안고 눈물 흘리니   抱裘而泣

그 눈물 땅에 가득   其淚滿地

벽옥으로 변했고야[21]   化而爲碧

갓옷 아니면 추워서가 아니라   匪裘不溫

미처 입지 못한 때문이요   未服是矣

---

19. **건주建州**   지금의 중국 길림성吉林省 동남 지역으로, 이곳의 여진족女眞族들이 중심이 되어 청나라를 세웠다.

20. **대로大老**   덕망 높은 노인이란 뜻으로, 노론에서 송시열을 높여 대로라고 불렀다.

21. **벽옥으로 변했고야**   『장자』 「외물」外物에 주周나라 영왕靈王의 어진 신하인 장홍萇弘이 쫓겨나서 촉蜀 땅에서 배를 갈라 죽었는데 그 피를 3년 동안 간직해 두었더니 벽옥으로 변했다고 한다. 그러므로 충신열사가 흘린 피를 벽혈碧血이라 한다.

선왕께서 내린 명령　　　　　　　先王之命

좌절된 때문일레　　　　　　　　　命斁是矣

오늘 저녁이 어느 땐고　　　　　　今夕何辰

세 번째 돌아온 갑신년이라　　　　甲其三申

우리는 망한 명나라의 백성이요　　明之遺民

선왕은 성인이셨네　　　　　　　　先王聖人

조부께서 손수 쓰신
한림翰林 추천서에 대한 기록¹

아아, 이는 나의 조부께서 한림 추천을 맡았을 때 손수 두 사람의 이름을 쓴 것이다. 그 두 사람이 누군가 하면 영의정 신공 만申公晚²과 이조 판서 윤공 급尹公汲³이다.

우리 왕조가 건국한 지 이미 오래되다 보니 사대부들이 전적으로 문벌만을 숭상하는데, 그 문벌의 청환淸宦으로는 한림과 이조 좌랑吏曹佐郞을 더욱 중하게 여겼다. 이조의 정랑正郞과 좌랑은 3품 이하의 관원에 대해서 통색通塞⁴을 모두 주관하며 또 자기 후임을 스스로 추천하지만, 그 이름과 지위는 낭서郞署를 벗어나지 못한다.

그런데 한림의 고사故事(오래된 규례)에는 회천回薦⁵이 대문에 이르러, 예

---

1. **조부께서 …… 기록**　연암의 조부 박필균朴弼均(1685~1760)이 1729년(영조 5) 예문관 봉교藝文館奉敎로서 한림翰林 즉 예문관 검열藝文館檢閱의 후보자 추천을 맡았던 사실을 말한다. 『연암집』 권9에 실린 조부 박필균의 가장家狀에도 중요한 사실로 언급되어 있다.
2. **신공 만申公晚**　신만(1703~1765)은 1762년(영조 38)에 영의정이 되었다.
3. **윤공 급尹公汲**　윤급(1697~1770)은 1763년(영조 39)에 이조 판서가 되었다.
4. **통색通塞**　등용과 저지라는 뜻으로, 관원에 대한 추천권을 말한다. 일반 관직의 후보자로 천거하는 것을 통망通望, 청환淸宦의 후보자로 천거하는 것을 통청通淸이라 한다.

문관에 소속된 하인이 고사에 따라,

"자리에 계신 분들은 회피하서야겠습니다."

하고 아뢰면, 아무리 대관大官이라도 전에 검열을 지낸 사람이 아니면 으레 다 자리를 피해야 한다. 선발에 든 사람이 문벌과 재학才學에 털끝만큼의 하자도 지적되지 않은 다음에야 비로소 완천完薦(추천완료)이 되었다. 완천한 날에는 분향하고 맹세하기를,

"추천된 사람이 적임자가 아니면 재앙이 자손에게까지 미칠 것입니다."

하였으니, 이것은 사관史官의 직무를 중히 여긴 때문이었다. 그러므로 벼슬은 비록 낮으나 어디에도 통제되고 소속되지 않았으니, 이조의 정랑과 좌랑에 비해서 이름이 더욱 화려하고 돋보였다.

옛날에 종더러 말에게 콩을 더 주라고 훈계한 자가 있었고, 곡식을 말릴 적에 직접 참새를 쫓아 버린 자가 있었는데, 마침내 좀스럽다는 비방을 입어 종신토록 청선淸選[6]이 막히고 말았다. 말에게 콩을 더 주도록 하고 참새를 쫓아 버린 것이 그 사람의 어질고 어질지 못한 것과 무슨 상관이 있다고, 너무도 각박하다는 혐의를 거의 면하지 못할 것이 아니겠는가. 그러나 사대부들이 집에서 생활할 적에도 오히려 모든 일에 친히 관여하는 것을 부끄럽게 여기니, 관직 생활을 할 적에 청렴한 절조를 함양하고 명론名論(명망)을 중히 여기기를 바라는 것이 또한 어떠하겠는가. 이로써 본다면, 사소한 부분을 질책하는 것은 너무도 각박한 데 가까운 것이 아니라, 바로 사대부를 특별히 함양하고자 하는 까닭이다.

---

5. 회천回薦 예문관 검열의 후보자를 정한 뒤에 추천서를 가지고 전·현직 검열을 지낸 선배들을 두루 찾아가 가부를 묻는 것을 말한다. 그중의 단 한 사람이라도 반대하면 추천할 수 없게 된다.

6. 청선淸選 청환淸宦의 후보자로 선발되는 것을 말한다.

그러므로 그 문벌과 재학이 한림의 선발에 충분히 들 만한 사람이라면, 비록 10년 동안이나 관리로 등용되지 못할지라도 오히려 스스로 기다리며, 등급을 뛰어넘어 승진하는 것을 영광스럽게 여기지 않았다. 이 때문에 당로자當路者들은 명론이 하급 관원들에게 있는 것을 싫어하여, 마침내 한림의 고사를 일체 파괴해서 한림 추천을 소시召試로 바꾸고, 이조의 정랑과 좌랑을 일반 관리로 만들어 버렸다.[7] 이로 말미암아 사대부들이 거침없이 날로 부귀영달의 길로 치달려, 한 자급資級이나 반 자급이라도 혹시 남에게 뒤질까봐 오히려 두려워하게 되었으니, 300년 동안 사대부를 특별히 함양했던 제도가 거의 다 없어져 버리고 말았다.

아아, 기거주起居注[8]는 시정기時政記[9]와 일력日曆을 맡은 중책인데도 분향하고 맹세하는 말을 다시는 볼 수 없게 되었으니, 누가 다시 조부의 이 글이 한림의 고사와 관계된 것인 줄을 알겠는가. 조부께서 한림으로 추천한 두 분은 오히려 사대부들이 관직에 나아갈 때와 물러날 때를 알게 하고 명예를 지키도록 하는 것을 자신의 소임으로 삼았으며, 편지 글씨가 모두 대단히 뛰어나서 당시에 벼슬아치들이 이를 본떴다고 한다.[10]

---

7. **당로자當路者들은 …… 만들어 버렸다**　영조 17년(1741) 영의정 김재로金在魯, 좌의정 송인명宋寅明, 우의정 조현명趙顯命 등이 영조의 탕평책에 호응하여, 한림에 대해 회천回薦하던 규례를 혁파하고 제술製述을 시험하여 선발하는 한림소시翰林召試의 제도를 만들고, 아울러 이조의 정랑과 좌랑이 통청通淸하던 규례도 혁파한 사실을 말한다. 그중 특히 한림 회천은 국초부터 300년 동안 전해 내려온 규례였으므로, 이를 혁파하는 데 대한 반발이 적지 않았다. 『英祖實錄』 17年 4月 19日, 22日, 25日

8. **기거주起居注**　예문관 검열을 말한다. 원래 기거주는 고려 시대 중서문하성中書門下省의 정5품 관직으로, 사관직史官職을 주로 하고 간쟁諫爭과 봉박封駁의 임무를 지닌 간관諫官의 역할도 수행하였다. 예문관 검열이 사관史官이기 때문에 이렇게 말한 것이다.

9. **시정기時政記**　임금이 정무를 집행할 때에 있었던 중요 사안들을 훗날 실록實錄 편찬의 자료로 삼기 위해서 사관이 추려 적은 기록을 말한다.

10. **편지 …… 한다**　특히 윤급의 편지 글씨체는 '윤상서체'尹尙書體라 하여 사람들이 다투어 모방했다고 한다. 『槿域書畵徵』 卷5

소완정素玩亭[1]의 하야방우기夏夜訪友記에 화답하다

유월 어느날 낙서洛瑞가 밤에 나를 찾아왔다가 돌아가서 기記를 지었는데, 그 기에,

"내가 연암燕巖 어른을 방문한즉, 어른은 사흘이나 굶은 채 망건도 쓰지 않고 버선도 신지 않고서, 창문턱에 다리를 걸쳐 놓고 누워서 행랑것과 문답하고 계셨다."

하였다. 여기에서 말한 연암이란 금천金川[2]의 협곡에 있는 나의 거처인데, 남들이 이것으로 내 호號를 삼은 것이었다. 나의 식구들은 이때 광릉廣陵(경기도 광주廣州)에 있었다.

나는 본래 몸이 비대하여 더위가 괴로울 뿐더러, 풀과 나무가 무성하

1. **소완정素玩亭**　　이서구李書九(1754~1825)의 일호이다. 그 밖에 강산薑山·척재惕齋 등의 호가 있다. 자는 낙서洛瑞(또는 洛書)이고 본관은 전주이다. 연암에게 문자을 배웠으며, 사가시인四家詩人의 한 사람으로 문자학文字學과 전고典故에 조예가 깊고 글씨에도 뛰어났다. 1774년 정시庭試에 합격한 후 전라도 관찰사, 우의정 등을 지냈다.
2. **금천金川**　　황해도에 속한 군郡으로 개성開城 근처에 있었다. 박지원이 은거했던 그곳의 한 협곡은 입구에 제비들이 항시 둥지를 틀고 있다고 하여 '제비 바위'라는 뜻으로 연암燕巖이라 불렀다고 한다.

여 푹푹 찌고 여름이면 모기와 파리가 들끓고[3] 무논에서는 개구리 울음이 밤낮으로 그치지 않을 것을 걱정하였다. 이 때문에 매양 여름만 되면 늘 서울집에서 더위를 피하는데, 서울집은 비록 지대가 낮고 비좁았지만, 모기·개구리·풀·나무의 괴로움은 없었다. 여종 하나만이 집을 지키고 있었는데, 문득 눈병이 나서 미친 듯이 소리를 지르더니 주인을 버리고 나가 버려서, 밥을 해 줄 사람이 없었다. 그래서 행랑 사람에게 밥을 부쳐 먹다 보니 자연히 친숙해졌으며, 저들 역시 나의 노비인 양 시키는 일 하기를 꺼리지 않았다.

고요히 지내노라면 마음속엔 아무 생각도 없었다. 가끔 시골에서 보낸 편지를 받더라도[4] '평안하다'는 글자만 훑어볼 뿐이었다. 갈수록 둔하고 게으른 것이 버릇이 되어, 남의 경조사에도 일체 발을 끊어 버렸다. 혹은 여러 날 동안 세수도 하지 않고, 혹은 열흘 동안 망건도 쓰지 않았다. 손님이 오면 간혹 말없이 차분하게 앉았기도 하였다. 어쩌다 땔나무를 파는 자나 참외 파는 자가 지나가면, 불러서 그와 함께 효제충신孝悌忠信과 예의염치禮義廉恥에 대해 이야기하였는데 간곡하게 하는 말이 종종 수백 마디였다. 사람들이 간혹 힐책하기를, 세상 물정에 어둡고 얼토당토아니하며 조리가 없어 지겹다고 해도 이야기를 그칠 줄을 몰랐다. 그리고 집에 있어도 손님이요 아내가 있어도 중과 같다고 기롱하는 사람도 있었지만, 그럴수록 더욱 느긋해하며, 바야흐로 한 가지도 할 일이 없는 것을 스스로 만족스러워하였다.

새끼 까치가 다리 하나가 부러져 짤뚝거리니 보기에도 우습길래, 밥알을 던져 주었더니 더욱 길들여져 날마다 와서 서로 친해졌다. 마침내

---

3. **여름이면 …… 들끓고** 원문은 '夏夜蚊蠅'인데, 문리가 잘 통하지 않아 '夏多蚊蠅'으로 되어 있는 몇몇 이본들에 의거하여 번역하였다.

4. **시골에서 …… 받더라도** 당시 연암은 식구들을 경기도 광주의 석마石馬(지금의 분당)에 있던 처가에 보냈다. 그곳에 있는 가족들이 보낸 안부 편지를 받았다는 뜻이다.

그 새를 두고 농담하기를,

"맹상군孟嘗君은 하나도 없고[5] 평원군平原君의 식객만 있구나!6"

하였다. 우리나라의 속어에 엽전을 푼(文)이라 하므로, 돈을 맹상군이라 일컬은 것이다.

자다가 깨어 책을 보고 책을 보다가 또 자도 깨워 주는 이가 없으므로, 혹은 종일토록 실컷 자기도 하고, 때로는 글을 저술하여 의견을 나타내기도 했다. 자그마한 철현금鐵絃琴[7]을 새로 배워, 권태로우면 두어 가락 타기도 하였다. 혹은 친구가 술을 보내 주기라도 하면 그때마다 흔쾌히 술을 따라 마셨다. 술이 취하고 나서 자찬自贊하기를,[8]

---

5. **맹상군孟嘗君은 하나도 없고** 돈이 한푼도 없다는 말이다. 맹상군은 전국戰國 시대 제齊나라의 공자公子인데, 성은 전田이고 이름은 문文이다. 연암이 아래에 덧붙인 설명을 참조하면, 우리나라에서 엽전(錢)을 푼(文)이라고 했기 때문에, 맹상군의 이름 전문田文이 엽전 한푼(錢文)과 같다고 농담을 한 것이다.

6. **평원군平原君의 식객만 있구나** 평원군은 전국 시대 조趙나라의 공자인데 문하門下에 식객이 수천 명이었다고 한다. 평원군의 이웃에 다리를 저는 사람이 있었는데, 평원군의 애첩이 그가 절뚝거리며 물 긷는 것을 보고 깔깔거리며 비웃었으므로, 평원군을 찾아와서 "선비들이 천리를 멀다 않고 찾아오는 것은 군께서 선비를 귀하게 여기고 첩을 천히 여기기 때문입니다. 제가 불행히 병을 앓아 불구가 되었는데, 군의 후궁後宮이 저를 보고 비웃었으니 목을 베어 주십시오" 하였다. 평원군이 승낙은 하였으나, 애첩의 목을 베는 것은 너무 심하다고 여겨 행하지 않았다. 그러자 그 다리 저는 이웃 사람에게 한 약속을 지키지 않았다는 이유로 식객들이 반 이상이나 떠나가 버렸으므로, 마침내 평원군은 그 애첩을 죽이지 않을 수 없었다고 한다. 『史記』 卷76 「平原君列傳」 여기에서는 다리를 저는 새끼 까치를 '평원군의 식객'에다 비유한 것이다.

7. **철현금鐵絃琴** 금속 줄로 된 양금洋琴을 이른다. 유럽에서 들어왔다고 하여 구라철사금歐邏鐵絲琴이라고도 한다. 명나라 말에 예수회 선교사 마테오 리치Matteo Ricci가 중국에 처음 소개하였는데, 조선에는 영조英祖 때에 들어왔을 것으로 추정된다. 연암의 증언에 의하면, 1772년 홍대용이 국내 최초로 이 철현금을 향악鄕樂 음정에 조율하여 연주하는 데 성공한 뒤 그 연주법이 널리 전파되었다고 한다. 『熱河日記』 「銅蘭涉筆」

8. **자찬自贊하기를** 한문漢文의 문체 중에 찬贊이 있는데 대개 운문韻文이다. 작가가 자신에 대해 지은 찬을 자찬自贊이라 한다. 여기에서는 스스로를 칭찬한다는 뜻과 함께, 자찬을 지었다는 뜻도 내포하고 있다.

내가 나를 위하는 것은 양주楊朱와 같고	吾爲我似楊氏
만인을 고루 사랑하는 것은 묵적墨翟과 같고	兼愛似墨氏
양식이 자주 떨어짐은 안회顔回와 같고[9]	屢空似顔氏
꼼짝하지 않는 것은 노자老子와 같고[10]	尸居似老氏
활달한 것은 장자莊子와 같고	曠達似莊氏
참선하는 것은 석가釋迦와 같고	參禪似釋氏
공손하지 않은 것은 유하혜柳下惠와 같고[11]	不恭似柳下惠
술을 마셔대는 것은 유영劉伶과 같고[12]	飮酒似劉伶
밥을 얻어먹는 것은 한신韓信과 같고[13]	寄食似韓信
잠을 잘 자는 것은 진단陳搏과 같고[14]	善睡似陳搏
거문고를 타는 것은 자상子桑과 같고[15]	鼓琴似子桑

9. 양식이 …… 같고 안회顔回는 공자 제자로 도道를 즐거워하고 가난을 편안히 받아들여 양식이 자주 떨어져도 조금도 개의치 않았다. 『論語』「先進」

10. 꼼짝하지 …… 같고 『장자』「천운」天運에서 공자孔子가 노자老子를 만나고 와서 용을 만나 본 것과 같다고 감탄하자, 자공子貢이 "그렇다면 정말 꼼짝하지 않으면서도 용이 나타난 것과 같은 사람(尸居而竜見)이 있다는 말인가?" 하며 노자를 만나러 갔다고 하였다.

11. 공손하지 …… 같고 유하혜柳下惠는 노魯나라 대부大夫로 이름은 전금展禽이다. 『맹자』「공손추 상」에서 맹자가 자신의 처신을 백이伯夷의 처신과 비교하여 "백이는 편협하고 유하혜는 공손하지 않으니, 편협한 것과 공손하지 않은 것은 군자가 따르지 아니한다" 하였다.

12. 술을 …… 같고 유영劉伶은 진晉나라 때 죽림칠현竹林七賢 중의 한 사람이다. 술을 매우 좋아하여 늘 술병을 지니고 다녔으며, 「주덕송」酒德頌을 지어 술을 찬양하였다. 『晉書』卷49「劉伶傳」

13. 밥을 …… 같고 한신韓信은 한漢나라 고조高祖의 명신名臣으로, 포의布衣 시절에 생계를 꾸려가지 못하여 항상 남에게서 밥을 얻어먹고 지냈다고 한다. 『史記』卷92「淮陰侯列傳」

14. 잠을 …… 같고 진단陳搏(?~989)은 송宋나라 때의 유명한 도사道士로 주돈이周敦頤의 태극도太極圖의 남상이 되는 선천도先天圖를 남겼다. 그는 한 번 잠이 들면 100여 일 동안이나 깨지 않았다고 한다. 『宋史』卷457「陳搏傳」

15. 거문고를 …… 같고 대본에는 '鼓琴似子桑〇戶'로 1자가 누락되어 있으나, 몇몇 이본들에는 공백 없이 '鼓琴似子桑戶'로 되어 있다. 그런데 자상호子桑戶는 『장자』「대종사」大宗師에 나오는 인물로, 그가 죽자 막역지우莫逆之友인 맹자반孟子反과 자금장자琴張이 그의 시신을 앞에 두고서

글을 저술하는 것은 양웅揚雄과 같고[16]	著書似揚雄
자신을 옛 인물과 비교함은 공명孔明과 같으니[17]	自比似孔明
나는 거의 성인에 가까울 것이로다	吾殆其聖矣乎
다만 키가 조교曹交보다 모자라고[18]	但長遜曹交
청렴함은 오릉於陵에 못 미치니[19]	廉讓於陵

편곡編曲하거나 거문고를 타면서 노래를 불렀다고 하였다. 따라서 자상호가 거문고를 탔던 것은 아니다. 아마도 이는 같은 「대종사」에 나오는 자상子桑과 혼동한 듯하다. 즉 자상의 벗 자여子輿가 그의 집을 찾아갔더니, 자상은 거문고를 타면서 자신의 지독한 가난을 한탄하는 노래를 부르고 있었다고 하였다. 원문의 '鼓琴似子桑□戶'를 그 다음 문장과 연결시켜서 '鼓琴似子桑 □戶著書似揚雄'으로 구두를 떼고 누락된 글자를 '閉'로 추정하여 '鼓琴似子桑 閉戶著書似揚雄'으로 판독할 수도 있다. 그러나 이것은 그 앞의 문장들이 대개 '□□似□□'의 5자구字句를 취하고 있는 점과 어긋난다. 또한 소순蘇洵이 '폐호독서'閉戶讀書한 사실은 있어도 양웅이 '폐호저서'閉戶著書했다는 기록은 보지 못하였다. 그러므로 '子桑戶'의 '戶'는 역시 연자衍字로 보아야 할 것이다.

16. 글을 …… 같고   양웅揚雄(기원전 53~기원후 18)은 젊어서 학문을 좋아하고 책을 박람博覽했으며 사부辭賦를 잘 지었고, 빈천貧賤하면서도 부귀영달에 급급하지 않았다. 그가 당시 집권자들에게 아부하여 벼슬을 구할 생각을 하지 않고 담담하게 자신의 절조를 지키며 『태현경』太玄經을 저술하고 있음을 보고 조소하는 사람이 있었으므로, 이에 대해 해명하는 「해조」解嘲를 지었다. 또한 『태현경』이 너무 심오하여 사람들이 알기 어렵다고 비난하는 사람이 있었으므로, 이에 대해 해명하는 「해난」解難을 지었다. 40여 세가 지나서 비로소 상경하여 애제哀帝 때 낭랑郎이 되고, 왕망王莽이 집권했을 때에도 벼슬이 겨우 대부大夫에 머물렀다. 이는 그가 세리勢利에 연연하지 않고 호고낙도好古樂道하면서 문장으로 후세에 명성을 이룰 것을 추구했기 때문이었는데, 그로 인해 당시에 홀대를 당했으며 알아주는 이가 적었다. 유흠劉歆은 『태현경』을 두고 '후세 사람들이 장독 덮개(覆醬瓿)로나 쓸 것'이라고 조롱했다. 『漢書』 卷87 「揚雄傳」

17. 자신을 …… 같으니   공명孔明은 삼국 시대 촉蜀의 재상 제갈량諸葛亮을 가리킨다. 제갈량이 융중隆中에서 농사지으며 은거할 때 「양보음」梁甫吟을 즐겨 부르면서 매양 자신을 제齊나라의 재상 관중管仲과 연燕나라의 명장 악의樂毅에게 견주었다고 한다. 『世說新語』 「方正」

18 키가 조교曹交보다 모자라고   조교는 『맹자』 「고자 하」告子下에 나오는 인물로 키가 9척 4촌이나 되었다고 한다. 21쪽 주17 참조.

19. 청렴함은 …… 미치니   오릉於陵은 곧 오릉중자於陵仲子인 진중자陳仲子를 가리킨다. 진중자는 전국 시대 제나라 사람으로, 형이 많은 녹봉을 받는 것을 의롭지 않다고 여겨, 초楚나라의 오릉에 가서 은거하며 가난하게 살았으므로 오릉중자라 하였다. 당시 그는 3일 동안이나 굶주려 우물가로 기어가서 굼벵이가 반 넘게 파먹은 오얏을 삼키고 나서야 귀에 소리가 들리고 눈이 보였다고 한다. 『孟子』 「滕文公下」

하고는, 혼자서 껄껄대고 웃기도 했다.

이때 나는 과연 밥을 못 먹은 지 사흘이나 되었다. 행랑아범이 남의 집 지붕을 이어 주고서 품삯을 받아, 비로소 밤에야 밥을 지었다. 그런데 어린아이가 밥투정을 부려 울며 먹으려 하지 않자, 행랑아범은 성이 나서 사발을 엎어 개에게 주어 버리고는 아이에게 뒈져 버리라고 악담을 하였다. 이때 나는 겨우 밥을 얻어먹고 식곤증이 나서 누웠다가, 그에게 장괴애張乖崖가 촉蜀(사천성四川省) 지방을 다스릴 때 어린아이를 베어 죽인 고사[20]를 들어 깨우쳐 주고 나서, 또 말하기를,

"평소에 가르치지 않고서 도리어 꾸짖기만 하면, 커 갈수록 부자간의 은의恩義를 상하게 되는 법이다."

하였다. 그러면서 하늘을 쳐다보니 은하수는 지붕에 드리우고, 별똥별은 서쪽으로 흐르며 흰 빛줄기를 공중에 남겼다. 말이 미처 끝나기도 전에 낙서洛瑞가 와서 묻기를,

"어른께서는 혼자 누워서 누구와 이야기하십니까?"

하였으니, 기記에서 '행랑것과 문답하고 계셨다'고 한 것은 이를 말한 것이다.

---

20. 장괴애張乖崖가 …… 고사   괴애乖崖는 북송北宋 초의 명신名臣인 장영張詠의 호이다. 그는 강직함을 자처하고 다스림에 있어서 엄하고 사나움을 숭상하여, 괴팍하고 모가 났다는 뜻의 '괴애'로 자신의 호를 삼았다고 한다. 그는 태종太宗 때 익주 지사益州知事로 나가 은위恩威를 병용하여 선정善政을 폈으므로, 백성들이 그를 두려워하면서도 사랑했다고 한다. 그 뒤 진종眞宗은 이러한 남다른 치적을 알고 그를 거듭 익주 지사로 임명했다.『宋史』卷293「張詠傳」장영이 촉蜀 지방 즉 익주益州를 다스릴 적에 어느 늙은 병졸이 어린아이를 품에 안고 있었는데 그 아이가 장난삼아 늙은 아비의 뺨을 때리는 것을 보고는 격분한 장영이 그 아이를 죽여 버리게 했다고 한다.『靑莊館全書』卷48「耳目口心書 1」원문에는 장괴애가 '守蜀'했다고 하였는데, 조신朝臣으로서 지방관으로 나가 열군列郡을 지키는 경우 이를 수신守臣이라 부른다.

낙서는 또 눈 내리는 밤에 떡을 구워 먹던 때의 일을 그 글에 기록했다. 마침 나의 옛집이 낙서의 집과 대문을 마주하고 있었으므로, 동자童子 때부터 그는 나의 집에 손님들이 날마다 가득하고 나도 당세에 뜻이 있었음을 보았다. 그런데 지금 나이 40이 채 못 되어 이미 나의 머리가 허옇게 되었다며, 그는 자못 감개한 심정을 말했다. 그러나 나는 이미 병들고 지쳐서 기백이 꺾이고, 세상에 아무런 뜻이 없어 지난날의 모습을 다시는 찾아볼 수 없다. 이에 기記를 지어 그에게 화답한다.

낙서의 기記는 다음과 같다.[21]

유월 상현上弦(7~8일경)에 동쪽 이웃 마을로부터 걸어가서 연암 어른을 방문했다. 이때 하늘에는 구름이 옅게 끼고 숲속의 달은 희끄무레했다. 종소리가 처음 울렸는데[22] 시작할 때에는 우레처럼 은은殷殷하더니, 끝날 때에는 물거품이 막 흩어지는 것처럼 여운이 감돌았다. 어른이 집에 계시려나 생각하며 골목에 들어서서 먼저 들창을 엿보았더니 등불이 비쳤다. 그래서 대문에 들어섰더니, 어른은 식사를 못한 지가 이미 사흘이나 되셨다. 바야흐로 버선도 신지 않고 망건도 쓰지 않은 채 창문턱에 다리를 걸쳐 놓고 행랑것과 문답하고 있다가, 내가 온 것을 보고서야 드디어 옷을 갖추어 입고 앉아서, 고금의 치란治亂 및 당세의 문장과 명론名論[23]의 파별派別·동이同異에 대해

---

21. **낙서의 …… 같다**　이서구의 「하야방우기」夏夜訪友記는 그의 『자문시하인언』自問是何人言에 수록되어 있는데, 『연암집』에 인용된 것과 조금 차이가 있다. 차이 나는 부분은 원문의 각주에 밝혀 두었다.
22. **종소리가 처음 울렸는데**　서울 종루鐘樓(종각鐘閣)에서 초경初更(저녁 7시~9시)을 알리는 타종을 했다는 뜻이다.
23. **명론名論**　여기서는 노론·소론·남인 등의 당론黨論을 가리킨다.

거침없이 이야기하시므로, 나는 듣고서 몹시 신기하게 여겼다.

　이때 밤은 하마 삼경이 지났다. 창밖을 쳐다보니 하늘 빛은 갑자기 밝아졌다 갑자기 어두워졌다 하고, 은하수는 하얗게 뻗쳐 더욱 가볍게 흔들리며 제 자리에 있지 않았다. 내가 놀라서,

　"저것이 어째서 그러는 거지요?"

했더니, 어른은 빙그레 웃으시며,

　"자네는 그 곁을 한번 보게나."

하셨다. 대개 촛불이 꺼지려 하면서 불꽃이 더욱 크게 흔들린 것이었다. 그제서야 조금 전에 본 것은 이것과 서로 어리비쳐 그렇게 된 것임을 알았다. 잠깐 사이에 촛불이 다 되어, 마침내 둘이 어두운 방 안에 앉아서 오히려 태연자약하게 담소를 나누었다. 내가 말하기를,

　"예전에 어른께서 저와 한마을에 사실 적에 눈 내리는 밤에 어른을 찾아뵌 적이 있었지요. 어른께서는 저를 위해 손수 술을 데우셨고, 저 또한 떡을 손으로 집고 질화로에서 구웠는데, 불기운이 훨훨 올라와 손이 몹시 뜨거운 바람에 떡을 잿속에 자주 떨어뜨리곤 하여, 서로 쳐다보며 몹시 즐거워했었지요. 그런데 지금 몇 년 사이에 어른은 머리가 이미 허옇게 되시고 저 역시 수염이 거뭇거뭇 돋았습니다."

하고는, 한참 동안 서로 슬퍼하며 탄식하였다.

　이날 밤 이후 13일 만에 이 기記가 완성되었다.

불이당기 不移堂記

사함士涵이 스스로 호를 죽원옹竹園翁이라고 짓고, 거처하는 당堂에 '불이'不移라는 편액을 걸고는 나에게 글을 써 달라고 청해 왔다.¹ 그러나 나는 일찍이 그 마루에 올라 보고 정원을 거닐어 보았어도 한 그루의 대나무도 보지 못했다. 내가 돌아보고 웃으며,

　　"이는 이른바 무하향無何鄕²이요 오유선생烏有先生³의 집인가? 이름이란 실질實質의 손님이니 나더러 장차 손님이 되란 말인가?⁴"

---

1. **사함士涵이 …… 청해 왔다**　　사함은 박종해朴宗海의 자로 추정된다. '불이'不移는 사철 내내 푸른 대나무처럼 절조를 변치 않는다는 뜻이다. 『맹자』「등문공 하」에 "빈천이 그의 절조를 변하게 할 수 없는"(貧賤不能移) 사람이라야 대장부라 할 수 있다고 하였다.
2. **무하향無何鄕**　　무하유지향無何有之鄕의 준말로, 어디에도 없다는 뜻이다. 현실의 제약을 벗어난 무위자연無爲自然의 이상향을 가리킨다. 『莊子』「逍遙遊」
3. **오유선생烏有先生**　　실존하지 않는 가공의 인물을 뜻한다. 한漢나라 사마상여司馬相如가 「자허부」子虛賦에서 자허子虛·오유선생·무시공亡是公이라는 가공의 세 인물을 설정하여 문답을 전개하였던 데서 유래한 것이다.
4. **이름이란 …… 말인가**　　『장자』「소요유」에서 요堯임금이 은자 허유許由에게 천하를 넘겨주려고 하자 허유가 이를 거절하면서 한 말이다. 이름과 실질의 관계를 고찰하는 명실론名實論은 묵가墨家 등 중국 고대 철학의 중요한 주제였다. 이름이 실질의 손님이란 말은, 이름이 실질에 대해 종속적·부차적인 관계에 있다는 뜻이다.

하였더니, 사함이 실망스러워하며 한참 있다가 하는 말이,

"그저 스스로 뜻을 붙인 것뿐일세."

하였다. 나는 웃으며 이렇게 말했다.

상심할 것 없네. 내 장차 자네를 위해 실질이 있게 만들어 줄
테니.

지난날 학사學士 이공보李功甫[5]께서 관직에 있지 않고 한가히 지낼
적에 매화시梅花詩를 짓고, 심동현沈董玄[6]의 묵매도墨梅圖를 얻자 그 시
로써 두루마리 그림의 첫머리에 화제畫題를 붙이셨지. 그러고 나서 웃
으며 나더러 말씀하시기를,

"너무하구나, 심씨의 그림이여! 능히 실물을 빼닮았을 뿐이구나!"

하기에, 나는 의혹이 들어서,

"그림을 그린 것이 실물을 빼닮았다면 훌륭한 화공인데 학사께서
는 어째서 웃으십니까?"

하고 물었네. 그러자 학사께서 말씀하시기를,

"그럴 일이 있지. 내가 처음에 이원령李元靈[7]과 교유할 적에 비단

5. 학사學士 이공보李功甫　　이양천李亮天(1716~1755)으로, 공보는 그의 자이다. 연암의 장인인
이보천李輔天의 동생으로, 홍문관 교리를 지냈으므로 학사라 칭한 것이다. 이양천은 시문詩文에
뛰어났으며, 수학 시절의 연암에게 문학을 지도하였다. 『연암집』 권3 「영목당 이공에 대한 제문」
(祭榮木堂李公文) 참조.
6. 심동현沈董玄　　화가 심사정沈師正(1707~1769)으로, 동현은 그의 자이다. 명문 사대부 출신이
면서도 과거나 관직에 뜻을 두지 않고 화업畫業에 정진하여 많은 작품을 남겼다. 화훼花卉·초충
草蟲을 가장 잘 그렸다고 한다.
7. 이원령李元靈　　화가 이인상李麟祥(1710~1760)으로, 원령은 그의 자이다. 호는 능호凌壺이다.
진사시進士試에 합격한 뒤 음보蔭補로 참봉參奉이 되고 음죽 현감陰竹縣監 등을 지냈으나, 관직을
그만두고 은거하며 벗들과 시·서·화를 즐기며 여생을 보냈다.

한 벌을 보내어 제갈공명諸葛孔明 사당 앞의 측백나무[8]를 그려 달라고 청했더니, 원령이 한참 있다가 전서篆書로 「설부」雪賦[9]를 써서 돌려보냈지. 내가 전서를 얻고는 우선 기뻐하며 더욱 그 그림을 재촉하였더니, 원령이 빙그레 웃으며, '그대는 아직 모르겠는가? 전에 이미 그려 보냈네' 하더군. 내가 놀라서, '전에 보내온 것은 전서로 쓴 설부뿐이었네. 그대는 어찌 잊어버린 겐가?' 했더니, 원령은 웃으며, '측백나무가 그 속에 들었다네. 무릇 바람과 서리가 매섭게 몰아치면 변치 않을 것이 어찌 있겠는가. 그대가 측백나무를 보고 싶거든 눈 속에서 찾아보게나' 하였지. 나도 마침내 웃으며 응수하기를, '그림을 그려 달라고 했는데 전서를 써 주고, 눈을 보고서 변치 않는 것을 생각하라고 하다니, 측백나무와는 거리가 너무도 머네그려. 그대가 도道를 행하는 것이 너무도 동떨어진 것이 아닌가?[10]' 하였지.

얼마 있지 않아서 나는 간언諫言을 올린 일로 죄를 얻어 흑산도黑山島에 위리안치圍離安置되었지.[11] 그때 하루 낮 하루 밤 동안 700리 길

---

8. 제갈공명諸葛孔明 …… 측백나무   "공명 사당 앞의 오래된 측백나무, 가지는 청동 같고 뿌리는 반석 같네"(孔明廟前有老柏, 柯如靑銅根如石)라고 노래한 두보杜甫의 유명한 칠언고시 「고백행」古柏行을 소재로 그림을 그려 달라고 부탁한 것이다.

9. 「설부」雪賦   진晉나라 사혜련謝惠連(397~433)이 지은 부賦의 제목이다. 서한西漢의 양효왕梁孝王이 양원梁園이라는 호사스런 원림園林에서 당대의 문사인 사마상여司馬相如 등과 함께 주연을 벌이다가 눈이 오자 흥에 겨워 시를 주고받았던 고사를 노래하였다. 『文選』 卷14 「雪賦」

10. 그대가 …… 아닌가   『중용』中庸에 출처를 둔 표현이다. 『중용장구』 제1장에서 "도란 것은 잠시도 떠날 수 없는 것이다. 떠날 수 있다면 도가 아니다"(道也者 不可須臾離也 可離 非道也)라고 하였다. 또한 제13장에서 공자는 "도는 사람을 멀리하지 않나니, 사람이 도를 행하면서 사람을 멀리하면 도라고 할 수 없다"(道不遠人 人之爲道而遠人 不可以爲道)고 하였다. 고원高遠하여 행하기 힘든 일에서 도를 찾으려는 경향을 경계한 말이다.

11. 나는 …… 위리안치圍離安置되었지   실록에 의하면 영조 28년(1752) 10월 홍문관 교리 이양천은 소론의 영수인 이종성李宗城을 영의정으로 임명한 조치에 항의하는 상소를 올렸다가, 왕의 분노를 사서 흑산도에 위리안치되는 처벌을 받았다. 그 이듬해 6월 위리圍離가 철거되고 육지로 나왔으나, 영조 31년(1755)에야 관직에 복귀했다가 이내 사망했다.

을 달려갔는데, 도로에서 전하는 말들이 금부도사禁府都事가 장차 이르면 후명後命[12]이 있을 것이라 하니, 하인들이 놀라서 떨며 울음을 터뜨렸지. 때마침 날씨는 차고 눈이 내리며, 낙엽진 나무들과 무너진 산비탈이 들쭉날쭉 앞을 가리고 바다는 눈앞에 끝없이 펼쳐졌는데, 바위 앞에 오래된 나무가 거꾸로 드리워져 그 가지가 마른 대나무와 같았지. 나는 바야흐로 말을 세우고 도롱이를 걸치다가, 손으로 멀리 가리키면서 그 기이함을 찬탄하며, '이것이야말로 어찌 원령이 전서로 쓴 나무가 아니겠는가!' 하였지.

섬에 위리안치되고 나니 장기瘴氣를 머금은 안개로 음침하기 짝이 없고 독사와 지네 따위가 베개나 자리에 이리저리 얽혀 언제 해를 끼칠지 알 수 없었지. 어느 날 밤 큰 바람이 바다를 뒤흔들어 벼락이 치는 듯했으므로 종인從人들이 다 넋이 달아나고 토하고 어지러워했는데, 나는 노래를 짓기를,

남쪽 바다 산호가 꺾어진들 어쩌리오   南海珊瑚折奈何
오늘 밤 옥루가 추울까 그것만 걱정일레[13]   秪恐今宵玉樓寒

하였지.

원령이 편지로 답하기를, '근자에 「산호곡」珊瑚曲을 얻어 보니, 말이 완곡하면서 슬픔이 지나치지 않고 원망하거나 후회하는 뜻이 조금도 없으니, 그만하면 환난에 잘 대처할 수 있겠구려. 지난날에 그

---

12. **후명後命**   유배형을 받은 죄인에게 다시 사약賜藥을 내리는 일을 말한다.
13. **남쪽……걱정일레**   옥루玉樓는 상제上帝가 산다는 곳인데, 여기서는 궁궐을 상징적으로 표현한 것이다. 자신의 비참한 운명에는 개의치 않고 오직 임금께서 평안하신지 염려한다는 뜻이다. 이 시는 걸작으로 알려져, 그의 벗 이윤영李胤永이 지은 만시輓詩에도 인용되었다. 『丹陵遺稿』卷10「挽功甫」

대가 측백나무를 그려 달라고 한 적이 있었는데, 그대 역시 그림을
잘 그린다고 할 수 있겠소. 그대가 떠난 후에 측백나무를 그린 그림
수십 본이 서울에 남아 있는데, 모두 조리曹吏[14]들이 몽당붓(禿筆)[15]으로
서로 돌려가며 베껴 그린 것이라오. 그러나 그 군센 줄기와 꼿꼿한
기상이 늠름하여 범접할 수 없고, 가지와 잎은 촘촘하여 어찌 그리도
무성하던지!' 하였으므로, 나도 모르게 웃음을 터뜨리며, '원령이야말
로 몰골도沒骨圖라 이를 만하구나!'[16] 하였지. 이로 말미암아 보면, 좋
은 그림이란 실물을 빼닮은 데 있는 것은 아니야."

하시기에, 나도 역시 웃었다네.

얼마 있다가 학사께서 세상을 떠났기에 나는 그분을 위하여 그
시문詩文을 편집하다가, 그분이 유배지에 있을 적에 형님에게 보낸 편
지를 발견했네. 그 내용인즉,

"근자에 아무개의 편지를 받아 보니, 그가 나를 위하여 당로자當
路者에게 귀양을 풀어 주기를 청하고자 한다 하였으니,[17] 어찌 나를
이다지도 얕잡아 대하는지요? 비록 바다 한가운데에 갇혀서 병들어
죽을지언정 저는 그런 노릇은 하지 않겠습니다."

---

14. **조리曹吏** 예조禮曹의 도화서圖畫署에 소속된 화원畫員을 이른다. 이들의 그림을 화원화畫員
畫라고 하여, 사대부 출신 화가들이 그린 문인화文人畫와 차별하고 그 예술적 가치를 낮게 평가
하였다.
15. **몽당붓(禿筆)** 예리하지 못한 붓이라는 뜻으로, 그림 솜씨가 그다지 뛰어나지 못한 경우를
가리킬 때 쓰는 표현이다.
16. **원령이야말로 ⋯⋯ 만하구나** 몰골도沒骨圖는 붓으로 윤곽을 그리지 않고 직접 채색하는 수법
으로 그린 그림을 이른다. 이는 이인상의 화풍을 가리켜 한 말이자, 그가 편지에서 화원들이 모
방한 측백나무 그림이 사이비임을 언중유골로 은근히 풍자했다는 뜻을 함축하고 있다.
17. **근자에 ⋯⋯ 하였으니** 실록에 의하면 영조 29년(1753) 3월과 4월에 언관言官들이 이양천의
해배解配를 건의했으나 모두 기각되었다. 이러한 공개적인 노력 말고도, 이양천의 벗들 중에 당
시 정계의 실력자들을 찾아다니며 석방운동을 벌이려는 사람이 있었던 듯하다.

했네. 나는 그 편지를 쥐고 슬피 탄식하며,

"이 학사李學士야말로 진짜 눈 속에 서 있는 측백나무이다. 선비란 곤궁해진 뒤라야 평소의 지조가 드러난다. 재난을 염려하면서도 그 지조를 변치 않고, 고고하게 굳건히 서서 그 뜻을 굽히지 않으신 것은, 어찌 추운 계절이 되어야 볼 수 있는 것이 아니겠는가.[18]"
하였다네.

그런데 지금 우리 사함은 성품이 대나무를 사랑한다. 아아, 사함은 참으로 대나무를 아는 사람인가? 추운 계절이 닥친 뒤에 내 장차 자네의 마루에 오르고 자네의 정원을 거닌다면, 눈 속에서 대나무를 볼 수 있겠는가?

---

18. **추운 …… 아니겠는가** 『논어』「자한」子罕에 "추운 계절이 되어야 소나무와 측백나무가 맨 나중에 시듦을 알 수 있다"(歲寒 然後知松柏之後凋)고 하였다.

소완정기素玩亭記

완산完山(전주全州) 이낙서李洛瑞(이서구李書九)가 책을 쌓아 둔 그의 서재에 '소완'素玩[1]이라는 편액을 걸고 나에게 기記를 청하였다. 내가 힐문하기를,

"무릇 물고기가 물속에서 놀지만 눈에 물이 보이지 않는 것은 왜인가? 보이는 것이 모두 물이라서 물이 없는 거나 마찬가지이기 때문이지. 그런데 지금 낙서 자네의 책이 마룻대까지 가득하고 시렁에도 꽉 차서 앞뒤 좌우가 책 아닌 것이 없으니, 물고기가 물에 노는 거나 마찬가지일세. 아무리 동생董生에게서 학문에 전념하는 자세를 본받고[2] 장군張君에게서 기억력을 빌리고[3] 동방삭東方朔에게서 암송하는 능력을 빌린다 해도,[4]

---

1. **소완素玩** '소'素는 흰 바탕의 편지나 책을 의미하므로, 이서구는 책들을 완상玩賞하다는 뜻으로 이 당호를 지었을 것이다. 또한 '소'素에는 텅 비었다는 뜻도 있으므로, 연암은 이 뜻을 취하여 허심虛心으로 완상하라고 충고하고 있다.

2. **동생董生에게서 …… 본받고** 동생은 한漢나라 때 학자 동중서董仲舒이다. 『춘추』를 전공하여 경제景帝 때 박사博士가 되었는데, 학문에 전념하여 휘장을 드리우고 강송講誦하면서 3년 동안 정원을 한 번도 내다보지 않았다고 한다. 『漢書』 卷56 「董仲舒傳」

장차 스스로 깨달을 수는 없을 터이니 그래서야 되겠는가?"

하자, 낙서가 놀라며,

"그렇다면 장차 어찌해야겠습니까?"

하였다. 내가 말하기를,

"자네는 물건 찾는 사람을 보지 못했는가? 앞을 바라보면 뒤를 놓치고, 왼편을 돌아보면 바른편을 빠뜨리게 되지. 왜냐하면 방 한가운데 앉아 있어 제 몸과 물건이 서로 가리고, 제 눈과 공간이 너무 가까운 때문일세. 차라리 제 몸을 방 밖에 두고 들창에 구멍을 내고 엿보는 것이 나으니, 그렇게 하면 오로지 한쪽 눈만으로도 온 방 물건을 다 취해 볼 수 있네."

했더니, 낙서가 감사해하면서,

"이는 선생님께서 저를 약約[5]으로써 인도하신 것이군요."

하였다. 내가 또 말하기를,

"자네가 이미 약約의 도道를 알았으니, 나는 또 자네에게 눈으로 보지 않고 마음으로 관조하는 법을 가르칠 수 있지 않겠는가. 저 해라는 것은

---

3. **장군張君에게서 기억력을 빌리고**   장군은 장화張華(232~300)를 이른다. 그는 진晉나라의 유력한 정치가로 벼슬이 사공司空에 이르렀을 뿐 아니라 문인·학자로서도 뛰어난 인물이었다. 기억력이 탁월하기로 당대 제일이었다고 한다. 황문시랑黃門侍郞으로 있을 때 진 무제晉武帝가 한漢나라의 궁실 제도와 건장궁建章宮에 관해 묻자 장화는 땅에다 지도를 그려 가며 청산유수로 응답하여 감탄을 자아냈다고 한다. 수레 30대에 실은 책을 읽고 나서 『박물지』博物志 400권을 지었는데, 무제가 번거롭다고 하여 10권으로 줄였다고 한다. 장화를 '장군'이라 호칭한 것은 그가 광무현후廣武縣侯에 봉해졌기 때문이다. 『晉書』 卷36 「張華傳」

4. **동방삭東方朔에게서 …… 해도**   동방삭은 한나라 무제武帝 때 사람으로, 관직은 낮았지만 해학諧謔과 변설辯舌, 직언直言 등으로 유명하였다. 그는 예로부터 전해 오는 책들을 좋아하고 경술經術을 좋아하였으며, 야사·전기와 잡서까지 박람博覽하였다. 또한 시詩·서書·백가百家의 말들을 암송하는 것이 이루 헤아릴 수 없었다고 한다. 『史記』 卷126 「滑稽列傳 東方朔」

5. **약約**   핵심을 취한다는 뜻이다. 소식蘇軾의 「가설」稼說에서 학문하는 방도로 "책을 널리 보되 핵심을 취하며, 실력을 두텁게 쌓되 조금만 드러내라"(博觀而約取 厚積而薄發)고 권하였다.

가장 왕성한 양기陽氣일세. 온 누리를 감싸 주고 온갖 생물을 길러 주며, 습한 곳이라도 볕을 쪼이면 마르게 되고 어두운 곳이라도 빛을 받으면 밝아지네. 그렇지만 해가 나무를 태우거나 쇠를 녹여내지 못하는 것은 왜인가? 광선이 두루 퍼지고 정기精氣(양기)가 흩어지기 때문일세. 만약 만 리를 두루 비추는 빛을 거두어 아주 작은 틈으로 들어갈 정도의 광선이 되도록 모으고 유리구슬(돋보기)로 받아서 그 정광精光(양광陽光)을 콩알만한 크기로 만들면, 처음에는 불길이 자라면서[6] 반짝반짝 빛나다가 갑자기 불꽃이 일며 활활 타오르는 것은 왜인가? 광선이 한 군데로 집중되어 흩어지지 않고 정기가 모여서 하나가 된 때문일세."

하니, 낙서가 감사해하면서,

"이는 선생님께서 저를 오悟(깨달음)로써 깨우쳐 주신 것이군요."

하였다. 내가 또 말하기를,

"무릇 하늘과 땅 사이에 흩어져 있는 것들은 모두가 이 책들의 정기精氣이니, 제 눈과 너무 가까운 공간에서 제 몸과 물건이 서로를 가린 채 관찰하고 방 가운데에서 찾을 수 있는 것이 본래 아니지. 그러므로 포희씨包犧氏가 문文을 관찰할 적에 '위로는 하늘을 관찰하고 아래로는 땅을 관찰했다'고 하였고,[7] 공자孔子는 포희씨가 문을 관찰한 것을 찬미하고 나서

---

6. **불길이 자라면서** 원문은 '亭毒'인데, 두 글자 모두 '기른다'(養)는 뜻이다. 『노자』老子에 도道는 "만물을 기르고 기른다"(亭之毒之)고 하였다.

7. **포희씨包犧氏가 …… 하였고** 포희씨는 곧 태곳적 중국의 삼황三皇의 한 사람인 복희씨伏羲氏로, 팔괘八卦와 문자(書契)를 처음 만들었다고 한다. 포희씨가 문文을 관찰했다고 할 때의 '문'文은 단순히 문자나 문학을 뜻하는 것이 아니라, 천문天文과 지문地文과 인문人文까지 포괄하는 개념이다. 일월日月은 하늘의 문文이요, 산천山川은 땅의 문이요, 언어는 사람의 문이라고 한다. 『주역』周易 「계사전 상」繫辭傳上에 역易은 "위로는 천문을 관찰하고 아래로는 지리를 관찰한 것이다"(仰以觀於天文 俯而察於地理)라고 하였고, 또한 「계사전 하」繫辭傳下에 옛날 포희씨가 왕이 되어 천하를 다스릴 적에 "위로는 하늘에서 상象을 관찰하고 아래로는 땅에서 법法을 관찰하여"(仰則觀象於天 俯則觀法於地) 팔괘를 만들었다고 하였다.

덧붙여 말하기를, '가만히 있을 때는 그 말(辭)을 완미玩味한다'[8] 했으니, 무릇 완미한다는 것은 어찌 눈으로만 보고 살피는 것이겠는가. 입으로 맛보면 그 맛을 알 것이요, 귀로 들으면 그 소리를 알 것이요, 마음으로 이해하면 그 핵심을 터득할 것이다.

지금 자네는 들창에 구멍을 뚫어 오로지 한쪽 눈만으로도 다 보며, 유리구슬로 빛을 받아 마음에 깨달음을 얻었네. 그러나 아무리 그래도 방의 들창이 비어 있지 않으면 밝음을 받아들이지 못하고, 유리알이 투명하게 비어 있지 않으면 정기를 모아들이지 못하지. 무릇 뜻을 분명히 밝히는 방법은 본래 마음을 비우고 외물外物을 받아들이며 담담하여 사심이 없는 데 있는 것이니, 이것이 아마도 소완素玩하는 방법이 아니겠는가."

하였더니, 낙서가 말하기를,

"제가 장차 벽에 붙여 두고자 하니 선생님은 그 말씀을 글로 써 주십시오."

하기에, 마침내 그를 위해 써 주었다.

---

8. 가만히 …… 완미玩味한다　　원문은 '居則玩其辭'인데, 김택영金澤榮 편 『중편연암집』에는 '居則觀其象而玩其辭'로 되어 있다. 『주역』「계사전 상」에 "이런 까닭에 군자는 가만히 있을 때는 그 상을 관찰하고 그 말을 완미한다"(是故 君子居則觀其象而玩其辭) 하였다. 상상象은 팔괘와 육효六爻를 뜻하고 말(辭)은 괘와 효가 나타내는 길흉에 대한 설명을 뜻한다.

금학동^{琴鶴洞} 별장에 조촐하게 모인 기록

연암협^{燕巖峽}에 있는 나의 거처는 개성^{開城}에서 겨우 30리 거리에 있었으므로 나는 항상 개성으로 나가서 노닐곤 하였다. 금년 겨울에 규장각 직제학 유사경^{兪士京}이 막 개성 유수^{開城留守}로 부임하여[1] 이미 여저^{旅邸}[2]에서 서로 만난 적이 있는데, 즐겁게 옛일을 이야기하기를 빈천했던 선비 시절과 똑같이 하였으니, 세속에서 말하는 출세와 몰락 따위는 서로 염두에 두지 않은 것이었다.

하루는 사경^{士京}이 추도^{趨導}[3]를 단출히 하고 그의 아들을 데리고서 금

---

1. **금년 …… 부임하여**　사경^{士京}은 젊은 시절부터 연암과 절친한 사이였던 유언호^{兪彦鎬} (1730~1796)의 자이다. 실록에 의하면 유언호는 정조 1년(1777) 6월 이조 참의에서 개성 유수로 특별 발탁되었고, 7월에는 규장각 직제학을 겸임하였다. 9월 22일 소대^{召對}에 나아간 뒤 10월경에 임지로 떠났던 듯하다. 그 후 정조 3년(1779) 3월 이조 참판에 임명될 때까지 개성 유수로 재직했다. 유언호가 개성 유수로 부임하게 된 것은 부모 봉양의 편의를 위해 왕이 특별히 배려한 결과였다. 閔鍾顯, 「兪文忠公行狀」
2. **여저^{旅邸}**　객지에 임시로 머물러 사는 집을 말한다. 유언호의 「서경소집기」^{西京小集記}에 의하면 당시 연암은 개성 유수의 관아^{官衙}로 유언호를 방문했으므로, 여기서는 개성 유수의 거처인 내아^{內衙}를 가리키는 듯하다.
3. **추도^{趨導}**　고관이 행차할 때 앞장서서 말을 끌고 길을 인도하는 기졸^{騎卒}을 이른다.

학동琴鶴洞을 찾아 주었는데, 그때 나는 양씨梁氏의 별장에 머물고 있었다.[4]
빨리 술을 데우게 하고, 각기 지은 글들을 꺼내어 둘이 서로 평가해 보
고는, 마주 보며 웃으면서 말하기를,

　"마하연摩訶衍에서 하룻밤을 묵었던 때에 비하면 어떠한가? 단지 백화
암白華菴에서 참선하던 비구승 준俊만이 없을 뿐이고,[5] 조촐하게 모인 것은
관천灌泉의 모임과 비슷한데, 우리들은 어느새 다 같이 머리가 허옇게 되
었네그려!"

하였다. 관천은 한양 서소문 밖 나의 옛집이 있던 곳인데, 금강산에서 돌
아와 이곳에서 조촐한 모임을 가졌다. 나는 이때 나이 스물아홉 살로 사
경보다 일곱 살이 적었는데도, 양쪽 귀밑머리에는 하마 대여섯 가닥의
흰머리가 생겼으므로, 시詩의 재료를 얻었다고 스스로 기뻐했었다. 그런
데 지금 하마 13년이 흐르고 보니 이른바 시의 재료는 주체할 수 없이
어지럽게 늘어났고, 사경은 문권文權을 겸대兼帶하면서 병권兵權을 쥐고 큰
부성府城을 진무鎭撫하고 있느라고[6] 지금 그의 수염이 이처럼 다 희어지고
말았다. 사경은 스스로 귀밑머리 뒤 금관자[7]를 어루만지면서 말하기를,

4. 금학동琴鶴洞을 …… 있었다　금학동은 개성에 있던 동명洞名이다. 그곳에 개성의 선비로서
연암을 종유從遊하던 양호맹梁浩孟·양정맹梁廷孟 형제의 별장이 있었다.
5. 마하연摩訶衍에서 …… 뿐이고　마하연은 내금강에 있는 절이고, 백화암白華菴은 그에 딸린 암
자이다. 1765년(영조 41) 연암이 유언호 등 벗들과 함께 금강산 일대를 유람하다가 백화암에서
승려 준대사俊大師를 만났던 사실은 『연암집』 권7 「풍악당집서」 楓嶽堂集序와 「관재기」 觀齋記 등
에도 언급되어 있다.
6. 사경은 …… 있느라고　문권文權을 지녔다는 것은 당시 유언호가 규장각 직제학의 직함을 띠고
있었던 사실을 말한 것이다. 개성 유수는 행정뿐 아니라 군사 업무도 주관하였다. 부성府城은 부
급府級의 행정기관이 있는 곳을 말한다. 큰 부성府城은 곧 개성을 가리킨다.
7. 금관자　관자貫子는 망건을 쓸 때 당줄을 꿰어 졸라매는 작은 고리인데 품계에 따라 그 재
료와 새김장식이 달랐다. 당시 유언호는 종2품인 개성 유수였으므로, 초룡草龍 등을 새긴 금으로
된 관자를 하였다.

"스스로 보기에도 겸연쩍은데, 하물며 귀밑머리 뒤편은 스스로 보지도 못함에랴!"[8]

라고 했다.

지난날에 나는 연암협으로부터 마침 성내城內로 들어가다가, 군사훈련을 하고 부중府中으로 돌아가던 유수와 노상에서 마주쳤다. 날이 어둑어둑 저물어 갈 무렵이었는데, 말에서 내려 남녀들 틈에 끼어 길 왼쪽에 엎드렸다. 횃불이 휘황하고 깃발들이 펄럭였다.

내가 지난날 길 왼쪽에서 군대의 위용을 구경했던 일을 말하니, 사경은 크게 웃으며,

"왜 내 자字를 부르지 않았던가?"[9]

하기에,

"도성 사람들이 놀랄까 두려웠네."

라고 답하고는, 서로 더불어 크게 웃었다. 사경이,

"군대의 위용은 어떻던가?"

하기에,

"원앙대鴛鴦隊[10]를 지어 10보 간격으로 세 줄로 선 것이 훈련도감의 군대보다는 조금 못해도 평양의 군대보다는 훨씬 낫더군. 게다가 난후병

---

8. 스스로 보기에도 …… 못함에랴　　『장자』 「소요유」逍遙遊에 요堯임금이 은사 허유許由에게 "나는 스스로 겸연쩍게 생각되니, 천하를 그대에게 양도하게 해달라"(我自視缺然 請致天下)고 하였다. 관자는 망건의 편자(下帶) 귀 닿는 곳에 달아서, 편자 끝에 달린 좌우의 당줄을 맞바꾸어 걸어 넘기도록 되어 있으므로 제 눈으로는 볼 수가 없다. 여기서는 유언호가 친구 앞에서 자신의 출세를 과시하는 것을 부끄러워하여 한 말이다.

9. 왜 …… 않았던가　　자字는 절친한 평교간平交間에만 부를 수 있었다.

10. 원앙대鴛鴦隊　　5인의 병사가 1조를 이루는 것을 오伍라 하는데, 1·3·5·7·9번째 병사들이 좌오左伍가 되고 2·4·6·8·10번째 병사들이 우오右伍가 되어, 가로로 보면 2인이 하나의 짝을 이루도록 편성한 부대를 말한다. 『兵學指南』 卷2

攔後兵[11]은 벙거지를 번듯하게 쓰고[12] 더그레는 앞뒤로 두 치가 짧으니, 한창 의기양양하여 더욱 씩씩하더군."

하였다. 사경이 묻기를,

"나는 어떻던가?"

하기에,

"나는 장군將軍(유언호를 가리킴)의 초상화만 보았지 장군은 보지 못했네."

하니, 사경이 무슨 말이냐고 물었다. 그래서 내가 말하기를,

"왼쪽에는 온 원수溫元帥,[13] 바른쪽에는 마 원수馬元帥,[14] 앞에는 조현단趙玄壇[15]의 깃발이요, 초헌軺軒 뒤에만 유독 말 위에서 깃발을 들었는데 검

---

11. **난후병欄後兵**　부대의 후방을 방어하는 부대로 난후군欄後軍이라고도 한다.

12. **벙거지를 번듯하게 쓰고**　원문은 '不漸巾'인데, 승계문고본에는 '不折巾'으로 되어 있다. 어느 경우건 문리가 통하지 않는다. 혹시 '不折巾'의 오기일지도 모른다. 절건折巾은 절각건折角巾이라 하여 한 모서리가 꺾인 두건을 말한다. 또한 『목민심서』牧民心書 「병전」兵典 연졸조練卒條에 군사 훈련할 때 "호의號衣와 전립戰笠이 하나라도 해지거나 찢어진 것이 없도록 해야 한다"고 하였다. 호의는 군복인 더그레, 전립은 군모인 벙거지를 가리킨다.

13. **온 원수溫元帥**　원수元帥는 천군天君이라고도 일컬어지는데, 도교道敎에서 숭상하는 무용武勇의 신神이다. 온 원수는 마 원수馬元帥, 조 원수趙元帥, 관 원수關元帥(관우關羽)와 함께 도교의 '호법 사신'護法四神의 하나로, 이들을 속칭 '사대원수'四大元帥라고 한다. 온 원수는 원래 온주溫州 사람으로 이름을 경瓊이라고 하는데, 나중에 청면적발신靑面赤髮神으로 변하여 무장을 하고 용맹하기 짝이 없었으므로, 동악대제東岳大帝가 그를 우악신장祐岳神將으로 삼았다고 한다. 『三敎源流搜神大全』 여기서는 온 원수의 모습을 그리거나 '溫元帥'라고 쓴 깃발을 뜻한다.

14. **마 원수馬元帥**　화광대제華光大帝, 삼안영관마천군三眼靈官馬天君이라고도 한다. 전신前身이 남두南斗 제6성이어서 그 별의 이름을 따서 승勝으로 이름을 삼았으며, 머리가 셋에 눈이 아홉 개였다고 한다. 옥황상제로부터 진무대제부장眞武大帝部將에 봉해졌다고 한다.

15. **조현단趙玄壇**　조 원수趙元帥를 말한다. 이름은 낭朗이나, 공명公明이라는 자로 더 널리 알려져 있다. 조공명은 진秦나라 때 산중으로 피난하여 수련 끝에 옥황상제로부터 신소부수神宵副帥, 주령뢰정부원수主領雷霆副元帥 등에 임명되었으며, 또한 천사天師 장도릉張道陵이 선단仙丹을 수련할 때 옥황상제로부터 현단대원수玄壇大元帥에 임명되어 단로丹爐를 수호하러 강림했다고 한다. 검은 호랑이를 타고 다닌다고 하였다.

은 바탕에 그려진 별은 구진句陳[16]과 흡사하더군. 내 일찍이 화공을 불러 초상 그리는 것을 본 적이 있는데, 반드시 잠자코 정색을 하고 있어 대체로 평상시의 태도와는 달랐으니, 장군도 접때 틀림없이 기침과 재채기를 참았을 테고, 가려워도 감히 긁지도 못했을 걸세."

했더니, 사경은 크게 웃으며,

"과연 또 하나의 내가 길가에서 나를 관찰했구먼!"

하였다. 나도 크게 웃으며,

"옛날에 조공曹公이 스스로 일어나 칼을 쥐고 용상龍床 앞에 서 있었으니,[17] 이것이야말로 나를 관찰하는 법일세. 그러나 장군은 몸소 말을 타지는 않는 점이 두원개杜元凱와 흡사한데 『좌전』左傳에 주註를 붙였다는 말은 듣지 못했고,[18] 느슨한 띠에 선비의 기풍이 있는 것은 양숙자羊叔子와 흡사한데 뒷날에 누가 비석을 바라보며 눈물을 흘릴지 모르겠구려.[19]"

---

16. **구진句陳** 　 전통 천문학의 이른바 자미원紫薇垣에 있는 별의 하나이다. 작은 별 6개로 구성되어 있는데 그중의 하나가 곧 현대 천문학에서 말하는 북극성北極星이다. 구진은 천자天子의 군대를 주관한다고 하며, 금군禁軍을 상징한다.

17. **옛날에 …… 있었으니** 　 조공曹公은 조조曹操를 이른다. 흉노匈奴가 사신을 보내오자, 조조는 자신의 용모가 보잘것없음을 꺼려 위엄 있고 잘생긴 신하 최염崔琰을 시켜 대신 용좌龍座에 앉아 있게 하고, 자신은 스스로 칼을 쥐고 용상龍床 앞에 서 있었다. 나중에 사람을 시켜 '조공曹公이 어떻더냐?'고 물었더니, 흉노의 사신이 대답하기를 '조공이 잘생기기는 했으나, 용상 앞에서 칼을 쥐고 시립侍立한 사람이야말로 영웅이더라'고 했다고 한다. 『三國志補注』卷3 魏書 「崔琰傳」『世說新語』「容止」

18. **몸소 …… 못했고** 　 두원개杜元凱는 진晉나라의 유장儒將 두예杜預(222~284)로, 원개는 그의 자이다. 진나라 무제武帝 때 양호羊祜의 천거로 그의 후임으로 대장군이 되어 오吳를 정벌하고 무공을 세웠으나, 말을 탄 적이 없었으며 화살이 과녁을 뚫지 못했다고 한다. 스스로 '좌전벽'左傳癖이 있다고 하였으며 『좌전집해』左傳集解를 저술했는데, 이는 가장 이른 시기의 『좌전』 주해注解였다. 『晉書』卷34 「杜預傳」 규장각 직제학을 겸임한 유언호가 두예와 같은 학문적 업적을 남기기를 기대하며 한 농담이다. 유언호는 말 대신 초헌軺軒을 탔다.

19. **느슨한 …… 모르겠구려** 　 양숙자羊叔子는 진나라 때의 명신名臣 양호羊祜로, 숙자는 그의 자이다. 양호는 군진軍陳에 있을 때 항상 가벼운 갖옷을 입고 띠를 느슨히 맨 채 갑옷을 걸치지 않아 선비의 기풍이 있었다 한다. 양호가 장수로서 양양현襄陽縣을 지키고 있을 때에 이곳 주민들

하였다. 그러고는 크게 웃고 나서 일어나 문밖으로 가니, 달이 한창 둥글어 달빛이 가득했다. 나는 문에서 전송하면서 말하기를,

"내일 밤에는 달이 더욱 밝을 터이니 나는 장차 남루南樓[20]에서 달을 구경할 생각이네. 장군은 다시 걸어와 주겠는가?"

했더니,

"그러세."

하였다.

예전에 관천에서 조촐히 모였을 때에 기記를 지은 바 있다.[21] 사경이 먼저 「중경소집기」中京小集記[22]를 지어 보여 주었기에, 이 기를 지어서 화답한다.

에게 많은 은혜를 베풀었으므로, 그가 죽자 백성들이 그가 이곳에 올라 멀리 바라보다가 인생무상을 느끼고 눈물을 흘렸다는 현산峴山에 추모비를 세웠다. 사람들이 이 비석을 보기만 하면 양호를 추념하여 눈물을 흘렸으므로, 두예가 타루비墮淚碑라고 이름 지었다 한다. 『晉書』卷34「羊祜傳」유언호가 양호와 같이 선정을 행하기를 기대하며 한 농담이다.

20. **남루南樓**　　개성 남대문南大門의 문루門樓를 가리키는 듯하다.

21. **예전에 …… 있다**　　『연상각집』煙湘閣集(성균관대 소장)의 「문고보유목록」文稿補遺目錄에 「관천소집기」灌泉小集記가 있다.

22. **「중경소집기」中京小集記**　　유언호의 『연석』燕石 제2책에 「서경소집기」西京小集記라는 제목으로 실려 있는데, 그 밑에 소주로 '정유'丁酉라 하여 1777년에 지은 것임을 밝혀 두었다. '중경'과 '서경'은 같은 말로, 개성을 가리킨다.

만휴당기晚休堂記

내가 예전에 작고한 대부大夫 김공 술부金公述夫[1] 씨와 함께 눈 내리던 날 화로를 마주하고 고기를 구우며 난회煖會[2]를 했는데, 속칭 철립위鐵笠圍라 부른다. 온 방안이 연기로 후끈하고, 파·마늘 냄새와 고기 누린내가 몸에 배었다. 공이 먼저 일어나 나를 이끌고 물러 나와, 북쪽 창문 가로 나아가서는 부채를 부치며,

1. **대부大夫 김공 술부金公述夫** 술부는 김선행金善行(1716~1768)의 자이다. 본관은 안동安東이다. 김선행은 1739년(영조 15) 문과 급제 후 옥당玉堂, 황해 감사, 대사헌, 한성부 좌윤, 도승지 등을 거쳐 1765년부터 1766년까지 동지사冬至使의 부사副使로 연행을 다녀왔다. 당시 연행에는 서장관 홍억洪檍의 조카인 홍대용도 참여하였다. 귀국 직후인 1766년 음력 5월 개성 유수로 임명되어 1768년 2월까지 재임하였다. 그 후 대사헌, 좌윤을 지내다가 곧 사망했다. 주周나라의 제도에 국군國君 아래 경卿·대부大夫·사士의 세 등급이 있었으므로, 후대에 관직에 임명된 자를 대부라 하였다. 조선 시대의 품계에서도 4품 이상의 문관에게는 '~대부'라 하였다.

2. **난회煖會** 난로회煖爐會를 말한다. 『동국세시기』東國歲時記에 의하면, 서울 풍속에 숯불을 화로에 피워 번철燔鐵을 올려 놓고 쇠고기에 갖은 양념을 하여 구우면서 둘러앉아 먹는 것을 '난로회'라 한다고 하였다. 번철은 전을 부치거나 고기를 볶는 데 쓰는 무쇠 그릇으로 전철煎鐵이라고도 한다. 삿갓을 엎어놓은 듯한 모양의 번철 주위에 둘러앉는다고 하여, 난로회를 '철립위'鐵笠圍라고 한 듯하다.

"그래도 맑고 시원한 곳이 있으니, '신선이 사는 곳과 그다지 멀지 않다' 할 만하구먼."

하였다.

조금 있다가 보니 뭇 종들이 심부름을 하느라 처마 아래 서서는 추위를 못 견디어 발을 구르고 있었는데도, 공의 자제들은 떼 지어 소란을 피우다가 국물을 쏟아 손을 데는 등 와자지껄 장난치는 소리가 그칠 줄 몰랐다. 공은 크게 웃으며,

"더운 곳[3]에서 일찌감치 물러 나오니 당장에 효험을 보네만, 눈 속에서 발을 구르는 자들이 국물 한 방울도 얻어먹지 못하는 것이 안됐구면."

하기에, 나 역시 소년들이 국물을 쏟은 일을 들어 공에게 넌지시 충고하고, 그 김에 옛날과 지금 사람들의 진퇴進退와 영욕榮辱[4]에 대해서 역설하였다. 그랬더니 공은 정색을 하고서,

"부귀를 누릴 만큼 누린 뒤에야 만족할 줄을 알고, 다 늙고 나서야 휴식을 생각한다면 역시 너무 늦은 것이니, 무슨 즐거움이 있겠는가?"

하였다. 대개 공은 반드시 벼슬길에서 일찌감치 물러나는 일에 용단할 수 있었다고는 못 하겠으나, 공이 이 말을 한 것은 역시 속으로 느낀 바가 있어서가 아니었던가 싶다.

내가 서쪽으로 개성에 와서 노닐게 되면서, 양씨梁氏의 자제인 정맹廷孟과 몹시 친해졌다. 그 부친의 학동鶴洞[5] 별장에서 노닌 적이 있는데, 꽃과 나무가 가지런히 늘어서고 뜰과 당堂이 깨끗이 다듬어졌으며, 그 당을 이름하여 늘그막에 쉰다는 뜻의 '만휴'晚休라 했다. 양옹梁翁(양정맹의 부친)은

---

3. **더운 곳**　원문은 '열처'熱處인데, 이는 권세 있는 벼슬자리라는 뜻도 있다.
4. **진퇴進退와 영욕榮辱**　진퇴는 벼슬길에 나서는 것과 은퇴하는 것을 가리킨다. 벼슬할 때와 은퇴할 때를 잘 분별해야 영예를 누리고 치욕을 면할 수 있다.
5. **학동鶴洞**　금학동琴鶴洞을 말한다. 72쪽 주4 참조.

너그럽고 도량이 커서 옛날 장자長者의 풍도가 있었다. 날마다 동네 노인들과 함께 활 쏘고 바둑 두는 것으로 일을 삼으며, 거문고와 술로써 스스로 즐겼으니, 대개 명성과 권세와 이익을 추구하기를 일찌감치 그칠 수 있어서 늘그막에 오래 즐거움을 누린 것이었다. 이 어찌 참으로 만휴의 즐거움을 얻은 분이 아니겠는가!

일찍이 양정맹이 나에게 기記를 지어 달라고 청했었다. 아, 김공이 이 도읍의 유수留守를 지낸 적이 있는데, 김공이 떠난 뒤에도 백성들이 공을 그리워하였다. 그래서 화로에 둘러앉아 고기 구워 먹던 옛일을 말하여 양옹의 만휴晩休의 즐거움을 치하하고, 아울러 이를 글로 적어서 떼 지어 소란을 피우다가 손을 데는 세상 사람들에게 경고하는 바이다.

명론名論

천하라는 것은 텅 비어 있는 거대한 그릇이다. 그 그릇을 무엇으로써 유지하는가? '이름'(名)[1]이다. 그렇다면 무엇으로써 이름을 유도할 것인가? 그것은 '욕심'(欲)이다. 무엇으로써 욕심을 양성할 것인가? 그것은 '부끄러움'(恥)이다.

만물은 흩어지기 십상이어서 아무것도 연속할 수 없는데 이름으로써 붙잡아 둔 것이요, 오륜五倫은 어그러지기 쉬워서 아무도 서로 친할 수 없는데 이름(명분)으로써 묶어 놓은 것이다. 무릇 이렇게 한 뒤라야 저 큰 그릇이 아마도 충실하고 완전할 수 있어, 기울어지거나 엎어지거나 무너지거나 이지러질 걱정이 없게 될 것이다. 온 세상의 작록爵祿으로도 선善을 행하는 자에게 두루 다 상을 줄 수는 없으니, 군자는 이름(명예)으로써 선을 행하도록 권장할 수가 있다. 온 세상의 형벌로도 악惡을 행하는 자를 두루 다 징계할 수는 없으니, 소인은 이름(명예)으로써 부끄럽게 할 수

---

1. 이름(名)   명칭이라는 뜻 외에도 명분名分이나 명예名譽라는 뜻을 포함하므로 문맥에 따라 그 뜻을 변별해야 한다. 그러면서도 용어의 통일성은 유지해야 하므로, 부득이 변별할 필요가 있을 경우에는 괄호 안에 별도의 표기를 하였다.

가 있다.

　그런데 지금 한밤중에 야광주夜光珠를 던지면, 칼을 쥐고 적을 기다리지 않을 자가 아무도 없는 것은 왜인가?² 이는 아무런 까닭도 없이 주어진 이름(명예)이라 기뻐할 수 없음을 알기 때문이다. 더구나 천하라는 큰 그릇임에랴. 조정에 갖옷을 모셔 놓으면,³ 옷섶을 여미고 예법에 따라 종종걸음을 하지 않는 자가 아무도 없는 것은 왜인가? 이름(명분)이 건재하여 한계를 넘을 수 없음을 알기 때문이다. 더구나 참으로 충효忠孝를 다하여 비통해할 때에 있어서랴.

　그러므로 주周나라의 쇠퇴기에 빈 그릇을 끼고 강대한 제후들의 위에 군림해도 아무도 감히 먼저 무례한 짓을 할 수 없었던 것은, 그래도 여전히 그 빈 이름(명분)을 꺼려했기 때문이다. 사슴과 말의 생김새가 서로 비슷하지만, 한번 그 이름이 어지러워져 버리자 천하에 제 임금을 죽이는 자가 나오게 되었다.⁴ 아, 저 사슴과 말의 이름이 천하의 존망存亡과 무슨 상관이 있으리오만 그래도 하루도 구별이 없어서는 아니 되는데,

---

2. **한밤중에 …… 왜인가**　　추양鄒陽의 옥중서獄中書에 출처를 둔 말이다. 추양은 참소로 인해 하옥되어 처형될 위기에 처하자 양 효왕梁孝王에게 억울함을 호소한 편지에서 "신臣은 듣자온대 명월주明月珠와 야광벽夜光璧을 어둠 속에서 노상에 있는 사람을 향해 던지면, 칼을 쥐고 서로 노려보지 않을 사람이 없다고 합니다. 왜냐하면 아무런 까닭 없이 제 앞에 이르러 왔기 때문입니다"라고 하였다. 『史記』 卷83 「魯仲連鄒陽列傳」 『文選』 卷39 「獄中上書自明」 명월주와 야광벽은 둘 다 야광주夜光珠를 뜻한다.
3. **조정에 …… 놓으면**　　천자가 승하하고 새 천자가 아직 즉위하지 않았을 때 천자의 보좌寶座에 선왕先王의 갖옷을 모셔 놓았던 것을 가리킨다. 새 천자가 즉위할 때까지의 기간 동안 이렇게 보좌에 선왕의 갖옷을 모셔 놓고서 조하朝賀를 올렸다고 한다.
4. **사슴과 …… 되었다**　　진시황秦始皇이 죽은 뒤 환관 조고趙高가 국권國權을 독차지하려 하였으나, 조정의 중신들 가운데 자기를 반대하는 사람이 있을 것을 염려하여, 이세二世인 호해胡亥에게 사슴을 바치면서 말이라고 하였다. 이세가 사슴을 가지고 왜 말이라 하느냐고 묻자, 조고를 두려워하는 신하들은 대부분 말이라고 답하였다. 그 뒤 조고는 사슴이라고 답했던 사람을 죄를 씌워 죽여 버렸으므로, 궁중에는 조고의 말에 반대하는 사람이 하나도 없었다고 한다. 『史記』 卷6 「秦始皇本紀」

더구나 선과 악처럼 서로 같지 아니하고 명예와 치욕처럼 분명히 갈라지는 경우에 있어서랴.

무릇 천하의 재앙 중에 담담하여 욕심이 없는 것보다 더 참담한 것은 없다. 선왕先王은 사람들이 장차 태만하고 해이하여 한결같이 물러나기만 하고 나아감이 없게 될 것을 알고, 그들을 위해 보불黼黻와 조회藻繪와 치수絺繡[5]로써 그들의 눈을 유도하고, 종고鍾鼓와 금슬琴瑟과 생용笙鏞(생황과 큰 종)으로써 그들의 귀를 유도하고, 인수印綬(관직을 상징함)와 거마車馬로써 그들의 몸을 유도하고, 남다른 선행을 표창하고 비석에 새기고 노래로 지어 찬탄함으로써 그들의 기개를 유도하였다. 그리하여 천하의 대중들로 하여금 그 누구도 분발하고 단련해서, 의욕을 내야 할 일에 힘차게 나서고, 물러나 남에게 미루거나 제풀에 꺾이고 마는 마음이 없도록 하였다.

그러나 한결같이 나아가기만 하고 물러날 줄 모른다면, 천하의 재앙 중에 또한 태연하여 부끄러움이 없는 것보다 더 참담한 것은 없다. 그러므로 선왕은 그런 사람들을 위해 속백束帛에다 벽옥璧玉을 추가함으로써[6] 고상한 품성을 양성하고, 위로하고 타이르며 힘써 노력하도록 함으로써

---

5. 보불黼黻과 조회藻繪와 치수絺繡　　보불黼黻는 도끼 무늬이고, 불黻은 기己 자 둘이 서로 등진 모양의 무늬이다. 조회는 수초水草 무늬를 그린 것이고, 치수는 자수刺繡를 뜻한다. 『서경』書經「익직」益稷에서 순舜임금은 우禹에게 일日·월月·성신星辰·산山·용龍·화충華蟲(꿩)을 그리고, 종이宗彝(종묘宗廟의 주기酒器)·조조藻·화火·분미粉米(백미白米)·보黼·불黻을 수놓아 예복禮服을 만듦으로써 존비尊卑의 질서를 분명히 밝히라고 명하였다. 이에 따라 천자는 일日·월月 이하 열두 가지 무늬로 장식한 12장복章服을 입었고, 왕은 산山·용龍 이하 아홉 가지 무늬로 장식한 9장복을 입었고, 신하들은 계급에 따라 7장복·5장복·3장복·1장복·무장복無章服을 입었다.

6. 속백束帛에다 벽옥璧玉을 추가함으로써　　속백은 비단 다섯 필을 한 묶음으로 만든 것으로 귀중한 예물로 쓰였다. 『예기』「예기」禮器에 제후가 천자를 조회할 때 "속백에다 벽옥을 추가하는 것은 천자의 덕을 옥에 비겨 존경을 표한 것이다"(束帛加璧 尊之)라고 하였고, 「교특생」郊特牲에서도 "속백에다 벽옥을 추가한 것은 천자의 덕을 옥에 비겨 덕 있는 천자에게 귀의함을 표한 것이다"(束帛加璧 往德也)라고 하였다. 후대에는 왕이나 천자가 덕 있는 군자를 초빙할 때에도 속백가벽束帛加璧의 예를 갖추었다.

사양하고 물러나는 미덕을 양성하였다. 위엄과 무력도 그를 굴복시킬 수 없는 것[7]은 절개를 양성한 때문이요, 형벌이 위로 대부大夫에게까지 미치게 하지 않는 것[8]은 염치를 기르고자 한 때문이다. 신체에 형벌을 가하거나 유배의 형을 내린 뒤에 또한 슬퍼하고 불쌍히 여기는 뜻을 표시하는 것은, 천하의 대중들로 하여금 곧은 절개로써 자신을 지키고, 장차 아무 짓이나 다 하지 않도록 하기 위한 때문이다. 그러므로 사람들이 욕심을 내기로는 부귀보다 더 심한 것이 없지만, 그가 욕심을 내는 대상이 도리어 부귀보다 더한 것이 있을 경우에는 작록爵祿도 사양할 수 있다. 사람들이 부끄러워하기로는 형벌보다 더 큰 것이 없지만, 부끄러이 여기는 대상이 도리어 형벌보다 클 경우에는 시퍼런 칼날도 밟고 갈 수 있는 법이다.[9] 이는 누가 그렇게 만든 것인가? 이른바 이름(명예)이 아니겠는가.

　이로 말미암아 본다면 형벌과 포상으로써 정치를 하는 것은 결국 한계가 있는 방법이요, 이름(명예)을 장려하여 정치를 하는 것은 어디서든 제한이 없는 방법이다. 왜 그런가? 사람 중에 혹 선행을 하면서도 포상을 기다리지 않는 자가 있으니, 이는 작록이 그가 한 선행을 능가하기에 부족한 때문이다. 또 악행을 저지르면서도 형벌을 꺼리지 않는 자가 있으니, 이는 매질과 회초리로는 그가 저지르는 악행을 억제하기에 부족한 때문이다. 이와 같은 사람 중에는 반드시 포상을 할 필요 없이 권장하기

7. **위엄과 …… 것**　『맹자』「등문공 하」에 "부귀도 그를 방탕하게 할 수 없고, 빈천도 그를 변절하게 할 수 없으며, 위엄과 무력도 그를 굴복시킬 수 없으니, 이를 일러 대장부라 한다"고 하였다.
8. **형벌이 …… 것**　『예기』「곡례 상」曲禮上에 "예절은 아래로 서민에게까지 미치게 하지 않으며, 형벌은 위로 대부에게까지 미치게 하지 않는다"고 하였다. 형벌이 대부에게까지 미치게 하지 않았다는 것은, 대부가 범죄를 저지른 경우의 형벌을 별도로 정해 놓지 않았다는 뜻이다. 이는 대부를 이처럼 예우함으로써 스스로 염치를 알도록 장려하기 위해서였다고 한다.
9. **시퍼런 …… 법이다**　보통 사람으로는 행하기 힘든 용기를 발휘한다는 뜻이다. 『중용장구』제9장에서 공자는 "천하와 나라와 집안도 고루게 다스릴 수 있고, 작록爵祿도 사양할 수 있고, 시퍼런 칼날도 밟고 갈 수 있으되, 중용中庸을 행하기는 불가능하다"고 하였다.

만 하고, 형벌을 가할 필요 없이 부끄러움을 느끼게만 하면, 힘차게 의욕을 내어 아무도 막을 수 없는 자가 있을 것이다.

어떤 이가 말하기를,

"의義라는 이름은 공평하고 정대正大하나, 명名이라는 이름은 이기적이고 천박한 것이다. 그대의 논법대로 한다면 장차 천하 사람을 다 몰아서 위선을 행하게 만들 것이다."

하기에, 이렇게 말하였다.

"이른바 이름을 혐오한다는 것은 한 개인이 이름(명예)을 좋아하는 경우를 가리킨 것이다. 그 폐단은 어리석은 점이지만, 그래도 근엄하고 자중하여 세속에 따라 우왕좌왕하는 지경까지 타락하지는 않는다. 그런데 지금 아무리 이름(명예)을 좋아하는 사람이 있더라도 그에게 갑자기 실정보다 지나친 칭찬을 가한다면, 그 역시 뒤로 물러서 겸손히 사양하고 불안해하며 그렇다고 자처하지 못할 터이다. 어찌 사람들을 몰아다 위선을 행하게 만들 것을 걱정할 게 있겠는가.

만약 천하 사람들이 모두가 다 군자라면, 또한 무엇 때문에 이름(명예)에 대해 힘쓰겠는가. 만약 천하 사람들이 있는 힘을 다해 성취하려고만 한다면,[10] 인의仁義의 행실을 욕심으로써 인도할 수 있고, 불의不義의 일을 이름(명예)으로써 부끄럽게 할 수 있을 것이다. 가령 천하의 대중들이 무관심하여 이름(명예)을 좋아하는 마음이 없다면, 선왕이 백성들의 우두머리가 되어 세상을 다스리는 계책과 충효 인의忠孝仁義의 행실이 모두다 텅텅 비어서 빈 그릇이 되고 말 터이니, 장차 어디에 의탁하여 스스로 행해지겠는가?"

10. 만약 …… 한다면   『중용』에 출처를 둔 말이다. 『중용장구』제20장에 "어떤 이는 편안히 실행하고, 어떤 이는 민첩하게 실행하고, 어떤 이는 있는 힘을 다해 실행하나니, 공을 이루게 되는 것은 마찬가지이다"(或安而行之 或利而行之 或勉强而行之 及其成功一也)라고 하였다.

백이론伯夷論 상

『사기』史記에, 무왕武王이 주紂를 치러 나서자 백이가 말고삐를 끌어당겨 못 가도록 하며 충고했고, 무왕이 은殷나라를 멸망시키고 나자[1] 백이는 이를 수치스럽게 여겨 수양산首陽山에 들어가 굶어 죽었다고 했다.[2] 이에

---

1. **은殷나라를 멸망시키고 나자**　원문은 '飢改殷命'인데, 『서경』「소고」召誥에 출처를 둔 표현이다. 무왕이 하늘을 대신해서, 은나라가 받은 천명을 교체해 버렸다는 뜻이다.

2. **『사기』史記에 …… 했다**　『사기』권61「백이열전」伯夷列傳에 의하면 백이와 숙제叔齊는 은나라의 제후諸侯인 고죽군孤竹君의 아들이었다. 아버지가 숙제에게 지위를 물려주려 했는데, 아버지가 세상을 떠나자 숙제가 형인 백이에게 양보하려 하였다. 백이는 "아버지의 명이다"라고 하고는 달아나 버렸다. 그러자 숙제도 왕위에 오르려 하지 않고 달아나 버리니, 나라 사람들이 다른 형제를 왕으로 세웠다. 백이와 숙제가 서백西伯(뒷날의 문왕文王)이 노인을 잘 봉양한다는 말을 듣고 그에게로 갔는데, 도착해 보니 서백은 이미 죽었고, 그 아들 무왕이 아비의 신주神主를 수레에 싣고서 동쪽으로 은나라의 주왕紂王을 정벌하려 하였다. 백이와 숙제가 말고삐를 부여잡고 충고하기를, "아버지가 죽었는데 장사도 지내지 않고 전쟁을 하는 것을 효孝라고 하겠습니까? 신하로서 임금을 시해하는 것을 인仁이라고 하겠습니까?" 하니, 무왕의 측근 신하들이 무기로 치려고 하였다. 그러자 강태공姜太公이 "이들은 의로운 사람입니다" 하고는 부축하여 나갔다. 무왕이 은나라를 평정하고 나자 천하가 모두 주周나라를 종주국으로 받들었으나, 백이와 숙제는 수치스럽게 여겨 의리상 주나라의 곡식을 먹을 수 없다며 수양산首陽山에 은거하며 고사리를 캐 먹고 살다가 굶주려 죽었다.

대해 논한다.

백이가 무왕에게 충고한 사실은 경서經書[3]에 나타나 있지 않다. 이것은 제齊나라 동쪽 시골 사람들의 말[4]인데 사마천司馬遷이 취하여 역사적인 사실로 만들었으니 이는 믿을 것이 못 된다. 비록 그렇지만, 이 책을 믿을진댄 논의할 거리가 있을 수 있다.

백이는 이른바 천하의 대로大老[5]요 현인賢人이므로 서백西伯이 일찍이 예의를 갖추어 그를 봉양했다. 그런데 이때에 와서 무왕의 측근 신하들이 백이를 무기로 치려고 했던 것이다. 아, 선왕이 예의를 갖추어 봉양했던 신하이자 천하의 이른바 대로요 현인인데도, 측근의 신하들이 곧장 그 앞에서 무기로 치려고 했더니, 무왕은 오히려 "내가 아니라 무기가 그렇게 한 것이다"[6]라는 식이었다. 그러니 접때 태공太公이 아니었던들 백이가 죽음을 면할 수 있었겠는가.

옛날에 이윤伊尹은 한 사람의 필부라도 제자리를 얻지 못하면 마치 자기가 그를 떠밀어 도랑 속으로 처넣은 것같이 여겼으며, 한 사람이라도 죄 없는 이를 죽여 천하의 왕이 될 수 있다 해도 하지 않았으니,[7] 이

3. 경서經書   『서경』을 가리킨다.
4. 제齊나라……말   『맹자』「만장 상」萬章上에 나오는바 근거 없는 유언비어를 가리킨다.
5. 천하의 대로大老   『맹자』「이루 상」離婁上에서 맹자가 말하기를 "백이는 폭군 주紂를 피하여 북쪽 바닷가에 살다가 문왕이 정벌에 나섰다는 말을 듣고 '어찌 그에게 귀의하지 않으리오. 나는 서백이 노인을 잘 봉양한다고 들었다' 하였으며, 강태공이 폭군 주를 피하여 동쪽 바닷가에 살다가 문왕이 정벌에 나섰다는 말을 듣고 '어찌 그에게 귀의하지 않으리오. 나는 서백이 노인을 잘 봉양한다고 들었다'고 하였다. 이 두 노인은 천하의 대로大老인데 문왕에게 귀의하였으니, 이는 천하 사람들의 아버지가 귀의한 셈이다. 천하 사람들의 아버지가 귀의했는데, 그 아들 되는 자들이 어찌 문왕에게 귀의하지 않으리오"라고 하였다. 대로는 덕망 높은 노인이란 뜻이다.
6. 내가……것이다   『맹자』「양혜왕 상」梁惠王上에서 맹자는 굶주린 백성을 구제하지 않고 흉년만 핑계 대는 위魏나라 왕에게 "이것은 사람을 칼로 찔러 죽이고서도 '내가 아니라 무기가 그렇게 한 것이다'라고 말하는 것과 무엇이 다르냐?"고 비난하였다.

것은 또한 무왕의 뜻이기도 하다. 무왕은 아마도 천하를 향해,

　　"은나라 백성들이 제자리를 얻지 못했다."

하고 외쳤을 것이다. 그러나 주나라가 장차 일어날 적에 대로요 현인이라는 이가 제자리를 얻지 못했으니, 무왕이 천하를 얻은 것은 아마도 백성들이 제자리를 얻지 못함으로부터 비롯된 것이다. 또 무왕은 천하를 향해 외치기를,

　　"은나라가 노성老成한 사람[8]의 말을 저버렸다."

하였다. 그러나 주나라가 장차 일어날 적에 대로요 현인이라는 이가 불의를 충고했으니, 무왕이 천하를 얻은 것은 아마도 충고를 듣지 않음으로부터 비롯된 것이다. 또 천하를 향해 외치기를,

　　"은나라가 죄 없는 이를 죽였다."

하였다. 그러나 주나라가 장차 일어날 적에 대로요 현인이라는 이가 온전히 죽음을 맞지 못했으니, 주나라가 천하를 차지한 것은 아마도 죄 없는 이를 죽임으로부터 비롯된 것이다. 무릇 이 세 가지는 무왕이 남을 정벌한 명분이었는데도, 난폭하게[9] 거리낌 없이 행동했단 말인가?

---

7. **이윤伊尹은 …… 않았으니**　이윤은 은나라 탕왕湯王의 재상으로 이름은 지擊이다. 탕왕의 부름을 받아 하夏나라의 무도한 걸桀을 치고 은나라를 세우는 일을 도왔다. 『맹자』 「만장」萬章에, 「이윤」은 "천하의 백성 중에 필부匹夫와 필부匹婦라도 요순堯舜의 혜택을 입지 못하는 자가 있으면, 마치 자신이 그를 밀어 도랑 속으로 처넣은 것과 같이 생각하였다" 하였고, 「공손추 상」公孫丑上에, 공손추가 백이와 이윤이 공자孔子와 같은 점을 묻자, 맹자가 답하기를, "백리百里 되는 땅을 얻어서 임금 노릇을 하면 모두 제후들에게 조회 받고 천하를 소유할 수 있거니와, 한 가지라도 불의를 행하며, 한 사람이라도 죄 없는 이를 죽이고 천하를 얻는 것은 모두 하시지 않을 것이니, 이것이 같은 점이다" 하였다. 또한 『서경』 「열명 하」說命下에, 이윤은 "한 사람의 필부라도 제자리를 얻지 못하면 '이는 나의 허물이다' 하였다"고 한다.

8. **노성老成한 사람**　덕망 높은 노인이라는 뜻과 함께, 노련한 옛 신하라는 뜻도 있다.

9. **난폭하게**　대본은 놀라고 두려워한다는 뜻의 '怵然'으로 되어 있으나, 김택영 편 『연암집』에 의거하여 '悍然'으로 바로잡아 번역하였다. 거리낌 없이 난폭하게 구는 것을 '한연불고'悍然不顧라 한다.

무왕이 기자箕子를 감옥에서 풀어 주고, 비간比干의 무덤에 봉분을 해 주고, 상용商容의 마을을 지나갈 때 수레에서 경의를 표했으면서,[10] 유독 백이에게는 관심을 두지 않았으니, 이는 무슨 까닭인가? 아, 살았을 때는 예의를 갖추어 봉양하기를 문왕文王과 같이 하고, 그가 떠날 적에는 신하로 대하지 않기를 기자와 같이 하고, 의롭게 여겨 표창하기를 상용과 같이 하고, 그가 죽었을 적에는 봉분하기를 비간과 같이 해야 옳았을 것이다.

그러므로 나는 다음과 같이 말한다.

탕湯과 백이와 무왕은 똑같은 생각이었다. 그들은 천하와 후세를 위해 염려해서 그렇게 한 것이다. 탕임금이 걸桀을 내쳤는데도 천하 사람들이 흡족해하며 아무도 괴이하게 여기는 자가 없자, 탕임금은 진실로 이미 염려하기를,

"나는 후세 사람들이 나를 구실로 삼을까 걱정이다."[11]

하였다. 그런데 무왕이 마침내 그 뒤를 따라 그와 같은 일을 행했으니, 천하 사람들이 또 흡족해하며 괴이하게 여기지 않는다면, 후세를 위하여 염려됨이 진실로 클 것이다. 그러므로 백이가 무왕을 비난한 것은 그의 거사를 비난한 것이 아니라 자신의 의리를 밝혔을 따름이며, 무왕이 백이의 봉분을 만들어 주지 않은 것은 그를 잊은 것이 아니라 그의 의리를 밝게 드러냈을 따름이니, 천하와 후세를 염려한 점은 똑같았다.

아, 예의를 갖추어 봉양한들 그의 의리를 후세에 밝히기에는 부족하며, 표창한들 그의 의리를 후세에 밝히기에는 부족하며, 신하로 대하지 않은들 그의 의리를 후세에 밝히기에는 부족하며, 봉분을 만들어 준들 백이를 후대하기에는 부족한 것이다.

---

10. **무왕이 …… 표했으면서**　『서경』「무성」武成에 나온다. 상용商容은 은나라 주왕 때 대부가 되어 직언을 하다가 내쫓긴 현인賢人이다. 『사기』권61 「백이열전」에는 무왕이 상용의 마을에 정표旌表를 내렸다고 하였다.

11. **나는 …… 걱정이다**　『서경』「중훼지고」仲虺之誥에 나온다.

백이론伯夷論 하

공자孔子가 옛날의 인자仁者를 칭송했으니, 기자箕子, 미자微子, 비간比干이 이들이다.[1] 이 세 분의 행실이 각기 다르기는 했지만, 그래도 모두 인仁이라는 명칭에서 벗어나지 않았다. 맹자가 옛날의 성인聖人을 칭송했으니, 이윤伊尹, 유하혜柳下惠, 백이伯夷가 이들이다.[2] 이 세 분의 행실이 각기 다르기는 했지만, 그래도 모두 성聖이라는 칭호에서 벗어나지 않았다.

저 태공太公은 옛날의 이른바 대로大老요 현인賢人이었으니, 그 행실은 백이와 똑같고 도道는 이윤과 흡사했기 때문이다.[3] 그렇지만 공자는 그의

---

1. **공자孔子가 …… 이들이다**　『논어』「미자」微子에 "미자微子는 나라를 떠났고, 기자箕子는 잡혀서 종이 되었으며, 비간比干은 충고하다가 죽었다. 공자가 말하기를, '은殷나라에 세 사람의 인자仁者가 있었다'고 하였다"고 한 것을 가리킨다.
2. **맹자가 …… 이들이다**　『맹자』「만장 하」萬章下에 실린 말로, 맹자가, "백이伯夷는 성인聖人 중의 청清한 자요, 이윤伊尹은 성인 중의 자임自任한 자요, 유하혜柳下惠는 성인 중의 화和한 자요, 공자孔子는 성인 중의 시중時中한 자이시다"라고 한 것을 가리킨다.
3. **태공太公은 …… 때문이다**　『맹자』「이루 상」離婁上에서 맹자는 태공을 백이와 함께 대로大老라고 불렀다. 태공은 백이와 마찬가지로 폭군 주紂를 피해 은거하다가 서백西伯 즉 주나라 문왕에게 귀의하였다. 또한 태공은 이윤이 탕왕湯王을 도와 은나라를 세웠듯이, 무왕을 도와 주나라를 세웠기 때문에 도道가 흡사했다고 한 것이다. 도道가 똑같다고 하지 않은 것은, 이윤이 천하

인仁을 칭송하며 세 분의 인자와 함께 나열하지는 않았으며, 맹자도 그의 성聖을 칭송하며 세 분의 성인과 함께 나열하지는 않았으니, 이것은 무엇 때문인가?

아, 내가 은나라를 살펴보건대 그 나라에는 다섯 분의 인자가 있지 않았을까? 어째서 '다섯 분의 인자'라고 말하는 것인가? 백이와 태공을 합해서 하는 말이다. 저 다섯 분의 인자들은 소행은 역시 각자 달랐지만, 모두 절실하고 간곡한 뜻을 지니고 있었다. 그러나 서로 기다려야만 인仁이 되고, 서로 기다리지 않을 경우 불인不仁이 되는 처지였다.

미자는 속으로 '은나라가 결국 망하고 말 터이니, 내가 충고할 수도 없는데 충고하려고 애쓰느니 차라리 은나라의 종사宗祀(조종祖宗에 대한 제사)를 보존하는 편이 낫지 않겠는가'라고 생각하고서 마침내 나라를 떠났으니, 미자는 비간이 왕에게 충고해 줄 것을 기다린 것이다.

비간은 속으로 '은나라가 결국 망하고 말 터이니, 내가 충고할 수 없는 상황이라 해서 충고하지 않느니 차라리 낱낱이 충고하는 편이 낫지 않겠는가'라고 생각하고서 마침내 충고하고 죽었으니, 비간은 기자가 도道를 전해 줄 것을 기다린 것이다.

기자는 속으로 '은나라가 결국 망하고 말 터이니, 내가 도를 전하지 않으면 누가 도를 전하랴'라고 생각하고서 마침내 거짓으로 미친 척하다가 잡혀서 종이 되었으니, 기자에게는 기다리는 사람이 없는 듯하다. 비록 그러하나 인자의 마음은 하루라도 천하를 잊지 못하는 법이니, 기자는 태공이 백성들을 구제해 줄 것을 기다린 것이다.

태공은 속으로 자신을 은나라의 유민遺民으로 생각하면서, '은나라가

를 얻지 못하는 한이 있어도 정의를 지키고자 한 데 비해, 태공은 수단 방법을 가리지 않고 병법과 기계奇計를 즐겨 구사한 때문인 듯하다. 『史記』卷31 「齊太公世家」 태공이 지었다는 『육도』 六韜라는 병서가 전한다.

결국 망하고 말 터인데, 소사少師는 떠났고, 왕자王子는 죽었고, 태사太師는 구금되었으니,[4] 내가 은나라의 백성을 구제하지 않는다면 장차 천하는 어떻게 될 것인가' 하고서 마침내 주紂를 쳤으니, 태공 역시 서로 기다릴 사람이 없는 듯하다. 비록 그러나 인자의 마음은 하루라도 후세를 잊지 못하는 것이니, 태공은 백이가 의리를 밝혀 줄 것을 기다린 것이다.

백이는 속으로 자신을 은나라의 유민으로 생각하면서, '은나라가 결국 망하고 말 터인데, 소사는 떠났고, 왕자는 죽었고, 태사는 구금되었으니, 내가 그 의리를 밝혀 놓지 않는다면 장차 후세는 어떻게 될 것인가' 하고서, 마침내 주周나라를 받들지 않았다. 무릇 이 다섯 분의 군자가 어찌 좋아서 그렇게 했겠는가. 모두 마지못해서 한 일이었다.

어떤 이가 말하기를,

"만약 서로 기다려서 인仁이 된다 할 것 같으면, 태공이 없었을 경우 기자가 목야牧野의 대사大事[5]를 치렀어야 하고, 백이가 아니었다면 태공이 말고삐를 끌어당겨 못 가도록 충고했어야 한단 말인가?"

하기에, 이렇게 답하였다.

"그런 것은 아니다. 이와 같이 해서 인이 된다는 것은, 그 사람을 기다린다는 것이 아니라 그 의리를 기다릴 따름이니, 신포서申包胥와 오자서伍子胥가 서로에게 고지告知한 것[6]과는 같지 않다.

---

4. **소사少師는 …… 구금되었으니** 문맥으로 보면 소사는 미자, 왕자王子는 비간, 태사太師는 기자라야 하지만, 『서경』 「미자」微子에는 왕자인 미자가 부사父師 즉 태사인 기자와 소사인 비간과 상의하여 망명을 결심하는 것으로 되어 있다. 『사기』 권38 「송미자세가」宋微子世家에도 태사는 기자, 소사는 비간으로 되어 있다. 그러므로 "소사는 죽었고, 왕자는 떠났고, 태자는 구금되었으니"로 되어야 옳다. 비간 역시 왕자였으므로, 약간 착오가 빚어진 듯하다. 소사는 제왕의 스승으로, 태사 다음가는 직책이다.
5. **목야牧野의 대사大事** 목야는 무왕이 주紂와 결전을 벌였던 전쟁터이다. 목야에서 은나라 군대가 대패하여 피가 내를 이루어 방패가 떠다닐 정도였다 한다. 『書經』 「武成」

그러나 왕자가 없었다면, 소사가 반드시 떠나지는 않았을 것이다. 떠날 필요가 없었는데도 떠났다면, 소사는 인자가 되기에 부족했을 것이다.[7] 소사가 떠나지 않았는데도 왕자가 홀로 죽었다면, 왕자는 인자가 되기에 부족했을 것이다. 왕자가 이미 죽고 소사가 이미 떠났는데도 태사가 거짓으로 미친 척하지 않았다면, 태사는 인자가 되기에 부족했을 것이다. 태공이 천하 백성을 생각하지 아니하고 백이가 후세 사람을 염려하지 않았다면 백이와 태공은 인자가 되기에 부족했을 것이다. 그렇다면 미자가 주나라로 달아난 것도 마지못해 한 것이요, 비간이 충고하다가 죽은 것도 마지못해 한 것이요, 기자가 도를 전한 것도 마지못해 한 것이요, 태공이 주紂를 친 것도 마지못해 한 것이요, 백이가 주나라를 받들지 않은 것도 마지못해 한 것이다.

나는 그러기에 백이와 태공의 도道를 은나라의 세 분의 인仁에 합친 것이다. 이는 또한 공자의 뜻이었다. 공자가 태공을 칭송하지 않은 것은 아마 말하기 어려운 사정이 있어서 그랬을 것이다. 백이의 경우에는 자주 그 덕을 칭송하고, '인을 구하여 인을 얻었으니 또 무슨 원망이 있겠

6. 신포서申包胥와 …… 것 신포서와 오자서伍子胥는 모두 초楚나라 사람이다. 오자서는 부형이 초나라 평왕平王에게 살해당하자 복수하려고 오吳나라로 망명하였다. 9년 후 오왕 합려闔閭를 도와 초나라의 도읍 영郢으로 쳐들어가 평왕의 무덤을 파헤치고 시신에 매질을 가하여 원한을 풀었다고 한다. 신포서는 초나라의 대부이다. 오나라 군사가 침입하여 왕이 피난하는 국난이 있자 진秦나라에 가서 구원병을 요청하였는데, 진나라가 구원을 허락하지 않자 그는 대궐의 뜰에서 밤낮으로 그치지 않고 울면서 이레 동안이나 음식을 먹지 않았다. 진나라 애공哀公이 그 정성에 감동하여 구원병을 내어 오나라를 물리쳤다. 처음에 신포서와 오자서는 친구 사이였는데, 오자서가 망명하면서 "나는 반드시 초나라를 멸망시키고 말겠다" 하니, 신포서가 "나는 반드시 초나라를 보존하겠다"고 말한 적이 있었으므로, 본문에서 이렇게 말한 것이다. 『史記』卷66「伍子胥列傳」
7. 떠날 …… 것이다 이 대목이 원문에는 없으나, 국립중앙도서관 승계문고 필사본과 김택영 편 『중편연암집』 등에 '不必行而行 微子爲不足仁矣'라고 한 것에 의거하여 보충하였다. 단 '微子'는 문맥에 맞추어 '少師'로 바꿔 번역하였다.

는가'[8]라고 하였다. 비록 그러나 감히 그를 세 분의 인자와 연계시키지 않은 것은 아마 무왕에게 누가 될까봐 말하기를 꺼린 것이 아닌가 생각한다."

어떤 이가 말하기를,

"만약에 다섯 분의 인자가 합해야 온전한 인仁이 된다면, 어찌 수고스럽지 않은가?"

하기에, 이렇게 말하였다.

"그런 말이 아니라, 그 이치가 그렇다는 것이다. 한 가지 일로써도 인이 되기로 말하자면, 편협하거나 공손하지 못한 점이, 어찌 백이가 청렴해서 성인이 되고 유하혜가 화합을 잘해서 성인이 된 사실을 가릴 수 있겠는가.[9]"

---

8. 인을 …… 있겠는가   『논어』「술이」述而에 나온다.
9. 편협하거나 …… 있겠는가   『맹자』「공손추 상」에 "백이는 편협하고 유하혜는 공손하지 못하니, 편협함과 공손하지 못함은 군자君子가 따르지 않는다" 하고, 「만상 하」에 "백이는 성인聖人 중의 청淸한 자요, 이윤은 성인 중의 자임自任한 자요, 유하혜는 성인 중의 화和한 자요, 공자는 성인 중의 시중時中한 자이시다" 하였다. 여기서 말한 뜻은, 백이와 유하혜가 모든 미덕을 갖춘 공자와는 다르지만 한 가지 미덕만으로도 '성'聖이 되는 데는 문제가 없듯이, 백이와 태공 또한 '인'仁이라는 범주에 넣어도 손상이 없다는 말이다.

형암炯菴 행장行狀[1]

우리 정종 공정대왕定宗恭靖大王의 열다섯째 아들 무림군茂林君 시호諡號 소이
공昭夷公은 휘가 선생善生이다. 그로부터 10세를 내려와,[2] 휘 정형廷衡은 감
찰로서 호조 참판에 증직되었으며, 휘 상함尙馠을 낳았다. 상함공이 휘 필
익必益을 낳으니 강계 부사江界府使요, 부사공이 휘 성호聖浩를 낳으니 이분
이 형암의 선친이다. 모친은 반남 박씨潘南朴氏로 토산 현감兎山縣監 휘 사
렴師濂의 따님이요, 금평위錦平尉로서 시호가 효정공孝靖公인 휘 필성弼成의
손녀이다.

---

1. **형암炯菴 행장行狀**　　이덕무의 삼년상이 끝난 정조 19년(1795) 4월, 왕은 그의 유고遺稿를 정
선精選하여 활자로 인쇄하고 그 서문과 발문 및 묘지墓誌와 묘갈墓碣 등은 글 짓는 소임을 맡은
신하들이 나누어 짓도록 명하면서, 행장은 연암이 지어 바치도록 특별히 명했다고 한다. 그리하
여 그해 12월부터 간본刊本 『아정유고』雅亭遺稿의 인쇄를 시작했으나, 서문과 묘문墓文 및 행장
이 지어지기를 기다려 정조 21년(1797) 2월에야 인쇄를 끝냈다고 한다. 『過庭錄』 卷2 『靑莊館全
書』 卷70 「先考積城縣監府君年譜下」 연암이 지은 행장은 간본『아정유고』에 수록된 것과 『연암
집』에 수록된 것이 내용상 상당한 차이를 드러내고 있다.

2. **그로부터 10세를 내려와**　　이덕무의 아들 이광규李光葵가 지은 「선고 적성 현감 부군 연보」先
考積城縣監府君年譜에는 이덕무가 무림군茂林君의 10세손이라고 하였다. 『靑莊館全書』 卷70

형암은 휘가 덕무德懋요 자는 무관懋官이니, 형암은 그의 호이다. 영종英宗 신유년(1741, 영조 17)에 태어났는데, 나면서부터 뛰어난 자질을 지녔고 성품이 단정하고 엄격하였다. 세 살 때 이웃에 사는 창기娼妓가 엽전 한 푼을 가지라고 주자, 즉시 "더러워. 더러워" 하며 땅에 던졌고, 그 돈이 빛나가서 신고 있는 신 위에 떨어지자 수건으로 그 신을 닦았다. 겨우 6, 7세밖에 되지 않아서는 능히 글을 지었고 책 보기를 좋아했다. 한번은 집안사람들이 그가 어디로 갔는지 몰랐다가, 저녁 무렵에야 대청 벽 뒤의 풀 더미 사이에서 발견했으니, 대개 벽에 도배지로 바른 고서古書를 보는 데 빠져서 날이 저문 줄도 몰랐던 때문이었다.

차츰 장성하자 뜻을 독실히 하여 학문에 힘썼다. 앉거나 눕거나 거동하는 것이 일정한 법도가 있어 한자 한치도 빛나가지 않았다. 종일토록 여럿이 있을 적에도 정중하되 빼기지 않고, 잘 어울리되 허물없이 굴지 않았다. 그리고 집안이 몹시 가난하여, 두어 칸의 허물어진 가옥에 거친 음식도 건너뛰는 때가 많았지만 편안하게 받아들여, 남들은 그가 근심하는 빛을 보지 못했다. 무릇 세간의 재화와 이익, 가무와 여색, 애완물, 잡기雜技 따위는 일체 관심을 두지 않았다.

문장을 지을 때는 반드시 옛사람의 취지를 구하되 답습하거나 거짓으로 꾸며서 표현하지 않았다. 한 글자 한 구절도 다 정리情理에 핍근逼近하고 진경眞境을 묘사하여, 편마다 그 묘미가 곡진해서 읽어 볼 만하였다. 뜻을 같이하는 두어 사람과 학문을 강론하는 외에는, 지은 시나 산문을 남에게 잘 보여 주려 하지 않았다. 교유도 함부로 하지 않아서, 현달한 버슬아치들은 한 사람도 알지 못했다. 이 때문에 나이가 약관이 넘도록 명성이 마을 골목을 벗어나지 못했던 것이다.

책 하나를 얻으면 반드시 보면서 초록抄錄했는데, 본 책이 거의 수만 권을 넘었으며, 초록한 책도 거의 수백 권이었다. 비록 여행할 때라도 반드시 책을 소매 속에 넣어 갔으며, 심지어는 붓과 벼루까지 함께 가지고 다녔다. 여관에서 묵거나 배를 타고 가면서도 책을 덮은 적이 없었다. 만약 기이한 말이나 특이한 소문을 듣기라도 하면 곧바로 기록하였다. 책을 저술함에 있어서는 고거攷據와 변증辨證을 잘하였다. 일찍이 동식물과 명물도수名物度數,[3] 나라를 경영하는 방략과 금석비판金石碑板[4]으로부터 우리 왕조의 법제와 외국의 풍토에 이르기까지 자세히 연구하지 않은 것이 없었다.

젊어서는 부친의 명령으로 과거 공부를 하였다. 시에 뛰어나, 당세에 과시科詩로써 이름난 자들도 스스로 미치지 못할 것으로 여겼다. 간간이 과거를 본 적도 있었으나 즐겁게 여기진 않았으며, 마침내 알아주는 이를 만나지 못했어도[5] 불평하지 않았다.

을유년(1765, 영조 41)에 모친상을 당했는데, 3년 동안 수질首絰과 요대腰帶를 풀지 않았으며 조석으로 슬피 울부짖어, 이웃 사람들이 그 때문에 귀를 막았을 정도였다. 성묘하는 일이 아니라면 비록 종자宗子의 집이라도 간 적이 없었다.

무술년(1778, 정조 2)에 사신 행차를 따라 북경에 들어가면서 산천과 풍물을 관광하였으며, 당시의 이름난 유학자들과 담론하고 시를 지어 주고받은 일이 많았다. 항주杭州 사람 반정균潘庭筠이 그를 만나 보고 탄복하며,

"눈빛이 번쩍번쩍하니 이야말로 비범한 사람이다."

---

3. **명물도수名物度數**　명물은 각종 사물의 명칭과 특징을 가리키고, 도수는 계산을 통해 얻은 각종 수치를 말한다.
4. **금석비판金石碑板**　금석은 글자가 새겨진 동기銅器와 비석을 말하고, 비판은 비석의 탁본인 비첩碑帖을 가리킨다. 역사학과 문자학에 중요한 자료가 된다.
5. **마침내 …… 못했어도**　시관試官에게 합격자로 뽑히지 못했음을 뜻한다. 이덕무는 33세 때인 1773년(영조 49) 성균시成均試에 장원 급제하고 그 이듬해 증광增廣 초시初試에 합격했다. 1779년 (정조 3) 규장각 검서奎章閣檢書에 임명된 뒤로 다시는 과거에 응시하지 않았다.

하였다.

기해년(1779)에 외각外閣(교서관校書館)의 검서관檢書官에 제수되었는데, 이 때는 성상이 등극한 지 3년이 되는 해였다. 당시 임금께서는 문풍文風이 점차 쇠퇴하고 인재人材가 묻혀 버림을 염려하여 문풍을 진작하고 인재를 발탁할 방법을 생각한 끝에, 영릉英陵의 옛일[6]을 모방하여 규장각을 세우고 각신閣臣을 두었으며, 교서관을 창덕궁 단봉문丹鳳門 밖으로 옮겨 설치하고 규장각의 외각을 삼았다. 그리고는 각신들에게 물어서 벼슬하지 못한 선비들 중에 학문과 지식이 있는 자들로 외각의 관원을 채우게 하고, 처음으로 '검서'라는 관명을 하사하였는데, 무관이 첫 번째로 선발되었다. 임금께서 검서들에게 입시入侍하라고 명하고는, 「규장각 팔경」奎章閣八景이라는 제목의 근체시近體詩 8편을 짓게 했는데 무관이 장원을 차지했고, 이튿날 다시 「영주에 오르다」(登瀛州)라는 제목으로 20운韻의 시를 짓게 했는데 또 장원을 차지하니, 두 번 모두 임금께서 상을 내리되 차등 있게 내리셨다.[7] 이렇게 해서 남들에게 받지 못했던 인정을 비로소 임금에게서 받게 된 것이다.

신축년(1781) 정월에 외각의 관직을 옮겨서 내각內閣(규장각)의 관직으로 만들도록 명하였으니, 무관이 규장각 검서관이 된 것은 대개 이때부터였다. 3월에 사도시 주부司䆃寺主簿로 승진되었는데, 이로부터는 매양 본래의 관직에 검서의 관직을 겸임하게 되었다. 이해 12월에 사근도 찰방沙斤道察訪으로 제수되었는데, 사근역沙斤驛[8]에는 해묵은 공채公債[9]가 있어 매년 그

---

6 영릉英陵의 옛일   세종 2년(1420) 집현전集賢殿을 설치한 사실을 말한다.
7. 임금께서 …… 내리셨다   「규장각 팔경」을 짓고는 『명의록』明義錄 1질을 특별히 하사받았고, 「영주에 오르다」를 짓고는 백면지白綿紙 다섯 묶음을 하사받았다. 『青莊館全書』 卷70 「先考積城縣監府君年譜上」 이 두 시는 모두 『청장관전서』 권20 간본 『아정유고』 12에 수록되어 있다.
8. 사근역沙斤驛   경상도 함양咸陽에 있던 역참驛站이다.
9. 공채公債   백성들이 나라에 진 빚을 말하는데, 대개 환곡을 갚지 못한 경우를 말한다.

이자를 받아 공비公費로 삼는 관계로, 가난에 지친 백성들을 날마다 들볶아 백성들이 안심하고 살 수가 없었다. 그래서 이 일을 상관上官(경상 감사)에게 보고하여 혁파하였는데, 이 덕분에 역민驛民들이 지금까지도 그 혜택을 입고 있다.

계묘년(1783) 11월에 내직으로 들어와 광흥창 주부廣興倉主簿에 제수되고, 갑진년(1784) 2월엔 사옹원 주부司饔院主簿로 옮겼다. 6월에는 적성 현감積城縣監[10]에 제수되었다. 적성에 있는 5년 동안 10번의 인사 고과에서 다 최우수를 받았다.

적성 현감으로 재직할 당시에 사람들에게 말하기를,

"청렴하면 위엄이 생기고, 공평하면 혜택이 두루 미치게 된다."

하였고, 남들이 간혹 녹봉이 박하지 않느냐고 하면, 문득 정색을 하고,

"내가 한낱 서생書生으로서 성상을 가까이에서 모시고 벼슬이 현감에 이른 덕분에, 위로는 늙으신 어버이를 봉양하고 아래로 처자를 기르고 있으니 영광이 이보다 더할 수 없다. 다만 임금님의 은혜를 찬송할 뿐이지 어찌 감히 가난을 말할 수 있으랴!"

하였다. 고을 남쪽에 청학동青鶴洞이 있었는데 고송古松과 백석白石이 그윽하여 사랑스러웠다. 예전에 정자가 있었으나 다 허물어졌으므로 다시 두어 칸을 얽고 우취옹정又醉翁亭[11]이라는 편액을 걸었으며, 두 바퀴 달린 작은 수레를 손수 만들어 여가 있을 때면 홀로 그곳에 가서 유유자적하다가 돌아오곤 하였다.

기유년(1789) 6월에 임기가 만료되어 내직인 와서 별제瓦署別提로 옮기

---

10. **적성 현감積城縣監** 적성은 경기도에 있던 현으로, 지금의 경기도 파주시 적성면이다.
11. **우취옹정又醉翁亭** 송宋나라 때 구양수歐陽脩가 저주 지사滁州知事로 재임할 적에 취옹정醉翁亭이라는 정자를 짓고 그곳에서 백성들과 함께 즐겁게 잔치를 벌인 일을 기록한 「취옹정기」醉翁亭記를 모방하여 이름을 지은 것이다.

고, 경술년(1790) 7월에 사도시 주부로 옮기고, 신해년(1791) 2월에 상의원 주부尚衣院主簿로 옮기고, 3월에 장원서 별제掌苑署別提로 옮기고, 5월에 사옹원 주부로 옮겼다.

무관은 젊은 시절부터 가난을 편안히 여겼다. 더러는 해가 저물도록 식사가 준비되지 못한 적도 있고, 더러는 추운 겨울에도 온돌에 불을 때지 못하기도 했다. 벼슬을 하게 되어서도 제 몸을 돌보는 데는 매우 검소하여, 거처와 의복이 벼슬하기 전과 다를 것이 없었을 뿐 아니라 '기한'饑寒이라는 두 글자를 입 밖에 내지 않았다. 그러나 기질이 본래 부녀자나 어린아이처럼 연약하였는데, 나이가 거의 노년에 접어들면서 자기도 모르는 사이에 건강이 손상된 지 오래였다. 겨울에 날씨가 몹시 추우면 나무 판자 하나를 벽에 괴고 그 위에서 자곤 하였는데, 얼마 있다가 병이 나자 병중에도 앉고 눕고 이야기하는 것이 오히려 태연자약하였다. 임종에 이르러서는 의관을 다시 정제하고 홀연히 세상을 떠났으니, 때는 계축년(1793) 1월 25일이요, 향년은 겨우 53세였다. 2월에 광주廣州 낙생면樂生面 판교板橋 유좌酉坐의 언덕에 장사 지냈다.

일찍이 저서 12종이 있었다. 『영처고』嬰處稿는 바로 젊은 시절에 지은 시와 산문이다. 스스로 말하기를,

"처신하는 것과 행동을 조심하기를 어린아이나 처녀처럼 해야 한다."

했는데, 그래서 원고의 이름을 그렇게 붙인 것이다.[12] 『청장관고』青莊館稿의 '청장'은 바로 해오라기의 별명인데, 강이나 호수에 살면서 먹이를 뒤쫓지 아니하고 제 앞을 지나가는 고기만 쪼아 먹기 때문에 신천옹信天翁이라고도 부른다. 무관이 이로써 스스로 호를 삼은 것은 까닭이 있어서였다.[13]

---

12. 『영처고』嬰處稿는 …… 것이다   연암이 『영처고』에 대해 지은 서문이 『연암집』 권7에 수록되어 있다. 이덕무가 지은 자서自序는 그의 나이 20세 때인 1760년에 지은 것이다.

『이목구심서』耳目口心書는 곧 귀로 들은 것과 눈으로 본 것과 입으로 말한 것과 마음으로 생각한 것을 적은 것이다. 『사소절』士小節은 옛날의 어진 이들이 남긴 교훈을 인용하여 훈계의 말씀으로 삼고, 지금 사람들의 요새 일들을 기록하여 보고 느끼는 바가 있도록 한 것이다.

『청비록』清脾錄은 옛날과 지금 사람들의 시화詩話를 실은 것이요, 『기년아람』紀年兒覽은 상고부터 시작하여 명明·청淸 및 춘추 시대의 소국小國들에 이르기까지의 역사를 기록한 것인데 중화中華와 이적夷狄을 명확히 구별하였다. 『청령국지』蜻蛉國志는 일본의 세계世系·지도·풍속·언어·물산을 기록한 것이다. 『앙엽기』盎葉記는 곧 옛날부터 지금까지의 일에 대해 고증하고 변증한 말들을 모은 것이다. 『한죽당섭필』寒竹堂涉筆은 경상도에서 역승驛丞(찰방)으로 재직할 때에 듣고 본 것을 기록한 것이다.

『예기억』禮記臆은 『예기』의 어려운 글자나 의심나는 뜻에 대해 풀이한 것이다. 『송사보전』宋史補傳은 곧 하교를 받들어 『어정송사전』御定宋史筌을 편집·교열한 것으로서, 「유민열전」遺民列傳과 「고려열전」高麗列傳·「요열전」遼列傳·「금열전」金列傳·「몽고열전」蒙古列傳을 보완하여 편찬한 것이다.[14] 『뇌뢰낙락서』磊磊落落書는 많은 서적들을 열람하면서 명나라 말의 유민遺民들의 행적을 편집한 것인데, 미처 원고를 정리하지 못하였다.

매번 문헌을 편찬하는 일이 있을 때마다 무관이 참여하였으니, 『국조

---

13. 『청장관고』靑莊館稿의 …… 있어서였다   『청장관고』는 『청장관전서』와는 다르다. 간본 『아정유고』에 실린 행장에 의하면, 이덕무의 첫 번째 문집(其初集)의 이름이 『영처고』이고, 두 번째 문집(其二集)의 이름이 『청장관고』라고 하였다. 이는 곧 『청장관전서』 중의 필사본 『아정유고』를 가리킨다. 청장은 일명 신천옹信天翁(앨버트로스)이라고 하는 해조海鳥로서, 해오라기(鴉鶄)와는 별종이다. 『연암집』 권1 「담연정기」澹然亭記 참조. 연암이 지은 행장은 이덕무의 아들 이광규가 지은 '선고 부군 유사'先考府君遺事에 의거하였는데, 그 과정에서 일부는 이 대목과 같이 오류를 포함한 채 그대로 전재轉載하기도 했다.
14. 『송사보전』宋史補傳은 …… 것이다   『송사보전』은 『청장관전서』 중 『편서잡고』編書雜稿에 수록되어 있다.

보감』國朝寶鑑 · 『갱장록』羹墻錄 · 『문원보불』文苑黼黻 · 『대전통편』大典通編 같은 종류가 그것이다. 또 일찍이 어명을 받들어 운서韻書를 편찬하여 진상하였으니, 이름을 『규장전운』奎章全韻이라 하였다. 자획字畫은 모두 육서六書를 쓰고,[15] 주석은 제가諸家의 운서를 참고하여 협운叶韻과 통운通韻[16]까지 자상히 갖춰지지 않은 것이 없었다. 무관은 이 일을 마치고 죽었다.

갑인년(1794) 겨울에 임금은 책을 간행하도록 명하고, 그 아우 공무功懋와 아들 광규光葵에게 명하여 함께 교정하고 그 일을 감독하게 했다. 삼년상을 마치고 담제禫祭[17]를 지내자, 임금께서 하교하기를,

"오늘 운서를 인쇄하는 일로 인하여 생각하건대, 작고한 검서관 이 아무의 재주와 학식은 지금까지도 잊혀지지 않는다. 그 아들이 이미 탈상했다고 아뢰니, 그를 검서관에 특별히 임명하라."

하고, 또 돈 500냥을 하사하시어 유고를 출간하는 비용으로 삼게 하였다.

이어서 규장각의 각신과 초계문신抄啓文臣[18]으로서 현재 장임將任(대장이나 장수), 지방 관직, 관찰사, 큰 고을 수령을 맡은 자에게 명하여 각자 능력껏

---

15. 자획字畫은 …… 쓰고　　상형象形 · 지사指事 · 회의會意 · 형성形聲 · 전주轉注 · 가차假借 등 한자漢字의 여섯 가지 조자법造字法에 따라서 속자俗字나 위자僞字를 배제하고 정자正字만을 썼다는 뜻인 듯하다. 이광규가 지은 「선고 부군 유사」先考府君遺事에 이덕무가 육서에 능통하여 아무리 바쁘더라도 속자나 위자를 쓰지 않았다고 하며, 일찍이 사람들에게 말하기를 "나의 자획이 비록 사람들의 눈을 즐겁게 할 수 없을지라도, 육서를 좋아한다고 자처하면서 만약 체세體勢만 숭상하고 그 자의字義를 모른다면 어찌 되겠는가?"라고 했다고 한다.

16. 협운叶韻과 통운通韻　　당시의 음音으로 고대의 운문을 읽을 경우 운이 맞지 않는 글자의 음을 운에 맞도록 임시로 고쳐 읽는 것을 협운이라 한다. 주자朱子가 『시경』이나 『초사』楚辭를 해석할 때 협운을 적용한 것이 대표적인 사례이다. 통운은 한시를 지을 때 서로 통용될 수 있는 운부韻部를 말한다. 예컨대 평성平聲 동운東韻과 동운冬韻에 속하는 글자들은 서로 운자韻字로 통용될 수 있다.

17. 담제禫祭　　삼년상(25개월)을 마친 그 다음다음 달 하순에 탈상脫喪하면서 지내는 제사를 말한다.

18. 초계문신抄啓文臣　　37세 이하의 당하관堂下官 중에서 선발하여 규장각에 소속시켜 40세 이전까지 학문과 문장 연마에 전념하도록 한 문신을 말한다.

출간 비용을 돕도록 하고, 가까운 친척인 훈련대장 이경무李敬懋에게도 일체가 되어 출간 비용을 대는 것을 돕도록 하교하였다.

이날 임금께서 광규에게 입시토록 명하였으며, 은혜로운 하교가 정중하였다.[19] 일족과 친구들이 서로 돌아보며 축하하기를,

"무관이 평소에 제 몸을 깨끗이 지키고 학업에 부지런하며 편찬하는 일로 수고가 많았는데, 죽은 뒤에 지존至尊께서 그 재주를 생각하고 그 가난을 염려하여 마침내 그의 아들을 등용하고 유고를 출판하라는 명을 내리셨구나! 이렇게 큰 은혜와 영광이 내린 것은 구천九泉에 간 망인을 깊이 감격시킬 뿐 아니라, 또한 장차 온 세상 사람들을 분발하게 할 터이니, 어찌 거룩하지 않으랴!"

하였다.

무관은 수성 백씨隋城白氏(수성은 수원水原)에게 장가들었으니, 동지중추부사 사굉師宏의 따님이요, 증贈 호조 판서 행 평안 병사行平安兵使로 시호가 충장공忠莊公인 시구時耉의 증손녀이다. 1남 2녀를 낳았으니, 아들은 바로 광규요, 두 딸은 전주全州 유선柳烍과 광산光山 김사황金思黃에게 시집갔다. 광규의 자녀는 아직 어리다.

아, 무관은 품행이 독실하여 한 시대의 모범이 되기에 충분하고, 재주와 식견이 뛰어나서 만물을 정밀히 연구하기에 넉넉하였다. 학문을 함에 있어서는 내면의 수양에 독실하여 외부의 유혹을 물리쳐 끊었고, 본체本體(마음의 본바탕)가 맑고 투철하며 그 용用(마음의 활동)은 섬세하고 빈틈이 없었다. 안자顔子의 사물四勿과 증자曾子의 삼성三省[20]은 모두 그가 부지런히

---

19. 이날 …… 정중하였다   정조 19년(1795) 4월 3일, 왕은 이광규에게 부친 이덕무의 유고가 모두 얼마나 되는지를 묻고, 유고를 간행할 비용이 곧 조처될 것인데 집이 가난하다 하니 유고를 간행하고 남는 것은 생활비로 쓰도록 하라고 하였으며, 유고를 정선精選하는 일은 각신 윤행임尹行恁에게 맡겼노라고 하였다. 『靑莊館全書』 卷70 「先考積城縣監府君年譜下」

힘을 쏟던 것이다.

문장을 짓는 데 있어서는 제자백가諸子百家의 책에서 널리 취재하여 스스로 일가를 이루었고, 독창적인 경지를 홀로 추구하고 진부한 것은 따라 배우지 않았다. 기이하고 날카로우면서도 진실되고 절실함에서 벗어나지 아니하였으며, 순박하고 성실하면서도 졸렬하거나 평범한 수준으로 떨어지지 않았으니, 수백 수천 년이 지난 뒤라도 한번 읽어 보기만 하면 완연히 눈으로 보는 것과 같을 것이다. 그리고 고금의 일에 해박하고 명물名物을 명백히 분석하기로 말하자면, 전무후무前無後無하다 해도 좋을 것이다.

무관은 가난한 선비 시절부터 민생이 곤궁하고 인재가 묻히고 마는 데 깊은 관심을 쏟아서, 개연慨然히 나라를 경영하고 백성을 구제하는 데에 뜻을 두었다. 그의 논설과 기록은 법령과 제도에 특히 치중하여 백성을 구제하는 것을 요점으로 삼았다. 그런즉 나라와 백성을 걱정하는 뜻을 잠깐 사이도 잊은 적이 없었으니, 진실로 그를 기용하여 능력을 시험해 보기로 한다면, 장차 어디건 안 될 곳이 없었을 것이다.

다만 그는 도도하게 유행하는 풍속을 싫어하고 마음의 본바탕이 자유롭고 트인 것을 좋아하여, 뜻을 굳건히 지키고 운명을 믿어 담담히 욕심이 없으며, 쓸쓸한 오두막집에 살면서 빈천을 감수하였다. 권세 있는

---

20. **안자顔子의 …… 삼성三省**   공자의 제자 안연顔淵이 인仁을 실천하는 방법을 묻자, 공자는 "예禮가 아니면 보지 말고, 예가 아니면 듣지 말고, 예가 아니면 말하지 말고, 예가 아니면 행동하지 말라"고 하였다. 하지 말라는 '물'勿 자가 네 번 나왔으므로 이를 사물四勿이라 한다. 『論語』 「顔淵」 공자의 제자 증자曾子가 "나는 날마다 세 가지 일로 나 자신을 돌아본다(吾日三省吾身). '남을 위하여 일을 도모함에 있어서 마음을 다하지 못한 것은 아닌가, 친구들과의 교우 관계에서 성실하지 못한 점은 없었는가, 스승에게 배운 것을 복습하지 않은 것은 아닌가?' 하는 것이 그것이다" 하였다. 『論語』 「學而」

사람들을 찾아다니지 않아,[21] 지위 높고 요직에 있는 사람들에게 이름이 알려지지 않았다. 남들이 몰라주어도 불평하지 않는 내실을 갖추었고, 혼자 실행하게 되어도 두려워하지 않으려는[22] 생각을 지녀, 하마터면 불우한 채 늙어 죽어 그대로 묻힌 채 이름이 후세에 일컬어지지 못할 뻔했다.

그런데 우리 성상께서 문치文治를 숭상하는 정치를 천명하고 인재 뽑는 길을 넓히사, 무관이 궁벽한 여항에 사는 한낱 가난한 선비인데도 날마다 임금을 가까이 모시게 되니, 성상은 이미 그가 오래 쌓아 온 학식을 알고 계셨다. 그래서 그는 구중궁궐에 달려 나가 문헌의 편찬 사업에 이바지하였으니, 세상이 미처 알지 못했던 것을 성상이 유독 아셨고, 사람들이 기특하게 여기지 못한 것을 성상이 유독 기특하게 여기신 것이었다. 그의 처지는 한낱 소원하고 지위 낮은 관원이었으나 그의 소임은 규벽奎璧[23]을 맡는 것이었고, 그의 관직은 한낱 유품流品(잡다한 하급 관직)이로되 그의 일은 성상의 고문顧問에 대비하는 것이었다. 전후로 부지런히 장려하시고 후하게 하사하신 은혜[24]는 지위 높은 신하도 얻기 힘든 바였으니, 무관이 성상으로부터 입은 지우知遇도 성대하다 하겠다.

벼슬길이 순탄치 못해 관직이 한낱 현감에 그치고, 타고난 수명이 짧아 역량을 당세에 펴지 못하고 뜻을 품은 채 죽은 점으로 말하자면, 이

21. **권세 …… 않아** 원문에는 '足不到' 다음에 두 글자가 결락되었는데, '권문'權門과 같은 단어가 아닌가 한다. 문맥에 비추어 번역하였다.
22. **남들이 …… 않으려는** 『논어』「학이」學而에 "남들이 몰라주어도 불평하지 않으면 어찌 군자가 아니겠는가"라고 하였고, 『주역』「대과」大過에 "군자는 대과大過의 괘를 얻으면 혼자 실행하게 되어도 두려워하지 않고(獨立無懼) 숨어 살게 되어도 괴로워하지 않는다"고 하였다.
23. **규벽奎璧** 임금의 친필과 인장印章을 가리킨다. 규장각은 임금의 친필과 인장을 관리하는 곳으로 세워졌다.
24. **후하게 하사하신 은혜** 이덕무가 벼슬한 지 15년 동안 왕으로부터 책·옷감·음식·채소·과일·생선·약 등 모두 139종의 물품을 총 520여 번이나 하사받았다고 한다. 『刊本雅亭遺稿』卷8「先考府君遺事」

것은 운명이지 때를 만나지 못해서가 아니다. 그러나 그가 죽자 성상은 은혜로운 말씀을 내려 그의 재주와 학식을 잊을 수 없다고 하셨을 뿐 아니라, 또한 내탕전內帑錢으로 유고를 간행하여 오래도록 세상에 전하게 하고, 그의 검서 관직을 그의 아들이 물려받게 하셨으니, 생전과 사후를 통틀어 은총을 입은 것이 지극하다 하겠다. 옛사람을 낱낱이 헤아려 보더라도 임금에게 이와 같은 은총을 입을 수 있었던 자가 몇 사람이나 되었겠는가? 이런 점에서 본다면 무관은 유감이 없을 것이다.

규장각의 여러 신하들이 바야흐로 임금의 하교를 받들어 그의 유집을 편찬하면서, 내가 무관의 평생 사적을 잘 안다고 하여 행장을 짓도록 부탁하였다고 한다.

『위학지방도』爲學之方圖[1] 발문

『위학지방도』는 상하 2권이고, 그림이 모두 몇 편, 그림에 대한 설說(설명)
과 지識(기록)가 모두 몇 편인데, 호가 경암敬菴인 조군 연귀趙君衍龜가 수집
하여 책으로 만든 것이다. 아, 이야말로 명계冥界의 지남거指南車요 미계迷界
의 보벌寶筏[2]인 셈이니, 어찌 여러 가지 쓸데없는 말을 덧붙여 규사圭璽의

---

1. 『위학지방도』爲學之方圖   조연귀趙衍龜(1726~?)가 편찬한 책이다. 조연귀는 본관이 배천(白川)
이고, 자는 경구景九이다. 우암 송시열 계의 저명한 성리학자인 윤봉구尹鳳九의 문하에서 수학한
뒤 평생 은거하여 저술에 힘썼다. 그의 저술로『대학』과『중용』의 내용을 알기 쉽게『대학도』大
學圖와『중용도』中庸圖로 도식화圖式化하고 해설을 덧붙인『학용도설』學庸圖說이 있는 점으로 미
루어, 『위학지방도』역시 성리학을 공부하는 방법을 여러 편의 그림들과 그에 대한 해설로써 알
기 쉽게 소개한 계몽적 저술로 짐작된다. 이덕무가 지은「숙강규약도발」塾講規約圖跋에 "금년 겨
울에 조경암趙敬菴이『위학지방도설』爲學之方圖說을 편찬했다"고 하면서, 그의 요청으로 청초淸初
의 성리학자인 시황施璜이 지은『숙강규약』塾講規約의 내용을 9편의 그림으로 나타내고 그림에
대한 해설을 덧붙인「숙강규약도」를 지어 그 책에 실었다고 했으며, 똑같은 사실이 이덕무의 연
보年譜 중 계사년(1773) 11월 8일 조에 기록되어 있다. 『青莊館全書』卷19 雅亭遺稿 11 書5「趙敬
菴」, 卷70「先考積城縣監府君年譜上」『刊本雅亭遺稿』卷3「塾講規約圖跋」또한 이서구李書九의「성
인가문유도지」聖人家門喩圖識에는 계사년(1773, 영조 49) 겨울에 조연귀의 요청으로, 청초의 문인인
위상추魏象樞의「성인가문유」聖人家門喩를 그림으로 그리고 그 사실을 적어『위학지방도』에 보태
었다고 한다. 『自問是何人言』

탄식[3]을 자아낼 것이 있겠는가. 그러나 사양하다 못하여 마침내 이렇게 말하였다.

무릇 도道란 길과 같으니, 청컨대 길을 들어 비유해 보겠다. 동서남북 각처로 가는 나그네는 반드시 먼저 목적지까지 노정이 몇 리나 되고, 필요한 양식이 얼마나 되며, 거쳐 가는 정자·나루·역참·봉후烽堠의 거리와 차례를 자세히 물어 눈으로 보듯 훤히 알고 있어야 한다. 그런 뒤에야 다리로 실지實地를 밟고 평소의 발걸음으로 평탄한 길을 가는 법이다.[4] 먼저 분명히 알고 있었으므로, 바르지 못한 샛길로 달려가거나 엉뚱한 갈림길에서 방황하게 되지 않으며, 또 지름길로 가다가 가시덤불을 만날 위험이나 중도에 포기해 버릴 걱정도 없게 되는 것이다. 이는 지知와 행行이 겸하여 이루어지기 때문이다.

어떤 사람은 '행하면 저절로 알게 된다'고 말하는데, 이것은 헤엄쳐서 물속의 달을 건지거나 북을 치면서 자식을 찾는 것[5]과 무엇이 다르겠는

---

2. **명계冥界의 …… 보벌寶筏**　원문의 '명도'冥道는 곧 명계冥界로 염라대왕이 있다는 지옥의 저승 세계를 말한다. 지남거指南車는 옛날에 황제黃帝가 치우蚩尤와 싸울 때 치우가 피운 짙은 안개로 병사들이 방향을 잃자 황제가 방향을 지시하기 위해 만들었다는 수레이다. 원문의 '미진'迷津은 곧 미계迷津로, 번뇌로 미혹에 빠진 중생들의 세계를 가리킨다. 보벌은 보석으로 만든 뗏목이란 뜻으로, 미계에서 벗어날 수 있게 차안此岸에서 피안彼岸으로 건너가게 해 주는 불법佛法을 비유한 것이다.

3. **규사圭顋의 탄식**　쓸데없는 말을 한 데 대한 후회를 뜻한다. 『시경』 대아大雅 「억」抑에 "백규의 흠은 오히려 갈아 없앨 수 있거니와, 이 말의 결함은 다스릴 수가 없다"(白圭之玷 尙可磨也 斯言之玷 不可爲也) 하였고, 『논어』 「안연」顔淵에 "말이 혀에서 나오면 사마駟馬도 따라잡을 수 없다"(駟不及舌) 하였다.

4. **평소의 …… 법이다**　『주역』 「이괘」履卦 초구初九의 효사爻辭에 "평소의 발걸음으로 가면 허물이 없다"(素履往无咎)고 하였고, 구이九二의 효사에 "밟아가는 길이 평탄하나, 욕심 없고 차분한 사람이라야 정조를 지키고 길하다"(履道坦坦 幽人貞吉)고 하였다.

5. **북을 …… 것**　『장자』 「천운」天運에서 노자老子가 공자에게 인의 도덕仁義道德을 외쳐 오히려 인심을 크게 혼란시킨다고 비판하면서, 사람들이 본래의 순박한 마음을 잃지 않도록 하지 않고 "어찌하여 인의 도덕을 표방하기에 급급하기를 마치 큰 북을 치면서 잃어버린 아이를 찾듯이 하는가?"라고 하였다.

가. 끝내는 완적阮籍처럼 통곡하고 양주楊朱처럼 울지 않을 자[6]가 드물 것이다. 비유하면 서울 방내坊內의 자제들이 힘써 농사짓는 것이 귀하다는 말만 듣고서, 역서曆書가 반포되기를 기다리지도 않고[7] 한겨울에 밭을 갈고 씨를 뿌려 손가락에서 피가 나고 얼굴에 땀이 나도록 한다면, 행行은 비록 힘썼다고 하겠지만 지知에 있어서는 어떻다 하겠는가? 이는 행을 먼저하고 지를 뒤로하여 끝내 수확을 얻지 못한 것이니, 바로 조군이 두려워하는 점이다.

만약 배우는 사람들이 이 그림들에 의거하여 방법을 삼는다면, 밤에 등불이 걸린 것과 같고 소경에게 지팡이가 있는 것과 같으며, 진도陣圖에 의거하여 진을 치는 것과 같고 처방에 따라 약을 쓰는 것과 같아, 한편으로는 농가農家의 역서曆書가 되고 한편으로는 나그네의 정후亭堠(이정표)가 될 것이다. 모든 군자들이 어찌 이에 힘쓰지 않을 수 있겠는가.

6. **완적阮籍처럼 …… 자** 중국 진晉나라 죽림칠현竹林七賢의 한 사람인 완적은 때때로 마음껏 혼자 수레를 타고 달리다가 길이 끊어진 곳에 이르면 문득 통곡하고 돌아왔다고 한다. 또 전국 시대 때 양주楊朱가, 이웃 사람이 잃어버린 양을 찾지 못하고 돌아왔으므로 그 이유를 물었더니, 그 사람은 갈림길이 갈수록 더욱 갈라져서 찾을 수 없었다고 답하였다. 이 말을 들은 양주는 침통해져서 한참 동안 말문을 열지 않고 며칠간 웃지 않았다고 한다. 여기에서는 길을 잃고 곤경에 빠지게 된다는 뜻으로 말하였다.

7. **역서曆書가 …… 않고** 원문은 '不待人時之敬授'인데, 『서경』「요전」堯典에 요임금이 천문역법天文曆法을 맡은 관원들에게, "해와 달과 별들을 관측하고 기록하여 인민들에게 절기節氣를 삼가 가르쳐 주라"(敬授人時)고 명하였다고 한다. 예전에 농사를 지을 때에는 농사철과 밀접한 관련이 있는 24절기를 표시한 역서曆書를 반드시 살펴보았다.

『회성원집』繪聲園集[1] 발문

옛날에 붕우朋友를 말하는 사람들은 붕우를 '제2의 나'라 일컫기도 했고, '주선인'周旋人이라 일컫기도 했다.[2] 이 때문에 한자를 만드는 자가 날개 우羽 자를 빌려 벗 붕朋 자를 만들었고, 손 수手 자를 겹쳐서 벗 우友 자를 만들었으니, 붕우란 마치 새에게 두 날개가 있고 사람에게 두 손이 있는 것과 같음을 말한 것이다.[3]

---

1. 『회성원집』繪聲園集　　청나라 산서인山西人 곽집환郭執桓(1746~1775)의 문집이다. 곽집환은 자가 봉규叔圭·근정覲庭이며, 호가 반오半迂·동산東山·회성원繪聲園으로, 시를 잘 지었으며 그림과 글씨에도 뛰어났다. 곽집환은, 홍대용이 1766년 북경에서 돌아오는 길에 교분을 맺게 된 그의 친구 등사민鄧師閔을 통해, 자신의 시고詩稿인 『회성원집』에 대해 조선 명사들의 서문을 요청하였다. 이에 홍대용과 아울러 연암이 『회성원집』의 발문을 짓게 되었다. 『熱河日記』「避暑錄」『湛軒燕記』「鄧汶軒」『湛軒書』內集 卷3「繪聲園詩跋」

2. 붕우를……했다　　마테오 리치의 『교우론』交友論의 첫머리에 "나의 벗은 타인이 아니라 곧 나의 반쪽이요 바로 제2의 나이다"(吾友非他 卽我之牛 乃第二我也)라고 하였다. 주선인周旋人은 보통 시중드는 사람이나 문객門客을 뜻하는데, 당唐나라 이전에는 한때 붕우의 뜻으로 쓰이기도 했다. 『晉書』卷94「陶潛傳」『宋書』卷89「袁粲傳」

3. 날개 우羽……것이다　　마테오 리치의 설을 취한 것이다. 『교우론』의 원주原註에 "우友 자는 전서篆書로는 '봉'로 쓰니 이는 곧 두 손으로서, 꼭 있어야지 없어서는 안 되는 것이다. 붕朋 자는 전서로는 '봉'로 쓰니 이는 곧 양 날개로서, 새가 이를 갖추어야 바야흐로 날 수 있는 것이

그런데도 "천고의 옛사람을 벗 삼는다"(尚友千古)고 주장하는 사람들이 있으니, 너무도 답답한 말이다. 천고의 옛사람은 이미 휘날리는 먼지와 싸늘한 바람으로 변해 버렸으니, 그 누가 장차 '제2의 나'가 될 것이며, 누가 나를 위해 주선인이 되겠는가. 양자운揚子雲은 당세의 지기知己를 얻지 못하자 개탄하면서 천년 뒤의 자운子雲을 기다리려고 했는데,[4] 우리나라 사람 조보여趙寶汝[5]가 이를 비웃으며,

"내가 지은 『태현경』太玄經을 내가 읽으면서, 눈으로 그 책을 보면 눈이 자운子雲이 되고, 귀로 들으면 귀가 자운이 되고, 손으로 춤추고 발로 구르면 각각 하나의 자운이 되는데, 어찌 굳이 천년의 먼 세월을 기다릴 게 있겠는가."[6]

하였다. 나는 이런 말에 또다시 답답해져서, 곧바로 미칠 것만 같아 이렇게 말하였다.

다"라고 하였다. 붕朋 자에 대해서는 봉倗 자의 가차자假借字라는 설, 봉鳳의 옛글자라는 설, 두 개의 월月 자, 또는 육肉 자, 또는 패貝 자를 합친 것이라는 설 등 정설이 없다. 우友 자는 손을 뜻하는 우又 자 2가 합쳐진 회의자會意字이다.

4. **양자운揚子雲은 …… 했는데**　　자운子雲은 양웅揚雄의 자이다. 자신이 저술한 『태현경』太玄經에 대해 사람들이 모두 비웃자, 양웅은 "세상 사람들이 나를 알아주지 않아도 상관없다. 후세에 다시 양자운이 나와 반드시 이 저술을 애호할 것이다"라고 했다고 한다. 이 이야기는 『한서』 권87 「양웅전」揚雄傳에는 보이지 않으며, 한유韓愈의 「여풍숙논문서」與馮宿論文書에만 나온다. 이어서 한유는, "양웅이 죽은 지 거의 천년이 되었으나 끝내 아직도 양웅이 나오지 않았으니 한탄스럽다"고 했다.

5. **조보여趙寶汝**　　조귀명趙龜命(1694～1737)으로, 보여寶汝는 그의 자이다. 본관은 풍양豐壤이고 호는 동계東谿이다. 재종형再從兄인 풍원군豐原君 조현명趙顯命과 절친하였다. 생원시에 합격한 뒤 영희전 참봉永禧殿參奉에 제수되고, 공조 좌랑工曹佐郎 등에 임명되었으나 벼슬에 나아가지는 않았다. 말년에 세자익위사世子翊衛司의 시직侍直·익위翊衛 등을 지냈다. 황경원黃景源과 함께 당대의 문장가로 손꼽힐 만큼 문장에 뛰어났다. 문집으로 『동계집』東谿集이 있다.

6. **내가 …… 있겠는가**　　조귀명의 「조성언시집서」趙聖言詩集敍에 "나로 말하자면 세상에 나를 알아줄 자운이 없는 사람이다. 자운이 없으니 자신의 글을 스스로 보면서 나의 눈으로 하나의 자운을 삼고, 스스로 읊으면서 나의 귀로 하나의 자운을 삼고, 스스로 춤추고 발을 구르면서 나의 손과 발로 각각 하나의 자운을 삼는다"(余則無子雲於世者也 無已則自覽以吾目爲一子雲 自諷而以吾耳爲一子雲 自舞自蹈而以吾手足各爲一子雲)고 하였다. 『東谿集』 卷7

"눈도 때로는 못 볼 수가 있고 귀도 때로는 못 들을 수가 있을진대, 이른바 춤추고 발 구르는 자운子雲을 장차 누구로 하여금 듣게 하고 누구로 하여금 보게 한단 말인가. 아, 귀와 눈과 손과 발은 나면서부터 한몸에 함께 붙어 있으니 나에게는 이보다 더 가까운 것이 없다. 그런데도 오히려 믿지 못할 것이 이와 같은데, 누가 답답하게시리 천고의 앞 시대로 거슬러 올라가며, 어리석게시리 천세의 뒤 시대를 굼뜨게 기다릴 수 있겠는가."

이로 말미암아 본다면, 벗이란 반드시 지금 이 세상에서 구해야 할 것이 분명하다.

아, 나는 『회성원집』을 읽고서 나도 몰래 속이 뜨겁게 달아오르고 눈물을 마구 흘리면서 속으로 이렇게 자문자답했다.

"나는 봉규叔圭 씨와 더불어 이미 이 세상에 같이 태어났으니, 이른바 나이도 서로 같고 도道도 서로 비슷하다[7] 하겠는데, 어찌 서로 벗이 될 수 없단 말인가. 기필코 장차 서로 벗을 삼을진대 어찌 서로 만나볼 수 없단 말인가. 두 지역의 거리가 만리萬里인즉, 지역이 멀어서 그런 것인가?

그렇지는 않다. 아아, 이미 서로 만나 볼 수 없는 처지라면 그래도 벗이라 이를 수 있을 것인가? 나는 봉규 씨의 키가 몇 자인지, 수염과 눈썹이 어떻게 생겼는지 알지 못한다. 용모도 알 수 없다면 한세상에 같이 사는 사람이라 한들 무슨 소용이 있겠는가. 그렇다면 나는 장차 어찌해야 할 것인가? 나는 장차 천고의 옛사람을 벗 삼는 식으로 벗을 삼을 것인가?"

---

7. **나이도 …… 비슷하다**　한유의 「사설」師說에 나오는 말이다. 이 글에서 한유는 당시 사대부들이 사제師弟 관계를 맺고 있는 사람들에 대해 "저 사람과 저 사람은 나이가 서로 같고 도道도 서로 비슷하다"는 이유로 비웃는 세태를 개탄하였다.

봉규의 시는 성대하도다! 장편의 시는 소호韶護[8] 풍악이 일어나듯 하고, 짧은 시들은 옥이 부딪치듯 맑게 울린다. 시가 차분하고 기품이 있으며 따뜻하고 우아함은 낙수洛水의 놀란 기러기[9]를 보는 것 같고, 깊이 있고 쓸쓸함은 동정호洞庭湖의 낙엽 지는 소리[10]를 듣는 듯하다. 그러니 나는 또 이 시를 지은 이가 자운子雲인지, 읽는 이가 자운인지 모르겠다.

아, 언어는 비록 다르나 문자는 똑같으니,[11] 그가 시에서 즐거워하고 웃고 슬퍼하고 우는 것은 통역을 안 해도 바로 통한다. 왜냐하면 감정을 겉으로 꾸미지 않고, 소리가 충심에서 우러나왔기 때문이다. 나는 장차 봉규 씨와 더불어 한편으로는 후세의 자운을 기다리는 이를 비웃고, 한편으로는 천고의 옛사람을 벗 삼는 이를 위문할 것이다.

---

8. 소호韶護   은殷나라 탕湯임금 때의 궁중음악이라는 설도 있고, 소韶는 순舜임금 때의 궁중음악, 호護는 탕임금 때의 궁중음악이라는 설도 있다. 옛날 태평성대의 음악을 가리킨다.

9. 낙수洛水의 놀란 기러기   낙수는 지금의 중국 하남성河南省 낙하洛河를 말한다. 삼국 시대 위魏나라 조식曹植의 「낙신부」洛神賦에서 하수河水의 여신女神을 묘사하기를 "경쾌한 모습이 마치 놀라서 날아오르는 기러기 같다"(翩若驚鴻)고 하였다.

10. 동정호洞庭湖의 낙엽 지는 소리   남북조 시대 북주北周 유신庾信의 「애강남부」哀江南賦에 "낙엽 지는 동정호를 떠난다"(辭洞庭兮落木)고 하였다. 이는 굴원屈原의 '구가'九歌 중 「상부인」湘夫人에 "동정호에 파도 일고 낙엽이 지네"(洞庭波兮木葉下)라고 한 구절에 전고典故를 둔 것이다.

11. 문자는 똑같으니   원문은 '書軌攸同'이다. 『중용장구』제28장에 "지금 천하에 수레는 궤도가 똑같고 서적은 문자가 똑같다"(今天下車同軌 書同文)고 하였다. 그러므로 원래는 천하가 통일되었다는 뜻이나, 여기서는 중국인과 조선인이 비록 언어는 다르나 같은 문자를 쓴다는 점에 치중한 표현으로 보아야 한다.

필세설筆洗說

오래된 그릇을 팔려고 하나 3년 동안이나 팔지 못한 사람이 있었다. 그 릇의 재질은 투박스러운 돌이었다. 술잔이라고 보기에는 겉이 틀어지고 안으로 말려들었으며, 기름때가 끼어 광택을 가리고 있었다. 온 장안을 다 돌아다녀도 돌아보는 자가 없었고, 다시 부귀한 집안을 다 찾아갔지 만 값이 더욱 떨어져 수백¹에 이르고 말았다.

하루는 누군가가 이것을 가지고서 서군 여오徐君汝五²에게 보였다. 그 러자 여오가 말하기를,

"이것은 필세筆洗(붓 씻는 그릇)이다. 이 돌은 복주福州 수산壽山의 오화석 갱五花石坑³에서 나는 것인데, 옥에 버금가는 것으로 옥돌과도 같다."

---

1. **수백**　화폐 단위가 명시되어 있지 않다. 당시의 물가로 미루어 보면 수백 문文, 즉 너덧 냥 이 아닌가 한다. 뒤에 나오는 '8천' 역시 8천 문, 즉 80냥이 아닌가 한다.
2. **서군 여오徐君汝五**　서상수徐常修(1735~1793)로, 여오는 그의 자의 하나이다. 호는 관재觀齋· 관헌觀軒 등이다. 서얼 출신으로, 생원시에 급제하였으나 관직은 광흥창 봉사廣興倉奉事에 그쳤다.
3. **복주福州 수산壽山의 오화석갱五花石坑**　복주는 중국의 복건성福建省에 속한 부府로, 그 동북쪽 에 있는 수산은 아름다운 옥돌이 나는 곳으로 유명하다. 수산에서 10여 리 떨어진 곳에 오화석 갱이 있는데, 돌이 다섯 가지 색을 띠어 그렇게 명명되었다고 한다.

하며, 값의 고하를 따지지 아니하고 즉석에서 8천을 내주었다. 그러고는 때를 긁어내니, 예전에 투박스럽게 보였던 것은 바로 물결 모양의 무늬가 있고 쑥잎처럼 새파란 돌이었다. 비틀어지고 끝이 말려든 모양은 마치 말라서 그 잎이 또르르 말린 가을의 연꽃과 같았다. 그래서 마침내 장안의 이름난 그릇이 되었다.

여오는 말하기를,

"천하의 물건치고 하나의 그릇 아닌 것이 어디 있겠는가. 다만 꼭 맞는 곳에 사용할 따름이다. 붓은 먹을 머금은 채 딴딴히 굳어지면 모지라지기 쉽기 때문에, 항상 그 먹을 씻어서 부드럽게 해 둔다. 그러므로 이 그릇이 필세가 된 것이다."

하였다.

무릇 서화나 골동품에는 수장가가 있고 감상가가 있다. 감상하는 안목이 없으면서 한갓 수장만 하는 자는 돈은 많아도 단지 제 귀만을 믿는 자요, 감상은 잘하면서도 수장을 못 하는 자는 가난해도 제 눈만은 배신하지 않는 자이다. 우리나라에는 더러 수장가가 있기는 하지만, 서적은 건양建陽의 방각坊刻[4]이고 서화는 금창金閶(소주蘇州)의 안본贋本(위조품)뿐이다. 율피색栗皮色 화로를 곰팡이가 피었다고 여겨 긁어내려 하고, 장경지藏經紙를 더럽혀졌다고 여겨 씻어서 깨끗이 만들려고 한다.[5] 조잡한 물건을 만나면 높은 값을 쳐주고, 진귀한 물건은 버리고 간직할 줄 모르니, 그 또

---

4. **건양建陽의 방각坊刻**　방각은 방본坊本과 같은 말로, 민간의 서점에서 영리를 목적으로 인쇄한 조잡한 서적을 말한다. 송나라 때 복건성 건양현에서 인쇄한 방각본이 널리 알려졌기 때문에 이렇게 말한 것이다.

5. **율피색栗皮色 …… 한다**　명明나라 선덕宣德 연간에 강서성江西省 경덕진景德鎭의 관요官窯에서 만든 유명한 향로인 선덕로宣德爐의 빛깔은 밤색(栗色), 가지 껍질색(茄皮色), 팥배나무색(棠梨色), 갈색褐色, 장경지색藏經紙色의 다섯 등급으로 나누는데, 그중 장경지색을 최고로 친다고 한다. 장경지藏經紙는 밀납을 먹여 광택이 나는 짙은 황색黃色의 견지繭紙인데, 장경藏經이 많기로 유명한 절강성浙江省 금속사金粟寺의 장경이 이 종이에 씌었기 때문에 장경지라 부른다.

한 슬픈 일일 따름이다.

신라의 선비들은 당나라에 가서 국학國學에 들어갔으며, 고려의 선비들은 원元나라에 유학하여 제과制科[6]에 급제했으므로 안목이 트이고 흉금을 넓힐 수 있었으니, 그들은 감상학鑑賞學에 있어서도 아마 그 시대에 출중했을 터이다. 우리 왕조 이래로 3, 400년 동안에 풍속이 갈수록 촌스러워졌으니, 비록 해마다 북경을 내왕하였으나 부패한 약재나 저질의 비단 따위나 사올 뿐이었다. 우하虞夏[7]·은殷·주周의 옛날 그릇이나 종요鍾繇·왕희지王羲之·고개지顧愷之·오도자吳道子의 친필이 어찌 한 번이라도 압록강을 건너온 적이 있었으랴.

근세의 감상가로는 상고당尙古堂 김씨金氏[8]를 일컫는다. 그러나 재사才思(재기)가 없으니 완미完美하다고는 못 할 것이다. 대개 김씨는 감상학을 개창한 공이 있으나, 여오汝五는 꿰뚫어보는 식견이 있어 눈에 닿는 모든 사물의 진위를 판별해 내는 데다가, 재사까지 겸비하여 감상을 잘하는 자라 하겠다.

여오는 성품이 총명하고 슬기로웠다. 문장을 잘 짓고 해서楷書로 소자小字를 잘 쓰며, 아울러 소미小米의 발묵법潑墨法[9]에도 능숙하고 음률에도

---

6. **제과制科**　제거制擧라고도 하며, 황제가 임시로 조령詔令을 내려 실시하는 부정기적인 과거科擧를 말한다. 고려 말에 최해崔瀣·안축安軸·이곡李穀·이색李穡 등이 제과에 응시하여 합격하였다.

7. **우하虞夏**　순舜임금의 치세와 하夏나라 왕조를 함께 묶어서 부른 말이다.

8. **상고당尙古堂 김씨金氏**　김광수金光遂(1699~1770)로, 상고당은 그의 호이다. 조선 후기의 화가이자 서화고동書畫古董 감식가 및 수장가이다. 그의 자는 성중成仲이고 본관은 상주尙州이며, 이조 판서 김동필金東弼의 아들이다. 진사 급제 후 군수를 지냈다. 『연암집』 권7 「관재가 소장한 청명상하도 발문」(觀齋所藏淸明上河圖跋)에 그에 관한 언급이 있다.

9. **소미小米의 발묵법潑墨法**　소미는 북송 때의 유명한 서화가 미불米芾의 아들로서 그 역시 뛰어난 서화가였던 미우인米友仁(1086~1165)을 가리킨다. 발묵법은 선을 사용하지 않고 먹을 뿌리듯이 하여 번져 나간 먹 자국만으로 산수를 표현하는 수법을 말한다. 미불과 미우인 부자는 화면에 이른바 미점米點이라는 횡으로 길고 큰 먹점을 겹쳐 찍는 기법으로 안개 짙은 산수를 표현하는 독특한 화풍을 창시했는데, 이후 문인 화가들이 수묵 산수화를 그릴 때 이 기법을 즐겨 따랐다.

조예가 깊었다. 봄가을로 틈나는 날에는 정원을 깨끗이 청소한 다음 그
곳에서 향을 피우고 차를 음미하였다. 일찍이 집이 가난하여 수장하지
못하는 것을 못내 한탄했고, 또 시속의 무리들이 그로 인해 이러쿵저러
쿵 말들을 할까 걱정하곤 하였다. 그 때문에 답답해하면서 내게 말하기
를,

　"나더러 좋아하는 물건에 팔려 큰 뜻을 상실했다(玩物喪志)고 나무라는
자는 어찌 진정 나를 아는 자이겠는가. 무릇 감상이란 것은 바로 『시경』
詩經의 가르침[10]과 같네. 곡부曲阜의 신발[11]을 보고서 어찌 감동하여 분발하
지 않을 자가 있겠으며, 점대漸臺의 위두威斗[12]를 보고서 어찌 반성하여 경
계하지 않을 자가 있겠는가."

하기에, 나는 그를 위로하기를,

　"감상이란 구품중정九品中正의 학문[13]일세. 옛날 허소許劭는 인품이 좋고

---

10. **『시경』詩經의 가르침**　　『시경』을 배우면 권선징악勸善懲惡의 효과가 있음을 말한다. 주자朱子
는 『시집전』詩集傳의 서문에서, 『시경』의 시는 감정을 말로 표현한 것인데 감정에는 사邪도 있고
정正도 있어 시에도 좋은 시가 있고 나쁜 시가 있으나, 좋은 시를 읽고서 선을 행하고 나쁜 시
를 읽고서 악을 경계하도록 가르쳐야 한다고 하였다.

11. **곡부曲阜의 신발**　　공자의 고향인 곡부에는 후손들이 간직해 온 공자의 신발 등 유품들이 있
었다고 한다. 45쪽 주 16번 참조.

12. **점대漸臺의 위두威斗**　　점대는 중국 섬서성陝西省 장안현長安縣에 있는 대臺 이름이다. 한 무
제漢武帝가 건장궁建章宮을 짓고는 태액지太液池 안에 점대를 만들었는데, 그 높이가 무려 20여
장丈이었다. 『漢書』 卷25 「郊祀志下」 왕망王莽이 유현劉玄의 군사에게 쫓겨서 점대에 이르러 살
해되었는데, 왕망은 쫓기는 와중에도 부명符命과 위두威斗를 지니고 있었다 한다. 위두는 왕망이
위엄을 드러내 보이기 위해서 만든 기물器物로, 동銅 5석石으로 만들었고 길이는 2척 5촌이었으
며, 모양이 북두칠성과 유사했다고 한다. 『漢書』 卷99 「王莽傳」

13. **구품중정九品中正의 학문**　　구품중정은 위진 남북조魏晉南北朝 시대의 관리 선발 제도로서, 각
고을에 중정관中正官을 두어 그 고을 인사들을 재능에 따라 9품으로 나누어 평가해서 조정에 천
거하게 하였다. 여기서는 인재를 엄격히 품평하듯이 골동품과 서화를 품평하는 것도 전문 분야
라는 뜻으로 썼다.

나쁜 것을 탁한 경수涇水와 맑은 위수渭水처럼 분명히 판별했으나[14] 당세에 허소를 알아주는 자가 있었다는 말을 듣지 못하였네."
하였다.

　지금 여오는 감상에 뛰어나서, 뭇사람들이 버려둔 가운데서 이 그릇을 능히 알아보았다. 아아, 그러나 여오를 알아주는 자는 그 누구이랴?

❈　❈　❈

　필세를 빌려서 자신의 문장을 알아주는 사람이 없음을 스스로 슬퍼한 것이다.

---

14. 허소許劭는 …… 판별했으나　　허소는 후한 때 사람으로, 종형從兄 허정許靖과 함께 당세에 명성이 있었다. 특히 향리鄕里의 인물을 품평하기를 좋아해서 달마다 사람들을 품평했는데, 사람들이 이를 일러 월단평月旦評이라 했다 한다. 『後漢書』 卷68 「許劭列傳」 경수涇水는 위수渭水의 지류로 모두 섬서성에 있다. 실제로는 경수가 맑고 위수가 탁하다.

서얼 소통疏通을 청하는 의소擬疏[1]

삼가 엎드려 생각하옵건대[2] 하늘이 인재를 내린 것이 그토록 다르지 않
사옵니다.[3] 그러므로 전얼顚糵과 변지駢枝[4]도 고루고루 비와 이슬에 젖고,
썩은 그루터기 나무나 더러운 두엄에서도 영지靈芝가 많이 나며, 성인聖人

---

1. **서얼 …… 의소擬疏**　　원문은 '擬請疏通疏'로 되어 있으나, 김택영 편 『중편연암집』 등에는
'擬請疏通庶孼疏'로 되어 있어 이에 따라 보충 번역하였다. '소통'疏通은 곧 허통許通으로, 천인賤
人이나 서얼에게 벼슬길을 터주는 조치를 말한다. '의소'擬疏는 상소의 초고草稿를 말하는데, 대
개 기초起草만 해 두고 실제로 올리지는 않은 상소를 뜻한다. 이 글은 누락된 글자가 많아 이본
들을 참작하여 보충 번역하였다.
2. **삼가 엎드려 생각하옵건대**　　원문은 '云云'으로 되어 있으나, 김택영 편 『중편연암집』 등에는
'伏以'로 되어 있어 이에 따라 번역하였다.
3. **하늘이 …… 않사옵니다**　　『맹자』「고자 상」告子上에 "풍년에는 자제들이 많이 느긋해지고 흉년
에는 자제들이 많이 거칠어지는데, 하늘이 인재를 내린 것이 그토록 다른 것이 아니라(非天之降
才爾殊也), 그들의 마음을 빠져들게 한 원인이 그렇게 만든 것이다"라고 하였다.
4. **전얼顚糵과 변지駢枝**　　전얼은 쓰러진 나무에 난 싹을 말한다. 『서경』「반경 상」盤庚上에서
'若顚木之由糵'을 인용한 것이다. 변지는 변무 지지駢拇枝指의 줄임말이다. 변무는 엄지발가락이
검지발가락과 붙어 하나가 된 것을 가리키고, 지지는 엄지손가락 곁에 작은 손가락 하나가 더
생겨 육손이가 된 것을 가리키는데, 모두 쓸모없는 물건을 뜻하는 말로 쓰인다. 『장자』「변무」莊子 駢拇
여기서는 한데 붙은 기형적인 나뭇가지라는 뜻으로 쓰였다.

이 태평의 치세로 이끄실 적에는 귀하고 천한 선비가 따로 없었습니다. 『시경』에,

"문왕文王이 장수를 누리셨으니 어찌 인재를 육성하지 않았으리오."(文王壽考 遐不作人)[5]

하였습니다. 이러므로 왕국이 안정되었으며, 크나큰 명성이 끊이지 않았던 것입니다.

아아, 우리 왕조가 서얼의 벼슬길을 막은 지 300여 년이 되었으니, 폐단이 큰 정책으로 이보다 더한 것이 없습니다. 옛날을 상고해도 그러한 법이 없고, 예법과 형률을 살펴봐도 근거가 없습니다. 이는 건국 초기에 간사한 신하들이 기회를 틈타 감정을 푼 것이 대번에 중대한 제한 규정으로 되어 버렸으며, 후대에 요직에 있던 인사들이 공론을 핑계 대어 주장함으로써 명성이 높아지자 오류를 답습하여 하나의 습속을 이루었고, 세대가 차츰차츰 멀어지면서 구습을 따르고 개혁을 하지 못했던 것에 지나지 않습니다.

이로 말미암아 조정에서는 오로지 문벌만을 숭상하여 인재를 초야에 버려둔다는 탄식을 초래하였으며,[6] 사가私家에서는 한갓 명분만을 엄히 하여 마침내[7] 인륜을 무너뜨리는 단서가 되고 말았습니다. 그 때문에 지족支族(먼 조상 때 갈라진 일족)에게서 양자를 입양하니 대개 임금을 속이는 죄를

---

5. 문왕文王이 …… 않았으리오   『시경』 대아大雅 「역복」棫樸에 나온다. 원시原詩에는 '주왕'周王으로 되어 있는 것을 연암은 '문왕'으로 고쳐 인용하였다. 원시에 따라 '文王'을 '周王'으로 고친 이본도 있는데 주왕은 곧 무왕을 말할 것이다. 이 시는 주나라 무왕이 인재를 적재적소에 기용한 것을 예찬한 시이다.
6. 인재를 …… 초래하였으며   원문은 '□□遺才之歎'인데, 여러 이본에 '致有遺才之歎'으로 되어 있어 이에 따라 보충 번역하였다.
7. 사가私家에서는 …… 마침내   원문은 '私家□嚴□□□'인데, 여러 이본에 '私家徒嚴名分 遂'로 되어 있어 이에 따라 보충 번역하였다.

범하는 것이요,[8] 모계를 더 중시하는 셈이니 도리어 본종本宗을 높이는 도리를 경시하는 것입니다.

아아, 적자와 서자 사이에 비록 차등이 있다 해도[9] 나라의 체통에는 이로울 것이 없으며, 구분과 한계가 너무 각박하여 가족 간에 애정이 적어지는 것입니다. 무릇 자기 집안의 서얼이야 비천하게 여길 수도 있겠지만 온 세상에서 배척받을 이유는 없으며, 한 문중의 명분은 의당 엄히 해야겠지만 온 조정에서까지 논할 바는 아닙니다. 그런데도 명분의 논의를 고수하다 보니 벼슬길을 막는 관례는 더욱 심해지고, 조종祖宗의 제도라 핑계 대다 보니 갑자기 혁신하기가 어렵습니다. 오늘날까지 안일하게 세월만 보내면서 개혁하지 못하는 것은 무엇 때문이겠습니까? 옛날에도 상고할 데가 없고 예법에도 근거가 없는데도, 나라를 다스리는 데 큰 고질이요 깊은 폐단이 되고 있기에, 정치하는 올바른 방법을 깊이 아는 선정先正(선대의 유현儒賢)과 명신名臣들은 모두 이를 급선무로 여기고, 공정한 도리를 확대하여 반드시 벼슬길을 터주고자 하였습니다. 그래서 경연經筵에서 아뢰고 차자箚子로써 논한 분들이 끊이지 않고 나왔던 것입니다.

역대 임금들께서는 공정한 원칙을 세워 통치의 법도가 어느 한쪽으로 치우치지 않았으며, 벼슬자리에는 어진 사람만 임명하고 직무를 나누어 맡기는 데는 능력만을 고려하였습니다. 그리하여 모두를 공정하게 대

---

8. 임금을 …… 것이요   조선 시대에 사대부가에서 후사가 없어 양자를 두고자 하는 경우에는, 양가兩家가 계후繼後하는 데 동의한 뒤 계후를 청원하는 소지所志를 작성하여 예조에 올리고, 예조에서는 양가와 관계자로부터 사실을 확인하는 진술서를 받은 다음, 이를 왕에게 보고하여 왕의 허락을 받은 뒤 예조로부터 양자의 허가증명서인 예사禮斜를 발급받아야 했다. 단 본처와 첩에게서 모두 자식을 얻지 못했을 경우에 한하여 계후를 허락했으므로, 서자가 있는 사실을 숨기고 계후를 청원하는 경우가 많았다.

9. 적자와 …… 해도   원문은 '等威□殊'인데, 여러 이본에 '等威雖殊'로 되어 있어 이에 따라 보충 번역하였다.

하였으니,[10] 어찌 또 모계의 귀천貴賤을 가지고 차별을 했겠습니까.[11] 그러므로 조정에 임하여 널리 묻고, 그 처지를 애통해하며 불쌍히 여겨, 변통하여 벼슬길을 열어 줄 방도를 생각하지 않은 적이 없었습니다.

다만 세족世族(대대로 벼슬을 한 집안)의 권세가 막중하고 언론을 아래에서 좌우[12]하는 까닭에, 명예로운 벼슬과 화려한 경력을 본래부터 자기네가 차지하고 있는데도, 오히려 여러 갈래로 갈림길이 생기고 권한이 쪼개질까 두려워하였습니다. 그 때문에 똑같은 세족의 자손이라도 정밀한 저울로 눈금을 재듯이 따지니 정주政注[13]를 한 번 거치고 나면 수치와 분노가 마구 몰려들고 지탄과 알력이 벌떼처럼 일어나는데, 하물며 서얼은 명분이 굳어지고 행동에 구애를 받아 세상에서 천대받은 지 오래이니, 대등하게 인정해 주려 하지 않는 것은 형세상 어쩔 수 없는 일입니다. 비록 그렇다 하더라도 이는 진실로 제 가문만을 오로지 위하고 사욕을 달성하려는 편파적인 의도이지,[14] 공공을 위하는 통치의 보편적 도리는 결코 아닙니다. 신臣이 그 잘못됨을 남김없이 말씀드려 보겠습니다.

무릇 서얼과 적자嫡子는 진실로 차등이 있지만, 그 가문을 따져 보면 그들 역시 선비 집안입니다. 저들이 진실로 국가에 대하여 무슨 잘못이

---

10. **공정하게 대하였으니**   원문은 '均□'인데, 여러 이본에 '均視'로 되어 있어 이에 따라 보충 번역하였다.

11. **어찌 …… 했겠습니까**   원문에는 '豈復差於□□□□哉'인데, 이본에 '豈復差別於母族之貴賤哉'로 되어 있어 이에 따라 보충 번역하였다.

12. **언론을 아래에서 좌우**   이조의 정랑과 좌랑은 하급 관원임에도 불구하고 사헌부·사간원·홍문관과 같은 청요직淸要職에 대한 후보 제청권과 자신의 후임을 추천하는 권한을 가지고 있어 조정의 언론을 좌우하였다. 그러나 영조 17년(1741) 한림翰林에 대해 회천回薦하던 규례를 혁파하면서, 아울러 이조의 정랑과 좌랑의 그와 같은 권한들도 혁파되었다. 『연암집』 권3 「조부께서 손수 쓰신 한림 추천서에 대한 기록」(王考手書翰林薦記) 참조.

13. **정주政注**   관직의 후보자를 복수로 추천하여 올리는 일을 말한다.

14. **제 …… 의도이지**   원문은 '專門濟私之□□'인데, 여러 이본에 '專門濟私之偏意'로 되어 있어 이에 따라 보충 번역하였다.

있다고, 벼슬길을 막고 폐기하여 저들로 하여금 벼슬아치의 대열에 끼지 못하게 한단 말입니까?[15] 맹자孟子는 말하기를,

"군자가 없으면 야인野人을 다스릴 수 없고, 야인이 없으면 군자를 먹여 살릴 수 없다."[16]

하였으니, 대범 군자와 야인은 지위를 들어 말한 것입니다. 그렇지만 '명덕明德을 지녔으면서도 비천한 처지에 있는 사람을 천거하라고 한 것'(明明揚側陋)[17]은 요堯임금이 관리를 임용한 준칙이요, '어진 이를 기용하는 데 출신을 따지지 않은 것'(立賢無方)[18]은 탕湯임금이 정치적 안정을 구한 방도였습니다. 이로 말미암아 본다면, 하夏·은殷·주周 삼대三代의 시대에도 이미 군자와 소인의 구별이 있었지만, 인재를 천거할 때에는 본시 귀천의 차별을 두지 않았고 어떤 부류인지도 묻지 않았던 것입니다. 더구나 우리 왕조의 이른바 서얼은 대대로 벼슬이 끊어지지 않은 혁혁한 문벌인데, 어찌 모계가 비천하다 하여 고귀한 본종本宗을 싸잡아 무시해 버릴 수 있겠습니까.

진晉나라와 당唐나라 이래로 차츰 벌열을 숭상하였으나, 그런데도 강좌江左[19]의 사대부들은 도간陶侃[20]을 배척하지 않았고 왕씨王氏와 사씨謝氏 같

---

15. **저들로 …… 말입니까** 원문은 '□□不得齒衿紳之列哉'인데, 영남대본과 김택영 편 『연암집』 등에는 '使不得齒衿紳之列哉'로, 승계문고본에는 '使之不得齒衿紳之列哉'로 되어 있어 이에 따라 보충 번역하였다. 원문 중의 '금신'衿紳은 원래 유자儒者의 복장을 뜻하며, 나아가 선비를 가리킨다. 여기서는 문맥에 비추어 볼 때 진신搢紳, 즉 벼슬아치로 번역해야 합당할 듯하다.

16. **군자가 …… 없다** 『맹자』 「등문공 상」에 나오는 말이다. 여기서 군자는 치자治者 계급을 뜻하고, 야인은 소인小人 즉 일반 백성을 뜻한다.

17. **명덕明德을 …… 것** 『서경』 「요전」堯典에서 요임금이 신하들에게 제위帝位를 선양할 사람을 천거하라고 하면서 한 말이다. 이 말에 대한 해석은 『상서정의』尙書正義를 따랐다.

18. **어진 이를 …… 것** 『맹자』 「이루 하」離婁下에 나오는 말이다. 『맹자집주』孟子集註에 따라 해석하였다.

19. **강좌江左** 강동江東 즉 양자강揚子江 이남의 동쪽 지역으로, 동진東晉을 비롯한 남조南朝의 국가들을 가리키기도 한다.

은 명문 귀족들도 주의周顗[21]를 동류로 끼워 주었으며, 소정蘇頲[22]은 바로 소괴蘇瓌의 얼자孼子[23]이지만 지위는 평장사平章事에 이르렀고, 이소李愬[24]는 바로 이성李晟의 얼자로되 벼슬이 태위太尉에 이르렀으며, 한기韓琦와 범중엄范仲淹은 송나라의 어진 정승이 되었고, 호인胡寅·진관陳瓘·추호鄒浩[25]는 당세의 이름난 유학자가 되었으니, 당시 사람들이 서얼이라 하여 벼슬길을 막지 않은 것은 무엇이겠습니까? 진실로 남의 문벌을 따질 적에는 단

20. 도간陶侃　259~334. 어려서 고아로 가난하였으나, 현리縣史가 되어 공적을 쌓아 자사刺史에 이르렀다. 반란을 진압하여 장사군공長沙郡公에 봉해졌으며 대장군大將軍에 임명되었다. 도간의 어머니 담씨湛氏는 첩이었다. 『晉書』卷96「列女傳 陶侃母湛氏」

21. 주의周顗　269~322. 안동장군安東將軍 주준周浚의 아들로, 젊은 시절부터 명망이 높았다. 동진東晉 원제元帝 때 상서좌복야尙書左僕射를 지냈으며, 왕돈王敦의 반란에 저항하다 피살되었다. 주의의 어머니 이씨李氏는 쇠잔한 이씨 가문을 일으키고자 명문 귀족인 안동장군 주준을 유혹하여 자진해서 그의 첩이 되었다. 『晉書』卷96「列女傳 周顗母李氏」

22. 소정蘇頲　670~727. 좌복야를 지낸 허국공許國公 소괴蘇瓌의 아들로, 측천무후則天武后 때 진사가 되고 습봉襲封하여 소허공小許公으로 불렸다. 현종玄宗 때 자미황문평장사紫微黃門平章事가 되었다. 연국공燕國公 장열張說과 함께 문장가로 유명하였다. 소정은 부친 소괴가 천비賤婢에게서 얻은 자식으로, 처음에 소괴는 그를 아들로 알지 않고 마구간에 두고 일을 시켰으나, 손님이 그의 시재詩才를 알아보고 소괴에게 "그대의 종족의 서얼이냐?"고 물었다. 그제야 소괴가 사실을 밝히자 손님은 아들로 거두어 기르기를 청하였다. 그때부터 소괴가 조금씩 그를 가까이하다가 어느날 그의 시재에 놀라 마침내 아들로 받아들였다고 한다. 『開天傳信記』『靑莊館全書』卷24 編書雜稿 4「詩觀小傳」

23. 얼자孼子　원문은 '□產'인데, 여러 이본에는 '賤產'으로 되어 있어 이에 따라 보충 번역하였다. 천산賤產은 천첩산賤妾產 즉 얼자를 말한다. 양첩산良妾產은 서자庶子라 하여, 얼자와 구별하였다.

24. 이소李愬　773~821. 당나라 덕종德宗 때 반란을 진압하고 수도를 회복한 공으로 서평군왕西平郡王에 봉해진 이성李晟의 아들로, 헌종憲宗 때 오원제吳元濟가 회서淮西에서 일으킨 반란을 진압하고 양국공凉國公에 봉해졌다. 벼슬은 태자소보太子少保에 이르렀고, 사후에 태위太尉에 증직贈職되었다.

25. 호인胡寅·진관陳瓘·추호鄒浩　호인(1098~1156)은 호안국胡安國의 조카로 그의 양자가 되었으며, 양시楊時의 문하에서 수학했다. 저서로 『논어상설』論語詳說 등이 있다. 진관은 송나라 철종哲宗·휘종徽宗 연간에 태학박사太學博士·간관諫官을 지냈으며 저서로 『요옹역설』了翁易說 등이 있다. 추호는 휘종 때 용도각 직학사龍圖閣直學士를 지냈으며 저서로 『역계사의』易繫辭義 등이 있다.

지 그 부계만을 중시하고 그 모계는 묻지 않았기 때문입니다. 그들이 모계를 중시하지 않은 것은 어째서이겠습니까? 본종을 중히 여겼기 때문입니다. 그렇다면 모계가 아무리 대단하더라도 부계가 몹시 변변찮을 경우, 현달한 문벌이라고 칭송이 자자할 수 없는 것 또한 분명합니다.

고려 시대로 말하더라도 정문배鄭文培[26]는 예부 상서禮部尚書가 되었고, 이세황李世璜[27]은 합문지후閤門祗侯[28]가 되었고, 권중화權仲和[29]는 대사헌大司憲으로서 우리 왕조에 들어와서도 도평의사都評議使가 되었습니다. 만약 우리 왕조의 법으로 따진다면 도간이나 주의 같은 어진 이도 장차 사대부에 끼지 못하고, 소정이나 이소 같은 인재로도 장차 장수와 정승이 될 수 없고, 한기·범중엄·호인·진관·추호 같은 사람들도 모두 장차 억눌리고 버림받아, 기껏해야 문관으로는 교서관校書館, 음직蔭職으로는 전옥서典獄署에나 자리를 얻어, 지위는 유품流品(잡다한 하급 관직)을 벗어나지 못하고 녹봉은 승두升斗(소량의 쌀)에 지나지 않을 터이니, 공훈과 업적, 지조와 절개가 장차 당세에 혁혁히 드러나고 먼 후세까지 아름다운 명성을 남길[30]

---

26. 정문배鄭文培　미상이다. 영조 즉위년(1724) 서얼 출신 진사進士 정진교鄭震僑 등이 올린 상소에는 '정문측鄭文則으로 되어 있다. 『英祖實錄』 即位年 12月 17日
27. 이세황李世璜　미상이다. 영조 즉위년 서얼 출신 진사 정진교 등이 올린 상소에는 '이세황' 李世黃으로 되어 있다. 『上同』
28. 합문지후閤門祗侯　각문지후閣門祗侯로, 고려 때 각종 의식을 담당하던 각문閣門(통례원通禮院)의 정7품 벼슬이다.
29. 권중화權仲和　1322~1408. 고려 공민왕 때 과거 급제 후 좌부대언左副代言·정당문학正堂文學, 공양왕 때 삼사좌사三司左使·문하찬성사門下贊成事 등을 역임했으며, 조선조에 들어 태조太祖 때 예천백醴泉伯에 봉해지고 태종 때 영의정부사가 되었다. 의약서醫藥書 편찬에도 힘썼다. 도평의사都評議使는 나중에 의정부議政府로 개칭된 도평의사사都評議使司에 속한 관직이다. 권중화는 고려 말의 권신權臣인 권한공權漢功의 서자였다. 『高麗史』 卷125 「奸臣傳1 權漢功」
30. 먼……남길　원문은 '流光於百代'인데, 직역하면 먼 후세까지 복택福澤을 끼친다는 뜻이 된다. 그러나 이는 한기·범중엄·호인·진관·추호에 대해 지나친 찬사가 되므로, '유방백세'流芳百世와 비슷한 뜻으로 판단하고 번역하였다.

수가 없었을 것이 아니겠습니까. 이것이 바로 신이 말씀드린 '옛날을 상고해도 그러한 법이 없다'는 것입니다.

경서經書에 이르기를,

"서자는 장자長子의 상喪에 3년의 복服을 입을 수 없다."

하였고, 정현鄭玄의 주註에 이르기를,

"서자란 아비의 뒤를 잇는 자의 동생이다. 서庶라 말한 것은 구별하여 거리를 두자는 것이다."

하였습니다.[31] 무릇 서자는 비록 적자와 어머니가 같더라도[32] 끊은 듯이 구별하여 거리를 두는 것이 이와 같이 엄했는데, 천한 첩자妾子의 경우는 서자보다 더욱 신분이 낮으나 다시 서자와 구별함이 없는 것은 무엇 때문이겠습니까? 예禮란 차례를 정하는 것입니다. 그러므로 종통宗統은 근본을 둘로 나누지 아니하고 차등은 거듭 행하지 않는 것입니다.

『예기』禮記에 이르기를,

"부모에게 비자婢子 및 서자와 서손庶孫이 있어 이들을 몹시 사랑했다면, 비록 부모가 돌아가셨을지라도 종신토록 이들을 공경하여 변함이 없어야 한다."

하였고, 진호陳澔의 주에는,

"비자婢子는 천한 자의 소생이다."

하였습니다.[33] 무릇 부모가 사랑했던 이라면 첩의 자식이라도 오히려 끝

---

31 경서經書에 …… 하였습니다   『의례』儀禮 「상복」喪服의 원문과 정현의 주를 인용한 것이다.

32. 비록 …… 같더라도   원문은 '雖與□□□'인데, 여러 이본에 '雖與嫡子同母'로 되어 있어 이에 따라 보충 번역하였다.

33.『예기』禮記에 …… 하였습니다   원元나라 때 진호陳澔(1261~1341)가 지은 『예기집설』禮記集說 권5 「내칙」內則에서 인용했는데, 인용된 『예기』 「내칙」의 원문과 그에 대한 진호의 주석에 모두 빠진 글자들이 있어 보충하여 번역하였다. 비자婢子는 대개 천첩賤妾으로 해석하는데, 진호는 천첩이 낳은 자식으로 해석하였다.

어들여 중히 여기고, 감히 소홀히 하거나 도외시하지 못했던 것은, 또한 근본을 중히 여기고 종통을 높이는 까닭이었습니다. 『회전』會典에 이르기를,

"무릇 직책을 세습하여 대체함에 있어 적자嫡子나 적손嫡孫이 없을 경우에는 서장자庶長子가 직책을 세습하여 대체한다."

하였으니,[34] 서장자란 첩자妾子를 이른 것입니다.

무릇 예란 헷갈려서 의혹스러운 경우를 구별하기 위한 것입니다. 그러므로 명칭을 바로잡고 신분을 정하는 것이니, 비록 어머니가 같은 적제嫡弟라도 오히려 구별하여 거리를 두었던 것입니다. 무릇 예란 남을 후대하기 위한 것입니다. 그러므로 본지本支[35]를 중히 여기는 것이니, 천첩의 자식이라도 오히려 끌어안고 받아들였던 것입니다. 『회전』에서 아비의 직책을 세습하여 대체하는 데 적서嫡庶로써 구애를 삼지 않은 까닭은 진실로 이 때문입니다. 『주관』周官(주례周禮)은 주공周公이 정한 관직 제도를 기록한 책이며, 『한서』漢書의 「백관공경표」百官公卿表는 모든 관직을 구분해 놓은 것인데, 서얼의 벼슬길을 막는 문구는 대충 보아도 전혀 찾아볼 수가 없습니다. 이것이 바로 신이 말씀드린, '예법과 형률을 살펴봐도 근거

---

34. 『회전』會典에 …… 하였으니　명나라 무종武宗 4년(1509)에 간행된 『명회전』明會典 권106 「병부」兵部 습직체직조襲職替職條에 "무릇 군관軍官이 사망하거나 연로하거나 원정에서 부상하면 반드시 적장남아嫡長男兒가 계승하여 직책을 대체한다. 혹시 적장남아가 죽거나 심한 불구라면 적손嫡孫이 세습하여 대체한다. 만약 적자나 적손이 없으면, 서장자庶長子나 서장손庶長孫이 세습하여 대체한다"고 하였다. 그런데 청나라 서건학徐乾學의 『독례통고』讀禮通考 권53 「상의절」喪儀節 16 입후조立後條에 역시 『명회전』을 인용하여, "무릇 직책을 세습하여 대체함에 있어 홍무洪武 26년에 정하기를, 군관이 사망하거나 연로하거나 원정에서 부상하면 반드시 적장남嫡長男이 계승하여 직책을 대체한다. 혹시 적장남이 일찍 죽거나 심한 불구가 되면, 적손으로써 세습하여 대체한다. 만약 적자나 적손이 없으면 서장자가 계승하여 대체한다"고 하였다. 이로써 보면 연암은 이 조목을 『명회전』에서 직접 인용한 것이 아니라, 『독례통고』를 통해 재인용하면서 축약한 것임을 알 수 있다.
35. 본지本支　적계嫡系와 서출庶出의 자손들을 함께 묶어 부르는 말이다.

가 없다'는 것입니다.

　신이 일찍이 듣자온대 예로부터 전해지기를, 서얼의 벼슬길을 막은 데는 대개 유래가 있다고 합니다. 건국 초기의 죄상罪相 정도전鄭道傳[36]은 서얼의 자손인데, 우대언右代言 서선徐選[37]이 정도전이 총애하던 종에게 욕을 본 일이 있어 그 원수를 갚을 길만 생각하고 있다가, 정도전이 패망하게 되자 서선이 마침내 명분의 논의를 견강부회하여 죽은 뒤에나마 한 번 욕을 본 데 대한 감정풀이를 한 것이었으나, 제 말이 반드시 이루어지고 그 법이 반드시 행해지리라 생각한 것은 아니었습니다. 그런데 바야흐로 이때 정도전이 죄를 지어 막 처형당한 때다 보니, 그 말이 먹혀들기 쉬웠고 그 법이 성립되기 쉬웠던 것입니다. 찬성贊成 강희맹姜希孟, 안위安瑋[38] 등이 『경국대전』經國大典을 처음 만들면서 조문을 미처 다듬을 겨를이 없어, 서얼에 대한 과거 금지와 관직 진출 금지의 주장이 조문 속에 들어가게 되었습니다.

　급기야 무오사화戊午士禍가 발생하면서 유자광柳子光에 대한 사림파士林派의 원망이 잔뜩 쌓였는데, 분풀이할 곳이 없자 서얼의 벼슬길을 막아야 한다는 논의가 더욱 엄중하고 심각해진 것이니, 그들로 하여금 분풀이하

---

36. 건국 …… 정도전鄭道傳　　원문은 '□□□相鄭道傳'인데, 여러 이본에 '國初罪相鄭道傳'으로 되어 있어 이에 따라 보충 번역하였다. 정도전이 후일 태종太宗이 되는 왕자 이방원李芳遠과 권력 다툼을 벌이다 역모죄로 처단되었기 때문에 '죄상'罪相이라 한 것이다.
37. 서선徐選　　1367~1433. 원천석元天錫의 문인으로, 태조 때 과거 급제 후 여러 관직을 거쳐 1415년(태종 15) 우부대언右副代言(우부승지)이 되자 서얼의 차별 대우를 진언하였다. 그 뒤 예조 우참의, 우대언右代言(우승지)을 거쳐 관찰사, 참판, 판서 등을 지냈다. 시호는 공도恭度이다.
38. 찬성贊成 강희맹姜希孟, 안위安瑋　　사실 관계에 약간 착오가 있는 듯하다. 강희맹(1424~1483)과 안위(1491~1563)는 동시대 사람이 아니다. 강희맹은 세조世祖 때 영성부원군寧城府院君 최항崔恒, 호조판서 겸 대제학 서거정徐居正, 우찬성右贊成 노사신盧思愼 등과 함께 형조 판서로서 『경국대전』 편찬에 참여하였다. 안위는 1550년(명종 5) 통례원 좌통례通禮院左通禮로서 봉상시 정奉常寺正 민전閔荃과 함께 『경국대전』의 주해관註解官에 임명되어 주해 작업을 맡았으며, 1554년(명종 9) 청홍도 관찰사淸洪道觀察使로 부임하여 『경국대전주해』經國大典註解를 간행하였다.

게 만든 상황이 참으로 또한 슬프다 하겠습니다. 비록 그렇지만 자고로 난신적자亂臣賊子가 어찌 유자광 같은 무리에게서만 나왔겠습니까. 불행히 도 한 번 서얼 가운데서 나온 것인데, 유자광 하나로 인해 서얼의 벼슬 길을 모조리 막아 버리고 말았으니, 만약에 불행하게도 양반 자손 중에 서 난신적자가 뒤이어 나왔을 경우 또 장차 무슨 법으로 처리하시겠습 니까?

아아, 유학과 문장으로 추앙받을 만하고 사표師表가 될 만한 인물들이 계속 배출되었는데도, 한 번 전락轉落하여 명분의 논의에 제한을 받더니, 거듭 전락하여 문벌 숭상에 굴복하고 말았습니다. 송익필宋翼弼·이중호李仲 虎·김근공金謹恭의 도학道學[39]과, 박지화朴枝華·이대순李大純·조신曺伸의 행의行 誼(덕행)[40]와 어무적魚無迹·어숙권魚叔權·양사언楊士彦·이달李達·신희계辛喜季·양 대박梁大樸·박호朴渷의 문장[41]과, 유조인柳祖認·최명룡崔命龍·유시번柳時蕃의 재

---

39. 송익필宋翼弼 …… 도학道學　　송익필(1534~1599)은 조모가 천첩의 소생이어서 본래의 신분 은 미천하였다. 과거를 포기하고 성리학에 전념하여 이이李珥·성혼成渾 등과 학문적 교유가 깊었 으며, 그의 문하에서 김장생金長生을 비롯한 많은 학자들이 배출되었다. 이중호李仲虎(1512~ 1554)는 효령대군孝寧大君의 현손玄孫으로, 호는 이소재履素齋이다. 일찍부터 시로써 명성이 높 았다. 성리학에 전념하여 『성리명감』性理明鑑 등의 저술을 남기는 한편으로 제자들을 많이 길러 그의 문하에서 김근공金謹恭·유조인柳祖認 등이 배출되었다. 김근공(1526~1568)은 본관이 강릉江 陵이고 호는 척암惕菴이다. 목사牧使 김모金瑁의 서자이다. 동몽훈도童蒙訓導에 천거되었으며, 인 재를 양성하는 데 힘썼다.

40. 박지화朴枝華 …… 행의行誼　　박지화(1513~1592)는 본관이 정선旌善이고 호는 수암守庵이다. 서경덕徐敬德의 문인으로, 이문학관吏文學官이 되었으나 곧 포기하고 학문에 전념하였다. 임진왜 란 때 춘천으로 피란갔다가 자살하였다. 『사례집설』四禮集說 등의 저술이 있다. 이대순李大純(1602 ~?)은 본관이 전주全州이고 호는 남포南浦이다. 이이첨李爾瞻의 심복으로 인조반정仁祖反正 때 주살誅殺된 정준鄭遵의 사위였으므로, 1624년(인조 2) 문과에 급제하고도 오랫동안 벼슬길이 막혔 다가 강서 현령江西縣令, 서윤庶尹을 지냈다. 조신曺伸(1454~1528)은 본관이 창녕昌寧이고 호는 적암適庵이며, 조위曺偉의 서형庶兄이다. 사역원 정司譯院正에 발탁되었고 명나라와 일본에 사신 으로 여러 차례 다녀왔다. 문집으로 『적암유고』適菴遺稿가 있다.

주[42]는 위로 임금의 정책을 보필할 수 있고 아래로 한 시대의 표준이 될 만한데도 끝내 오두막집에서 늙어 죽었으며, 때로는 간혹 하찮은 녹을 받은 사람도 있었으나 보잘것없이 미관말직에 머물고 말았습니다. 그들이 비록 분수를 지키고 처지대로 살면서 액운을 편히 여기며 근심하지 않더라도, 성왕聖王이 관직을 마련하고 직책을 나누어 어진 이를 예우하고 능

---

41. 어무적魚無迹 …… 문장　어무적은 본관이 함종咸從이고 호는 낭선浪仙이다. 모친이 관비官婢였으므로 김해金海의 관노官奴가 되었다. 성종·연산군 연간에 시인으로 활동하면서 백성들의 어려움을 대변한 한시들을 남겼다. 어숙권魚叔權은 본관이 함종이고 호가 야족당也足堂이며, 어세겸魚世謙의 서손庶孫이다. 이문吏文에 능통하였으며 중종·명종 연간에 중국 사신을 수행하거나 중국에 여러 차례 다녀왔다. 저술로 『패관잡기』稗官雜記 등이 있다. 양사언楊士彦(1517~1584)은 호가 봉래蓬萊이고 문장과 서예에 뛰어났다. 그의 어머니는 평안도 안변安邊의 시골 여자인데 자진하여 첩이 되었다고 한다. 이달李達(1539~1618)은 호가 손곡蓀谷이다. 허균許筠에게 시를 가르쳤다고 하며, 당시풍唐詩風의 시를 잘 짓기로 유명하였다. 그의 어머니는 관기官妓였다. 신희계辛喜季(1606~1669)는 본관이 영월寧越이고 호가 송서松西이며, 부제학을 지낸 백록白麓 신응시辛應時의 손자이다. 1633년(인조 11) 증광시增廣試에 급제하고 이후 문신 중시文臣重試에 승문원 교검承文院校檢으로서 장원을 차지했는데 이처럼 서얼이 장원을 차지하기로는 개국 이래 처음이었다고 한다. 1660년(현종 1) 조부 신응시와 부친 신경진辛慶晉의 시문집인 『백록유고』白麓遺稿를 간행하였다. 벼슬은 낭청을 거쳐 군수를 지냈다. 양대박梁大樸(1544~1592)은 본관이 남원南原이고 호가 청계淸溪이며, 목사 양의梁艤의 서자이다. 임진왜란 때 가산을 털어 모병募兵 활동을 벌이다가 과로로 죽었다. 시호는 충장忠壯이다. 글씨를 잘 썼고 시를 잘 지었다. 박호朴箎는 박호朴篪(1567~1592)의 오류인 듯하다. 박호는 본관이 밀양密陽이고 자가 대건大建이다. 1584년(선조 17) 18세로 문과에 장원 급제하고 수찬, 교리가 되었으며, 임진왜란 때 순변사巡邊使 이일李鎰의 종사관從事官으로 상주尙州에서 전사하였다.

42. 유조인柳祖認 …… 재주　유조인(1533~1599)은 본관이 문화文化이고 호가 범애泛愛이며, 서봉西峰 유우柳藕의 서자이다. 1583년(선조 16) 충효와 절의로 천거되어 이천 현감伊川縣監과 우봉 현감牛峰縣監을 지내며 선정을 베풀었고, 임진왜란 때 임금과 세자를 호종하여 형조 참의에 제수되고 공신으로 녹훈되었다. 최명룡崔命龍(1567~1621)은 본관이 전주이고 호가 석계石溪이며, 현감 최위崔渭의 서자이다. 성혼成渾으로부터 도학道學으로 인정받았으며, 김장생金長生을 종유從遊하였다. 『주역』과 상수학象數學에 정통했으며 그림도 잘 그렸다. 유시번柳時蕃(1616~1692)은 본관이 문화이고 호는 사월당沙月堂이다. 임진왜란 때 의병장으로 활동한 저명한 학자 손처눌孫處訥의 문하에서 수학하고, 1657년(효종 8) 문과 급제 후 봉상시 주부, 교서관 교리 등을 거쳐 여러 고을의 군수를 역임했으며, 태상시 첨정에 이르렀다.

력 있는 이를 임용한 뜻이 과연 어디에 있다 하겠습니까?

이산겸李山謙, 홍계남洪季男[43] 같은 경우는 충의로 떨치고 일어나 의병을 규합하여 왜적을 쳐부쉈으며, 권정길權井吉[44]은 얼굴에 피를 철철 흘리며 군사들에게 훈시하고 남한산성에 지원하러 들어갔으니, 그들의 충성스럽고 의로운 뜻은 오히려 뭇 사람들로부터 버림받은 가운데에서도 스스로 떨치고 일어섬이 저렇듯 우뚝하였습니다. 그런데도 시대가 평화롭고 세상이 편안해지고 나자 조정에서는 까마득히 잊어 그들이 어떤 상황에 있는지도 전혀 알지 못하고 있으니, 이는 옛사람의 이른바 "쓸모 있는 자들은 녹을 주어 기르지 않는다"[45]는 것입니다. 신은 일찍이 이에 대하여 개탄을 금할 수 없었습니다.

근래의 일로 보더라도, 홍림洪霖[46]은 일개 잔약한 서얼로서 늘그막에

---

43. 이산겸李山謙, 홍계남洪季男   이산겸은 토정土亭 이지함李之菡의 서자로, 임진왜란 때 충청도에서 의병을 일으켜 조헌趙憲의 휘하에서 활동하다가 조헌이 전사한 뒤 잔여 병력을 이끌고 충청도와 전라도 일대에서 의병 활동을 하였다. 1594년(선조 27) 송유진宋儒眞의 난에 연루되어 억울하게 처형되었다. 홍계남은 본관이 남양南陽이다. 1590년(선조 23)부터 1591년에 걸쳐 통신사의 군관軍官으로 일본에 다녀왔으며, 임진왜란 때 부친 홍언수洪彦秀가 의병을 일으켜 왜적을 토벌한 공으로 수원 판관水原判官이 되었을 때 홍계남도 첨지로 승진했다. 부친이 전사하자 적진에 돌입하여 부친의 시신을 찾아왔으며 왜적을 추적하여 다수 참살하였다. 정유재란 때에도 다시 의병을 일으켰다.
44. 권정길權井吉   무관으로 임진왜란 때 상주 판관尙州判官이었고, 정묘호란 때 연평부원군 이귀李貴의 군관으로 전쟁터에 자원하여 포상을 받았다. 병자호란 때 원주 영장原州營將으로 강원도의 근왕병勤王兵을 지휘하여 남한산성을 향하다가 부근 검단산黔丹山에서 청나라 군대와 격전 끝에 패퇴하였다. 그 뒤 회양 부사淮陽府使, 춘천 부사, 인동 부사仁同府使 등을 지냈다.
45. 쓸모 있는 …… 않는다   『한비자』韓非子 「현학」顯學에 "녹을 주어 기르는 자들은 쓸모가 없고, 쓸모 있는 자들은 녹을 주어 기르지 않는다. 이것이 나라가 어지러워지는 원인이다"(所養者非所用 所用者非所養 此所以亂也)라고 하였다. 이 말은 『사기』 권63 「한비열전」韓非列傳에도 인용되어 있는데, 연암은 이를 재인용하였다.
46. 홍림洪霖   1685~1728. 본관은 남양이고 부친은 병마첨절제사兵馬僉節制使 홍수명洪受命이다. 1727년(영조 3) 충청도 병마절도사 이봉상李鳳祥의 막료가 되었는데 그 이듬해 이인좌李麟左의 난 때 청주성이 함락되자 이봉상과 함께 반란군에 저항하다 죽었다. 나중에 호조 참판에 증직되고 정려가 내렸다.

병마절도사兵馬節度使의 막료幕僚가 되어 처량하게도 호구지책을 삼았는데, 갑자기 국난에 목숨을 바쳐 늠름히 열사烈士의 기풍을 드러냈습니다. 그래서 조정에서는 표창과 증직의 은전을 아끼지 않아 비록 비상한 관직을 추증追贈하기는 했으나, 그것보다는 그가 살아서 백부百夫의 장長[47]이 되어 우뚝이 성에 임했더라면, 변방을 굳건히 하고 환란을 막아냄이 어찌 막부幕府에서 한 번 죽는 것뿐이었겠습니까.

아아, 벼슬길을 막는 것만으로도 부족해서 배척하고 관계를 끊어 버려, 본디 가지고 있는 윤상倫常(오류)을 스스로 일반인들 앞에 내세우지 못하게 하였습니다. 은애恩愛는 부자 사이보다 중한 것이 없는데 감히 아버지라고 부르지 못하고, 의리는 군신 관계보다 큰 것이 없는데 임금에게 가까이 할 길이 없으며, 늙은이가 말석에 앉게 되어 학교에는 장유長幼의 차서가 없게 되고, 더불어 동류가 되기를 부끄러워하는 바람에 향당鄕黨에서는 붕우朋友의 도의가 없어졌습니다.

공자孔子는 말하기를,

"반드시 명분을 바로잡을 것인저!"[48]

하였으니, 아들은 아비를 아비로 대하고, 아비는 아들을 아들로 대하며, 형은 형 노릇 하고 아우는 아우 노릇 하는 것이 바로 명분을 바로잡는 것입니다.[49] 그러므로 인륜상의 존칭으로는 부형父兄보다 더한 것이 없는데, 지금의 서얼들은 그렇지 못합니다. 아들이 아비를, 아우가 형을 오히

---

47. **백부百夫의 장長**　『서경』「목서」牧誓에 나오는 말로, 천 명의 병졸을 통솔하는 우두머리를 천부장千夫長, 100명의 병졸을 통솔하는 우두머리를 백부장百夫長이라 한다.

48. **반드시 …… 것인저**　『논어』「자로」子路에서 정치의 급선무가 무엇이냐고 물은 자로의 질문에 공자가 답한 말이다.

49. **아들은 …… 것입니다**　『논어』「안연」顔淵에서 제齊나라 임금이 정치란 무엇이냐고 묻자, 공자는 "임금이 임금 노릇을 하고 신하가 신하 노릇을 하며, 아비가 아비 노릇을 하며 아들이 아들 노릇을 하는 것입니다"라고 답하였다.

려 감히 직접 가리켜 제대로 부르지 못하니, 저절로 종이 그 상전을 대하는 것과 같아졌습니다. 이른바 명분이란 적嫡과 서庶를 이름인데, 어찌 서로 부르는 때에 아비라거나 형이라 하지 못하고, 자신을 낮추어 천한 노복들과 같이 해야만 '명분을 엄히 하고 적서를 구분한다' 하겠습니까.

지금의 서얼들은 낭관郞官도 오히려 하지 못하는 처지인데 시종신侍從臣을 어찌 감히 바라겠습니까.[50] 아무리 충성을 바칠 마음을 지녔을지라도 임금을 보필하는 직책은 맡을 수 없고, 아무리 국가를 경영할 재주를 품었을지라도 포부를 펼 곳이 없습니다. 인의引儀[51]로서 여창臚唱할 때에는 잠깐 조신朝臣의 대열에 순서대로 서지만 끝내 노복이나 다름없으며, 해당 관서의 윤대輪對[52]를 통해서 간혹 임금을 가까이에서 뵙기도 하지만 서먹서먹함을 면치 못합니다. 그리하여 관직에 나아가도 감히 대부大夫가 하는 일은 하지 못하고, 물러나면 차마 평민들의 생업에 종사할 수도 없으니, 이른바 나라의 고신孤臣이요 집안의 얼자로 마음에 병이 들어 마음가짐이 늘 조심스러운 자들입니다.[53]

『예기』에 이르기를,

"태학太學에 들어가면 치齒 순서로써 한다."

---

50. **낭관郞官도 …… 바라겠습니까**　낭관은 육조六曹의 5·6품 하급 관원을 말하고, 시종신은 임금을 가까이에서 모시는 홍문관·예문관·승정원 등의 관원을 가리킨다.

51. **인의引儀**　궁중 의식을 담당하는 통례원의 종6품 벼슬이다. 조회朝會나 기타 의례에서 여창臚唱, 즉 식순에 따라 구령을 외치는 일을 맡았다. 업무가 과다하고 빈번하여 종9품의 겸인의兼引儀, 가인의假引儀를 증설하였다.

52. **윤대輪對**　윤번輪番으로 궁중에 들어가서 임금의 질문에 응대應對하거나 정사政事의 득실을 아뢰는 일을 말한다.

53. **나라의 …… 자들입니다**　『맹자』「진심 상」盡心上에 "덕행과 지혜와 학술과 재지才智가 있는 사람은 항상 마음의 병이 떠나지 않는다. 오직 고신孤臣(외로운 신하)과 얼자孼子만이 그 마음가짐이 늘 조심스럽고 환난을 염려함이 깊기 때문에 사리事理에 통달하게 된다"고 하였다.

하였으니,[54] '치 순서로써 한다'는 것은 나이를 중시한다는 것이고, 전傳에 이르기를,

"잔치 자리에서 모毛로써 구별하는 것은 연치年齒의 순서를 정하자는 것이다."

하였으니,[55] '모'毛란 머리털의 흑백을 말한 것입니다. 지금의 서얼들은 태학太學(성균관)에 들어갈 경우 나이대접을 받지 못하여, 황발黃髮과 태배鮐背[56]의 노인이 아래에 앉고, 겨우 관례를 마친 자들이 도리어 윗자리에 앉습니다. 무릇 태학은 인륜을 밝히자고 세운 것입니다. 그러므로 천자의 원자元子(맏아들)와 중자衆子(나머지 아들들)로부터 제후의 세자世子까지도 오히려 태학에서 나이 순서를 지키는 것은 천하에 공손함을 보이기 위함이며, 천자가 태학을 순시할 적에 조언을 구하고 음식을 대접하는 예의가 있었으니[57] 이는 효도를 천하에 넓히기 위함입니다. 이로 말미암아 본다면, 서얼들이 태학에서 나이에 따른 대접을 받지 못하는 것은 옛날 어진 임금의 효제孝悌를 넓히는 도리가 아닙니다.

전傳에 이르기를,

"글로써 벗을 모으고, 벗으로써 인仁을 돕는다."

하였고,[58] 맹자는 말하기를,

"벗이란 그의 덕을 벗 삼는 것이다. 그러므로 나이 많다고 으스대지

---

54. 『예기』에 …… 하였으니   『예기』「왕제」王制에 나오는 말이다.
55. 전傳에 …… 하였으니   『중용집주』中庸集註 제19장에 나오는 내용이다.
56. 황발黃髮과 태배鮐背   황발은 머리가 하얗게 세었다가 다시 누런빛을 띠는 것이고, 태배는 등에 복어처럼 검은 반점이 생긴 것을 말한다. 아주 나이 많은 노인의 특징이다.
57. 천자가 …… 있었으니   『예기』「문왕세자」文王世子 등에 나오는 내용이다. 삼로三老와 오경五更이라는 직위를 두어 벼슬에서 물러난 연로하고 경험이 많은 사람을 임명하고, 천자가 그들에게 태학에서 음식을 대접하면서 조언을 구하였다고 한다.
58. 전傳에 …… 하였고   『논어』「안연」顔淵에 나오는 말이다.

않고 신분이 높다고 으스대지 않고 형제를 믿고 으스대지 않고서 벗하는 것이다."[59]

하였습니다. 귀천이 비록 다를망정 덕이 있으면 스승이 될 수 있고 나이가 같지 않더라도 인仁을 도울 경우에는 벗이 될 수 있다는 말인데, 더구나 서얼은 본디 모두 양반의 자제들입니다. 그들이 아름다운 재주나 현명함과 능력이 없다면 그만이겠으나, 만일 그들이 진실하고 곧고 들은 것이 많아[60] 재주와 덕이 나보다 낫다면 또한 어찌 서얼이라 해서 그들과 벗하는 것을 부끄럽게 여기겠습니까.

그런데도 서얼은 양반과 서로 어울려도 벗은 할 수 없고, 서로 친해도 나이대접을 받을 수 없으며, 충고하거나 책선責善하는 도리도 없고,[61] 탁마琢磨하고 절시切偲하는 의리도 끊겼으며,[62] 말을 하는 때에는 예절이 너무 까다롭고, 만나서 예의를 차리는 즈음에도 원망과 비방이 마구 쏟아져 나옵니다. 이로 말미암아 본다면, 서얼들의 경우 오륜五倫 가운데 끊어지지 않고 간신히 남아 있는 것은 부부유별夫婦有別 한 가지뿐입니다.

아아, 재주 있고 어진 이가 버려져 있어도 근심하지 않고 인륜이 무너져도 구제하지 않으면서도,

"서얼 중에는 재주 있고 어진 이가 없다."

하고, 또한

---

59. 벗이란 …… 것이다   『맹자』「만장 하」萬章下에 나오는 말인데, 앞뒤 순서를 바꾸어 인용하였다.
60. 진실하고 …… 많아   『논어』「계씨」季氏에 "유익한 벗이 셋이요 유해한 벗이 셋이니, 곧은 사람을 벗하며, 진실한 사람을 벗하며, 들은 것이 많은 사람을 벗하면 유익하다" 하였다.
61. 충고하거나 …… 없고   『맹자』「이루 하」離婁下에 "책선責善은 붕우 간의 도리이다" 하였다.
62. 탁마琢磨하고 …… 끊겼으며   붕우들이 함께 강학講學하는 것을 뜻한다. 절시切偲는 절절시시切切偲偲의 준말이다.『논어』「자로」子路에 "붕우 간에는 간절하고 자상히 권면하여야 한다"(朋友切切偲偲)고 하였다.

"이렇게 해야만 명분이 바로잡힌다."

하니, 이것이 어찌 이치라 하겠습니까. 무릇 아들이 없어 양자를 들이는 것은 할아비를 계승하여 중책重責을 전하자는 것입니다.[63] 옛날에 석태중石鮐仲이 적자가 없고 서자만 여섯 명이 있어, 뒤를 이을 자를 점쳤을 때 기자祁子에게 길조가 나타났으니,[64] 이는 어진 이를 가린 것이었습니다. 당나라의 법률에,

"무릇 적자를 세움에 있어 법을 어긴 자는 1년의 도형徒刑에 처한다"

고 되어 있고, 이에 대하여 뜻을 풀이한 자가 말하기를,

"적처嫡妻의 장자가 적자가 되는데, 부인의 나이가 50이 넘어서 다시 아이를 낳아 기르지 못하게 될 경우에는 서자를 세워 적자로 삼기를 허락하되, 서자 중의 맏이를 세우지 않으면 형률이 또한 같다."

하였으니,[65] 이는 근본이 어지러워짐을 막기 위한 것입니다. 『대명률』大明律에도,

"무릇 적자를 세움에 있어 법을 어긴 자는 장杖으로 다스린다. 적처의 나이 50이 넘었는데도 자식이 없는 자는 서장자庶長子를 세울 수 있게 하고, 서자 중의 장자를 세우지 않는 자는 죄가 같다."

하였으며,[66] 『경국대전』에는,

---

63. 할아비를 …… 것입니다 고대의 종법宗法에 적자嫡子가 죽으면, 혹시 서자가 있더라도 적손嫡孫에게 할아비를 계승해서 상제喪祭나 가묘家廟의 중책을 맡도록 했다. 할아비가 적손에게 중책을 전한다고 하여 '전중'傳重이라 하고, 적손이 중책을 계승한다 하여 '승중'承重이라 하였다.

64. 석태중石鮐仲이 …… 나타났으니 『예기』「단궁 하」檀弓下에 나오는 내용이다. 석태중은 위衛나라의 대부였는데, 그가 죽자 여섯 명의 서자 중에 누구를 양자로 정할 것인가를 점치게 되었다. 점치는 사람이 목욕하고 옥玉을 찬 다음에 점을 치도록 하겠다고 하자, 다른 서자들은 모두 그 말을 따랐으나 석기자石祁子만은 부친상 중에 감히 그렇게 할 수 없다고 거부했는데 점을 쳐 보니 석기자의 점괘가 길조를 보였다고 한다.

65. 당나라의 …… 하였으니 『당률소의』唐律疏義 권12 「입적위법조」立嫡違法條에 나오는 내용이다.

"적처와 첩에 모두 아들이 없어야만 같은 종족의 지자支子(적장자가 아닌 아들)를 데려다가 양자를 삼는다."

하였습니다.[67] 이렇게 하여 관에서 작성한 문서와 양가兩家에서 작성한 문서에 명백한 증거와 근거가 있은 후에 마침내 임금에게 아뢸 수 있는 것은, 조명造命[68]을 신중히 여긴 까닭입니다.

세간의 사대부들이 제가 보고 들은 것에만 익숙하다 보니 대다수가 잘못된 규례를 답습하여, 본처에게 아들이 없으면 아무리 첩들의 자식이 많더라도 도리어 가문을 위한 개인적 타산에서 정을 끊고 사랑을 억누르고서, 임금에게 아뢰는 글을 엉터리로 지어 지족支族 중에서 양자를 들여오되 촌수가 멀고 가까운 것도 가리지 않는 실정입니다.

아, 아비가 전하고 아들이 이어받으니 혈맥血脈이 계승되고, 조부의 제사를 손자가 받드니 정기精氣가 서로 유사하여 감응하게 되는 것입니다. 그런데 지금은 한갓 적서의 구분에 얽매어, 혹은 촌수가 이미 멀어진 후손을 멀리서 데려다가 조상의 혼령을 받드는 경우도 있으니, 이는 바로 옛사람이 말한 "누구인지도 모르는 사람"[69]일 뿐입니다. 그런데 술병을 들고 술을 따라 강신降神하게 한다 한들 무슨 황홀恍惚[70]이 있겠으며, 신령

---

66. 『대명률』大明律에도 …… 하였으며   『대명률』「호율」戶律 입적자위법조立嫡子違法條에 나오는 내용이다. 단 '장杖으로가 아니라 '장杖 80대'로 다스린다고 하였다.

67. 『경국대전』에는 …… 하였습니다   『경국대전』「예전」禮典 입후조立後條에 나오는 내용이다.

68. 조명造命   사람의 화복禍福을 좌우하는 것을 뜻한다. 임금은 이러한 조명의 권능을 지녔다고 보았다. 여기서는 양자養子로 인정함으로써 그의 운명을 바꾸어 주는 조치를 가리킨다.

69. 누구인지도 모르는 사람   『사기』권75 「맹상군열전」孟嘗君列傳에 나오는 말이다. 맹상군 전문田文은 제齊나라의 재상인 정곽군靖郭君 전영田嬰이 천첩에게서 얻은 자식이었다. 그는 불길한 운명을 타고났다고 하여 태어나면서부터 버림을 받았으나, 장성한 뒤 부친을 만나 설득하는 데 성공함으로써 자식으로 받아들여졌으며, 마침내 부친의 후계자가 되어 맹상군이 되었다. 맹상군이 부친을 만나 설득할 때 묻기를, "아들의 아들은 무엇입니까?" 하니, 부친은 "손자다" 하였다. 다시 묻기를, 손자의 손자는 무엇입니까?" 하니, 부친은 "현손玄孫이다" 하였다. 또다시 묻기를, "현손의 현손은 무엇입니까?" 하니, 부친은 "모르겠다"고 했다. 그러자 맹상군은, 부친이 나라 사정은 아랑곳 하지 않고 몹시 사치스러운 생활을 하면서 탐욕스럽게 재산을 모아, 그와 같이 "누구인지도 모르는 사람"(所不知何人)에게 남겨 주려 한다고 비판하였다.

의 향취가 진동하여 애통한 마음이 생긴다 한들[71] 어찌 정기精氣를 교접交接할 수 있겠습니까.

『시경』에 이르기를,

"날이 새도록 잠 못 이루고 두 분을 그리워한다."[72]

했으니, '두 분'이란 부모를 두고 이른 것입니다. 그러기 때문에 "사랑을 극진히 하면 마치 존재하시는 듯하고, 정성을 극진히 하면 마치 나타나신 듯하다"[73] 한 것은 군자가 제사 지내는 법을 말한 것입니다. 그런데도 가까운 사람을 두고 먼 데서 구하여 그 선조의 제사를 받들게 한다면, 어찌 신령이 아련히 나타나 존재하시는 듯할[74] 턱이 있겠습니까. 천리天理를 거스르고 인정에 위배되며, 예법으로 따지면 조상을 멀리하는 것이요, 법률로 따지면 임금을 속이는 것이니, 신은 일찍이 이를 통한하여 마지 않았습니다.

무릇 명분의 논의가 승세하고 습속이 변하기 어려워짐에 따라, 한 집안 안에서도 구별하고 제한하는 법이 거의 남과 다를 바 없습니다. 심지어는 부형父兄조차 그 자제子弟를 노예처럼 부리고, 종족들은 친척으로 대하기를 부끄러워하여, 족보에서 빼 버리기도 하고 항렬 이름자를 달리하기도 합니다. 이는 단지 외가 쪽에만 치중하느라 도리어 본종本宗을 가벼이 여기는 일임을 알지 못하는 것입니다. 그렇다면 이것은 인륜상으로 너무나도 각박하고 몰인정한 것이 아니겠습니까.

---

70. **황홀恍惚**　후손이 정성껏 제사를 받들면 조상의 혼령이 내려와 어렴풋이 직접 그 모습을 뵙게 되는 듯한 경지를 말한다. 『禮記』「祭義」

71. **신령의 …… 한들**　원문은 '焄蒿淒愴'인데, 『예기』「제의」에 나오는 말이다.

72. **날이 …… 그리워한다**　『시경』소아小雅「소완」小宛에 나오는 구절이다.

73. **사랑을 …… 듯하다**　『예기』「제의」에 나오는 말이다.

74. **신령이 …… 듯할**　원문은 '僾然著存'인데, '애연'僾然과 '저존'著存 모두 『예기』「제의」에 나오는 말이다.

선정신先正臣[75] 조광조趙光祖는 조정에 건의하기를,

"우리 왕조는 인물이 중국에 비하여 적은데, 또 적서를 분별하는 법마저 있습니다. 무릇 신하로서 충성을 바치고자 하는 마음이 어찌 적자냐 서자냐에 따라 차이가 있겠습니까. 그런데도 인재를 뽑아 쓰는 길이 너무도 편협하니 신은 그윽이 통탄하는 바입니다. 청하건대 서얼 중에서도 인재를 가려서 등용하되, 직위가 높아진 뒤에 혹 명분을 어지럽히는 죄를 지을 경우에는 엄격히 법률을 적용하소서."
하였습니다.

선조宣祖 때에 미쳐 신분申濆 등 1600명이 소장을 올려 억울함을 호소하자 임금께서 하교하기를,

"해바라기가 태양을 따라 도는 것은 곁가지라도 다를 바가 없다. 신하로서 충성하고자 하는 뜻이 어찌 적자에게만 있겠는가."
하였습니다. 이에 선정신 이이李珥가 제일 먼저 서얼을 통용할 것을 건의하여 비로소 과거에 응시할 수 있게 되었고, 선정신 성혼成渾과 선정신 조헌趙憲이 연달아 봉사封事(밀봉한 상소)를 올려 서얼을 청요직淸要職에도 통용할 것을 각기 청하였습니다.

인조 때는 고故 상신相臣 최명길崔鳴吉이 부제학으로서 홍문관의 동료 심지원沈之源·김남중金南重·이성신李省身과 더불어, 의견을 구하는 성지聖旨에 호응하여 연명聯名 상수를 올려, 서얼을 통용할 것을 청했는데 그 내용이 몹시 절실하였습니다. 또한 고 상신 장유張維도 소를 올려 그 일에 대해 논하니, 임금께서는 조정에서 논의하도록 하였습니다. 이에 고 상신 김상용金尙容이 이조 판서로서 회계回啓하기를,

"하늘이 인재를 낸 것은 적자든 서자든 차이가 없는바, 서얼 금고법

---

75. **선정신先正臣**　문묘文廟에 배향된 선대先代의 유현儒賢을 임금 앞에서 지칭할 때 쓰는 표현이다.

은 고금의 역사에 없는 것입니다. 옥당玉堂(홍문관)의 차자箚子를 통해서 여론을 알 수 있습니다. 묵은 폐단을 깨끗이 개혁하고자 하여 성지에 호응해 간절히 아뢰었으니, 청컨대 대신大臣에게 의견을 수합하게 한 뒤 정탈定奪(채택)하소서."

하여, 사안이 비변사로 내려졌습니다. 고 상신 이원익李元翼·윤방尹昉 등이 의견을 올리기를,

"서얼을 박대하는 것은 천하 만고에 없는 법이니, 유신儒臣(홍문관 관원들)이 아뢴 차자는 대단히 식견이 있습니다."

하였고, 고 상신 오윤겸吳允謙은 의견을 올리기를,

"서얼의 벼슬길을 막는 것은 고금 천하에 없는 법이니, 조정에서는 어진 이를 등용하고 인재를 거두어 쓸 따름입니다. 직위가 높아진 후에 명분을 문란시킬 경우에는 국법이 본디 엄중하니 염려할 바 아닙니다."

하였습니다. 호조 판서 심열沈悅, 순흥군順興君 김경징金慶徵, 공조 판서 정립鄭岦, 판결사判決事[76] 심집沈諿, 동지중추부사 정두원鄭斗源, 호군護軍 권첩權怗은 다른 의견을 제시하였고, 도승지 정온鄭蘊도 상소하여 다른 의견을 제시하였습니다.

선정신 송시열宋時烈은 일찍이 의소擬疏를 지어 정도전도 오히려 대제학이 되었던 사실을 끌어대면서, 대개 서얼의 벼슬길을 제한하는 법은 중세中世에 나온 것이므로 모두 벼슬길을 열어 주기를 청하였으니, 이 상소를 끝내 올리지는 못했으나 『우암집』尤庵集에 실려 있습니다.[77] 또 선정

---

76. 판결사判決事　노비 문서와 노비 문제 소송 사건을 처리하는 장례원掌隷院의 우두머리로 정3품 벼슬이다.

77. 송시열宋時烈은 …… 있습니다　이 의소擬疏는 『송자대전』宋子大全 권13에도 수록되어 있는데, 시대순으로 상소를 배열한 점으로 미루어 1670년(현종 11)경에 지은 것으로 추정된다. 이 글에서 송시열은 "서얼 방한防限 제도의 경우는 애초 조종祖宗이 확정한 제도가 아닙니다. 그러므로 국초에 정도전은 그 어미가 실은 사비私婢였지만 마침내 대제학이 되었습니다. 그렇다

신 박세채朴世采는 아뢰기를,

"서얼 중에서는 아무리 뛰어난 기재奇才가 있을지라도 등용될 길이 없으니, 크게 변통하기를 청합니다. 성상께서는 유행하는 풍속에 구애되지도 마시고 상규常規에 얽매이지도 마시고, 반드시 그렇게 해야 하는 이치를 자각하시고 결단하여 시행하소서."

하였습니다. 고故 지돈녕부사 신臣 김수홍金壽弘은 상소를 올려 서얼을 통용할 것을 청했으나 일이 끝내 시행되지 못했고, 고故 판서 이무李袤는 대사헌으로 있을 때 상소를 올려 서얼을 통용할 것을 청했으나, 도승지 신臣 김휘金徽가 물리쳐서 상소가 임금께 올라가지 못했으며, 그 뒤 고 상신 최석정崔錫鼎이 이조 판서로서 상소를 올려 서얼을 통용할 것을 청했습니다. 그러나 이렇게 논의한 지 오래였는데도 시행되지 못했으니, 이것은 무엇 때문이겠습니까?

아, 오직 가문만을 위하고 제 이익을 이루려는 계획이 깊어질수록 명분의 논의를 더욱 굳게 지키고, 벼슬에 등용하거나 벼슬을 막는 권한이 커지자 도리어 조종祖宗의 법을 핑계 대어, 인정을 억누르고 은애恩愛를 저버림으로써 본종을 중히 여기는 것을 멸시하고, 친한 사람을 버리고 소원한 사람을 취함으로써 고의로 임금을 속입니다. 잘못을 답습하는 것이 습속을 이루었는데도 인륜을 무너뜨리는 것인 줄 모르고, 정밀한 저울로 달아 눈금을 재듯이 문벌을 따지면서 인재를 잃어버리는 것은 아무도 걱정 하지 않습니다.

명분의 주장에 대해서는 신이 이미 남김없이 변론했으니, 청컨대 옛 제도를 혁신하는 논의에 대해서 다시 남김없이 말씀드릴 수 있었으면 합니다. 무릇 법이란 오래가면 폐단이 생기게 마련이고, 일이란 막히면 통하게 마련입니다. 그러므로 준수해야 할 때에 준수하는 것이 바로 계술繼

면 그것이 방한으로 된 것은 혹시 중간 시대에 나온 것인 듯합니다"라고 하면서, 서얼이 기용되지 못함을 애석해하였다.

述이거니와, 변통해야 할 때 변통하는 것도 역시 계술이니, 굳게 지키거나 혁신하는 것을 오직 때에 맞도록 한다면 그 의의는 마찬가지인 것입니다. 『시경』에 이르기를,

"하늘이 뭇 백성을 낳으시니 너의 극極이 아님이 없다."[78]

하였고, 『서경』「대우모」大禹謨에 이르기를,

"정밀하게 살피고 한결같이 지켜야 진실로 그 중中을 잡으리라."

하였습니다. 무릇 '극'이란 이치의 극진함이요, '중'이란 의리에 부합하는 것입니다. 『서경』「홍범」洪範에 이르기를,

"치우침도 없고 기울어짐도 없으면 왕도王道가 평탄하리라."[79]

하였으니, 이를 두고 이름입니다.

더구나 서얼 금고법은 옛날을 상고해 봐도 그러한 법이 없고, 예법과 형률을 뒤져 봐도 근거가 없습니다. 처음에 한 사람의 감정 풀이에서 나온 것일 뿐 본시 건국 당시 정한 제도가 아니었으며, 100년이 지난 뒤에 선조宣祖께서 비로소 과거에 참여하는 길을 터 주었고, 인조仁祖 때 미처 또 삼조三曹의 관직을 허락하였으니,[80] 이로 말미암아 보면 역대 임금들께서 혁신하고 변통하려 한 성의聖意를 단연코 알 수 있습니다.

아아, 서얼로 태어나면 세상의 큰 치욕이 되어 버리니, 현요직顯要職(지

---

78. 하늘이 …… 없다 인용상에 약간 착오가 있는 듯하다. 『시경』주송周頌 「사문」思文에는 "곡식으로 우리 뭇 백성을 기르시니 너의 극極이 아님이 없다"(立我蒸民 莫非爾極)고 하였다. '하늘이 뭇 백성을 낳으시니'(天生蒸民)는 『시경』대아大雅 「탕」湯과 「증민」蒸民에 나오는 구절이다. 또한 '너의 극極이 아님이 없다'에서 '극'極은 대개 '시중'時中 또는 '중정'中正의 도道나 지극한 덕德으로 풀이하는데, 연암은 그와 해석을 달리하고 있다.

79. 치우침도 …… 평탄하리라 인용상에 약간 착오가 있는 듯하다. 원문은 '無偏無陂 王道平平'이라 하였으나, 홍범에는 '無偏無陂 遵王之義'라 하고 '無黨無偏 王道平平'이라 하였다.

80. 인조仁祖 …… 허락하였으니 삼조三曹의 관직은 호조戶曹, 형조刑曹, 공조工曹의 낭관郎官이다. 인조 3년 옥당의 차자로 인해서 서얼을 허통許通하는 사목事目을 만들었으나 제대로 시행되지 않았기 때문에 인조 11년에 이를 준행하기를 왕에게 다시 청하였다. 『仁祖實錄』 11年 10月 15日

위가 높고 중요한 벼슬)을 금지하여 조정과 멀어지고, 명칭을 제대로 가리켜 부르지 못하여 가정에서도 핍박을 받습니다. 학교에 가도 나이대접을 받지 못하고 고향 마을에서는 친구마저 끊어져서, 처지가 위태롭고 신세가 고독하기 이를 데 없습니다. 그 때문에 큰 부담을 진 듯이 전전긍긍하면 사람들은 천히 여기니, 궁하여도 귀의할 곳 없어 몸 둘 바를 모릅니다. 혹은 자취를 감추어 조용히 지내고자 무리를 떠나 뜻을 높이 가지면 교만하다 이르며, 혹은 어깨를 움츠리고 가련한 태도를 취하며 무릎을 꿇고 구차히 비위를 맞추면 비루하고 간사하다 합니다.

아, 하늘이 인재를 내린 것이 그토록 다른 것이 아닙니다. 이는 다만 배양 방법이 다르고 진로가 달라서 그런 것일 뿐입니다. 맹자는 이르기를,

"만약 제대로 배양하면 성장하지 않는 생물이 없고, 만약 제대로 배양하지 않으면 소멸하지 않는 생물이 없다."[81]

하였으니, 다만 배양하여 성숙시키지 않고서는 어찌 그들 중에 인재가 없다고 질책하겠습니까?

혹은 적전嫡傳(적자의 지위)을 이어받더라도 서얼이란 이름이 삭제되지 않고, 아무리 세대가 멀어져도 영원히 천속賤屬이 되는 것이 실로 노비의 율律과 같습니다. 그들의 친족이 번성하여 거의 나라의 반에 이르렀으나, 귀의할 곳이 없을 뿐만 아니라 항산恒産(생업)조차 없습니다. 그래서 누렇게 야윈 얼굴에 삐쩍 마른 목으로 무기력한 채 피폐하게 살아가고, 가난이 뼈에 사무치되 떨치고 일어날 길이 없습니다.

아아, 옛날의 이윤伊尹은 백성 한 사람이라도 제자리를 얻지 못하면 마치 자기가 밀어서 웅덩이 속에 집어넣은 것같이 여겼는데,[82] 지금 서얼

---

81. 만약 …… 없다   『맹자』「고자 상」告子上에 나오는 내용이다.

로서 제자리를 잃고 고생하는 자가 어찌 한 사람뿐이겠습니까. 억눌려 지내온 지 이미 오래라서 울분이 갈수록 쌓였으니, 천지의 화기和氣를 손상하여 재해를 부른 것이 반드시 이 때문이 아니라고는 못 하겠습니다.

삼가 생각하건대 우리 전하께서는 하늘을 본받아 민물民物을 다스림에 성스러운 업적이 우뚝하고 빛나시니, 온 나라의 생명치고 제자리를 얻어 각기 그 삶을 즐기고 그 생업에 편안하지 않는 자가 없습니다. 묻혀 있고 버려져 있던 자들을 진작시키고 기용하여 능히 탕평蕩平의 정책을 확대하시고,[83] 단점을 고쳐 주고 결점을 덮어 주어 모두 임금의 교화에 감싸이게 하셨습니다. 묵은 폐단과 미비한 법들을 모조리 바로잡으시면서도, 유독 서얼을 통용하는 법에 있어서는 아직 뚜렷한 정책이 서지 못했습니다.

아, 지금 신의 이 말씀은 어리석은 신 한 사람의 개인적 발언이 아니라 바로 온 나라 식자들의 공언公言이며, 현재의 온 나라 공언일 뿐만 아니라 바로 역대 임금들 이래로 선정先正과 명신名臣들이 간절히 잊지 못했던 것입니다. 그중 다른 의견을 제시한 자들에 대해서도 신이 이미 낱낱이 거명하여 아뢰었는데, 대개 학식이 천박하고 도량이 좁아서 제가 보고 들은 것만을 굳게 지키고 한갓 유행하는 풍속만을 따르는 자들이니, 그들이 주장하는 내용은 명분을 엄히 해야 한다는 것과 혁신하기가 어렵다는 것에 지나지 않습니다. 요즘 세상에도 편들기를 주장하고 상식과 어긋난 주장 펴기를 좋아하는 이런 무리들이 반드시 없다고는 못 하겠는데, 이들은 모두 명신 정온鄭蘊의 상소 하나만을 끌어와 구실 삼고 있습니다. 무릇 정온의 순수한 충성과 큰 절개야말로 일월日月과 함께 빛을 다툴 만한즉, 신은 감히 이 상소가 무엇에 격발된 것인지는 모르겠습니

---

82. 옛날의 …… 여겼는데   『서경』「열명 하」說命下와 『맹자』 만장萬章에 거듭 나오는 내용이다.
83. 능히 …… 확대하시고   정조正祖가 당쟁의 폐단을 없애기 위하여 영조英祖의 탕평책蕩平策을
계승한 사실을 말한다.

다만, 대개 그 요지는 역시 명분과 국가 제도의 두 가지 일에 지나지 않았습니다.

아, 먼 시골 지방의 사람은 그의 내력을 모르더라도 문반으로는 사헌부와 사간원에 통용될 수 있고 무반으로는 병사兵使·수사水使를 지낼 수 있는데, 그의 문벌을 묻지 않아 아무런 구애될 바가 없습니다. 그런데 지금 이 서얼들은 가깝게는 할아버지와 아버지가 모두 다 공경대부公卿大夫이고 멀리로는 저명한 유학자와 어진 재상이 그 조상이니, 먼 시골 지방 사람에게 비하면 그의 내력이 너무도 분명합니다. 그런데도 벼슬길을 막는 법은 죄에 연루된 자보다 심하고 차등하는 명분은 종보다 엄하니, 어찌 원통하지 않겠습니까.

신은 지금 서얼들 중에 누가 어질어 쓸 만하고 누가 재간이 있어 발탁할 만하다고 생각하는 것은 아닙니다. 다만 조정이 백성들에게 차별 없이 베푸는 은혜를 하늘이 덕을 베풀 듯이 하시고, 천지와 같은 덕화를 만물에게 빈틈없이 미치시어, 단점을 고치고 장점을 발휘하게 함으로써[84] 이미 무너진 인륜의 질서를 다시 세우고, 성숙시키고 배양함으로써 오래 버려두었던 인재를 다시 거두어들이며, 양자 세우는 법을 『경국대전』에 위배되지 않게 하고 본종을 높이는 도리를 모조리 고례古禮로 돌아가게 하며, 가정에서는 부자간의 호칭을 바로잡고 학교에서는 나이에 따른 질서를 세워서, 300년 동안이나 버려졌던 뒤에 다시 사람 구실을 할 수 있게 한다면, 그들 모두가 스스로 새 출발 할 것을 생각하여 명예를 지키고 품행을 닦고자 노력하며, 충성을 바치고자 하고 은혜에 보답하고자 하여 나라를 위해 죽기를 다투기에 여념이 없을 것입니다. 오늘날의 중대한 왕정王政 가운데 이보다 더한 것은 없을 터이니, 위대하신 성인聖人

---

84. **단점을 …… 함으로써**　원문은 '洗濯磨礪'인데, 앞에서 나온 '단점을 고쳐 주고 결점을 덮어 주다'(刮垢掩瑕)와 호응하는 표현으로, '괄구마광'刮垢磨光과 같은 뜻이다.

(임금)이 장수를 누리면서 인재를 육성하시는 공적[85] 역시 이 일을 버려두고 어디에서 찾으시겠습니까.[86]

---

85. **위대하신 …… 공적**   『시경』대아大雅「역복」棫樸에 전거를 둔 표현이다. 이 글 첫머리에도 인용되었다.

86. **역시 …… 찾으시겠습니까**   원문은 '云云'인데, 김택영 편『중편연암집』등에는 '其亦捨此而奚求哉'로 되어 있어 이에 따라 보충 번역하였다.

주금책 酒禁策

선친의 글은 유실된 것이 많다. 「백이론」伯夷論 등과 같은 작품은 남의 집 묵은 종이 속에서 발견하였다. 지금도 여전히 제목만 있고 글이 없는 작품이 10여 종이어서 그것을 일일이 수집하리라 기약할 수는 없으나, 「주금책」 3편의 경우는 동년배나 장로長老들 중에 그 구어句語를 외어 말하는 사람이 많이 있는 것을 보면 세상에 널리 퍼져 없어지지 않았음을 알 수 있다.[1] 삼가 그 권卷[2]을 비워 두어 훗날 써서 메우기를 기다리노니, 혹시 동호자同好者가 본다면 수고를 아끼지 말고 등사하여 돌려주기를 바란다. 이는 당세의 대아 군자大雅君子들에게 간절히 바라는 바이다.

종간宗侃(박종채)이 삼가 쓰다.

---

1. **주금책 …… 있다**　　청성靑城 성대중成大中이 태호太湖 홍원섭洪元燮에게 연암의 글 중 어느 작품이 가장 낫더냐고 물었더니, 홍원섭은 「주금책」을 몹시 애호하여 서산書算으로 글 읽은 횟수를 세어 가며 여러 번 읽은 적이 있었노라고 답했다고 한다. 『過庭錄』 卷4
2. **권卷**　　한지를 묶어서 세는 단위로, 한 권은 한지 스무 장이다.

유사경兪士京(유언호)에게 답함

어제 수레 타고 사람들 거느리고 위의를 갖추어 왕림하셨는데, 마침 더위를 피하여 교외로 나가는 바람에 맞이하여 얘기할 기회를 잃어버렸으므로 못내 아쉬움이 배나 더하던 차에, 바로 또 편지가 이르니 자못 깊이 위로가 됩니다.

창문 밖에 수레와 말을 타고 지나가는 자가 하루에도 수십 명인데, 종자從者들의 발소리가 우레와 같아 지붕 모퉁이가 무너질 듯합니다. 처음 이사 왔을 적에는 아이가 문득 책을 읽다가도 걷어치우고 먹던 밥도 내뱉고는 허둥지둥 나가 구경하더니만, 차츰 시일이 지나자 잘 나가 보지를 않더군요. 비단 우리 집 아이만 이런 것이 아니라 이 동네의 길에서 노는 아이들도 다 심상하게 보아 넘기니, 이는 다름이 아니라 어진 사람과 어리석은 사람을 분별하지 못하고 단지 날마다 보아 온 까닭이지요.

이로 말미암아 보면, 몇 자쯤 되는 외바퀴 수레[1]에 몸을 싣고 하인배

---

1. **외바퀴 수레** 조선 시대에 종2품 이상의 벼슬아치가 타던 초헌輜軒을 가리킨다. 개성 유수는 종2품의 관직이었다.

가 벽제辟除하는 소리를 빌리는 것 정도로는 길에서 노는 아이들을 부러
워서 허둥지둥 뛰쳐나오게 하지 못하는 것이지요. 그런데도 갑자기 잔뜩
거드름을 부려 목을 석 자나 뽑고 기세가 산처럼 솟구친다면, 과연 그
모습을 어떻다 해야 할지요.

전날에 안성安城의 유 응교兪應敎[2]는 아무리 좀먹은 안장에 여윈 망아
지를 타더라도 진실로 자기 본성에 손상됨이 없었고, 오늘 송도松都의 신
임 유수留守는 비록 아기牙旗(대장의 기)를 앞세우더라도 진실로 평소 행동과
달라질 것이 없겠지요. 서경西京(개경)의 호수는 줄잡아 9천 호에 밑돌지
않으니 충성스럽고 믿음직한 호걸이 없다고는 못 할 뿐더러, 더더구나
그들의 지혜가 사대부의 어질고 어리석음을 분별하고도 남음에 있어서이
겠습니까. 하하하하!

---

2. **안성安城의 유 응교兪應敎**　유언호는 포의布衣 시절에 안성에서 살았다. 그는 1772년(영조 48)
홍문관 응교에 임명되었으나, 곧 청류淸流로 지목되어 흑산도에 유배되고 서인庶人으로 강등되었
으며, 그해 10월 탕척蕩滌되어 안성의 선영 아래로 돌아왔다. 閔鍾顯, 「兪文忠公行狀」

황윤지黃允之[1]에게 감사함

모某(나의 겸칭)는 머리를 조아려 인사드립니다. 얼마 전 청지기 김가金哥가 형의 친필 서한[2]을 가지고 와, 여러 형제분들이 친상 중에 신령의 가호에 힘입어 건강을 지탱하고 계심을 자세히 알았습니다. 온 가족을 이끌고 시골로 가서 선영에 의지하고 사는 것은 바로 이 아우가 지난가을에 미처 이루지 못했던 계획입니다. 작별할 때의 말씀이 잊히지 않으니, 어찌 나의 마음을 이다지도 슬프게 하는지요. 긴 장마가 걷히기 바쁘게 가을철이 하마 반이 지났는데, 여러 형제분들 기력은 어떠신지요? 군자의 효심에서 우러난 그리움은 계절의 변화에 감개하여 더욱 새로워지겠지만,[3] 새로 거처한 곳의 갖가지 일들은 자못 정돈되어 두서가 잡히셨는지

1. **황윤지黃允之**　황승원黃昇源(1732~1807)으로 윤지는 그의 자이다. 문과에 급제하여 여러 관직을 거친 뒤 이조 판서를 지냈다. 연암과는 20세 전후에 산사山寺에서 과거 공부를 같이 한 절친한 사이이다.
2. **친필 서한**　원문은 '手書'인데 '手疏'로 되어 있는 이본도 있다. 부모상을 당한 사람을 위로하기 위해 보내는 편지나 부모상을 당한 사람이 위로 편지를 받고 보내는 답장을 소疏라고 한다.

요? 마음에 걸리고 자꾸 생각나면서, 서글프고 암담한 심정을 누를 길 없습니다.

이 아우는 모진 목숨을 연명하여 어느덧 상기喪期를 마치게 되니,[4] 천지가 텅 빈 듯하고 신세는 외로워 너무도 애통하기 그지없습니다. 평생에 자식 구실을 한 적이 얼마 없었으므로 삼년상의 기간에나 모든 심력을 바쳐볼까 했는데,[5] 오랫동안 고질을 앓느라고 몸소 상식上食을 받든 것도 며칠이 안 되건만 눈 깜짝할 사이에 벌써 궤연几筵을 걷게 되니, 소리 내어 울자 해도 울 곳이 없어[6] 너무도 통탄스럽습니다.

원발元發[7]은 박봉의 관직에 종사하느라 너무 바빠 겨를이 없고, 유구悠久(이영원李英遠)는 아마 벌써 남으로 내려갔을 게고, 여중汝中[8]은 가끔 서로

---

3. **군자의 …… 새로워지겠지만**　『예기』「제의」祭義에 군자가 계절이 바뀌는 봄과 가을에 각각 제사를 지내는 것은, 가을이 되어 서리나 이슬 내린 땅을 밟게 되면 반드시 돌아가신 부모님이 그리워 서글픈 마음이 들고, 봄이 되어 비나 이슬 내린 땅을 밟게 되면 반드시 부모님을 장차 뵐 것처럼 송구스러운 마음이 들기 때문이라고 하였다.

4. **이 …… 되니**　부친상을 마친 사실을 말한다. 연암의 부친 박사유朴師愈는 1767년 향년 65세로 별세하였다.

5. **삼년상의 …… 했는데**　원문은 '庶其自致於喪紀之間'인데, '자치'自致는 『논어』에 나오는 말로 자신의 심력을 다 쏟는다는 뜻이다. 『논어』「자장」子張에 증자曾子가 말하기를, "나는 선생님에게서 들었다. '사람 중에 자신의 심력을 다 쏟지 않는 자가 있으나 그런 자도 부모의 상에는 반드시 심력을 다 쏟는구나!(人未有自致者也 必也親喪乎)라고 하신 것을" 하였다.

6. **소리 …… 없어**　원문은 '攀號無地'인데, 원래 '반호'攀號는 옛날 황제黃帝가 용을 타고 승천할 때 땅에 떨어진 용의 수염을 지상에 남은 신하들이 부여잡고 호곡號哭했다는 고사에서 유래한 것으로, 왕의 죽음을 애도할 때 쓰는 말이다.

7. **원발元發**　신광온申光蘊(1735~1785)의 자이다. 1762년(영조 38) 진사시 급제 후 벼슬은 사복시 첨정司僕寺僉正을 지냈다. 연암과 젊은 시절부터 절친하여 1765년(영조 41) 금강산 유람을 함께 다녀오기도 했다. 『연암집』권4 「총석정에서 해돋이를 구경하다」(叢石亭觀日出), 권7 「풍악당집서」楓嶽堂集序 참조.

8. **여중汝中**　이심전李心傳의 자이다. 그의 생년이 『사마방목』에는 1738년, 『문과방목』에는 1739년으로 되어 있다. 이심전은 본관이 전주全州로, 대사간을 지낸 이성수李性遂의 아들이다. 유무柳懋의 사위가 되었으므로, 황승원과 동서同壻 간이다. 1773년(영조 49) 정시庭試 급제 후 정자正字에 제수되었으나 세손世孫 즉위 반대파로 몰려 파직되었다가 1784년(정조 8) 사면된 이후 사헌부 장령, 사간원 정언 등을 지냈다.

보기는 하나 대개 1년 중에 두서너 차례에 지나지 않는데, 형 또한 상중에 있는 외로운 신세라 만나지 못한 지가 대략 3년이 되었습니다. 지금 무덤 곁에 여막을 이미 지었으니 초췌해진 모습을 뵐 날이 까마득합니다. 인생에서 만남과 이별, 슬픔과 기쁨이 다 성쇠를 벗어나지 못하는군요. 아득히 생각하면 대릉大陵과 소릉小陵[9] 사이에서 서로 붙어 다니던 일이 한바탕 꿈과 같으니 어찌 감개스럽지 않으리까.

장례를 치른 이래로 외모는 매미 허물 같고 명청하기는 흙으로 빚은 사람의 형상과 같아, 염부계閻浮界(이승)에 잠시 묵으며 오직 꿈에만 몰두하니,[10] 잠잘 때는 즐겁지만 깨고 나면 슬퍼집니다. 30년 사이에 이리저리 이사 다닌 것이 서너 번이지만, 어느 밤이고 꿈을 꾸면 넋이 떠돌다가 항상 도성都城 서쪽의 옛집에 머뭅니다. 몸소 살구·배·복숭아 나무 밑에 노닐면서, 혹은 참새 새끼를 잡고 혹은 매미도 잡고 나비도 쫓으며, 동쪽 정원에는 온갖 꽃이 활짝 피어 있어 또 잘 익은 과일[11]을 따기도 합니다. 모某의 양세兩世(조부와 부친)께서 다 무양無恙하게 살아 계시고 중부仲父와 계부季父 및 나의 종형[12]도 완연히 평소와 같았습니다. 그러다 꿈에서 깨고 나면[13] 마치 무엇을 잃은 것 같고 쫓아가다가 되돌아온 듯하며, 다시 볼 듯하면서도 못 보게 되니, 슬피 울고 가슴을 치며 깬 것을 후회한답니다.

---

9. **대릉大陵과 소릉小陵**　대정동大貞洞과 소정동小貞洞을 말한다. 지금의 서울 중구 정동 일대이다.

10. **오직 꿈에만 몰두하니**　원문은 '惟是大酖於夢'인데, 한유韓愈의 「정요선생묘지명」貞曜先生墓誌銘에 맹교孟郊는 "오직 시에만 몰두하였다"(唯其大酖於詞)고 하였다.

11. **잘 익은 과일**　원문은 '黃熟'으로, 잎이 누렇게 되어 떨어질 정도로 과일이 잘 익은 상태를 말한다.

12. **중부仲父와 …… 종형**　중부는 박사헌朴師憲(1707~1767)으로 자식이 없었고, 계부季父는 박사근朴師近(1715~1767)으로 박필주朴弼周의 양자가 되었는데 진원進源(1735~1754)과 수원綏源(1738~1811) 두 아들을 두었다. 연암이 말한 종형은 진원으로, 요절하였다.

13. **깨고 나면**　원문은 '及旣悟'로 되어 있으나, 이본들에는 '及旣寤' 또는 '及其寤'로 되어 있어 이에 따라 번역하였다. '悟'는 '寤' 자의 잘못인 듯하다.

이 세상에 살아 계셨던 때를 가만히 헤아려 보면, 또한 꿈속에서처럼 많이 뵈시고 친밀하지 못했으니 꿈속이 즐거울 수밖에요. 비록 또한 이 때문에 편안히 누워 영영 잠들어 버린들[14] 그 즐거움이 또 꿈속보다 더할 수 있을는지요?

네 살짜리 어린 자식[15]은 이제 조금 분별이 생겨 다른 사람을 아비어미라 부르지는 않을 정도가 되었습니다. 노상 품속에서 떠나려 들지 않으므로 수십 글자를 입으로 가르쳐 주었는데, 갑자기 묻기를,

"나는 아버지가 계신데 아버지는 왜 유독 아버지가 없나요? 우리 아버지의 어머니는 어디 계시나요? 아버지도 일찍이 젖을 먹고 크셨나요?"

하여, 나도 모르게 무릎에서 밀쳐 버리고 엉겁결에 목 놓아 한참 울었답니다. 이는 다 이 아우가 상을 당한 뒤에 겪은 슬프고 쓰라린 심정을 말한 것이니 다른 사람에게 이야기할 것까지는 없겠습니다. 지금 애형哀兄[16]께서 새로 비통한 일을 당해 근심스럽고 고통스러운 상황일 텐데, 아마도 필시 나 때문에도 한바탕 눈물을 흘리겠군요.

예서禮書를 읽는 여가에 다시 무슨 책을 보시는지 모르겠습니다. 이제부터 우리들의 생활 방편은 다만 경서를 몸에서 떼지 않으면서 몸소 밭을 가는 일이라 하겠습니다. 『시경』 빈풍豳風과 당풍唐風의 시들은 농삿집의 시력時曆이요,[17] 『논어』論語 한 질은 시골에 사는 비결이요, 『중용』中庸

---

14. 편안히 …… 잠들어 버린들 원문은 '優然大寢'인데, 『장자』「지락」至樂에서 장자가 제 처가 죽었는데도 곡을 하지 않고 오히려 노래를 부른 이유를 해명하면서 "사람들이 장차 큰 집에서 편안히 쉴 터인데(人且優然寢於巨室), 내가 아이고아이고 하면서 덩달아 곡을 한다면 천명에 통달하지 못한 것을 자인하는 셈이라, 그래서 곡을 그쳤노라"고 하였다.

15. 네 살짜리 어린 자식 연암의 장남 종의宗儀를 가리킨다. 종의는 1766년에 태어났다.

16. 애형哀兄 친상을 당한 황승원을 지칭한 말이다.

17. 『시경』 …… 시력時曆이요 시력은 당대에 통용되는 책력冊曆을 말한다. 『시경』 빈풍豳風과 당풍唐風의 시들을 읽으면 농사철을 알 수 있다는 뜻이다. 예컨대 빈풍의 「칠월」七月은 농사에 관한 월령가月令歌였다.

30장章[18]은 섭생攝生의 좋은 방법이니, 늘그막까지 힘써 할 일은 여기에서 벗어나지 않을 것입니다. 이 아우는 9월 보름 경에 북쪽으로 올라가 돌아다니면서 단양丹陽과 영동永同의 사이에서 농지를 찾아볼까 하는데, 생각대로 잘 될는지는 모르겠습니다.

총총하여 할 말을 다 못 하오며, 다만 슬픔을 절제하고 스스로 몸을 보호하여 상중에 건강을 손상하지 말기를 바랄 뿐입니다. 서식을 제대로 갖추지 못하였습니다.[19]

윤지允之 대형大兄의 예석禮席에[20]
8월 초이틀 담제인禪制人[21] 아우 모某가 절하며 올림

---

18. 『중용』中庸 30장章　『중용』은 모두 33개의 장章인데, 여기서는 대략의 숫자를 들어 말한 것이다.
19. 서식을……못하였습니다　원문은 '不備疏例'인데, 소례疏例는 서식을 뜻하는 서례書例와 비슷한 말이다. 승계문고본에는 '不備疏禮'로 되어 있는데, 이는 편지의 예의를 제대로 갖추지 못했다는 뜻이다. 둘 다 편지를 끝맺을 때 공손하게 말하는 관례적인 표현이다.
20. 윤지允之 대형大兄의 예석禮席에　수신인을 밝힌 것이다. 상례喪禮를 지키고 있는 황승원에게 보낸다는 뜻이다.
21. 담제인禪制人　삼년상을 마친 그 다음다음 달 하순에 탈상脫喪하면서 지내는 제사인 담제禪祭를 지낼 때까지 상중에 있는 사람이 스스로를 지칭하는 말이다.

어떤 이에게 보냄[1]

요즘 자네는 친상 중에 기력이 어떠한가?[2] 이 몸은 차츰 병이 깊어져 기동할 수 있는 날이 요원함을 고려하면, 피차간에 서로 면대하기란 당장에는 기약하기 어렵겠네. 알려주고 싶은 것이 한두 가지가 아니나 방법이 없네그려. 지금 자네가 약관弱冠의 나이로 상을 당했는데, 다른 도와줄만한 벗도 없고 또 아주 가까운 친척도 없는 처지이니, 매양 그 점을 생각하면 어찌 기가 막히도록 슬프지 않겠는가. 이미 마음을 깊이 터놓은 사이가 되었고, 외람되게 내가 나이도 몇 살 더 먹었으니, 어리석은 소견이나마 일러줄 수 있는 사람은 나만 한 이가 없을 걸세. 그러므로 이처럼 병중에 되는대로 적어 보내니, 양해하기를 간절히 바라네.

1. **어떤 이에게 보냄**　일본 동양문고東洋文庫 소장 『연암집』에는 제목 아래에 "이 글은 정리되지 않은 원고에서 발견했는데 누구에게 준 것인지 모르겠다. 후고後考를 기다린다"(此篇得於亂藁 未知與何人 容俟後考)는 주가 있다. 그런데 그에 붙인 두첨頭籤에는 "'이낙서에게 보냄'이라고 해야 한다"(當作與李洛瑞)라고 하여, 이서구李書九에게 보낸 편지임을 밝혔다.
2. **자네는 …… 어떠한가**　원문은 '哀侍奠氣力何似'인데 '애'哀는 부모의 상중에 있는 상대방을 지칭한 말이고 '시전'侍奠은 제물祭物을 시봉侍奉한다는 뜻이다. 이하 '애'哀를 문맥에 맞추어 모두 '자네'로 의역하였다.

자네와 같은 재능으로 이미 얌전하고 부드러운 기질을 지닌 데다, 총명하면서도 신중한 바탕을 겸하였고 게다가 나이도 젊고 기력도 왕성하니, 어찌 심력을 문장과 같은 말단에만 낭비하고 실득實得이 없는 곳에 시간을 허비해서야 되겠는가. '독서궁리'讀書窮理[3] 네 글자는 늙은 서생書生의 진부한 말이요 남을 권면하는 의례적인 말이네. 그러나 대저 지금에 이르러 실지實地에 공력을 쏟고 본령本領을 추구한다면 자연히 마음이 진정되고 기氣가 귀착할 곳이 있을 걸세. 인의仁義에 정통하는 것은 잠깐 사이에 되는 것이 아니고, 신중히 생각하고 분명히 분변하는 것[4]도 스스로 차례가 있는 것이므로, 효과와 득실을 먼저 논할 수는 없으나, 양생養生하여 장수하고 가도家道[5]를 온전히 하는 점에 있어서는 반드시 이것(독서궁리)이 중요한 실마리가 되지 않는다고는 못 할 것일세.

　평소 문학에 있어서는 비평소품批評小品[6]을 보기 좋아하여 애써 찾는 것은 오직 오묘한 지혜의 깨달음이요, 자세히 음미하는 것은 모두 신랄하기 짝이 없는 어휘들인데, 이런 것들은 비록 젊은 시절 한때의 기호嗜好이기는 하지만 차츰 노숙해지면 저절로 없어지게 마련이므로, 심각하게 말할 것까지는 없네.

3. **독서궁리讀書窮理**　　궁리는 천지 만물의 이치를 깊이 연구하는 것으로, 거경궁리居敬窮理라 하여 성리학에서 중시하는 수양 방법이다.
4. **신중히 …… 것**　　원문은 '愼思明辨'인데 『중용장구』 제20장에서 군자가 성誠을 실천하는 구체적 방법으로 박학博學·심문審問·신사愼思·명변明辨·독행篤行의 다섯 가지를 들었다.
5. **가도家道**　　가정의 도덕을 말한다. 『주역』 「가인괘」家人卦 단사彖辭에 "아비가 아비답고 아들이 아들답고 형이 형답고 아우가 아우답고 남편이 남편답고 아내가 아내다워야 가도家道가 바르게 되니, 가정이 바르게 되어야 천하가 안정되리라" 하였다.
6. **비평소품批評小品**　　비점批點과 평주評註를 가한 짧은 산문이란 뜻이다. 패관소품稗官小品과 비슷한 말이다. 『수호지』水滸誌 『서상기』西廂記 등에 비평을 가한 김성탄金聖嘆의 「육재자서」六才子書가 그 대표적인 작품이다.

그러나 대체로 이런 문체는 전혀 법칙이 없고 그다지 고상하지 못한 것이네. 명나라 말의 문식文飾만 성행하고 실질實質은 피폐해진 시대에 오吳·초楚 지역[7]의 잔재주는 있으나 덕이 부족한 문사들이 기괴한 설을 짓기에 힘써,[8] 한 문단의 풍치風致나 한 글자의 참신한 말이 없는 것은 아니지만, 내용이 빈곤하고 자질구레해서 원기라고는 찾아볼 곳이 없는 것이네. 그런즉 예부터 내려오는 오·초 지역 촌뜨기들[9]의 괴벽스런 짓거리요 추잡스런 말투이니, 어찌 본받을 만한 가치가 있겠는가.

지금 자네는 아직 혈기가 안정되지 않은 나이에 거듭 상례를 당하여, 돌아보아도 한 몸을 의지하고 도움 받을 곳이 없어, 외롭고 허약하며 천지가 텅 빈 것 같을 것이니, 슬픔과 괴로움과 근심 걱정으로 심정이 과연 어떻겠는가. 이는 인간 세상의 일대 궁민窮民[10]인 동시에 인생에서의 일대 전환점이기도 하네. 그러므로 보통 사람은 혹 심기가 약하여 몹시 놀라고 기가 꺾여 그 때문에 시름시름 앓다 못

---

7. 오吳·초楚 지역　　춘추 시대 오나라와 초나라의 영토였던 지역으로, 지금의 양자강揚子江 중류와 하류 일대를 말한다. 중국에서 특히 문학 예술이 발달한 지역이다.
8. 기괴한 설을 짓기에 힘써　　원문은 '務爲弔詭'인데, '조궤'弔詭는 『장자』에 나오는 말로, 기이한 말이라는 뜻이다. 즉 「제물론」齊物論에 인생을 한바탕의 꿈으로 여기는 "이런 언설을 일컬어 '조궤'라고 한다"(是其言也 其名爲弔詭)고 하였다.
9. 오·초 지역 촌뜨기들　　원문은 '吳僧楚儂'인데, 중국의 중원中原 사람들이 오 지역 사람들이 간드러진 말투를 구사한다고 해서 '오농연어'吳儂軟語니 '오농세타'吳儂細唾라고 비하하였다. 또한 오 지역 출신 문사인 육기陸機가 중원 출신인 좌사左思를 촌뜨기란 뜻의 '창부'傖夫라고 비웃은 적이 있다.
10. 궁민窮民　　의지할 데가 없는 백성을 말한다. 『맹자』「양혜왕 하」梁惠王下에 "늙어서 아내가 없는 이를 환鰥이라 하고, 늙어서 지아비가 없는 이를 과寡라 하고, 늙어서 자식이 없는 이를 독獨이라 하고, 어려서 아비가 없는 이를 고孤라 한다. 이 네 부류의 사람들은 천하의 궁민이요 호소할 곳이 없는 사람들이다"라고 하였다.

해 생명을 잃은 자도 있으며, 혹은 상례를 치르고 난 뒤 달관하고 마음을 비워 심령心靈이 툭 트이게 되면, 백년 인생이 얼마 되지 않는다는 것을 알고 온갖 일이 공空으로 돌아가는 것을 슬퍼하여, 아무것도 아끼는 것이 없고 제 몸도 돌아보지 않아 그로 인해서 본래의 심성을 잃어버리는 자도 있네. 혹 군자인 경우에는 예禮로써 자신을 보전하며, 경각심을 가지고 시련을 견디어 더욱 큰 일을 해내니[11] 비유하자면 초목이 한겨울의 혹독한 추위 속에서 더욱 굳건해지고 바람과 서리가 매서워지는 즈음에 열매를 거두는 것과 같네. 지금 자네는 나이 비록 약관이나, 뜻이 일찌감치 정해지고 재능이 일찍부터 성숙했으니, 진실로 능히 뜻을 굳게 세우고 이런 가운데 조금만 더 스스로 분발하여 매사를 다 옛사람처럼 하기로 스스로 기약한다면, 어찌 역량이 크지 못하며 재기才氣가 미치지 못할 것을 근심하겠는가.

사람이 매양 부모님 봉양을 할 수 없게 된 뒤에 가서 옛일을 추억해 보면, 자식 구실을 했다고 할 만한 이가 거의 없으니, 이것이야말로 특히 뼈가 저리고 심장이 찔리는 경우라네. 부모님 사후에 효성을 바치는 것이 단지 궤연을 모시고 제물을 받드는 데에 있는 것만은 아니네. 이러한즉 부모에 대한 자네의 다함없는 그리움은 갈수록 무궁할 줄 아네만, 이 몸은 여막을 지키면서 질병에 시달리느라 심상한 예절도 모두 폐하고 말았던 것을 생각하면, 지금까지도 부끄럽고 송구하여 심장이 끊고 뼈가 후끈거린다네. 그러므로 뒤늦게야 뉘우치며 언급하는 바이네.

---

11. **경각심을 …… 해내니**   원문은 '動忍增益'인데, 『맹자』 「고자 하」告子下에서 맹자가 말하기를, 하늘이 큰 소임을 맡긴 사람에게 혹독한 시련과 좌절을 겪게 하는 것은 "경각심을 일깨우고 참을성 있는 기질로 만들어 그가 해내지 못했던 일을 더욱 많이 할 수 있도록 하기 위해서이다"(所以動心忍性 曾益其所不能)라고 하였다.

옛사람은 거상居喪할 때 읽는 것은 예서禮書일 따름이며, 그 나머지 허황하고 당장에 필요치 않은 책은 덮어 두고 보지 않았으니, 이것은 일념으로 슬퍼하고 괴로워하며 잠깐이라도 잊어버린 적이 없도록 하기 위해서라네. 그러나 옛 성인의 경전經傳에 이르러서는, 어찌 일각인들 폐한 적이 있었던가.

『가례』家禮는 비록 주자朱子가 내용을 미처 확정하지는 못한 책이지만 먼저 익히 보아 두는 것이 좋으니, 무릇 생전에 봉양하고 돌아가신 뒤 장례 치르는 때에 차례와 절목節目을 절충하여 취할 수 있네.

어찌 꼭 『예기』禮記라야만 예서를 읽는다 하겠는가. 지금 자네는 이미 대인大人의 학문[12]에 입문하였으니 『소학』小學에 힘을 쏟을 것까지는 없겠지만, 옛사람 중에 노년이 되어서도 소학동자小學童子라 자칭한 이[13]가 있었다네. 학문을 하는 차례는 함부로 등급을 뛰어넘어 버리면 안 되네. 곧장 먼저 『소학』에다 기초를 세우면, 학문의 방향이 올바르게 되는 법일세.

---

12. **대인大人의 학문**　『대학』大學 공부를 가리킨다. 『대학』은 대인군자大人君子의 학문을 가르치는 책이라고 하였다.
13. **소학동자小學童子라 자칭한 이**　성종成宗·연산군燕山君 연간의 유학자 김굉필金宏弼(1454~1504)을 가리킨다.

홍덕보洪德保(홍대용)에게 답함 1

천리 밖에서 편지 전하기를 낭정朗亭과 문헌汶軒[1]이 하듯이 하여, 얼어붙은
비탈, 눈 쌓인 골짝 속에서 이를 얻어 보게 되니, 어찌 위로가 되고 기뻐
서 펄쩍 뛰지 않으리오. 청수하신 모습을 잠간 접했다가 곧 이별의 회포
를 자아내는 것보다는 이 편이 도리어 낫겠지요. 더구나 심한 추위에 어
머님을 모시면서 관직 생활도 신령의 가호에 힘입어 잘하고 계시며, 아
드님 또한 탈 없이 있다는 것을 알았으니 말입니다.[2]

우리들이 작별한 지도 어느덧 3년이 지났으니, 얼굴이며 수염과 모발

---

1. **낭정朗亭과 문헌汶軒**   낭정은 서광정徐光庭의 호이다. 서광정은 항주杭州 출신의 거인擧人으
로, 홍대용과 결교한 반정균潘庭筠의 외사촌형이다. 북경의 매시가煤市街에서 점포를 열고 있었으
므로, 홍대용은 그를 만나 본 적은 없으나 그에게 편지를 보내 반정균과의 서신 교류를 중개해
줄 것을 부탁했으며, 이를 계기로 홍대용과 서광정 사이에도 서신 교류가 있었다. 문헌은 등사민
鄧師閔(1731~?)의 호이다. 등사민은 산서山西 태원太原 출신의 거인으로 삼하현三河縣에서 소금
장사를 하고 있었는데, 북경에서 귀환하던 홍대용과 만나 교분을 맺었다. 그 후 홍대용과 꾸준히
서신 교류를 했으며, 자신의 벗 곽집환郭執桓을 위해 연암 등 조선의 명사들에게 「담원 팔영」澹
園八詠 시를 지어 주도록 주선하기도 했다. 『湛軒書』外集 卷1 杭傳尺牘
2. **심한……말입니다**   홍대용은 1777년(정조1) 음력 7월 전라도 태인泰仁의 군수로 부임하였다.

이 어떻게 변했을지는 나를 미루어 짐작해 봅니다. 다만 알지 못하겠는 것은, 스스로 점검하기에 정력과 기개가 쇠퇴하거나 왕성한 정도가 어떠하신지 하는 점입니다.

성인聖人의 수천 마디 말씀은 사람으로 하여금 객기客氣를 없애게 하려는 것입니다. 객기와 정기正氣는 마치 음陰과 양陽이 서로 반대로 줄었다 늘었다 하는 것과 같지요. 비유하자면 큰 풀무에서 쇠를 녹여 두들기는 것과 같아서, 객기가 겨우 조금만 없어져도 정기가 저절로 서지요. 그러나 정기란 더듬어 볼 수 있는 형체가 없으며, 오직 하늘을 우러러보고 땅을 굽어보매 부끄럼이 없는 경지에서만 찾을 수 있지요.

성인이 제 한 몸을 다스릴 뿐인데, 얼마나 힘들었으면 큰 도적이나 큰 악당처럼 여겨서, 성급히 하나의 이길 '극'克 자를 썼겠습니까?[3] '극'이라는 말은, 백방으로 성을 공격하여 날짜를 다그쳐서 기필코 이기려는 것과 같습니다. 그러므로 『서경』 「목서」牧誓에는,

　　"상나라를 치면 반드시 이길 것이다."(戎商必克)

하였고,[4] 『주역』에는,

　　"고종高宗이 귀방鬼方을 정벌하여 3년 만에 이겼다."(高宗伐鬼方 三年克之)

했으니,[5] 이른바 "한漢과 적賊은 양립하지 못한다"[6]는 것이지요.

---

3. **성인이 …… 썼겠습니까**　　『논어』 「안연」顏淵에서 공자가 "제 자신을 이기고 예의를 회복하는 것이 인이다"(克己復禮爲仁)라고 말한 것을 가리킨다.
4. **『서경』 …… 하였고**　　인용상 약간 착오가 있는 듯하다. 인용된 구절은 「목서」牧誓가 아니라 「태서 중」泰誓中에 나온다. 「목서」는 주周나라 무왕武王이 은殷나라 주왕紂王과 목야牧野에서 싸우기 전에 훈시한 내용이고, 「태서」는 역시 주나라 무왕이 맹진孟津에서 훈시한 내용이다.
5. **『주역』에는 …… 했으니**　　『주역』 「기제괘」旣濟卦 구삼九三의 효사爻辭에 나오는 내용이다. 고종高宗은 은나라의 임금 무정武丁이고, 귀방鬼方은 지금의 귀주貴州 지역에 살았던 서융西戎의 하나이다.
6. **한漢과 …… 못한다**　　제갈량諸葛亮의 「후출사표」後出師表에 나오는 말이다. 한漢은 촉蜀을 가리키고, 적賊은 조조曹操의 위魏를 가리킨다.

이 아우는 평소 늘 객기가 병통이 되어 왔는데, 이를 이겨내고 다스리는 수단으로는 이미 구용九容[7]의 방어도 없고 사물四勿[8]의 무기도 없으니, 귀며 눈이며 입이며 코가 도둑떼의 소굴이 아님이 없고, 지의志意와 언동은 모두 객기의 성사城社[9]가 되었습니다.

그런데 근년 이래로는 평소의 병의 근원이 다스리지 않아도 저절로 없어졌으나, 이른바 정기正氣까지도 함께 사라져 하나도 남지 않았습니다. 비유하자면 궁지에 몰린 도적이 험한 지세를 믿고 스스로 방자하게 날뛰다가, 급기야 군사가 흩어지고 식량이 다 떨어지자 그대로 앉아서 곤욕을 받는 것과 흡사합니다. 그리하여 포부와 사업이 도리어 객기가 득세할 때만 못하니, 어떻게 정기를 함양하며, 어떻게 집의集義[10]하며, 어떻게 스승으로 삼고 본받으며, 어떻게 유익한 벗을 사귀어야[11] 마침내 예禮를 회복할 수 있을지 모르겠습니다. 예란 특별한 일이 아니라 바로 내가 본래 지닌 천상天常(천부적 윤리)인데 노상 객기에 눌려 있었던 것이지요. 그러니 객기가 이미 제거되면 모든 일이 다 이치에 들어맞아, 정기가 서지 않는 것은 걱정할 것도 없을 것입니다. 그런데 나른하게 지쳐 버리고 스러지듯 까라지며 닳고 닳아 버린 탓에 감정이 속에서 뜨거워지지 않고

---

7. **구용九容** 구용은 군자의 아홉 가지 자태로, "발은 무겁고 손은 공손하며, 눈은 단정하고 입은 다물며, 목소리는 조용하고 머리는 곧게 세우며, 기색은 엄숙하고 선 자세는 덕스러우며, 낯빛은 씩씩하여야 한다"(足容重 手容恭 目容端 口容止 聲容靜 頭容直 氣容肅 立容德 色容莊)고 하였다. 『禮記』「玉藻」
8. **사물四勿** 103쪽 주20 참조.
9. **성사城社** 안전한 은신처를 말한다. 성안의 여우나 사당의 쥐처럼 권세의 비호 아래 몰래 나쁜 짓을 하는 자를 성호사서城狐社鼠라 한다.
10. **집의集義** 호연지기浩然之氣를 기르는 것을 뜻한다. 『맹자』「공손추 상」公孫丑上에서 호연지기를 설명하면서 "이것은 의리를 속으로 축적하여 생겨나는 것이지 의리가 밖에서 엄습하여 얻어지는 것은 아니다"(是集義所生者 非義襲而取之也) 하였다.
11. **유익한 벗을 사귀어야** 『논어』「계씨」季氏에 나오는 내용이다. 134쪽 주61 참조.

그저 담담하게 맞부닥치니, 다시는 옛날의 기개를 찾아볼 길 없고 무기력한 일개 늙은 농부가 되고 말았습니다.

지금 격려해 주신 별지別紙를 받고 보니, 저도 모르게 부끄러워 땀이 얼굴을 뒤덮었으므로 잠시 이와 같이 늘어놓습니다. 아마도 반드시 이 편지를 보시고는 한 번 웃으며,

"이는 필시 늙어 가고[12] 곤궁함이 날로 심해진 것뿐일세. 만약 객기를 제거할 수 있다면 하늘을 떠받치고 땅 위에 우뚝 설 수 있을 텐데,[13] 무엇 때문에 이렇게 나른하게 처져 있는 것인가? 나른하게 처지도록 만든 것이야말로 객기일세."

하실 테지요.

대개 제가 평소에 비록 장중하고 공손함이 부족하지만, 날로 더욱 노력하는 공부[14] 역시 그와 같이 부족한 점이 있습니다. 사람이 학문을 쌓아 나가는 것도 기운에 따라 쇠퇴하거나 왕성한 법이지요. 그래서 형의 정력과 기개가 스스로 점검하기에 어떠하신지를 물은 것입니다. 바라옵건대 자세한 답을 주시고, 또 가슴에 절실히 와 닿는 몇 마디 말씀을 기록하여 주신다면, 이 몸을 일깨워 주고 분발시켜 주시는 것으로 알겠습니다.

---

12. **늙어 가고**　원문은 '朽落'인데, 나이가 늙어 이가 빠진다(年朽齒落)는 뜻이다.
13. **하늘을 …… 텐데**　원문은 '頂天立地'인데, 이는 대장부의 기개를 형용하는 말이다.
14. **장중하고 …… 공부**　『예기』「표기」表記에서 공자는 "군자가 장중하고 공손하면 날로 더욱 노력하게 되고 안일하고 방자하면 날로 구차해진다"(君子莊敬日強 安肆日偸)고 하였다.

홍덕보에게 답함 2

이 아우의 평소 교유가 넓지 않은 것도 아니어서, 덕을 헤아리고 지체를 비교하여 모두 벗으로 허여한 터이지요. 그러나 벗으로 허여한 자 중에는 명성을 추구하고 권세에 붙좇는 혐의가 없지 않았으니, 눈에 벗은 보이지 아니하고, 보이는 것은 다만 명성과 이익과 권세였을 따름이외다. 그런데 지금 나는 스스로 풀숲 사이로 도피해 있으니,[1] '머리를 깎지 않은 비구승'이요 '아내를 둔 행각승'이라 하겠습니다. 산 높고 물이 깊으니, 명성 따위를 어디에 쓰겠는지요? 옛사람의 이른바 "걸핏하면 곧 비방을 당하지만, 명성 또한 따라온다"[2]는 것 또한 헛된 말에 지나지 않습니다. 겨우 한 치의 명성만 얻어도 벌써 한 자의 비방이 이르곤 합니다. 명성 좋아하는 자는 늙어 가면 저절로 이러한 사실을 알게 됩니다.

1. **나는 …… 있으니**　1778년(정조 2) 연암이 가족을 이끌고 황해도 금천金川의 연암협燕巖峽으로 이주한 사실을 말한다.
2. **걸핏하면 …… 따라온다**　한유의 「진학해」進學解에 나오는 말이다. 단 「진학해」에는 '動而得謗 ……'으로 되어 있는데, 원문은 '動輒得謗 ……'으로 되어 있다. 이는 「진학해」의 앞부분에 '動輒得 咎'라고 한 표현과 혼동한 결과인 듯하다.

젊은 시절에는 과연 나도 허황된 명성을 연모하여, 문장을 표절하고 화려하게 꾸며서 예찬을 잠시 받고는 했지요. 그렇게 해서 얻은 명성이란 겨우 송곳 끝만 한데 쌓인 비방은 산더미 같았으니, 매양 한밤중에 스스로 반성하면 입에서 신물이 날 지경이었지요. 명성과 실정의 사이에서[3] 스스로 깎아내리기에도 겨를이 없거늘 더구나 감히 다시 명성을 가까이 하겠습니까. 그러니 명성을 구하기 위한 벗은 이미 나의 안중에서 떠나버린 지 오래입니다.

이른바 이익과 권세라는 것도 일찍이 이 길에 발을 들여놓아 보았으나, 대개 사람들이 모두 남의 것을 가져다 제 것으로 만들 생각만 하지 제 것을 덜어 내서 남에게 보태 주는 일은 본 적이 없었습니다. 명성이란 본시 허무한 것이요 사람들이 값을 지불하는 것도 아니어서, 혹은 쉽게 서로 주어 버리는 수도 있지만, 실질적인 이익과 실질적인 권세에 이르면 어찌 선뜻 자기 것을 양보해서 남에게 주려 하겠습니까. 그 길로 바삐 달려가는 자들은 흔히 앞으로 엎어지고 뒤로 자빠지는 꼴을 보게 마련이니, 한갓 스스로 기름을 가까이 했다가 옷만 더럽힌 셈입니다. 이 역시 이해利害를 따지는 비열한 논의라 하겠지만, 사실은 분명히 이와 같습니다. 또한 진작 형에게 이런 경계를 받은 바 있어, 이익과 권세의 이 두 길을 피한 지가 하마 10년이나 됩니다.

내가 명성·이익·권세를 좇는 이 세 가지 벗을 버리고 나서, 비로소 눈을 밝게 뜨고 이른바 참다운 벗을 찾아보니 대개 한 사람도 없습디다. 벗 사귀는 도리를 다하고자 할진댄, 벗을 사귀기란 확실히 어려운가 봅니다. 그러나 어찌 정말 과연 한 사람도 없기야 하겠습니까. 어떤 일을 당했을 때 잘 깨우쳐 준다면 비록 돼지 치는 종놈이라도 진실로 나의 어

---

3. **명성과 실정의 사이에서**　　원문은 '名實之際'인데, 『맹자』 「이루 하」離婁下에서 "명성이 실정보다 지나침을 군자는 부끄러워한다"(聲聞過情 君子恥之)고 하였다.

진 벗이요, 의로운 일을 보고 충고해 준다면 비록 나무하는 아이라도 역시 나의 좋은 벗인 것이니, 이를 들어 생각하면 내 과연 이 세상에서 벗이 부족한 것은 아니지요. 그러나 돼지 치는 벗은 경서經書를 논하는 자리에 함께 참여하기 어렵고, 나무하는 벗은 빈주賓主가 만나 읍양揖讓하는 대열에 둘 수는 없는 것인즉, 고금을 더듬어 볼 때 어찌 마음이 답답하지 않을 수가 있겠습니까.

산속으로 들어온 이래 이런 생각마저 끊어 버렸지만, 매양 덕조德操가 기장밥을 지으라고 재촉할 적에[4] 아름다운 정취가 유유하였고, 장저長沮와 걸닉桀溺이 짝지어 밭을 갈 적에[5] 참다운 즐거움이 애틋했던 것을 생각하며, 산에 오르고 물에 다다를 적마다 형의 모습을 어렴풋이나마 그리워하지 않은 적이 없었답니다.

생각하건대 형은 벗 사이의 교제에 열렬한 성품을 지니고 있는 줄 잘 알지만, 심지어 구봉九峯[6] 등 여러 사람들이 하늘가와 땅 끝처럼 멀리 떨어진 곳에서 여러 사람을 거쳐 힘들게도 편지를 부쳐 오는 것은 '천고의 기이한 일'이라 이를 수 있을 것입니다. 그러나 이 생전, 이 세상에서

---

4. **덕조德操가 …… 적에** 덕조는 사마휘司馬徽의 자이다. 사마휘는 후한後漢 말의 인물로 인재를 잘 알아보았는데, 유비劉備에게 제갈량과 방통龐統을 천거하였다. 사마휘와 제갈량 등은 양양襄陽 현산峴山에 사는 은사 방덕공龐德公을 존모하여 섬겼다. 제갈량은 방덕공의 집에 갈 때마다 상牀 아래에서 절을 하곤 했다. 그러나 사마휘는 방덕공의 집에 갔을 때 방덕공이 출타하고 없자, 그 부인에게 빨리 기장밥을 지으라고 재촉하여 방덕공의 처자들이 분주히 상을 차렸는데, 잠시 뒤 방덕공이 돌아오더니 곧바로 안으로 들어가서 누가 주인인지 손님인지 구분이 되지 않을 정도로 격의 없는 사이였다고 한다. 『三國志』 卷37 蜀書 「龐統傳」 裵松之註
5. **장저長沮와 …… 적에** 장저와 걸닉桀溺은 춘추 시대의 은자이다. 장저와 걸닉이 밭을 갈고 있을 때 그 앞을 지나가던 공자孔子가 자로子路를 시켜 나루를 물었으나 가리켜 주지 않고 세상을 바꾸려 하는 공자를 비웃었던 사람들이다. 『論語』 「微子」
6. **구봉九峯** 홍대용과 결교한 엄성嚴誠의 형인 엄과嚴果의 호이다. 북경에서 귀국한 뒤 홍대용은 편지를 보내 그와도 결교를 청하였고, 엄성의 부음訃音을 접하고 애도하는 편지도 보냈다. 『연암집』 권2 「홍덕보 묘지명」 참조. 『湛軒書』 外集 卷1 杭傳尺牘

는 다시 만날 수 없으니, 곧 꿈속과 다를 바 없어 실로 진정한 정취는 드물 것입니다. 혹시 우리나라 안에서 한 번 만나 보아 서로 거리낌 없이 회포를 털어놓을 수 있다면 천리를 멀다 아니 하고 찾아가고 말겠는데,[7] 형도 이런 벗을 아직 만나 본 적이 없는지 모르겠습니다. 아니면 영영 이런 생각을 가슴속에서 끊어 버렸는지요? 지난날 끊임없이 이야기를 나눌 때에도[8] 이에 대해서는 언급한 적이 없었으므로, 지금 마침 한 가닥의 울적한 마음이 들어 우선 여쭙는 바입니다.

---

7. **천리를 …… 말겠는데**　　원문은 '不難千里命駕'인데, 천리명가千里命駕는 멀리 벗을 찾아간다는 뜻이다. 진晉나라 때 여안呂安이 혜강嵇康의 고상한 취미에 탄복하여 그를 보고 싶은 생각이 날 적마다 즉시 천리 밖이라도 수레를 준비시켜 그를 만나러 갔다는 고사에서 나온 말이다.

8. **끊임없이 …… 때에도**　　원문은 '談屑之際'인데, 담설談屑은 톱으로 나무를 썰 때 톱밥이 술술 나오듯이 말이 막히지 않고 끊임없이 이어지는 것을 말한다. 여기서는 두 사람이 만나 대화할 때 의기투합하여 화제가 끊어지지 않았다는 뜻이다.

홍덕보에게 답함 3

형암炯菴(이덕무)·초정楚亭(박제가) 등이 관직에 발탁된 것은 가히 특이한 일이라 하겠습니다.[1] 태평성대에 진기한 재주를 지니고 있으니 자연히 버림받는 일이 없겠지요. 이제부터 하찮은 녹이나마 얻게 되어 굶어 죽지는 않을 터입니다. 어찌 사람에게 허물 벗은 매미가 나무에 달라붙어 있거나 구멍 속의 지렁이가 지하수만 마시듯이[2] 살라고 요구할 수야 있겠습니까.

다만 그들은 귀국한 이래로 안목이 더욱 높아져서[3] 한 가지도 뜻에

---

1. **형암炯菴 …… 하겠습니다**   1779년(정조 3) 음력 6월 이덕무李德懋·박제가朴齊家가 유득공柳得恭·서이수徐理修와 함께 서얼 출신으로 처음 규장가의 외가外閣인 교서관校書館의 검서檢書로 임명된 사실을 말한다. 1781년 음력 1월 규장각으로 소속을 옮겼다.
2. **구멍 …… 마시듯이**   『맹자』「등문공 하」滕文公下에서 맹자는 오릉중자於陵仲子가 청렴을 지키기 위해 인륜마저 저버림을 비판하면서, "오릉중자의 지조를 충족시키자면 지렁이가 된 뒤라야 가능할 것이다. 지렁이는 위로는 마른 흙을 먹고 아래로는 지하수만을 마시고 산다"고 하였다.
3. **다만 …… 높아져서**   이덕무와 박제가는 1778년(정조 2) 음력 3월부터 7월까지 사은진주사謝恩陳奏使의 일원으로 북경을 다녀왔다. 귀국 이후 이덕무는 『입연기』入燕記를, 박제가는 『북학의』北學議를 저술하였다.

맞는 것이 없으며, 표정에까지 간혹 재기才氣를 드러내곤 합니다. 중국인과의 특이한 교유에 대해서는 이미 간정록乾淨錄[4]을 통해서 귀에 젖고 눈이 익어 실로 제 자신이 답사한 것과 다름없으니, 다시 야단스럽게 탐문하고 토론할 필요가 없었습니다. 그 밖에 기이한 일이 없다고 보지는 않지만, 잠시 억눌러두고 일부러 노구교蘆溝橋 서쪽의 일[5]에 대하여는 말하지 않았습니다. 그런데 그 친구들이 이를 자못 괴이히 여겨 답답한 생각이 없지 않은 모양이니, 아마 나의 이런 의중을 깨닫지 못한 듯합니다.

혜풍惠風(유득공)이 길에서 천자를 본 것은 참으로 장관이었답디다.[6] 왼쪽에 천자기天子旗를 세우고 누런 비단덮개를 씌운 수레에다 수천 대의 수레와 수만 명의 기병이 뒤따르는 광경은 마치 벼락이 치는 듯 귀신이 조화를 부리는 듯 으리번쩍하더랍니다. 그런데 천자가 친히 말을 멈추고 고삐를 당긴 채, 손짓하여 우리 조선 사람을 불러 대등하게 서서 우러러 보도록 했다는군요. 그의 콧날은 우뚝 솟아 두 눈썹 사이까지 쭉 뻗었고, 눈꼬리는 몹시 길어 귀밑머리 부분까지 옆으로 뻗쳤으며, 턱수염은 덤불 같고 광대뼈는 불끈 튀어나왔더랍니다.

그래서 내가 대꾸하기를,

"이는 바로 진시황秦始皇의 복사판일세."

---

4. 간정록乾淨錄 『간정동 회우록』乾淨衕會友錄을 말한다. 이 책의 수정본으로 『간정록』乾淨錄이란 필사본이 별도로 있다. 홍대용이 중국에 갔을 때 북경의 간정동에서 중국의 문사들과 만나 필담을 나눈 것을 기록한 내용이다. 『연암집』 권1 「회우록서」會友錄序 참조.

5. 노구교蘆溝橋 서쪽의 일 북경에서 보고 들었던 일을 가리키는 듯하다. 노구교는 북경 광안문廣安門 밖 영정하永定河에 있는 거대하고 아름다운 다리로서 노구효월蘆溝曉月이라 하여 북경 팔경八景의 하나로 일컬어졌다. 단 노구교는 지금의 북경시 서남쪽 풍대구豊臺區에 속해 있어 엄격히 따지면 노구교 서쪽은 북경 서쪽의 외곽 지역을 가리키는 셈이 된다. 노구교의 정확한 위치에 대해 약간 착오가 있었던 듯하다.

6. 혜풍惠風이 …… 장관이었답디다 유득공은 1778년 가을 문안사問安使의 일원으로 중국의 심양瀋陽을 다녀왔다. 건륭乾隆 황제는 그해 음력 7월에 성경盛京 즉 심양에 순행巡幸하여 음력 9월에 북경으로 돌아왔는데, 그 행차를 목격한 듯하다.

했지요. 혜풍이 묻기를,

"어찌 그런 줄 아십니까?"

하기에, 내가

"이미 『삼재도회』三才圖會[7]의 제왕상帝王像을 보고 알았네."

했더니, 형암·초정·혜풍 이 세 사람이 모두 크게 웃으며 내 앞에서 다시는 남달리 중국의 장관을 본 것을 자랑하지 않더군요.

형암이 향조香祖[8]가 쓴 '연암산거'燕巖山居 넉 자를 얻어 와서 주기에, 이미 새겨 산중의 서재에 걸고 그 진본은 형에게 드리니, 고항첩古杭帖[9]에 함께 붙여 넣어서 오래도록 전해지게 하는 것이 어떠할는지요. 그 수인首印(서화의 앞부분에 찍는 도장)은 "무더운 여름철에도 서리 내린 듯 서늘하다"(暑月亦霜氣)고 하였고, 낙관落款 및 말미에 '덕원'德園이라 칭했는데 그것이 그의 자인지 호인지 모르겠습니다.

이 세 사람의 현재 직함이 모두 검서로 공교롭게도 한데 뭉치게 된 데다가, 그들이 평소 함께 지내며 교유하고 지취志趣도 같기 때문에, 저절로 시기와 원망을 당하는 일이 자못 많았는데 요새 와서는 더욱 심하다 합니다. 이는 괴이하게 여길 것이 못 됩니다. 비록 시기와 질투가 없다 하더라도 스스로 경계하고 삼가야 할 텐데, 하물며 신분은 낮으면서 벼슬길은 영화롭고 직책은 임금을 가까이 모시면서 일은 어려우니, 더욱

---

7. 『삼재도회』三才圖會   명나라 때 왕기王圻가 편찬한 책으로 모두 106권이다. 천문·지리·인물·시령時令·궁실 등 14문門으로 나누어 그림으로 설명하였다.

8. 향조香祖   반정균潘庭筠(1742~1806)의 자이다. 반정균은 절강성浙江省 전당錢塘 사람으로 호는 추루秋루이다. 시詩·서書·화畫에 모두 능했으며, 과거 급제 후 벼슬은 어사御使까지 지냈다. 이덕무는 1778년(정조 2) 연행 당시 북경의 종인부宗人府 근처에 있던 반정균의 자택을 여러 차례 방문하였다.

9. 고항첩古杭帖   홍대용은 연행에서 돌아온 직후인 1766년(영조 42) 음력 5월 15일 반정균·엄성嚴誠·육비陸飛 등 중국 항주杭州 출신 문사들의 편지를 모두 4개의 서첩書帖으로 장정하고 고항문헌古杭文獻이란 제목을 붙였다고 한다. 『湛軒書』外集 卷1 杭傳尺牘 「與潘秋루庭筠書」

사람들과의 교제를 끊고 술도 조심하면서 오로지 서적의 교열에만 전념해야 하지 않겠습니까. 그런데 허황된 영화를 좇는 자들이 날로 그 곁에서 법석을 떨어 피하려 해도 피할 길이 없다 하니, 형세가 그럴 듯도 합니다. 이미 서한으로 이러한 나의 뜻을 알려 주긴 했는데, 형암은 물론 세심한지라 스스로 조심할 터이지만, 초정은 너무도 재기才氣를 드러내고 자기만 옳다고 고집하니 어찌 능히 그 뜻을 알겠습니까.

나는 지금 시골 오두막집에 영락零落해 있으니, 산 밖의 일은 듣지 못할 뿐만 아니라 묻지도 않습니다. 그들의 일에 상관할 바 없으나, 다만 평소 사랑하고 아끼는 마음이 있기는 형과 사뭇 같기 때문에 편지를 쓰면서 자연히 언급하게 된 것입니다. 그 사이에 서신 왕래가 있었으며, 그 친구들이 중국 다녀온 일기를 이미 완성하여 보여 드렸는지 모르겠습니다.

홍덕보에게 답함 4

이 아우가 산골짜기로 들어와 살려고 마음먹은 지가 벌써 9년이나 되었습니다.[1] 물가에서도 잠자고 바람도 피하지 않고 밥지어 먹으며, 아무것도 없이 두 주먹만 꽉 쥐었을 뿐이라, 마음은 지치고 재간은 서투르니 무엇을 이루어 놓았겠습니까. 겨우 돌밭 두어 이랑에 초가삼간을 마련했을 뿐이지요. 그 가파른 비탈과 비좁은 골짜기에는 초목만 무성하여 애초부터 오솔길도 없었지만, 골짜기 입구를 들어서고 나면 산기슭이 다 숨어 버리고 문득 형세가 바뀌어, 언덕은 평평하고 기슭은 부드러우며 흙은 희고 모래는 곱고 깨끗합니다. 평탄하면서 툭 트인 곳에다 남쪽을 향해 집터의 형국形局을 완전히 갖추었는데, 그 집터가 지극히 작기는 하지만 서성대며 노닐고 안식할 공간이 그 가운데 모두 갖추어졌지요.

---

1. **이 아우가 …… 되었습니다**   연암은 1771년(영조 47) 과거를 포기한 뒤 백동수白東修와 함께 황해도 금천의 연암협燕巖峽을 답사하고 나서 장차 이곳에 은둔할 뜻을 굳히고 자신의 호를 연암이라 지었다고 한다. 『연암집』 권1 「기린협으로 들어가는 백영숙에게 증정한 서문」(贈白永叔入麒麟峽序) 참조.

전면의 왼쪽에는 깎아지른 듯한 푸른 벼랑이 병풍처럼 벌여 있고, 바위틈은 깊숙이 텅 비어 저절로 동굴을 이루매 제비가 그 속에 둥지를 쳤으니, 이것이 바로 연암燕巖(제비 바위)이라는 거지요. 집 앞으로 100여 걸음 되는 곳에 평평한 대臺가 있는데, 대는 모두 바위가 겹겹이 쌓여 우뚝 솟은 것으로 시내가 그 밑을 휘감아 도니 이것을 조대釣臺(낚시터)라 하지요. 시내를 거슬러 올라가면 울퉁불퉁한 하얀 바위가 마치 먹줄을 대고 깎은 듯하며, 혹은 잔잔한 호수를 이루기도 하고 혹은 맑은 못을 이루기도 하는데 노는 고기들이 몹시 많지요. 매양 석양이 비치면 그림자가 바위 위까지 어른거리는데 이를 엄화계罨畫溪[2]라 하지요. 산이 휘돌고 물이 겹겹이 감싸 사방으로 촌락과 두절되니 한길을 나가 7, 8리를 거닐어야만 비로소 개 짖는 소리와 닭 울음소리를 듣게 된답니다.

지난가을부터 불러 모은 이웃도 현재 서너 가구에 지나지 않는데, 모두 해진 옷에 귀신같은 몰골로 무슨 소리인지 지절지절하며 오로지 숯 굽는 일에만 종사하고 농사는 짓지 않으니, 깊은 계곡에 사는 오랑캐가 호랑이나 표범을 이웃 삼고 족제비나 다람쥐를 벗 삼는 것과 다를 바가 없습니다. 그 험하고 동떨어짐이 이와 같은데도, 마음속으로 한번 이곳을 좋아하게 되자 어떤 곳과도 바꿀 수가 없게 되었습니다. 이미 집 뒤에다 형수님의 묘까지 썼으니[3] 영영 옮기지 못할 땅이 되었지요.

띠 지붕 소나무 처마로 된 집은 겨울에 따뜻하고 여름에 서늘하며, 조와 보리로 한 해를 무사히 넘길 수가 있고, 채소와 고사리가 매우 왕성하게 자라 한번 캤다 하면 대바구니에 가득 찹니다. 더러는 눈 오는

2. **엄화계罨畫溪**　엄화는 채색화彩色畫란 뜻이다. 『연암집』 권10에 '엄화계수일'罨畫溪蒐逸이란 표제가 붙어 있다.
3. **이미 …… 썼으니**　연암의 형수 이씨李氏는 1778년 음력 7월 향년 55세로 별세하였다. 그해 9월 연암은 형수의 유해를 연암협으로 옮겨 집 뒤뜰에 장사 지냈다. 『연암집』 권2 「맏형수 공인 이씨 묘지명」(伯嫂恭人李氏墓誌銘) 참조.

날 — 이하 원문 빠짐 —

    이 편지가 모두 여덟 편이라고 예전에 들었으나, 지금 상자를 뒤
져 겨우 네 편을 얻었는데 그나마도 완전하지 못하다.[4]

---

4. 이 편지가 …… 못하다   연암의 아들 박종채가 기록한 것이다. 홍기문洪起文 선생은, 연암이
홍대용에게 답한 네 번째 편지는 『연암집』에 그 내용이 반 이상 결락된 채 수록되어 있는데,
"연암 친필의 바로 그 결락된 편지를 내가 전에 보관하고 있었다. 그 편지에는 산거경제山居經濟
를 기초한다고 한마디가 있었던 것이 지금까지 기억되고 있으니 이 산거경제가 발전되어 만년
의 『과농소초』를 이루었을 것임에 틀림없다"고 하였다. 『박지원 작품선집 1』「연암집에 대한 해
제」

유수留守가 대궐에서 하사받은 귤 두 개를 보내 준 데 감사한 편지

금란金蘭[1]과 같이 절친한 사이라 바야흐로 백열柏悅[2]이 몹시 깊었는데, 오두막집에 향기가 진동하니 감사하게도 목노木奴[3]를 보내 주셨습니다. 이것이 임금님의 은사恩賜임을 아는데, 또한 저까지 넘치는 은혜를 입었군요.

저는 어디에서나 즐겁게 지내려 하지만, 객지를 떠돌며 쓰라림만 많이 맛보았지요. 산속에 은거하여 욕심 없이 지내니 어찌 회수淮水를 건넌 티가 나는 것을 꺼려하겠습니까만,[4] 경거璚琚로써 갚고자 해도[5] 송頌 짓는

---

1. **금란金蘭**　금란지교金蘭之交의 줄임말로, 매우 두터운 친교를 뜻한다.
2. **백열柏悅**　가까운 친구의 좋은 일에 대하여 함께 기뻐하는 것으로, 여기에서는 유언호兪彦鎬가 개성 유수로 부임하게 된 일을 기뻐한다는 뜻이다.
3. **목노木奴**　감귤의 별칭이다. 삼국 시대 오吳나라의 단양 태수丹陽太守 이형李衡이 감귤 천 그루를 심어 두고는 죽을 때에 아들에게, '천 명의 목노木奴를 남겼으니 해마다 비단 천 필을 바칠 것'이라고 한 데서 나온 말이다. 『三國志』卷48 吳書「孫休傳」裴松之註
4. **회수淮水를 ······ 꺼려하겠습니까만**　회수는 중국 사대강四大江의 하나인데, 회수 이남 지역의 귤나무가 회수를 건너 그 이북 지역에 심겨지면 탱자나무가 된다는 설이 있다. 좋지 못한 환경을 만나면 타고난 좋은 자질도 발휘할 수 없다는 뜻이다.

재주[6]가 모자라는 것이 부끄럽습니다.

가만히 생각하건대 연암 한 지역은 녹문산鹿門山[7]에 은거하려는 뒤늦은 계획에서 마련한 것이었습니다. 유하혜柳下惠와 같은 자가 이곳에 이끌려 머물러 있으니 어찌 공손하지 못한 혐의가 없으리오만,[8] 방덕공龐德公처럼 밭을 갈면서 남몰래 유안遺安의 술책[9]을 본받고 있지요. 주읍晝邑에서 느긋하게 걸어다니고 늦게나마 허기진 배를 채우는 삶을 택했다고 하지만, 수레와 육식을 잊기 어려워했던 점을 비루하게 여기고,[10] 고산孤山에서

---

5. **경거瓊琚로써 갚고자 해도**   경거는 아름다운 옥과 패옥佩玉으로, 상대방의 선물을 받고 답례를 후하게 하는 것을 뜻한다. 『시경』 위풍衛風 「목과」木瓜에 "나에게 모과를 던져주니, 경거로써 보답하였네"(投我以木瓜 報之以瓊琚)라고 하였다.

6. **송송頌 짓는 재주**   송은 대상을 찬송하기 위해 짓는 운문의 한 종류이다. 굴원屈原이 자신의 재주와 덕을 귤나무에 비유하여 노래한 「귤송」橘頌(『초사』 '구장'九章의 한 편)이 있다.

7. **녹문산鹿門山**   은사隱士가 거처하는 곳을 뜻한다. 후한 때 방덕공龐德公이 처자를 거느리고 녹문산으로 들어가 은거했던 데서 나온 말이다.

8. **유하혜柳下惠와 …… 없으리오만**   『맹자』 「공손추 상」公孫丑上에서 맹자는 노魯나라의 대부 유하혜의 처신을 공손하지 못하다고 비판했다. 연암은 유하혜의 처신 중에서 특히 "재야에 버려져도 원망하지 않고, 곤궁을 겪어도 근심 걱정하지 않으며 …… 자신을 끌어당겨 머물러 있게 하면 머물러 있었으니(援而止之而止), 끌어당겨 머물러 있게 하면 머물러 있었던 것은 또한 떠나는 것을 대수롭지 않게 여긴 때문이었다"라고 한 점에 공감하여 그와 같은 표현을 한 듯하다.

9. **유안遺安의 술책**   유안은 자손에게 편안함을 남겨 준다는 뜻이다. 방덕공이 현산峴山 남쪽에서 밭을 갈고 살면서 성시城市를 가까이 하지 않자, 형주 자사荊州刺史 유표劉表가 찾아와서 "선생은 시골에서 고생하며 지내면서도 벼슬해서 녹봉을 받으려 하지 않으니, 무엇을 자손에게 남겨 주려오?" 하였다. 그러자 방덕공은 "세상 사람들은 모두 위태로움을 남겨 주는데 나는 유독 편안함을 남겨 주니, 비록 남겨 주는 것이 똑같지는 않으나, 남겨 주는 것이 없지는 않을 것입니다"라고 답하였다고 한다. 『後漢書』 卷113 「逸民列傳 龐公」

10. **주읍晝邑에서 …… 여기고**   주읍晝邑('획'으로도 읽음)는 전국 시대 제齊나라 도읍 서남쪽에 있는 가까운 고을이다. 『孟子集註』 「公孫丑下」 제나라 선왕宣王이 은사隱士 안촉顔斶을 접견했을 때, 안촉은 선비가 왕보다 존귀하다고 주장하며 선비를 잘 대우하도록 선왕을 설득하였다. 이에 공감한 선왕이 안촉을 스승으로 모시고자 최고의 의식衣食과 수레 제공을 약속하니, 안촉은 이를 사절하면서 재야로 돌아가 "늦게나마 허기진 배를 채우는 것을 육식과 맞먹는 것으로 여기고, 느긋하게 걷는 것을 수레와 맞먹는 것으로 여기면서"(晚食以當肉 安步以當車) 살겠노라고 하였다. 『戰國策』 「齊策」 안촉은 다른 문헌에는 '왕촉'王蠋으로 되어 있는데, 『사기』 권82 「전단열전」田單列傳에 왕촉은 주읍晝邑에 사는 어진 선비로 소개되어 있다.

학을 자식 삼고 매화를 아내 삼아 살았다고 하지만,[11] 처자식이 여전히 딸려 있는 셈인 것을 가소롭게 여깁니다.

유상留相 합하閣下[12]는 문장은 수호繡虎[13]와 같다고 일컬어지고 도道는 용과 같기를[14] 바라는 분으로서, 직제학이란 화려한 직함으로 새로 세운 규장각의 직무를 오래도록 겸임하고, 웅부雄府(개성부를 가리킴)를 관할하여 고려의 옛 수도의 장長이 잠시 되셨습니다. 도성都城을 나고 들 때마다 사람들이 다투어 구경하니 의연히 낙양洛陽을 지키던 군실君實[15]과 같고, 청정清靜함은 누구에 비할 건가 하면 완연히 제齊나라를 다스렸던 개공蓋公과 같지요.[16] 촛불 아래에서 시를 쓸 제 몇 번이나 산공山公처럼 거마車馬로

11. 고산孤山에서 …… 하지만　송宋나라 때 임포林逋는 서호西湖의 고산孤山에 은거하여, 장가도 들지 않고 자식도 없이 매화를 심고 학을 기르며 평생을 살았으므로, 그를 가리켜 '매화를 아내 삼고 학을 자식 삼았다'(梅妻鶴子)고 하였다.

12. 유상留相 합하閣下　개성 유수 유언호를 존대하여 부른 말이다. 유상은 유수留守를 달리 부른 말이고, 합하는 편지에서 존귀한 사람에 대한 경칭으로 사용하는 말이다.

13. 수호繡虎　화려한 시문詩文을 민첩하게 짓는 것을 말한다. 삼국 시대 위魏나라 조식曹植이 일곱 걸음을 걸을 동안 시를 지어냈으므로 사람들이 '수호'라 불렀던 데서 나온 말로, '수'는 수를 놓은 것처럼 화려한 글을, '호'는 호랑이처럼 민첩한 솜씨를 뜻한다.

14. 용과 같기를　원문은 '유룡猶龍'인데, 변화를 예측할 수 없는 용과 같이 도道의 경지가 심오하다는 뜻이다. 공자가 노자를 만나 보고 나서 '용과 같다'(猶龍)고 감탄했다고 한다. 『史記』 卷63 「老子列傳」

15. 낙양洛陽을 지키던 군실君實　군실은 송나라 사마광司馬光의 자이다. 사마광이 신종神宗 때 왕안석王安石의 신법新法에 반대하다가 뜻이 맞지 않자 판서경어사대判西京御史臺를 자청하여 낙양으로 돌아가서 15년간 그곳에서 머물렀는데, 천하 사람들이 모두 '진재상'眞宰相이라 하였고, 촌로들도 모두 '사마 상공'司馬相公이라 불렀으며, 부녀자들도 그가 군실인 줄을 알았다 한다. 『宋史』 卷336 「司馬光傳」

16. 청정清靜함은 …… 같지요　청정은 청정무위清靜無爲라 하여 도가道家에서 주장하는 통치술을 말한다. 백성들을 들볶지 않고 정치를 간편하게 행하는 것이다. 한漢나라 혜제惠帝 때 제齊나라 승상 조참曹參이 백성들을 안집安集시키고자 도가의 학설에 밝는 개공蓋公을 초빙하니, 개공이 "치도治道란 청정함을 귀하게 여기는 법이며, 그렇게 하면 백성들이 저절로 안정된다"고 하므로, 그의 말을 따라 제나라를 다스린 결과 나라가 안집되어 어진 승상이라는 칭찬이 자자하였다고 한다. 『史記』 卷54 「曹相國世家」

왕림하셨으며,[17] 반쯤 이지러진 화로에 술을 데울 제 해당亥唐의 나물국도 배불리 드셨습니다.[18] — 이하 원문 빠짐 —

17. 촛불 …… 왕림하셨으며   산공山公은 진晉나라 때 산도山濤의 아들로서 상서좌복야尙書左僕射, 정남장군征南將軍을 지낸 산간山簡을 가리킨다. 산간은 술을 몹시 좋아하여, 정남장군으로 양양襄陽을 지킬 때 항상 고양지高陽池로 놀러 가 배에 실은 술을 다 마신 다음에야 돌아왔다고 한다. 『晉書』 卷43 「山濤傳 附」

18. 반쯤 …… 드셨습니다   백거이白居易의 시 「화자권」和自勸에 "해 저무니 반쯤 이지러진 화로에 뜬숯이 타네"(日暮半爐麩炭火)라고 하였다. 해당亥唐은 춘추 시대 진晉나라의 현인賢人이다. 『맹자』 「만장 하」萬章下에, "진나라 평공平公이 해당을 몹시 존경하여 그가 집에 들어오라 하면 들어가고, 앉으라고 하면 앉고, 먹으라고 하면 먹어, 비록 거친 밥과 나물국이라도 배불리 먹지 않은 적이 없으니, 아마도 감히 배불리 먹지 않을 수 없어서 그랬을 것이다"라고 하였다.

족손族孫 홍수弘壽[1]에게 답함

뜻밖에 종놈이 왔기에 그가 가져온 편지를 뜯어 반도 채 읽지 않아서 글
자 한 자마다 눈물이 한 번 흘러 천 마디 말이 모두 눈물로 변하니 종이
가 다 젖어 버렸구나. 이런 일들은 내가 지난날에 두루 겪었던 일들이니,
어찌 마음이 아프고 뼈가 저려 팥알 같은 눈물을 떨어뜨리지 않을 수 있
겠느냐.

아, 세상의 가난한 선비들 중에는 천 가지 원통함과 만 가지 억울함
을 품고도 끝내 그 한을 풀지 못하는 자가 있다. 무릇 성城 하나를 맡아
국기의 보루가 되었는데, 불행히도 강성한 이웃 나라의 오만한 적군이
번갈아 침략하여, 운제雲梯와 충거衝車[2] 등으로 갖가지 방법을 다 동원해서
공격해 오는데도, 밖으로는 개미만큼의 미미한 원조도 끊어지고 안으로는

---

1. **홍수弘壽**　　박홍수(1751~1808)는 자가 사능士能으로, 박상로朴相魯의 아들이다. 벼슬은 현
감을 지냈다. 그의 집안은 연암의 4대조 박세교朴世橋 이후 갈라진 집안이다. 그의 부인 함종
어씨咸從魚氏의 외조부가 바로 연암의 고조 박필균朴弼均이었다.
2. **운제雲梯와 충거衝車**　　성을 공격하는 무기들로, 운제는 높은 사다리이고, 충거는 충돌하여 성
을 무너뜨리는 병거兵車이다.

참새나 쥐, 말 고기와 첩의 인육까지 다 떨어져 필경에는 간과 뇌가 성과 함께 으스러지고 말았지만,[3] 그래도 뜻을 꺾고 몸을 굽히지 않은 것은 지켜야 할 바가 있다고 생각했기 때문이다. 그러므로 살아서는 충성스러운 신하가 되고 죽어서는 의로운 귀신이 되었으며, 아내는 봉작封爵되고 자손들은 음직蔭職을 얻어 만대에 길이 부귀를 누렸으며, 이름이 역사에 남겨지고 제사가 끊어지지 않았다.

가난한 선비가 굳은 절조를 지킨 경우, 그가 겪은 곤란과 우환이 어찌 열사烈士가 고립된 성을 지킨 것과 조금이라도 다른 적이 있었겠는가. 그 또한 오직 '나에게는 지켜야 할 바가 있다'고 말했을 것이다. 그러나 가만히 평생을 헤아려 보면, 효제충신孝悌忠信과 예의염치는 씻은 듯이 찾아볼 수 없고, 종국에 성취한 것이란 작은 신의를 위하여 스스로 도랑에서 목매 죽는 것[4]을 흉내 낸 데 불과하다. 그리하여 살아서는 못난 사내요 죽어서는 궁한 귀신이 되며, 종들은 정처 없이 떠돌아다니고 처자는 보존되지 못하며, 제 이름자는 묻혀 없어지고 무덤은 적막할 뿐이다.

아, 슬프다! 하늘이 백성들에게 선善을 부여하실 때 어찌 그토록 다르게 했겠으며, 뜻의 독실함 또한 어찌 남과 같지 않겠는가. 이것이 바로 그들이 원통함과 억울함을 끝내 풀어 버리지 못하는 까닭이다. 그런데도

3. 참새나 …… 말았지만   당나라 안사安史의 난 때 어사중승御史中丞 장순張巡은 태수太守 허원許遠과 함께 수양睢陽을 지키고 있었는데, 반란군에게 포위된 상태에서 곡식이 다 떨어져 많은 병사들이 굶어 죽자 장순은 자신의 애첩을 죽여 군사들에게 먹였고, 허원은 종을 죽여서 군사들을 먹였다. 또 참새나 쥐 등도 모조리 잡아서 먹도록 하고 갑옷, 쇠뇌 등도 삶아서 먹게 했다. 이렇게 해서까지 성을 지키고자 하였으나 끝내 함락되면서 모두 적의 손에 죽었다. 『新唐書』 卷192 「張巡傳」
4. 작은 …… 것   『논어』 「헌문」憲問에서 공자는 "관중管仲이 환공桓公을 도와 제후諸侯의 패자가 되어 한 번 천하를 바로잡게 한 덕분에 백성들이 지금까지 그 혜택을 받고 있으니, 관중이 없었다면 우리는 머리를 풀고 옷깃을 왼편으로 여미는 오랑캐가 되었을 것이다. 어찌 필부필부匹夫匹婦가 작은 신의를 위하여 스스로 도랑에서 목매 죽되 아무도 알아주는 이가 없는 것과 같이 행동하겠는가" 하였다.

세상의 논자들은 선뜻 한마디 말로 마감하여 말하기를, "가난이란 선비에게 당연한 일이다"라고 하는데, 도대체 이 말이 어느 책에서 나왔는지 전혀 모르겠어서 마침내 옛 성현들이 남긴 교훈을 뒤적여 보았더니, 공자는 "군자는 본디 곤궁하다"(君子固窮)[5] 했고, 맹자는 "선비는 뜻을 높이 가진다"(士尙志)[6] 하였다. 천하에서 본디 곤궁하고 뜻을 높이 가지는 선비 중에 이 사람(若人, 가난한 선비)보다 더 심한 사람이 없는데도, 성인은 이 사람을 위해서 이와 같은 말을 준비하여 거듭 훈계하신 듯하니, 어찌 지극히 원통하고 지극히 억울한 일이 아니겠는가. 그래서 소계蘇季는 허벅지를 송곳으로 찔러가며 글을 읽고[7] 곤궁한 매고枚皐는 독서에 더욱 매진했으니[8] 이는 바로 그들이 원통함을 씻고 억울함을 푸는 밑천이 되었지.

종놈을 붙잡아 두어 무엇 하리오마는, 부득불 장날을 기다려 베도 사와야 하고, 겸하여 솜도 타야 하겠기에 자못 날짜를 허비하게 되었고, 또 비와 눈이 연달아 내려 즉시 떠나보내지 못했을 뿐이다. 둘째 아이 혼사는 아직 정한 곳도 없는데[9] 미리 준비하는 것을 어찌 논할 수 있겠느냐.

5. **군자는 본디 궁하다**　『논어』「위령공」衛靈公에 나오는 내용이다. 공자가 진陳나라에서 양식이 떨어져 종자從子들이 병이 들어 일어나지 못할 지경이 되자, 자로子路가 성난 얼굴로 공자에게 "군자君子도 곤궁할 때가 있습니까?" 하고 물었더니, 공자가 대답하기를, "군자는 본디 곤궁하다. 소인小人은 곤궁하면 외람된 짓을 한다" 하였다.
6. **선비는…… 가진다**　『맹자』「진심 상」盡心上에서 제나라 왕자王子 점墊이 "선비는 무엇을 일삼는가?" 하고 묻자, 맹자는 "뜻을 높이 가진다"라고 답하였다.
7. **소계蘇季는…… 읽고**　소계는 전국 시대의 종횡가縱橫家 소진蘇秦으로, 그의 자가 계자季子이기 때문에 이렇게 말한 것이다. 소진은 글을 읽다가 졸음이 오면 자신의 허벅지를 송곳으로 찔러 잠을 쫓아, 피가 발까지 흘러내리곤 했다 한다. 『戰國策』「秦策」
8. **곤궁한…… 매진했으니**　매고枚皐는 한漢나라 경제景帝 때의 저명한 문인 매승枚乘의 서자이다. 어려서 아버지와 헤어져 어머니와 함께 곤궁하게 살다가, 나중에 대궐에 글을 올려 자신이 무제武帝가 초빙하고 싶어했으나 작고한 매승의 아들임을 밝힘으로써 벼슬을 얻게 되었다. 부송賦頌에 뛰어나고 또 글을 빨리 지었기 때문에 무제로부터 총애를 받았다. 『漢書』卷51「枚皐傳」단 그가 독서에 매진했다는 고사는 출전을 알 수 없다.
9. **둘째 아이…… 없는데**　연암의 차남 종채宗采는 1795년(정조 19) 가을에 처사 유영柳詠의 딸인 전주 유씨全州柳氏와 결혼하였다.

아마도 내가 평소에 물정에 어두운 줄을 잘 알 텐데, 오히려 이런 말을 꺼내는 것을 보니 도리어 절로 웃음이 난다.

누이의 편지가 비록 위로가 되지만, 내행內行[10]을 다 보내고 홀로 빈 관아를 지키고 있자니, 곁에서 대신 글을 읽게 하고 필사筆寫를 시킬 사람이 없어도 어쩔 도리가 없구나. 내 평생 언문이라고는 한 글자도 모르기에, 50년 동안 해로한 아내[11]에게도 끝내 편지 한 글자도 서로 주고받은 일 없었던 것이 지금에 와서는 한이 될 따름이다. 이 일은 아마도 들어서 알고 있을 터이니, 나를 대신해서 이 말을 전해 주는 것이 어떻겠느냐?

현수玄壽[12]가 편지를 보내왔는데, 약간의 물자를 보내어 도와주고 싶지만 애닯게도 인편이 없어서, 지금까지 이루지 못했기 때문에 마치 무엇이 목구멍에 걸려 있는 것 같다. 이 종놈에게 주어 보내고 싶은 마음 간절하지만 이놈의 생김새가 신실치 못한 것 같기에 우선 그만두고 다른 인편을 기다릴 따름이다. 장부 정리는 이미 오래 전에 끝났으니[13] 환곡을 다 받아들이면 결단코 돌아가려 한다.

이제 막 안경을 걸치고 이 편지 쓰기를 다 못 마쳤는데, 통진通津에서 편지 두 통이 또 왔구나.[14] 아직 편지를 뜯어서 살펴보지는 않았지만, 사연은 보나마나 뻔한 일이다. 이만 줄인다.

---

10. **내행內行**   먼 길을 나들이한 집안의 부녀자들을 가리킨다.
11. **50년 동안 해로한 아내**   연암의 부인 전주 이씨全州李氏는 연암과 동갑으로, 16세 되던 1752년(영조 28)에 시집 와서 1787년(정조 11) 향년 51세로 별세하였다. 그러므로 부부로서 해로한 햇수는 35년인데, 아마 부인의 향년을 들어 대략 '50년'이라 말한 듯하다.
12. **현수玄壽**   박현수(1754~1816)는 자가 사문士門으로, 박상규朴相圭의 아들이고 박홍수의 사촌 동생이다. 벼슬은 하지 못했다.
13. **장부 …… 끝났으니**   1792년(정조 16) 연암은 안의 현감安義縣監으로 부임하자 아전들에게 그간 환곡을 횡령한 사실을 자수하도록 권하고, 처벌을 가하는 대신 자진하여 변상하게 하니, 아전들이 몇 년 안에 완납하여 장부가 완전히 정리되었다고 한다. 『過庭錄』卷2
14. **통진通津에서 …… 왔구나**   통진은 경기도 김포金浦의 한강 입구에 있던 현縣이다. 통진의 봉상촌鳳翔村에 연암 집안의 농장農庄이 있었다.

함양 군수咸陽郡守에게 답함[1]

인편에 서한을 보내 주시어 자못 위로가 됩니다.

제방 쌓는 군정軍丁[2]을 배정한 날짜를 이렇게 먼저 지시하여 주시니 대단히 감사합니다. 다만 귀군貴郡에서 부역을 시작한 뒤에, 또한 응당 저희 고을의 백성들 사정에 따라서 그 완급緩急과 선후先後를 자유롭게 정할 수 있게 해야지, 억지로 맨 뒤로 돌리는 것은 부당합니다.

보내 주신 편지를 보면, 매양 거창居昌 고을을 들어 그 멀고 가까움을 비교해서 이런 배정이 나온 것 같으나, 저희 현에서 가호家戶를 가려 뽑아 징발하는 군정은 모두 서상동西上洞과 북상동北上洞 두 동에서 나오는

---

1. **함양 군수咸陽郡守에게 답함**　　연암이 안의 현감으로 부임한 초기에, 함양군의 제방堤防 보수를 돕기 위한 부역에 안의 고을 백성들을 동원하는 문제로 함양 군수 윤광석尹光碩이 보내 온 편지에 답한 것이다. 전에도 제방 보수를 위한 부역에 수차 동원되었으나 공사가 지지부진했으므로, 연암은 함양 군수와 약속하여 담당 구역을 확실히 분담한 다음에, 부역에 징발된 백성들을 몸소 통솔하고 식사도 제공하여 신속히 공사를 마쳤다. 이리하여 연암의 재임 중에 다시는 이런 일로 부역이 없었다고 한다. 『過庭錄』卷2
2. **군정軍丁**　　군적軍籍에 오른 16세 이상 60세 미만의 성인 남자로, 병역이나 부역에 징발되었다.

데, 이 두 면面과 저희 관아와의 거리가 혹은 80리, 혹은 90리가 되니, 부역 장소와의 거리를 헤아려 보면 모두 백수십 리나 되는 먼 거리입니다. 이로써 헤아린다면 거창이 도리어 저희 현보다 가까운 셈입니다. 왜냐하면 거창에서 모집하는 군정은 모두 읍내에서 대신 서 주므로 부역 장소와의 거리를 헤아려 보면 70리밖에 되지 않기 때문입니다.

그런데 지금 "부역하는 곳은 마찬가지이니, 특별히 선후에 따른 이해利害의 차이가 없다"고 말씀하셨는데, 죄송하오나 저의 마음에는 스스로 편안하게 받아들여지지 않습니다. 혹시 뒤질까 두려워하는 일은 있을망정, 무슨 이익이 있다고 빨리 달려 앞을 다투겠습니까. 수십 수백 명의 규율 없는 군정들을 몰아가다 밥은 제가 준비한 밥을 먹으면서 일은 남의 일을 하게 하니, 속담에 이른바 "고양高陽 밥먹고 파주坡州 구실하러 간다"는 격입니다.

만약 또 군정을 전진 후퇴하게 하는 호령을 본현에서 하지 않아서, 그들로 하여금 우선 천천히 하게 할 경우에는 이미 기약한 날짜가 저절로 다 지나가 버릴 것이요, 좀 기다리게 할 경우에는 저절로 한창 농사지을 때를 빼앗을 것입니다. 비록 11일까지 맞추어 가 억지로 지휘를 따른다 해도, 또 어찌 자기 일처럼 여겨서 허겁지겁 달려가 힘을 다할 수가 있겠습니까. 게다가 농사 형편을 들어 말하더라도 들판과 산골짜기는 현격하게 다릅니다. 산은 높고 물은 차가워 바람과 서리가 자못 이른 편이니, 농토를 경작하는 모든 절차를 다른 어떤 곳보다 먼저 해야 하므로, 귀군의 평탄하고 넓은 지대와는 그 이르고 늦음을 비교할 바가 아닙니다.

보내 주신 편지에 또 "돕는다는 것이 도리어 해를 끼친다"고 책망하셨는데, 이 또한 어찌 저의 마음에 편안하게 받아들여지겠습니까. 서로 돕는 의리에 있어서 오직 힘을 다할 뿐이거니와, 하물며 조정의 명령이 내렸는데 누가 감히 공사를 방해할 계획을 하겠습니까. 설사 귀군에서 역군役軍이 몹시 넉넉하여 이웃 고을을 다시 번거롭게 할 필요가 없다 해서 동원을 중지할 것을 허락한다 하더라도, 이곳에서도 장차 잘된 일이라고 흡족하게 생각하고 머뭇거리다가 주저앉고 말겠습니까? 이 또한 감히 말씀하신 뜻을 깨닫지 못하겠습니다.

"부역하는 곳이 이미 대단히 큰 데다가[3] 다른 고을 군정까지 아울러 투입하게 되면 실로 감독하기가 어렵고, 모든 일에는 주객主客의 구별이 없을 수 없다"고 말씀하셨는데, 진실로 저의 생각도 염려하신 바와 같습니다. 다만 초나흗날에 가마를 타고 병든 이 몸을 이끌고서, 친히 역군을 거느리고 가 몸소 감독하고 독려한다면, 함양군과 안의현 양쪽이 다 무방할 것 같습니다.

저의 우둔함을 채찍질하고 단련해 주신 점은 진실로 기꺼이 받아들이겠습니다만, 바라건대 반드시 양찰하시어 이미 단속해 놓은 군정들로 하여금 중도에 기일을 바꾸게 하는 일이 없도록 해 주십시오.

---

3. **부역하는 …… 큰 데다가**   원문은 '旣已役處浩大'인데, 몇몇 이본들에는 '己' 자가 '以' 자로 되어 있다. 이는 같은 의미이지만 '以' 자로 되어 있는 이본들을 따를 경우에는 앞서 함양 군수의 편지 내용을 인용한 예에 준하여, '役處浩大'부터 함양 군수의 편지 내용이 시작된다고 보아야 할 것이다.

순찰사에게 답함[1]

하교下敎하신 뜻은 잘 알았습니다. 부임한 초기에 시노寺奴에 관한 사안으로 시끄럽게 말들이 귀에 들려오기에 그 김에 즉시 비밀리에 알아보았습니다. 계묘년(1783, 정조 7) 무렵에 시노의 두목頭目들이 신공身貢을 방납防納한다는 핑계[2]로 돈을 거둬들인 것이 모두 900여 냥이나 되는데 그것을 모두 다 써서 없애버려, 이 때문에 패가망신한 자가 많으므로 원통함이 뼛속까지 사무쳤는데, 지난겨울에 추가로 노비를 찾아내어 신공을 거둘 때에 또다시 때를 타서 농간을 부린 것이었습니다. 시노들이 남몰래 뇌물을 바친 것은 본래 앞으로 있을 신공을 면하기 위한 것이었는데, 10년

---

1. **순찰사에게 답함**　　연암은 안의 현감으로 부임한 직후인 1792년(정조 16) 족질族姪 박종악朴宗岳이 우의정에 제수됨을 축하하면서 그에게 시노寺奴 문제에 관해 건의한 편지, 즉 『연암집』 권2에 수록된 「삼종질이 정승에 제수됨을 축하하고 이어 시노 문제를 논한 편지」(賀三從姪拜相 因論寺奴書)를 보낸 뒤에, 역시 시노 문제로 경상 감사의 편지를 받고 그에 답한 것이다.
2. **신공身貢을 방납防納한다는 핑계**　　신공은 지방에 거주하는 시노들이 해당 관아에 가서 신역身役(구실)을 하는 대신 공포貢布라고 하여 베를 바치는 것을 말한다. 방납防納은 이 공포를 대신하여 납부하고 나중에 그 대가를 받는 것을 말한다. 중간에서 높은 이윤을 취하여 폐단이 심했다.

후에 마침내 추가로 찾아내어 신공을 거두는 대상에 들고 말았으므로, 이름을 누락시키고 몸을 숨긴 그 밖의 다른 자들도 모두 두려움을 품고, 지난 일을 뒤미처 끄집어내어 원망하는 말을 서로 퍼뜨린 것입니다.

그런데 이번에 하교하신 것을 보면 일이 현재 벌어지고 있는 것으로 아신 듯하나, 두목들이 방납을 빙자하여 침학侵虐하는 것은 본래 때가 있으니, 바로 세밑에 추가로 노비를 찾아내는 때입니다. 지금은 추가로 찾아내는 날짜가 아직 멀었으니, 아무리 농간을 부리고자 해도 형세상 될 수 없는 일입니다. 대개 지난겨울에도 이러한 폐단이 없지 않았기 때문에, 지난 일을 끌어다 붙여 원망과 비난이 떼 지어 일어나고 있어, 엄정하게 조사하여 보고를 드려야 함을 모르는 바 아니었으나, 이미 지나간 일일 뿐만 아니라 전임前任 수령과 관계된 점이 많았기 때문이었습니다. 전임 수령으로서 작고한 자가 이미 3등等³인데, 그중에서도 족숙族叔⁴이 가장 곤란한 입장이 되겠기에, 반복해서 깊이 헤아리며 감히 경솔히 발설을 못 하고 사건의 추이를 관망하여 조처할 생각이었습니다.

이 사건의 근원은 이와 같은 데 불과하나, 다만 이들 무리가 원한이 깊어서, 외람되이 임금에게까지 소원訴冤하는 일이 자주 있는 점이 걱정됩니다. 어떤 일을 막론하고, 만약 '거둬들인다'는 따위의 말로써 두루뭉술하게 원통함을 하소연한다면, 본 고을에 탈이 생기는 것은 놔두고라도 영문營門(경상 감영)에 근심을 끼치는 것은 응당 또 어떠하겠습니까. 원한이 쌓인 지 이미 오래고 말이 멀리까지 퍼졌으니, 일을 숨길 수는 없습니다. 만약 직관直關⁵을 보내 엄중히 조사하라고 지시한다면, 또한 어찌 감히 적

---

3. 3등等   등等은 수령의 임기를 말한다. 수령의 임기 동안을 등내等內라고 한다. 여기서는 작고한 수령이 3명이라는 뜻이다.

4. 족숙族叔   전전임 수령인 박사담朴師郯을 가리킨다. 그는 정조 9년(1785) 6월부터 정조 11년(1787) 4월까지 안의 현감으로 재임했다.

5. 직관直關   중앙의 각 관청에서 순영巡營이나 병영兵營을 경유하지 않고, 바로 외읍外邑으로 보내는 관문關文을 말한다.

당히 얼버무리고 발뺌을 하겠으며, 뒤처리를 잘할 방책을 스스로 도모하지 않을 수 있겠습니까.

지금 바치는 별지別紙는 바로 저의 족질이 우의정에 제수됨을 축하한 편지입니다. 감영監營으로부터 황각黃閣(의정부)에 들어가게 되었으니, 처음 연석筵席에 나갔을 때 임금께 아뢰면 힘써 도와주기가 쉬울 듯하였습니다. 그래서 마침내 이 폐단을 손길이 가는 대로 기록하였는데, 이것은 그 부본副本입니다. 보시면 짐작하실 것이나, 이는 본디 제가 평소에 고심했던 바입니다. 이만 줄입니다.

어떤 이에게 보냄[1]

정아政衙(수령이 정무 보는 곳) 서남쪽 100리 밖에 푸른 장막이 드리운 듯한 것은 바로 호남과 영남 아홉 고을에 웅거하여 도사린 산인데 그 이름은 지리산이오. 『황여고』皇輿攷[2]에 이르기를 천하에 신선이 산다는 산이 여덟이 있으며 그중 셋은 외국에 있다고 했는데, 혹자는 말하기를 "풍악산楓嶽山은 봉래산蓬萊山이고, 한라산은 영주산瀛洲山이고, 지리산은 방장산方丈山이다"라고도 하지요. 진秦나라 때 방사方士의 말에 삼신산三神山에 불사약이 있다고 하였으니[3] 이것이 바로 후세의 인삼입니다. 한 줄기에 가장귀가

---

1. **어떤 이에게 보냄**　　연암은 안의 현감으로 재직하던 1793년 봄에 김기무金箕懋, 처남 이재성李在誠, 사위 이종목李鍾穆과 이겸수李謙秀, 문하생 이희경李喜經·윤인태尹仁泰·한석호韓錫祜·양상회梁尙晦 등을 초청하여, 왕희지王羲之의 난정蘭亭 고사를 본떠 술잔을 물에 띄워 흐르게 하고 시를 읊조리며 즐거운 모임을 가졌다고 한다. 『過庭錄』 卷2 그러므로 이 편지는 1793년 봄의 그 모임에 초청하기 위해 누군가에게 보낸 편지로 짐작된다. 『연암집』 권10 「어떤 이에게 보냄」(與人)과 수신인이 같은 편지인 듯하다.
2. **『황여고』皇輿攷**　　명나라 신종神宗 때 장천복張天復이 편찬한 지리서이다.
3. **진秦나라 …… 하였으니**　　진나라 때 방사方士 서복徐福(서불徐市)이 진시황에게 글을 올려 봉래·방장·영주의 삼신산三神山에 신선이 살고 있다고 하고, 불로초를 구해 오겠다며 동남 동녀

셋이고, 그 열매는 화제주火齊珠(보석의 일종)와 같고 그 형상은 동자童子와 같은데, 옛날에는 인삼이라는 이름이 없었기 때문에 불사약이라 일컬어, 오래 살기를 탐내는 어리석은 천자를 속여 현혹케 한 것이지요.

그런데 지금 내가 돈 수백 냥을 내어서 산에서 캐다가 뒤뜰에다 길렀는데, 얼마 안 가서 갑자기 망양亡陽[4]을 앓게 되어 거의 다 캐 먹었답니다. 맛은 몹시 쓰디쓰고 향기가 오래 남으나, 기실은 노상 먹는 당귀나 죽순채竹筍菜[5]만도 못하더군요. 그러나 이것을 석 냥쯤 먹고 나자 여러 달 동안 계속해서 목욕하듯 흐르던 식은땀을 능히 막아 주었으니, 반드시 사람을 죽지 않게 만든다고는 못 하겠지만, 역시 사람을 현혹하는 요사스러운 풀이 아니겠습니까.

나날이 방장산(지리산)을 대하고 있노라면, 그 푸르른 장막을 드리운 것이 문득 변하여 푸른 도자기 빛이 되고, 또 얼마 안 가서 문득 파란 쪽빛이 되지요. 석양이 비스듬히 비추면[6] 그 빛이 또 변하여 반짝이는 은빛이 되었다가, 황금빛 구름과 수은빛 안개가 산허리를 감싸, 수만 송이 연꽃으로 변하여 하늘거리는 광경이 깃발들이 나부끼는 것 같으니, 신선이나 은군자隱君子가 무거霧裾를 열어젖히고 하대霞帶를 휘날리면서,[7] 단아하게 그 사이를 출몰하는 게 아닌가 의심하였답니다. 나는 우리 팽彭

童男童女 3천 명을 거느리고 바다로 들어가 돌아오지 않았던 일을 가리킨다. 『史記』 卷6 「秦始皇本紀」

4. **망양亡陽**　식은땀을 많이 흘림으로 인해 몸 안의 양기가 없어지면서 오한이 나고 손발이 차지며 심한 허탈 상태에 빠지는 병인데, 산삼이 특효약이라고 한다.
5. **죽순채竹筍菜**　삶은 죽순을 얇게 썰어 육편肉片과 함께 양념하여 볶은 나물을 말한다.
6. **석양이 비스듬히 비추면**　원문은 '夕陽乍映'인데 몇몇 이본들에는 '夕陽斜映'으로 되어 있다. 후자가 문맥과 더 합치한다고 보아 이에 따라 번역하였다.
7. **무거霧裾를 …… 휘날리면서**　무거는 옅은 안개처럼 가벼운 비단 옷깃을 말하고, 하대霞帶 역시 노을처럼 가볍고 부드러운 허리띠를 말한다. 신선은 노을로 옷을 삼는다고 하여 이를 하의霞衣라고 한다.

이[8]를 돌아보며 이렇게 말하였지요.

"지금 내가 복용한 인삼 한 줄기가 과연 사람을 죽지 않게 하여, 가벼운 몸으로 멀리 날아 삼신산을 구름처럼 노닌다 하더라도, 만약 가족들을 데리고 있지 않고 또 친구들도 없다면 무슨 좋은 정취가 있겠느냐. 비록 잠시 안기생安期生[9]이나 적송자赤松子[10]를 만났다 할지라도, 인간세상에서 도낏자루 썩는 기간[11]이 바로 신선 세상의 하루에 불과할 테니 그곳의 세월은 또 얼마나 촉박하겠느냐. 하루 동안 먹는 음식이 비록 화조火棗[12]나 영지靈芝라 할지라도 어찌 요사이 먹는 언배(氷梨)나 홍시만 하겠느냐. 설령 참으로 안기생·적송자를 만나서 『황정경』黃庭經과 『녹자』綠字[13]를 강독한다 할지라도 또한 어찌 – 원문 7자 빠짐 – 현담玄談과 묘게妙偈[14]만 하겠느냐.

설령 속세를 벗어나 이야기하고 웃고 하는 것이 혹 즐겁다 할지라도,

---

8. 우리 팽彭이   연암의 장남 박종의朴宗儀를 가리킨다. 원문은 '阿彭'인데, 아阿는 항렬이나 아명名名 또는 성姓 앞에 친밀한 뜻을 나타내기 위해 붙이는 말이다. 연암은 박종의를 '팽아'彭兒라고 불렀다. 『槿墨』 智 28첩, 朴趾源, 「舍弟上平書」, 『燕巖先生書簡帖』 第4書, 「寄兒輩平書」

9. 안기생安期生   진秦나라 때 사람으로, 하상장인河上丈人에게 신선술을 배워 장수하였는데 사람들이 그를 천세옹千歲翁이라 불렀다. 진시황이 금벽金璧을 내렸으나 받지 않고 봉래산으로 떠나갔다 한다.

10. 적송자赤松子   중국 고대 전설 속의 신선이다.

11. 도낏자루 썩는 기간   진晉나라 때 왕질王質이란 사람이 벌목을 하다가 동자童子들이 잠시 바둑 두는 것을 구경했는데 그 사이에 보니 자신의 도낏자루가 다 썩어 버렸으며, 귀가했더니 동시대 사람들이 이미 죽어 아무도 없었더라고 한다. 『述異記』

12. 화조火棗   전설에 나오는 선과仙果로 이것을 먹으면 하늘을 날 수 있다고 한다.

13. 『황정경』黃庭經과 『녹자』綠字   『황정경』은 도가의 경전이다. 『녹자』는 『녹문』綠文, 『녹도』綠圖라고도 한다. 황하黃河에서 나왔는데 인간 세상의 길흉화복을 예언한 책이라 한다.

14. 현담玄談과 묘게妙偈   불경을 가리킨다. 현담은 현묘한 담론이란 뜻으로, 불경의 제목과 저자 및 대의를 논술한 것이다. 묘게는 오묘한 게송偈頌이란 뜻으로, 운문으로 부처의 덕을 찬송하거나 경전의 내용을 부연 또는 총결한 것이다.

그와 같이 이야기하고 웃는 동안에 인간 세상에는 후손이 이미 십대十代가 지났을 것이다. 사랑스럽고 보고 싶은 마음이 없을 수 없으니, 때로 바람을 타고 돌아와서 그 후손들에게 '내가 바로 너의 10대조이다'라고 하면, 버럭 성을 크게 내며 몽둥이를 들고 쫓아오지 않는 자가 없을 것이다. 그러니 진시황과 한 무제漢武帝로 하여금 진작 이런 깨달음을 알게 했더라면, 어찌 기꺼이 부귀를 버리고 참 즐거움을 놓아 버린 채 곤궁한 삶을 택하여 적막함을 달게 여기며, 만승萬乘 천자의 존엄을 집어던지고 무하유지향無何有之鄕[15]에 머물려고 했겠느냐."

바라노니 그대는 흥이 나면 한번 찾아와, 이 동산에 가득 찬 죽순을 나물로 데쳐 먹고[16] 개천에 가득한 은어를 회 쳐서 초고추장에 찍어 먹으며, 맑은 못의 곡수曲水[17] 위에 참말로 술잔을 띄워 흘려 보시지요. 그러면 진晉나라 제현諸賢의 풍류만 못하지 않을 것이며, 계축년의 수계修禊를 저버리지 않는다면[18] 참으로 즐거움을 누리게 될 것입니다.

---

15. **무하유지향無何有之鄕**　『장자』「소요유」逍遙遊에 나오는 말로, 어디에도 존재하지 않는 이상향을 가리킨다.

16. **이 동산에 …… 데쳐 먹고**　원문은 '喫緊此滿園筍蔬'인데, 순소筍蔬는 곧 죽순채竹筍菜를 가리킨다. '끽긴'喫緊은 원래 '급박하다'든가 '중요하다'는 뜻인데, 문맥으로 보아 여기서는 '먹는다'는 뜻으로 새길 수밖에 없다. 영남대 소장 필사본에는 그런 뜻과 유사한 '돈끽'頓喫으로 되어 있다. 그런데 돈끽도 '끼니마다 먹는다'든가 '단번에 먹는다'는 뜻이어서 문맥과 완전히 부합하지는 않는다. 끽긴喫緊은 다음 문장의 '회초'鱠錯와 대응 관계에 있으며, 회초鱠錯의 '초'錯 자는 초醋와 통하니 '초고추장에 찍어 먹는다'는 뜻으로 해석할 수 있고 긴緊 자에는 '끓는 물에 데친다'는 뜻이 있으므로, 원문을 살려 번역하였다.

17. **맑은 못의 곡수曲水**　연암은 안의현 관아의 빈터에 공작관孔雀館이라는 정각을 짓고 북쪽 연못의 물이 흘러넘쳐 그 앞을 지날 때에는 곡수曲水가 되게 만들어 연잎을 따서 그 위에 술잔을 실어 띄워 흐르게 하였다고 한다. 『연암집』권1「공작관기」孔雀館記 참조.

18. **진晉나라 …… 않는다면**　진나라 때 왕희지王羲之는 회계會稽의 산음현山陰縣에 있던 난정蘭亭에서 계축년(353) 3월 3일 수십 명의 명사들과 함께 수계修禊하면서 곡수연曲水宴을 벌였다. 『古文眞寶』後集 卷1「蘭亭記」수계修禊란 옛날 중국에서 3월의 첫 번째 사일巳日에 냇가에서 몸을 씻고 놀았던 일로, 이렇게 하면 그해의 액운을 면할 수 있었다 한다.

순찰사에게 올림

김매기 한 뒤로 심한 가뭄이 들어, 갑자기 6월부터 지금까지 줄곧 하늘엔 한 점 구름도 없었습니다. 부채질을 하고 찬물을 마셔 대지만 밤낮없이 활활 타는 화로 속에 앉아 있는 듯하니, 이는 지난 60년 동안 처음 겪는 일입니다.

삼가 생각하건대 순사또께서는 원기왕성하게 지내시리라 믿습니다. 하관下官(연암의 자칭)은 갈수록 쇠약하고 병이 깊어지고 있지만, 분주히 달려가 비를 빌었어도 신령의 보응은 한층 더 멀어지기만 하니, 백성들의 일에 대한 걱정으로 목이 타는 듯합니다. 고을살이 3년에 한 가지도 은혜로운 정사가 없었으니, 재앙이 닥쳐오는 것은 이치상 혹시 당연할 듯도 합니다. 다만 아침부터 저녁까지 붉은 도장을 마구 찍어 대는 것이 부정不正 아닌 것이 없는데, 오늘도 이렇게 하고 내일도 이렇게 하여 잘못된 전례를 답습하며 바로잡아 고쳐 가는 일이 없으니, 이는 어찌 거심 距心의 죄가 아니겠습니까.[1] — 원문 74자 빠짐 —

---

1. **거심距心의 죄가 아니겠습니까**　고을 수령인 연암 자신의 죄라는 뜻이다. 공거심孔距心은 제나라의 평륙平陸이란 고을의 수령이었는데, 맹자가, "지금 남에게서 소와 양을 받아 대신해서 기르는 자가 있다면, 그는 반드시 목장과 꼴을 구할 것이다. 목장과 꼴을 구하다가 얻지 못하면 소와

지금의 이른바 양반이란 옛날의 이른바 대부大夫와 사士요, 지금의 이른바 수령이란 옛날의 이른바 도신盜臣[2]입니다. 만약 백이伯夷나 오릉중자於陵仲子 같은 이로 하여금 지금 장리長吏(고을 수령) 한 자리를 차지하게 한다면, 어찌 다만 더러운 진흙탕과 잿더미에 앉은 것같이 여길 뿐이겠습니까. 반드시 밖으로 뛰쳐나가 먹은 것을 토해 내고 말 것입니다.[3] 그런데도 오는 관문關文이나 가는 첩보牒報(서면 보고)가 한 가지도 절실한 내용이 없으며, 백성의 근심이나 나라의 장래를 전혀 상관하지 않고 어물어물 넘기고 모호하게 처리할 따름입니다.

지금과 같은 무더위에 걸리는 병은 학질과 이질이요 관격關格인데, 이는 풍한서습風寒暑濕[4]이 원인이 되거나 허로虛勞와 내상內傷[5]이 빌미가 되는 것입니다. 그래서 바삐 주명신周命新[6]을 불러오지만, 애당초 어찌 맥박이나

양을 그 사람에게 돌려줄 것인가, 아니면 또한 소와 양이 죽어 가는 것을 서서 볼 것인가?" 하고 질책하니, "이는 저 거심의 죄입니다" 하고 뉘우쳤다고 한다. 『孟子』「公孫丑下」

2. **도신盜臣** 관청 창고의 재물을 도적질하는 관리라는 뜻이다. 『대학』에서 맹헌자孟獻子가 말하기를 "백승지가百乘之家(경대부가卿大夫家)는 '재물을 긁어모으는 관리'(聚斂之臣)를 기르지 않는다. 재물을 긁어모으는 관리를 두기보다는 차라리 도신盜臣을 둘 것이다"라고 하였다.

3. **만약 …… 것입니다** 백이는 악인惡人의 조정朝廷에 참여하고 악인과 말하는 것을 마치 의관을 갖추고서 더러운 진흙탕과 잿더미에 앉은 듯이 여겼다고 하였다. 『孟子』「公孫丑上」 오릉중자는 제齊나라에서 대대로 벼슬을 한 가문 출신으로, 그의 형은 식읍食邑인 합盍에서 만종의 녹봉을 받고 있었다. 오릉중자는 형의 녹봉을 의롭지 못하다고 여겨 한 집에서 살지 않고 오릉於陵에 은둔하였다. 훗날 집에 돌아와 형에게 뇌물로 거위를 바치는 자를 보고 "이 꽥꽥거리는 것은 무엇에 쓰자는 거요?"라고 하며 얼굴을 찌푸렸는데, 그 뒤 어머니가 요리한 거위 고기를 먹고 있을 때 형이 보고는 "이것이 꽥꽥거리던 고기다"라고 하자, 밖으로 뛰쳐나가 먹은 것을 토해 버렸다고 한다. 『孟子』「滕文公下」

4. **풍한서습風寒暑濕** 한의학에서 풍·한·서·습은 병을 일으키는 외부의 사기邪氣를 가리킨다. 이 사기가 인체에 들어와 병을 일으키는 것을 각각 중풍中風, 중한中寒, 중서中暑, 중습中濕이라 한다.

5. **허로虛勞와 내상內傷** 허로는 한의학에서 오랫동안 영양이 부족한 상태에서 과로한 결과 나타난 증상을 총칭한 말이다. 내상은 한의학에서 내인성內因性 질환을 말하는데, 음식을 잘못 섭취해 생기는 음식상飮食傷, 술을 과음해서 생기는 주상酒傷, 심신을 과도하게 사용해 생기는 노권상勞倦傷 등이 있다.

증세를 제대로 살펴본 적이 있었겠습니까. 한편으로는 이진탕二陳湯[7]의 약방문을 받아 적게 하고, 한편으로는 칠언율시七言律詩를 읊어 주고는, 국수에다 돼지고기까지 먹고 총총히 일어나 가 버리지요. 날마다 수백 가지 병을 살펴보지만, 가는 곳마다 이런 식입니다. 나로 말하자면 그 증세를 진단하기를, '인순고식因循姑息이요 구차미봉苟且彌縫이다'[8]라고 봅니다. 이렇게 하면서 복의福醫[9]로 세상에 행세하니 어찌 통탄할 일이 아니겠습니까. 그러니 먼저 그 복의부터 처벌해야만, 비로소 백성들의 병이 치료될 수 있을 것입니다.

옛날에 돼지 족발 하나로 풍년을 빌었던 사람은, 바친 것은 비록 보잘것없었으나, 그 뜻은 그래도 진실하고 그 말은 매우 정성스러웠습니다.[10] 지금 비를 비는 제사로써 따져 본다면, 비록 '땅을 깨끗이 쓸고 제사를 올린다'고 하지만 자리를 깔고 장막을 친 것부터 그다지 평평하지 못할 뿐 아니라, 그릇들은 금 가고 비틀어졌으며 제기祭器들은 한쪽으로 기울었습니다. 시골구석의 집사執事들도 예의에 익숙하지 못하여 무릎 꿇

---

6. **주명신周命新**　　1729~1798. 본관은 상주尙州이고 자는 문재文哉 호는 기하岐下이다. 내의원內醫院 의관醫官으로서 1784년(정조 8) 『의문보감』醫門寶鑑 8권을 저술하였다.

7. **이진탕二陳湯**　　반하半夏, 귤껍질, 붉은 복령茯苓, 감초 등을 넣어 달인 탕약으로 담痰을 다스리는 데 특히 효과가 있다.

8. **인순고식因循姑息이요 구차미봉苟且彌縫이다**　　인순고식은 적당히 얼버무리고 임시방편을 구하는 것을 뜻하고, 구차미봉 역시 비슷한 말로 대충 해치우고 임시변통하여 문제를 은폐하는 것을 뜻한다. 연암은 만년에 병풍에다 큰 글씨로 '인순고식 구차미봉' 여덟 자를 쓰고는, "천하만사가 모두 이 여덟 자를 따라 무너지는 법이다"라고 말했다 한다. 『過庭錄』 卷4

9. **복의福醫**　　운 좋게도 병을 잘 낫게 하는 의사를 말한다. 실력은 부족하지만 운 좋게도 늘 승리하는 장수를 복장福將이라 하며, '지장智將은 복장福將만 못하다'는 속담이 있다.

10. **옛날에 …… 정성스러웠습니다**　　『사기』 권126 「골계열전」滑稽列傳에 순우곤淳于髡이 제나라 위왕威王을 설득하면서 한 이야기에 나온다. 위왕은 초나라의 침략에 맞서기 위해 순우곤을 조趙나라로 구원병을 청하러 보내면서도, 조나라에 보내는 선물을 매우 인색하게 준비했으므로, 순우곤은 돼지 족발 하나로 풍년을 기원하는 사람의 예를 들면서 "그 사람이 바치는 것은 보잘것없으면서 바라는 것은 너무 많은 것을 보고 웃지 않을 수 없었다"고 하여 왕을 깨우치게 했다고 한다.

고 절하는 것이 바르지 못하며, 옛 법도에도 지금 법도에도 맞지 않은 관을 쓰고, 평성平聲인지 거성去聲인지도 분변하기 어려운 성조로 무미건조한 축문을 읽어 대니, 이렇게 하면서 사방 천리에 큰비를 맞이하기를 바란다면 어찌 어렵지 않겠습니까. 세간의 만사가 모두 다 이런 부류입니다. - 이하 원문 빠짐 -

김 우상金右相에게 올림[1]

지난가을에 자녀와 남녀종들을 다 보내고 나니 관아가 온통 비었고, 몸
에 딸린 것은 관인官印을 맡아 곁을 지키는 동자 하나뿐인데, 밤이면 문
득 꿈결에 잠꼬대를 외치므로 한심하고 측은한 생각이 들어, 늘 그 아이
로 하여금 동헌東軒을 지키도록 바꾸어 주고, 홀로 매화 화분 하나, 파초
화분 하나를 동반하여 삼동을 났습니다. 옛사람 중에 매화를 아내로 삼
은 이가 있었습니다만,[2] 눈 내리는 날 푸른 파초는 마음을 터놓는 벗이
될 만하더군요.

봄이 오자 위쪽의 연못에 물이 넘쳐 섬돌을 따라 졸졸 흐르는데, 그
소리는 마치 거문고를 타는 듯합니다. 대청 앞에 한 그루 하얀 배나무는
활짝 꽃이 피었는데, 땅에 자리 깔고 그 아래 누워서[3] 옥 같은 꽃잎과

1. 김 우상金右相에게 올림 '우상'은 '좌상'左相의 착오이다. 1793~1795년 좌의정으로 재임한
김이소金履素에게 보낸 편지이다. 1792년 그의 우의정 취임을 축하하면서 화폐 문제를 논한 편
지가 『연암집』 권2에 실려 있다.
2. 옛사람 …… 있었습니다만 송나라 때 서호西湖의 고산孤山에 은거한 임포林逋의 고사를 가리킨
다. 176쪽 주11 참조.
3. 땅에 …… 누워서 원문은 '地臥其下'인데, 문리가 잘 통하지 않는다. '地' 앞에 '席' 자가 누락
된 듯하다.

구슬 같은 꽃술을 쳐다보니, 위로 달빛을 받아 이슬방울과 서로 어리비
쳐 경물景物이 너무도 조용하고 쓸쓸하더군요. 그래서 혼자 승천사기承天寺
記[4]를 읊었더니, 정신이 맑아지고 뼛속까지 싸늘하여 잠이 잘 오지 않았
답니다.

아침에 일어나니 중존仲存(처남 이재성李在誠)이 편지를 보내와 이 고독한
처지를 위로하기를,

"자고로 가족을 거느린 신선은 없으니, 쓸쓸하다 해서 무슨 상관이
있겠소. 쓸쓸해야만 신선을 만나 볼 수 있는 법이지요."

하였답니다. 이 사람은 곧 이번에 급제한 노진사老進士이지요.[5] 아마도 그
와는 집안끼리 세의世誼가 있으실 터이기에, 환한 창 아래에서 글을 쓰면
서 손길 가는 대로 그에 관해 언급하였습니다. 길사吉士가 이끌어 주실
때는 바로 지금인가 합니다.[6] 다만 세상에 그를 알아주는 사람이 없는
것이 한스러우나, 그의 맑고 깨끗함은 옥수玉樹(아름다운 나무)와 아름다움을
다툴 만하답니다.

저는 천은天恩을 두터이 입어 한 고을의 수령 노릇을 하고 있습니다.
그런 지 4년 동안에 부엌에는 기름진 고기가 있고 곳간에는 남은 곡식이
있으며, 하당荷堂과 죽각竹閣[7]에는 맑은 정취가 있어 저절로 만족스럽습니

4. 승천사기承天寺記   소식蘇軾의 『동파지림』東坡志林 중 「기승천야유」記承天夜遊를 가리킨다. 원
풍元豐 6년(1083) 10월 12일 달 밝은 밤에 소식이 승천사로 벗을 찾아가 함께 뜰을 거닐었다는
내용으로, 80여 자밖에 안 되는 짧은 산문이다.
5. 이 사람은 …… 노진사老進士이지요   이재성李在誠은 1795년(정조 19) 식년시에 45세로 진사 급
제하였다.
6. 길사吉士 …… 합니다   원문은 '吉士之誘 迨其今乎'인데, 『시경』 소남召南 「야유사균」野有死麕
에 "여자가 이성을 그리워하니, 미남자가 유혹하네"(有女懷春 吉士誘之)라 하였고, 「표유매」摽有梅
에 "나를 찾는 남자들이여, 바로 지금을 놓치지 마오"(求我庶士 迨其今兮)라고 하였다. 길사吉士는
미남자라는 뜻 외에 덕을 갖춘 훌륭한 인물이라는 뜻이 있고, '유誘' 자에도 교도敎導한다는 뜻이
있다. 『시경』의 시구를 이용하여, 좌의정 김이소에게 노진사老進士 이재성을 관직으로 이끌어 주
도록 은근히 청탁한 말이다.

다만, 노쇠로 인한 병이 날로 깊어만 가므로 돌아갈 생각이 갈수록 더하니 어찌하겠습니까. 천리 먼 곳에서 오랫동안 나그네살이를 하느라고, 도리어 연암燕巖에서의 농사일만 제철을 어기고 있으니 이 점이 후회스럽고 안타깝습니다.

일찍이 천고千古에 일 좋아하는 사람으로 이윤伊尹과 부열傅說 같은 이가 없다고 여겼습니다. 이들은 밭 갈고 고기 낚고 담장 쌓는 일을 스스로 마치지도 못한 채, 남의 잔치에 바삐 달려가서 감 놓아라 배 놓아라 훈수하고, 신 매실을 넣어라 짠 소금을 쳐라 하면서 귀 따갑게 떠들어 댈 수밖에 없었으나[8] 그것은 본래 이미 자기 신분에 긴한 일이 아니었습니다. 더구나 소위 만냥태수萬兩太守[9]란 모두가 '멧돼지를 잡으려다 도리어 집돼지까지 잃는' 자들임에야 더 말할 것이 있겠습니까. 득실을 비교한다면 어느 쪽이 낫고 어느 쪽이 못하다 하겠습니까. 더구나 세간에는 원래 천금태수千金太守[10]도 없지 않습니까.

어제 두서너 이웃 수령들과 모여 복어를 끓여 먹었는데, 부엌에서 일

<hr />

7. **하당荷堂과 죽각竹閣**　　연못과 대숲이 있는 정각을 말한다. 연암은 안의 관아의 빈터에 하풍죽로당荷風竹露堂 등 여러 정각을 지었다. 『연암집』 상, 235쪽 주4 참조.

8. **일찍이 …… 없었으나**　　이윤伊尹은 은殷나라 탕왕湯王의 재상이다. 『사기』 권3 「은본기」殷本紀에 이윤은 탕왕에게 기용되고 싶었으나 길이 없자, 탕왕의 비妃인 유신씨有薪氏가 시집올 때 종으로 따라와 요리사가 되어 음식 맛으로써 탕왕을 즐겁게 하여 마침내 뜻을 이루었다고 한다. 그러나 『맹자』 「만장 상」萬章上에서는 그러한 설을 부정하고, 이윤은 유신국有薪國의 들에서 밭을 갈고 있다가 탕왕이 세 번이나 초빙했으므로 부득이 그에 응했다고 주장하였다. 부열傅說은 은나라 고종高宗의 재상이다. 부열은 부암傅巖의 들에서 담장 쌓는 노역을 하다가, 꿈에 본 성인을 찾아 나선 고종을 만나 재상으로 발탁되었다고 한다. 『서경』 「열명 하」說命下에서 고종은 부열에게 자신을 훈계해 주도록 당부하면서, "내가 만약 맛있는 국을 만들거든 그대는 소금과 매실 식초가 되어 주오"(若作和羹 爾惟鹽梅)라고 하였다. 그러므로 신하가 임금을 도와서 선정을 베풀게 하는 것을 염매鹽梅라고 한다.

9. **만냥태수萬兩太守**　　녹봉이 많은 고을 수령을 말한다.

10. **천금태수千金太守**　　녹봉이 만 냥은커녕 천 냥이 되는 수령 자리도 없다는 뜻으로, 연암이 풍자하기 위해 지어낸 말이다.

하던 사람이 복어 알을 우물가에 버렸습니다. 그랬더니 솔개들이 보고 한참 동안 공중에서 맴돌다가, 차례로 날개를 비스듬히 기울여 칼을 뽑아 든 듯이 하다가 발을 오그리고 몸을 돌려 지나가 버리더니, 최후에 한 늙은 솔개가 대담하게 한 번에 채어 가지고 공중에서 배회하다가 마침내 용마루에 떨어뜨리고 말았습니다. 그러자 까마귀 한 마리가 와서 앉아 한참 동안 곁에서 흘깃대다가 가 버리더군요. 그걸 보고 집이 떠나갈 듯 일제히 웃으면서,

"지독하구나, 이 사람이여! 먹을 것을 탐내는 솔개나 까마귀도 오히려 저 먹는 것에 조심하여 이와 같이 자상히 살피는데, 동파東坡 노인은 오히려 목숨을 걸었구려![11]"

하였습니다.

조금 있자니 그 까마귀가 다시 검은 색깔의 큰 덩어리 하나를 물고 와서, 득의한 양 머리를 들었다 숙였다 하며 좌우로 번갈아 쪼아 허겁지겁 배불리 먹은 뒤, 부리를 기와 위에 문지르고는 한 번 까악 하며 울고 날아가더군요. 관노비를 시켜 천천히 살피게 했더니 조금 전에 물고 온 것은 바로 똥덩이였습니다. 똥은 해독解毒 작용을 하니, 저 까마귀가 해독을 하는 데는 지혜롭지만, 맛은 아직 잘 모르는 놈입니다. 세간에 과연 오유선생烏有先生[12]처럼 해독하는 좋은 처방을 지닌 분이 있을는지 모르겠습니다.

---

11. **동파東坡 …… 걸었구려**　소식蘇軾의 「4월 11일에 여지를 처음 먹다」(四月十一日初食荔支)라는 시에 나오는 "다시 복어를 씻어 복부의 기름진 고기를 삶누나"(更洗河豚烹腹腴)라는 구절을 두고 한 말이다. 복어는 독이 있는데도 복어 배 부위의 기름진 고기를 삶아 먹는다고 하였기 때문에 이렇게 풍자한 것이다.

12. **오유선생烏有先生**　사마상여司馬相如의 「자허부」子虛賦와 「상림부」上林賦에 등장하는 가공 인물이다. 오유烏有는 '어찌 이런 일이 있을 수 있겠는가'라는 뜻으로, 실재하지 않는다는 말이다. 그런데 '오'烏 자는 이와 같이 '어찌'라는 뜻과 함께 '까마귀'라는 뜻도 있으므로, 연암은 익살스럽게 까마귀를 '오유선생'이라 부른 것이다.

김계근金季謹에게 답함[1]

지난가을에 중존仲存(이재성)이 편지 한 통을 손수 가지고 와 전해 주었고, 이어 또 성위聖緯[2]가 와서 머물고 오일五一[3]도 와서 합류하였지요. 쌍지雙池[4] 의 물은 맑고 언배와 붉은 대추가 주렁주렁 열려 뜰에 가득하며, 더구나 또 동산에 가득한 고종시高種柿[5]는 월중홍越中紅[6]에 못지않은데, 운사雲社[7]에

1. **김계근金季謹에게 답함**   단국대 소장 『연암산고』燕岩散稿 제4책이나 『유상곡수정집』流觴曲水亭 集 곤坤에는 「김참봉 이도에게 답함」(答金參奉[履度]書)으로 되어 있다. 계근은 김이도金履度(1750 ~1813)의 자이다. 본관은 안동安東이고 호는 송원松園이며, 김창집金昌集의 증손으로, 그의 형 김 이소金履素와 함께 연암과 절친한 사이였다. 1793년 음력 12월 27일 김이도는 온릉 참봉溫陵參奉 에 임명되었다. 1800년(정조 24) 문과 급제 후 경기 감사, 예조 판서 등을 역임하였다.
2. **성위聖緯**   이희경李喜經(1745~?)의 자이다. 그의 부친 이소李熽는 서자로, 생원生員 급제하 였다. 이희경은 아우 이희명李喜明과 함께 연암의 문하생이 되었으며, 중국을 다섯 차례나 다녀 왔다. 그가 남긴 『설수외사』雪岫外史는 박제가의 『북학의』에 비견될 만한 저술이다.
3. **오일五一**   윤인태尹仁泰의 자이다. 윤인태는 연암의 문하생으로 전서篆書를 잘 썼다.
4. **쌍지雙池**   연암은 안의 관아 서북쪽에 백척오동각白尺梧桐閣을 지으면서 북지北池를 만들었 고, 그 남쪽에 하풍죽로당荷風竹露堂을 지으면서 남지南池를 만들었다고 한다. 『연암집』 권1 「백 척오동각기」百尺梧桐閣記, 「공작관기」孔雀館記, 「하풍죽로당기」荷風竹露堂記 참조.
5. **고종시高種柿**   알이 다소 작지만 껍질이 얇고 씨가 거의 없으며 당도가 월등히 높으면서 육 질이 연한 감이다. 산청·함양·하동 등지에서 생산되는 지리산 곶감은 모두 이 고종시로 만들어 맛이 뛰어나다고 한다.

서 밤낮으로 끊임없이 이야기하는 것은 절반이 송원松園에 대한 말이었지요. 이때에 비록 한 글자의 답서도 올리지 못했지만, 그대의 두 귀가 몹시 가려웠을 것은 상상하고도 남소이다.

그 뒤 중존은 세밑이 임박해서 떠나고, 성위도 봄 과거에 응시하기 위하여 말을 달려 돌아가 버리니, 비로소 이 몸이 갑자기 대령大嶺(새재) 남쪽 800리 밖에 있다는 것을 깨닫게 되었답니다. 어찌 슬프지 않겠습니까.

삼복더위가 요새 들어 더욱 심한데, 신령의 가호로 벼슬살이를 탈 없이 하고 계시리라 생각합니다. 그대의 사촌 형님 시가時可[8] 씨가 문득 고인이 되었다니 애통하지만 어찌하겠습니까. 그런데 원례元禮[9]의 부고가 또 이르렀군요. 이 두 사람은 모두 나의 20대 친구로서 기개는 산악을 무너뜨릴 만하고 언변은 황하나 한수漢水의 둑을 무너뜨릴 만하여 천지간에 무슨 어려운 일이 있는지를 몰랐지요. 신선술을 배울 수도 있고, 장수가 될 수도 있고, 문장과 공훈을 머지않아 성취할 수 있었을 터인데, 40년 세월을 통틀어 결산해 보면 그저 분주하게 평범한 벼슬아치 노릇을 하면서, 겨우 건물 약간을 세운 데 불과했습니다.[10] 인생 백년이 덧없기가 먼

---

6. **월중홍越中紅**   홍시의 일종인데, 중국에서 건너왔다고 해서 그와 같은 이름이 붙었다고 한다.

7. **운사雲社**   연암이 이재성·이희경·윤인태 등과 함께 시주詩酒의 모임을 갖고 그 모임의 명칭을 '운사'라고 붙인 듯하다.

8. **시가時可**   김이중金履中(1736~1793)의 자이다. 그는 김조순金祖純의 부친으로, 1771년(영조 47) 36세로 뒤늦게 진사 급제 후 음직으로 중앙의 하위 관직과 지방관을 전전하여 용인 현령, 고양 군수, 평양 서윤, 과천 현감, 서흥 부사를 지냈다. 연암과는 소싯적부터 절친한 사이였다. 1793년 음력 9월 29일 사망하였다. 『楓皐集』卷12「先府君墓表」

9. **원례元禮**   한문홍韓文洪의 자이다. 그는 본관이 청주淸州이며, 1736년에 태어났다. 1765년 진사 급제 이후, 장성長城 도호부사, 나주羅州 진관 병마동첨절제사를 거쳐 1787년에서 1790년까지 마전麻田 군수로 재임하는 등 주로 지방관으로 전전한 듯하다. 그의 몰년은 1792년으로 알려져 있는데, 이 편지로 미루어 보면 1794년이 아닌가 한다. 연암과는 젊은 시절에 같이 과거 공부를 했던 친구였다. 『연암집』권3「대은암에서 창수한 시의 서문」(大隱菴唱酬詩序) 참조.

길 가는 나그네와 같으니[11] 가슴속에 애착을 둘 것은 아니지만, 매양 한 번 생각하면 아쉬움으로 마음에 걸릴 뿐이외다.

오늘날의 수령된 자들은 읍황邑貺[12]이 후하고 박한 것으로 좋고 나쁜 기준을 삼을 뿐, 산수의 승경勝景으로 좋고 나쁜 기준을 삼는다는 말을 듣지 못했소. 이른바 후하고 박하다는 것이란 도대체 무엇을 가리킨답니까? 저는 고을살이한 지가 벌써 3년이지만, 날마다 책상머리에서 읍총邑摠[13]을 뒤져 보면서 －원문 빠짐[14]－ 도무지 먹을 만한 것은 보이지 않았답니다.

하루는 저의 아들더러 이르기를,

"너는 예서禮書를 읽었느냐? 한 조각 고기가 비뚤게 잘린 것을 먹는다고 입과 배에 무엇이 해로우며, 잠시 쉴 때 한쪽으로 기댄다고 엉덩이와 다리에 무엇이 나쁘겠느냐마는, 성인은 임신했을 때에 대해 간곡히 훈계하시기를 '자른 것이 바르지 못하면 먹지 말고, 자리가 바르지 못하면 앉지 말라'[15]고 하셨으니, 이는 뱃속에 있을 때부터 양생養生하는 데

10. **겨우 …… 불과했습니다** 예컨대 한문홍은 1789년(정조 13) 음력 12월 마전 군수로서 경내에 있는 고려 태조의 사당인 숭의전崇義殿을 중건하였다. 그 부근 잠두봉蠶頭峯에 그가 지은 「중작숭의전」重作崇義殿이라는 칠언율시가 새겨져 있다.

11. **인생 …… 같으니** 원문은 '人生百歲間 忽如遠行客'인데, 『문선』文選의 고시古詩 19수 중 제3수에 "사람이 천지 사이에 살아가는 것이 덧없기가 먼 길 가는 나그네와 같네"(人生天地間 忽如遠行客)라는 구절이 있다.

12. **읍황邑貺** 읍황邑況과 같은 말로, 고을의 판공비 명목으로 전세田稅에 부가하여 거둬들이던 쌀이나 돈을 가리킨다.

13. **읍총邑摠** 고을의 재정 현황을 적은 작은 책자이다. 『목민심서』 「부임」赴任 사조조辭朝條에, 읍총에는 녹봉으로 받는 쌀과 돈의 액수를 기록하고, 농간을 부려 잉여분을 사취하는 방법을 갖가지로 나열하고 있어, 수리首吏가 이를 바치면 신임 사또는 조목조목 캐물어서 그 묘리와 방법을 알아내니, "이는 천하의 큰 수치이다"라고 하였다.

14. **원문 빠짐** 단국대 소장 『연암산고』燕岩散稿 제4책이나 『유상곡수정집』流觴曲水亭集 곤坤에는 "丈八瞋目"이라는 4자가 있다. '丈八'은 『삼국지연의』에서 장비張飛가 사용한 '장팔사모'丈八蛇矛라는 창을 가리킨다. 따라서 '丈八瞋目'은 '장비처럼 눈을 부릅떠도'란 뜻이다.

15. **자른 …… 말라** 『논어』 「향당」鄕黨에서 공자는 "자른 것이 바르지 못하면 드시지 않고" "자

바르지 않음이 없는 것이다."

했지요. 이로써 미루어 보면, 합盍에서 받는 만종萬鍾의 녹봉도 반드시 꽥꽥거리는 거위처럼 부정한 것이 아니라 할 수 없고,[16] 낙읍洛邑의 구정九鼎도 어찌 백이伯夷로 하여금 뒤도 돌아보지 않고 떠나 버리게 만든 시골 사람의 갓처럼 바르지 못한 것이 아니겠소이까?[17] 지금의 이른바 양반이란 옛날의 이른바 대부와 사士요, 지금 이른바 '좋은 태수'란 옛날의 이른바 도신盜臣이니, 그가 먹고 입는 것에 명색이 부정하지 않은 것이 있을 수 있겠소이까? 백이와 오릉중자로 하여금 태수로서 처신하게 한다면, 어찌 다만 더러운 진흙탕과 잿더미에 앉아 있는 것과 같이 여길 뿐이겠소. 반드시 밖으로 뛰쳐나가 먹은 것을 토해 내고 말 것이외다. 하지만 까마귀는 온갖 새가 다 검은 줄로만 믿고, 개구리는 온갖 벌레가 다 같은 소리를 내는 줄로만 의심하는 법이오.

그런데 지금 형은 벼슬길에 나섰소. 벼슬길에 나서는 것은 '좋은 태수'가 되고 싶어서이고, 좋은 태수가 되고 싶어 하는 것은 장차 먹을 것이 많기 때문이오. 모르겠소만 그대가 스스로 처신하는 바는 백이도 아니고 도척盜跖[18]도 아닌, 옳고 그름의 중간쯤인가요?

리가 바르지 않으면 앉지 않으셨다"고 하였고, 유향劉向의 『열녀전』列女傳에 주周나라 문왕文王의 어머니인 태임太姙의 태교胎敎를 예찬하면서, "옛날에 부인이 자식을 임신하면 …… 자른 것이 바르지 못하면 먹지 않고, 자리가 바르지 않으면 앉지 않았다"고 하였다. 『열녀전』의 이 대목은 주자朱子가 찬한 『의례경전통해』儀禮經傳通解 등 예서禮書에 전재轉載되어 있다.

16. 합盍에서 …… 없고　　『맹자』「등문공 하」에 나오는 오릉중자의 고사에 출처를 둔 말이다. 193쪽 주 3번 참조.

17. 낙읍洛邑의 …… 아니겠소이까　　낙읍은 주나라의 수도이고, 구정九鼎은 우禹임금 때 중국의 구주九州에서 바친 쇠로 만들었다는 귀중한 솥으로, 은나라 상읍商邑에 있던 것을 주나라 무왕武王 때 낙읍으로 옮겼다고 한다. 『맹자』「공손추 상」에서 백이는 "시골 사람과 함께 서 있을 때 그가 쓴 갓이 바르지 못하면 뒤도 돌아보지 않고 가 버리기를 마치 제 몸이 더럽혀질 듯이 여겼다"(與鄕人立 其冠不正 望望然去之 若將浼焉)고 하였다.

18. 도척盜跖　　고대 중국의 유명한 도적으로 많은 무리를 이끌고 온갖 만행을 저질렀다고 한다. 『사기』 권61 「백이열전」伯夷列傳에 백이와 같은 선인善人과 대비되는 악인의 대표적 인물로 거론되었다.

그렇다면 소 잡는 칼[19]을 한번 시험해 보기로는 이 안의현만 한 데가 없을 거외다. 무성한 숲과 긴 대나무는 산음山陰과 흡사하고, 굽이도는 물에 술잔을 띄우는 것은 난정蘭亭에 못지않으며,[20] 지금 한창 죽순이 껍질을 벗고 은어가 그물에 들고 있으니, 비록 백이로 하여금 현감이 되게 하더라도 응당 기뻐하며 배를 한번 불릴 거외다. 깊이 바라건대 그대는 꼭 돈 많이 생기는 '좋은 태수'를 바라지 말고, 앉아서 이 옛 친구와 임무 교대 하기를 기다리는 것이 어떻겠소?

술이 약간 취했길래 남을 시켜 적었소이다. 우선 이만 줄입니다.

---

19. 소 잡는 칼   지방관이 되어 예악禮樂으로 다스리는 것을 비유하는 말인데, 여기에서는 작은 고을의 수령이 되는 것을 뜻한다. 자유子游가 무성武城에서 예악禮樂으로 다스리는 것을 보고, 공자가 "닭을 잡는데 어찌 소 잡는 칼을 쓰는가"(割鷄焉用牛刀)라고 말한 데서 유래한다. 『論語』 「陽貨」

20. 무성한 …… 못지않으며   진晉나라 왕희지王羲之가 산음현山陰縣 난정蘭亭에서 수계修禊한 일을 기록한 「난정기」蘭亭記에 "높은 산 험준한 고개와 무성한 숲 긴 대나무가 있다"(有崇山峻嶺 茂林脩竹) 하고, "물을 끌어다가 술잔을 띄우는 곡수를 만들고 차례로 줄지어 앉는다"(引以爲 流觴曲水 列坐其次)고 한 것을 끌어다 쓴 말이다.

전라 감사에게 답함[1]

눈보라 치는 추위에 순사또의 건강이 두루 좋으시다니, 구구한 제 마음도 삼가 위안이 됩니다.

전번 서한에 "죽은 자는 저승으로 가 버리고, 남아 있는 자는 새벽별처럼 드물다"고 하신 말씀에는 너무도 깊은 슬픔이 뒤얽혀 있었으니, 어찌하여 나로 하여금 눈물을 흘리게 하는 것인지요?

옛날의 범중엄范仲淹과 부필富弼[2]도 물정 모르는 유학자요 서투른 선비가 아닌 적이 없었습니다. 그들이 평소에 어찌 경세제민經世濟民의 능력이 있다고 자처한 적이 있었겠습니까. 다만 그들은 평일에 진실한 마음으로 옛사람의 글을 읽었고, 급기야 벼슬에 나가 당세에 할 일을 담당하게 되어서는 평탄함과 험난함을 막론하고 다만 옛사람의 글 가운데서 처방을 찾았을 뿐이니, 스스로 힘을 들인 것은 한낱 정성 '성'誠 자에 지나지 않

---

1. **전라 감사에게 답함**　이서구李書九에게 보낸 답서이다. 이서구는 1793년(정조 17) 음력 8월 전라 감사에 제수되었다.
2. **범중엄范仲淹과 부필富弼**　송나라 인종仁宗(1022~1063 재위) 때의 명재상들이다.

있습니다.

지난번 서한에서 하신 말씀에, 마치 이 두 분을 보기를 하늘 높이 솟고 땅을 뒤흔드는 특별난 사람으로 여긴 듯하였으니, 이는 어리석은 제가 감사에게 기대하는 바가 아닙니다. 감사께서는 글 읽은 것이 범중엄과 부필보다 못하지 않을 뿐더러 범중엄과 부필보다 몇 백 년 늦게 태어났으니, 그 좋은 처방이 범중엄과 부필보다 반드시 많을 터입니다. 다만 감히 알지 못할 것은, '성' 자 한 자에 힘을 들이는 것을 옛사람과 같이 할 수 있는지 하는 점입니다.

옛날의 이른바 도신盜臣은 지금의 이른바 수령인데, 옛날의 이른바 '재물을 긁어모은다'(聚斂)는 책망 역시 귀속시킬 데가 어찌 없겠습니까.[3] 맹자는 말하기를,

"거실巨室에 원망을 사지 말라."[4]

했는데, 한 고을의 아전들은 곧 한 고을의 거실이요, 각 읍의 수령들은 바로 한 도의 거실입니다. 이와 같이 하면 법을 지키는 것이요 이와 같이 하면 법을 어기는 것이 됨은 오직 저 관리들이 알고 있을 뿐이니, 저들이 비록 눈앞의 위협적인 형구刑具를 무서워할지라도 어찌 마음속으로는 시비를 판단하지 않겠습니까? 아마도 저 옛 현인들은 거실에 원망을 사지 않았을 터입니다.

지난 가을에 태풍 피해가 심한 데도 있고 심하지 않은 데도 있었으니, 이른바 '천리까지 같은 바람이 불지 않는다'[5]는 것이 이것입니다. 다

---

3. 옛날의 …… 없겠습니까   193쪽 주2 참조.
4. 거실巨室에 …… 말라   거실은 명문 대가를 말한다. 『맹자』「이루 상」離婁上에 임금이 "정치를 하기가 어렵지 않으니, 거실巨室에 원망을 사지 말아야 한다. 거실이 사모하는 바를 온 나라가 사모하고, 온 나라가 사모하는 바를 천하가 사모한다. 그러므로 덕으로써 교화하는 정치가 성대하게 사해四海에 넘치는 것이다" 하였다.
5. 천리까지 …… 않는다   왕충王充의 『논형』論衡「뇌허편」雷虛篇에 "천리까지 같은 바람이 불지 않고, 백리까지 같은 우레가 치지 않는다"(千里不同風 百里不共雷)고 하였다.

만 대령大嶺 이남은 노령蘆嶺 이북과는 같지 않아서, 나무가 꺾이고 기왓장이 날아가는 일은 있었지만, 수만 그루의 나무들이 울부짖고 사방팔방이 뒤흔들린 건 어느 곳인들 그렇지 않았겠습니까?

한창 비바람이 몰아칠 때에 영천永川에서 경주로 향해 가고 있었는데, 멀리 백리 밖을 바라보니 바다 하늘에는 시커먼 구름이 먹이 번진 것 같았고, 또 무수한 버섯이나 수천수만 개의 수레바퀴와도 같았습니다. 길 가는 사람이 멀리 하늘로 오르는 흰 용을 가리키는데, 그 형상은 또한 산언덕 사이에 나무꾼이 다니는 길이 여러 갈래 난 것 같고, 그 색깔은 희지도 검지도 않으며 맑고 밝은 것이 엷은 얼음과 같았습니다. 그러니 비록 이것이 용인지 구름인지는 모르겠지만, 이날 풍력이 거세었다는 것은 알 수 있을 것입니다. 보내신 편지에 재해를 입지 않은 것을 축하하신 것은 축하가 아닙니다. 바람은 어찌 바람이 아니겠습니까?

저는 하읍下邑(작은 고을)의 수령[6]으로서 천여 리 밖의 대궐로 달려가 임금님을 가까이에서 뵈었으니, 지극한 영광이었습니다.[7] 본현이 풍년인지 흉년인지를 먼저 물으시고, 다음으로 연로의 농작물 형편 및 도내의 백성들 사정이 어떠한지, 지난번에 태풍 피해가 있었는지를 물으셨는데 말씀을 간곡하게 되풀이하셨습니다. 그리고 도내의 백성들 사정에 대해서는 임자년(1792)과 비교해서 어떠한지 듣고 본 대로 대답하라는 뜻을 간곡하고 진지하게 말씀하셨습니다. 이때에 전상殿上에는 촛불이 휘황하고 좌

---

6. **하읍下邑의 수령**　원문은 '下邑小吏'인데 '소리'小吏는 대개 아전을 가리키는 말이어서 적절치 않다. 영남대 소장 필사본에는 '고을 수령'(邑宰)이란 뜻의 '소재'小宰로 되어 있어 이에 따라 번역하였다.

7. **저는 …… 영광이었습니다**　연암은 정조 18년(1794) 가을에 차원差員으로 상경했을 때 임금의 특명으로 대궐에 들어가 임금을 알현할 수 있었다고 한다. 당시 큰 흉년이 들었으므로, 임금은 연암에게도 안의현과 연로의 농사 형편과 도내 백성들의 사정을 간곡하게 물었다고 한다. 『過庭錄』 卷2

우에는 다만 승지와 사관이 있을 뿐이었습니다. 임금께서 천신賤臣을 대우하시는 것이 측근의 신하와 다름이 없었으니, 천신의 직분상 의견을 피력할 자리를 잠시 얻은 이상 오직 숨김없이 다 아뢰어야 마땅할 터인데, 가슴속에 글로 쓰지 않은 만언萬言의 상소가 등 위에서 한 섬의 땀으로 모조리 변하고 말았습니다. 소원하고 천한 몸이라 속에 있는 생각을 다 못 아뢴 것은 진실로 그 형세가 그럴 수밖에 없었습니다. 그러나 범중엄이나 부필과 같은 분들에 비교하면 또 어떻다 하겠습니까. — 이하 원문 빠짐 —

이 감사李監司 서구書九가
귀양 중에 보낸 편지에 답함[1]

초가을에 집의 아이 혼인을 치르기 위하여 서울에 갔다가, 중씨仲氏·계씨季氏 두 분 진사를 만날 수 있어 귀양살이 소식을 대략 들었지요.[2] 내 비록 영해寧海를 보지는 못했지만, 추측건대 천하의 동쪽 끝에 처하여 푸른 하늘과 파란 바다가 마치 아교로 붙이고 실로 꿰맨 듯이 맞닿고, 낙지나 인어人魚뿐일 터이니 누구를 이웃으로 삼으리오? 임금의 은혜를 받잡고 자신의 허물을 반성할 따름이지요. 옛사람은 그래서 어디에 들어가도 스스로 뜻을 이루었던 것이니,[3] 군자君子(남에 대한 존칭)께서는 더욱 명덕明德을 높여 나가시기를 바라오.

1. 이 감사李監司가 …… 답함　『정조실록』에 의하면 전라 감사 이서구는 정조 19년(1795) 6월 도내의 진휼賑恤을 실시한 고을에서 굶어 죽은 자들이 속출한 사건으로 인해 치죄를 당하고 경상도 영해부寧海府로 귀양 갔으며, 그해 11월 방면된 뒤 12월에 성균관 대사성으로 임명되었다.
2. 초가을에 …… 들었지요　연암의 차남 종채宗采는 1795년 가을에 처사 유영柳詠의 딸인 전주 유씨全州柳氏와 결혼하였다. 이서구에게는 아우로 경구經九(1763~1818)와 소구詔九(1766~1818)가 있었다. 이 두 사람은 1790년에 함께 진사 급제하였다.
3. 옛사람은 …… 것이니　『중용장구』제14장에 군자는 "환난에 처하면 환난 속에서 도를 행한다. 군자는 어디에 들어가도 스스로 뜻을 이룬다"(素患難 行乎患難 君子無入而不自得焉)고 하였다.

가을이 다 가고 겨울이 닥쳐오매, 바람은 높은 곳에서 불고 서리는 조촐히 내려 그리움이 한창 간절했는데, 뜻밖에 소곡巢谷에서 갑자기 친필 편지를 전해 올 줄을 어찌 알았겠습니까. 그때는 묵은 학질이 또 발작하여, 이불을 포개 덮고도 추위서 떨며 숨을 몰아쉬고 있던 참이었는데, 편지를 받고는 이불을 걷어 젖히고 기쁨이 넘쳐 땀이 나면서, 등이 땅기던 것도 바로 그쳤답니다. 편지로 인하여 객지에서 신령의 가호로 건강히 지내심을 알게 되었으나, 어찌 한韓나라 대부大夫처럼 씩씩한 걸음으로 용감하게 갈 수 있으리오.[4]

상자평向子平처럼 자녀의 혼사도 이미 다 치렀고,[5] 도연명陶淵明처럼 집 정원에는 소나무와 국화가 아직도 그대로 있는데[6] 어찌하여 오래도록 밥이나 탐하는 늙은이가 되어 홀로 텅 빈 관아를 지키고 있는지 모르겠습니다. 다만 매화가 아내처럼 다정스럽게[7] 안방을 떠나지 아니하고, 또 작은 화분이 있어서 매화 화분을 따라와 그 시녀가 되었지요. 옛사람 중에는 파초를 벗한 이가 없는데, 나는 유독 파초를 사랑하지요. 줄기는 비록 백 겹으로 돌돌 말려 있지만 가운데가 본래 텅 비어 한번 잎을 펼치면

---

4. 어찌 …… 있으리오   만나러 가기 힘들다는 뜻을 장취張翠의 고사를 이용하여 해학적으로 표현한 듯하다. 한韓나라 대부大夫 장취는 초楚나라의 침략을 물리치기 위해 진秦나라에 원병援兵을 청하러 사신으로 파견되었을 때, 병을 핑계 대고 날마다 하나의 현縣만 행진하였다. 장취가 진나라에 도착하니, 승상 감무甘茂는 "한나라가 급하긴 급하군요. 선생이 병든 몸으로 오시다니"라고 하였다고 한다. 『戰國策』「韓策」
5. 상자평向子平처럼 …… 치렀고   자평은 한漢나라 때의 고사高士 상장向長의 자이다. 상장은 자녀의 혼사를 다 치르고 나자, 다시는 가사家事를 묻지 않고 명산을 유람하러 떠나 그의 자취를 찾을 수 없었다 한다. 『後漢書』 卷83「逸民列傳 向長」
6. 도연명陶淵明처럼 …… 있는데   도연명의 「귀거래사」歸去來辭에 "정원의 세 갈래 작은 길은 잡초가 우거졌으나, 소나무와 국화는 아직도 그대로 있네"(三徑就荒 松菊猶存)라고 하였다.
7. 매화가 아내처럼 다정스럽게   원문은 '梅妻卿卿'인데, 매처梅妻는 송나라 은사 임포林逋가 매화를 아내로 삼았다는 고사에서 나온 말이고, 경경卿卿은 아내가 남편을 친근하게 부른다는 뜻으로 『세설신어』世說新語 중 왕안풍王安豐의 고사에서 나온 말인데, 부부가 금슬이 좋은 모양을 표현할 때 쓴다.

아무런 꾸밈이 없으니,[8] 이 때문에 나의 마음을 터놓는 벗이 된 것이라오. 달 밝은 창이나 눈 내리는 창가에서 가슴을 터놓고 마음껏 이야기하니, 중산군中山君이 민첩하여 말없이 도망치는 것[9]과는 같지 않소이다.

생각해 보면, 젊은 시절에는 식사할 때 이(齒)가 있음을 잊어버리고 딱딱한 것 연한 것 가리지 않고, 혀를 놀리기를 바람같이 하고 뺨을 불끈거리기를 우레같이 하면서도, 물고 뜯고 씹어 대곤 하는 것을 각자 맡은 것이 있는 줄을 전혀 깨닫지 못했지요. 그런데 최근 4년 사이에 잇몸 사이가 요란스럽게 모두 들썩이고, 시고 짜고 덥고 찬 것에 따라 각기 다른 통증이 나타나니, 잠시 뭘 마시고 씹으려 해도 먼저 조심하게 되는구려.

지난가을에 왼쪽 볼의 둘째 이가 갑자기 빠져 나가고, 오른쪽 볼의 셋째 어금니는 안쪽은 빠지고 겉만 간신히 걸려 있어서 마치 마른 나뭇잎이 나뭇가지에 연연하는 것과 같으니, 이야기하고 숨 쉬는 사이에도 뒤집힌 채로 들락날락하여 잘그락잘그락 패옥 부딪히는 소리가 희미하게 들리곤 한다오. 아, 이가 빠진 뒤에도 이는 남아 있지만, 남아 있는 이라 해서 어찌 진실로 내가 소유했다 할 수 있겠소이까.

아침 해가 떴을 때 창가로 가서 빠진 이를 자세히 들여다보니, 뼈도 아니요 돌도 아닌 데다, 붙어 있는 뿌리가 너무나 옅어서 망치와 끌로도 단단히 안정시킬 수 있는 것이 아니더군요. 대개 온몸의 힘과 원기가 그

---

8. **아무런 꾸밈이 없으니**   원문은 '無表襮邊幅'인데, 옷의 겉이나 가장자리를 꾸미지 않듯이 모습을 있는 그대로 드러낸다는 뜻이다.

9. **중산군中山君이 ······ 것**   생각을 글로 표현하려고 해도 붓이 잘 따라 주지 않는 것을 말한다. 중산中山에 나는 토끼의 털로 만든 붓이 가장 좋다고 하여 이를 중산호中山毫라 한다. 한유韓愈의 「모영전」毛穎傳에 붓(毛穎)은 중산中山 사람이며, 그 조상 중에 준竣은 "민첩하여 달리기를 잘한다"(狻而善走)고 하였다. 또한 붓은 진시황 때 중서령中書令으로까지 승진하여 황제와 더욱 친근했으므로, 황제가 그를 '중서군'中書君이라고 불렀다고 하였다.

것들을 단속하고 다스릴 수 있었으나, 급기야 피와 살이 차츰 마르고 진원眞元(원기)이 그것들을 다스리지 못하게 되어서는, 예전에 나를 위하여 효능을 발휘했던 것들이 얼음 녹듯이 먼저 무너지고 마니, 예로부터 천하의 대세가 본디 대부분 이와 같지요. 내 이제 이 하나가 **빠졌으나**, 역시 또 어찌하겠소?

최근에 지은 졸작拙作 두어 편이 있기에, 이 편에 기록해 보내어 삼가 적막함을 위로하는 바이니 글을 바로잡아 주기를 망녕되이 바라오. 글에 대한 평어評語는 모두 중존仲存(이재성)이 쓴 것이외다.

겨울 날씨가 봄같이 따뜻한데, 대감께서 더욱 조리 잘하시기만을 바라며, 나머지 많은 말은 우선 줄입니다.

순찰사에게 답함[1]

대범 살인 옥사가 어찌 한이 있겠습니까만, 이 옥사처럼 상리常理에 어긋
난 것은 없었습니다. 형적이 의심되는 것은 정상으로써 헤아리고, 죄수의
말에 숨김이 있다고 생각되는 것은 증인의 말을 참고하는 법이니, 옥사
를 신중히 살피는 대체大體가 진실로 이에 벗어나지 않습니다. 그런데 이
옥사의 경우는, 정상으로 보면 죄수의 공초에 일컬은 바와 같이 친척 관
계는 비록 외삼촌과 조카 사이이지만 아버지로 부르고 자식으로 기른 처
지였고, 형적으로 말하면 검시장檢屍場에서 증험된 바와 같이 곧바로 칼로
찔러서 피가 다하자 죽음이 뒤따른 것이었습니다. 죄수의 말은, 몹시 사
랑하고 아끼는 사이로서 진실로 그의 방탕한 마음을 깨우쳐 주자는 데에

---

1. **순찰사에게 답함**　　목록에는 편지의 제목이 「함양의 옥사에 대해 순찰사에게 답함」(答巡使論咸
陽獄書)으로 되어 있다. 단국대 소장 『연암산고』燕岩散稿 제5책에는 「함양군 살옥초검 발사」咸陽
郡殺獄初檢跋辭로 되어 있다. 그러므로 이는 1792년(정조 16) 연암이 안의 현감으로 부임할 당시
경상 감사 정대용鄭大容의 부탁으로 도내의 의심스러운 옥사들을 심리審理한 뒤 경상 감사에게
올린 보고서 중의 하나로 추정된다. 『연암집』권2에 「현풍현 살옥의 진범을 잘못 기록한 데 대
해 순찰사에게 답함」(答巡使論玄風縣殺獄元犯誤錄書) 등 이와 유사한 편지 4통이 수록되어 있다.

서 나왔다는 것이고, 증인의 말은, 우물쭈물 횡설수설하는 가운데도 오히려 그자가 칼을 가졌다는 것은 숨기지 않았습니다. 정상과 형적을 참조하여 연구해 보아도 진실로 상리가 아니고, 죄수와 증인의 말을 되풀이해 따져 보아도 더욱 의혹만 생깁니다.

왜냐하면 당초에 판열判烈의 아비 조응붕曹應鵬이 그 처남 임종덕林宗德과 더불어 한 마을에서 수십여 년을 살아 왔는데, 살림이 모두 넉넉하고 서로간에 관계도 아울러 돈독한 처지였습니다. 판열이 어릴 때부터 그 외삼촌에게서 자랐으므로, 종덕은 판열을 자기 자식같이 보아서 그에게 훈계하고 독촉하기를 부지런히 했고, 응붕은 실지로 종덕의 앞에서는 판열이 자기 자식이라는 것을 잊을 정도였습니다. 그러다 판열이 장성하여 장가든 뒤로, 몇 년 전부터 주색에 빠져서 남의 꾐에 넘어가 종덕의 집 여종아이에게 현혹되어 정실을 소박 놓고 무뢰배와 휩쓸렸습니다. 그 때문에 그 외삼촌만이 깊이 우려한 것이 아니라 그 아비 역시 밤낮으로 버릇을 고칠 방도를 생각하였으나, 다만 자식을 사랑하는 정이 지극하여 망나니 자식을 위엄으로 억제하지 못하다 보니, 평소에 외삼촌보다 덜 무서워하고 어려워하였습니다. 그래서 결국 판열을 손수 끌고 종덕에게로 함께 가서 잘못을 자복하도록 강요하면서 정신을 차리라고 맹렬히 꾸짖었던 것이니, 그날 사건의 원인은 이와 같은 데 불과했습니다. 종덕은 성품이 어리석고 멍청한 탓에 일에 임하여 어려워할 줄 모르고, 함부로 가장으로 자처하고 엄준한 역할을 자임하다가, 갑자기 패악한 행동을 저질러 스스로 흉악한 짓을 한 몸이 되고 말았던 것입니다.

아아, 부자간에 책선責善하는 것도 오히려 크게 경계하는 바인데,[2] 하물며 외삼촌과 조카 사이에 은의恩義를 상한다는 것은 생각지 않는단 말

---

2. **부자간에 …… 바인데**　『맹자』「이루 상」離婁上에 "부자간에는 책선責善하지 아니하나니, 책선하면 사이가 벌어지고, 사이가 벌어지면 그보다 더 나쁜 일이 없다"고 하였다.

입니까. 아이가 죄를 지었으면 회초리로 때리면 그만이지 어찌 잔인하게 칼로써 위협하며, 사랑할진댄 살리고 싶은 법인데 어찌하여 죽는 지경에까지 이르도록 한 것입니까. 그러므로 이 옥사는 죄수와 증인의 말을 들을 것도 없이 형적을 가지고서 정상을 따진다면, - 이하 원문 빠짐[3] -

---

3. 이하 원문 빠짐　　원문은 '無 缺'인데, '無' 자는 결자缺字와의 관계를 알 수 없어 번역하지 않았다.

순찰사에게 올림[1]

지난번 정순기鄭順己의 의옥疑獄 사건으로써 직접 뵙고 아뢴 바 있었으나, 자세한 곡절은 다 말씀드리지 못했습니다.

대저 이 옥사는 실로 맹랑한 일에 속합니다. 당초에 재검再檢하여 옥사를 마무리할 사건이 아니었는데, 그때 겸관兼官이 도임한 지 수일 만에 갑자기 이 옥사를 당하자 겸읍兼邑의 하인들이 제멋대로 검시檢屍를 행하여, 상처가 어떠한지도 돌아보지 않고 자백과 증언의 유무도 헤아리지 않고서, 대강대강 옥안獄案을 갖춘 것이므로 이미 소홀하다는 탄식을 면치 못했습니다. 재검 때에 '낙태'라는 한 조목을 특별히 덧붙인 것은 더욱 근거가 없습니다. 전임 순찰사 때에 그 원통한 실상을 살펴서 안 바 없지 않아, 특별히 관문關文을 보내 이치를 따져서 여러 추관推官[2]들로 하여

---

1. **순찰사에게 올림**　단국대 소장 『연암산고』燕岩散稿 제5책에는 제목 아래 "己未"라 하여 1799년에 쓴 편지임을 밝혔다.
2. **추관推官**　사죄死罪를 저지른 경우 수령들이 회동하여 죄인을 신문訊問하는 것을 동추同推라고 하는데 그때의 동추관同推官을 말한다.

금 의견을 내어 보고를 올리게 한 것이 바로 이 사건입니다.

그러나 나중에 옥사의 정황을 곰곰이 따져 보니 완성된 옥안과 저절로 어긋나서 역시 앞뒤가 모순되는 혐의가 없지 않기 때문에 지금까지 질질 끌어 온 것입니다. 이른바 원범元犯이라는 자는 그 생김새를 살펴보니, 평범하기 이를 데 없으며 지극히 순하고 용렬한 놈입니다. 해가 넘도록 옥에 갇혀 있는데 그동안에 부모는 다 죽고 아내도 또한 다른 데로 시집가 버렸으니, 비단 본 사건이 원통할 뿐만 아니라 인정상으로 또한 몹시 불쌍한데도 하소연할 곳조차 없습니다. 더더구나 지난겨울부터 감옥이 텅 비어 있습니다. 그가 비록 사형수라 할지라도, 텅 빈 감옥에 홀로 둔 채로 돌보고 먹여 줄 사람이 없어, 주림과 병이 잇달아 옥중에서 병사하고 말 것이니, 신중히 살필 것을 거듭 당부하는 것 외에는 역시 옥사를 신중히 처리하는 방도가 어찌 있겠습니까. 사실을 낱낱이 들어 보첩報牒(보고서) 속에 모두 기록하였으니, 재량하여 처리하시길 바랄 뿐입니다.

부附 보첩의 초본

지금 이 옥사는 군수가 서울에 올라갔을 때에 생긴 것이어서, 검시에 참여하지 못했고 물어볼 만한 관련자도 없었습니다. 그러므로 오직 초검과 복검의 검안檢案을 반복하여 따져 보니, 시친屍親(피살자의 친척) 김한성金汗成은,

"제 처 설운례雪云禮가 순기巡己와 싸움이 붙어 그자의 뺨을 갈기려 들자, 순기가 두 손으로 꽉 잡고서 머리채를 휘어잡고 발길질을 했는데, 3일 동안 앓아누웠다가 마침내 죽고 말았습니다. 그런데 당

초 싸움이 벌어졌을 때에 저는 출타 중이라서 애당초 목격하지는 못했습니다."

라고 공초하였고, 원범 정순기의 공초에는,

"설운례와 싸움이 붙었을 때 그 여자가 몽둥이를 가지고 달려들기에 두 손을 붙잡아 몽둥이로 때리지 못하게 하려 했는데, 서로 버티고 있을 때 평소에 전혀 모르던 지나가는 사람이 힘껏 당겨서 양편을 갈라놓았습니다. 그러자 그 여자가 성질을 이기지 못하여 제 몸을 마구 내던지며 스스로 이리 넘어지고 저리 자빠지고 했습니다."

라고 하였습니다.

이 두 가지 공초를 보면 모두 말이 되지 않습니다. 시친이 비록 '목격했다'고 말할지라도 믿을 바가 못 되므로, 관련자들을 잡아다 조사하여 참고가 될 만한 증거로 삼는 것입니다. 그가 이미 애당초 목격하지 못했다고 스스로 진술했으니, 반드시 전해 들은 긴요한 증언이 있을 것입니다. 그런데 증언을 한 자는 그의 아들인 일곱 살 난 아이에 지나지 않으며, 한성의 집이 산골짝에 외떨어져 있으니, 싸울 때의 광경과 두들겨 맞을 때의 경중輕重은 직접 본 사람이 없다는 것을 이로 미루어 알 수 있습니다. 비록 다른 집의 일곱 살 난 아이라 할지라도 나이가 이미 차지 못하고 말이 자세하지 못하여 증인이 될 수 없는데, 하물며 딴 사람이 아니고 바로 그의 자식이고 보면 법으로 보아 당연히 물을 대상이 아닙니다. 그런데 감히 증인으로 삼았으니 어찌 사리에 맞겠습니까.

원범에 대하여 논하자면, 둘이 서로 욕을 하다가 차츰 격해져서 몽둥이로 때리려 하였으니, 피해 달아나지 않으면 형세상 맞을 수밖에 없을 터인데, 장정인 그가 어찌 단지 그 여자의 두 손만 붙잡고 꼿꼿이 멍청하게 서 있었겠습니까. 머리채를 휘어잡고 발길질을 하는 것은 그렇게 아니 할 수 없는 바였습니다. 급기야 흉악한 짓을 한 몸이 되어 죄를 피할 수 없게 되어서는, 극구 발뺌하는데 무슨 말인들 못 하겠습니까. 그리고 그가 '당초에 손을 대지 않았다'고 말한 것은 어찌 말이나 될 법한 일입니까. 손을 붙잡고 때리지 못하도록 막을 때에 만류하여 떼 놓은 사람은 과연 누구였겠습니까? 전혀 모르던 지나가는 사람을 얼렁뚱땅 증인으로 삼았으니, 극히 교묘하고 악독한 일입니다. 이것이 자백과 증언이 갖추어지지 못하고 정상과 형적이 더욱 알 수 없게 된 까닭입니다.

비록 두 검안의 실인實因(사망 원인)을 들어 논한다 해도, 뜬구름을 잡는 것을 면치 못하여 억지로 상처를 찾아낸 것입니다.

"하나는 불두덩(陰阜)에 피멍이 번진 것이고 하나는 아랫배에 시퍼렇게 멍이 든 것이니, 마치 외부로부터 입은 상처인 듯하지만, 이미 정수리에 혈흔이 없으니 상처가 그다지 중하지 않음을 알 수 있다."

했는데, 상처가 과연 중하지 않다면 어찌 목숨을 잃게 되었단 말입니까. '마치 …… 듯하다'(宛是)란 것은 긴가민가하는 말이요, '이미 …… 없다'(既無)라는 것은 분명히 그렇다고 단정하는 말입니다. 아랫배나 불두덩은 모두 급소에 속하는데 또한 어찌 3일 동안이나 연명했으며, '마치 …… 듯한' 상처와 '이미 …… 없다'는 증험으로써 어찌 옥안을 충분히 갖출 수 있겠습니까. 요안腰眼[3] 위쪽과 등뼈 아래쪽 사이에 찰과상이 이와 같이 확실하다면, 발에 차인 곳은 앞에 있어야지 뒤에 있어서는 안 될 것입니다. '스스로 이리 넘어지고 저리 자빠졌다'는 순기의 말은 이렇게 해서 발뺌하려는 것이 아니겠습니까. 상처가 불분명한 것은 이로 미루어 알 수 있는 것입니다.

---

3. 요안腰眼   허리의 뒤쪽 허리등뼈의 좌우 부위를 가리킨다. 급소에 속한다.

실인을 하나는 내상內傷이라 하고 하나는 태상胎傷[4]이라 한 것은, 결국 억지로 찾아낸 것이라 하겠습니다. 외상外傷이 드러나지 않으면 대개는 내상으로 돌리고, 내상을 알기 어려우면 태상으로 단정하지만, 그와 같이 단정한 것은 더욱 제대로 살피지 못한 것 같습니다. 무릇 죽은 사람은 대맥大脈[5]이 이미 풀어지면 평소에 쌓였던 어혈瘀血이 저절로 덩어리져 흘러내리는 수가 있습니다. 출산을 많이 한 부녀자의 경우에는 핏덩이가 밖으로 드러나는 것이 이상한 일은 아닌데, 이것으로써 억지로 태상이라고 실인을 정한다면 옳겠습니까? 더구나 그 여자는 출산한 뒤 겨우 열 달이 되었으니, 일 년에 두 번 임신한다는 것은 극히 드문 일이 아니겠습니까. 또한 더구나 제 남편도 모르고 있는데, 볼록 튀어나온 것이 살짝 보인다고 해서 어찌 낙태했다고 이를 수 있겠습니까.

또 한성이 3일 뒤에야 억지로 고발한 문서를 보면, 이미 그가 고주苦主[6]가 아닙니다. 전임 순찰사가 특별히 공문을 보내어 의문점을 낱낱이 거론하고서, '반복하여 자세히 조사해서 의견을 내어 보고함으로써 무고히 재앙을 당하는 폐단이 없도록 하라' 했는데, 그때 갑자기 영문營門(순찰사)이 교체되는 때를 만나 미처 보고를 올리지 못하였고, 그 뒤에 한성도 어디론가 사라져 버려 조사할 길이 없었습니다. 그래서 해가 넘도록 질질 끌어 온 것이니, 실로 옥체獄體를 중히 여기는 도리가 아닙니다.

---

4. 태상胎傷   태중胎中의 태아胎兒가 입은 상처를 말한다.
5. 대맥大脈   한의학에서는 인체의 기가 운행하는 통로로 각 장부臟部에 속하는 12정맥正脈과 그렇지 않은 8개의 기경맥奇經脈이 있다고 보는데 대맥은 기경맥 중 허리를 한 바퀴 도는 경맥을 말한다. 경맥 내부에 정상적인 생리 기능을 상실한 혈액이 풀어지지 못하고 머물러 있는 것이 어혈瘀血이다.
6. 고주苦主   시친屍親으로서 고발하는 사람, 즉 살인 사건의 원고原告를 가리킨다.

대저 이 옥사는 현저한 상흔이 없고 또 직접 목격한 긴요한 증언이 없으니, 낙태 여부는 끝내 알 수가 없습니다. 원범에 대한 추궁을 중지한 지도 이미 오래이고 시친의 종적도 영원히 끊어져서 다시 힐문할 곳이 없으니, 또한 옥사를 신중히 처리하는 도리가 아닙니다. 운운云云.

순찰사에게 답함[1]

18일의 식희饍喜[2]는 온 나라가 다 같이 기뻐하는 일이니, 비록 성대하게 초청하는 일이 없다 할지라도, 마땅히 공북루拱北樓와 쌍수정雙樹亭[3]의 사이로 나는 듯이 달려가서 이 태평만세의 즐거움을 함께 기뻐해야 할 터인데, 저는 지금 더위를 먹어 설사가 나서 음식을 전폐한 채 여러 날 지쳐서, 혼자서는 움직이지도 못하고 있으니 유감되고 한스러울 뿐입니다.

---

1. **순찰사에게 답함**　연암은 1797년 충청도 면천 군수沔川郡守로 부임한 이후 성 동쪽 향교 앞의 버려진 연못을 준설하고 둑을 쌓아 저수지로 만들었으며, 그 연못 중앙에 작은 섬을 만들어 육각六角 초가 정자를 세우고 '건곤일초정乾坤一艸亭'이라 이름 지었으며 부교浮橋를 놓았다고 한다. 『過庭錄』卷3 『연암산고』燕巖散稿 제5책에는 이 편지의 제목 아래 '경신'庚申 즉 1800년이라고 연도를 밝혀 놓았다. 그러므로 이 편지는 당시 충청 감사 김이영金履永에게 보낸 편지로 판단된다. 김이영은 1799년 음력 12월부터 이듬해 7월까지 충청 감사로 재임하였다.
2. **18일의 식희饍喜**　식희는 부모의 경사에 잔치를 베푸는 것을 말하는데, 6월 18일은 정조正祖의 생모인 혜경궁惠慶宮 홍씨洪氏의 탄신일이었다.
3. **공북루拱北樓와 쌍수정雙樹亭**　공북루는 충청도 공주公州에 있는 공산성公山城의 북문이고, 쌍수정은 공산성 내에 있는 정자이다.

군郡 성곽의 동쪽, 향교의 앞에 둘레가 1056척尺 되는 버려진 방죽이 있는데, 둑 아래에 물을 받아 농사를 지을 수 있는 땅이 스무 섬지기 남짓 되었습니다. 그런데 해가 오래되어 메워져 버려, 둑 안에는 말 무덤(馬塚)이 옹기종기한 데다가 가시덩굴이 무성하고 뱀과 벌레 따위가 득실대었습니다. 봄에 시원스레 파내고 말 무덤을 다 제거하고, 가운데에 조그마한 대臺를 쌓고 대 위에다 초가지붕을 씌운 육면六面의 정자를 세우고, 세 개의 수문水門이 난 긴 다리를 만들어 북쪽 둑에 연결시켰습니다. 구름과 물은 아득한데 줄지은 봉우리들은 멀리 잠겨 있고 질펀한 들은 아스라이 넓으니, 혹은 달빛 아래 배를 띄우며 혹은 난간에 기대어 낚시도 드리우곤 합니다. 그 구조와 배치는 빈약하고 검소함을 벗어나지 못했으나, 경물景物과 풍치에 있어서는 옛사람에게 뒤지지 않을 만합니다.

옛날에 정자 이름을 지은 사람은 늙어 창백한 얼굴에 흰머리를 하고 조금만 마셔도 문득 취한다 하여 '취옹정'醉翁亭이라 하였으며,[4] 한바탕의 큰비가 사흘을 내리고 그쳤는데 이때 나의 정자가 마침 이루어졌다 하여 '희우정'喜雨亭이라고도 하였습니다.[5] 그런데 지금 이 건물로 말하면 실로 두 가지 일을 겸했으므로, 드디어 감히 이름을 짓기를 '취옹희우우사정'醉翁喜雨又斯亭이라 하였습니다. 이 일곱 자를 새겨서 걸어 놓고 싶은데, 비단 저의 필의筆意(운필의 멋)가 본시 졸렬할 뿐 아니라 여러 해 전부터 오래도록 풍비風痺(중풍으로 인한 마비 증세)를 앓아서 붓과 벼루를 가까이하지 않은 지 오래였습니다. 저번에 붓을 들어 시험해 보니 먹이 많이 묻은 곳은 묵저墨猪[6]가 되고 그렇지 않은 곳은 메마른 등나무 덩굴처럼 되어 종이 수십 장을 바꿔도 끝내 글자를 제대로 이루지 못하였습니다.

4. **늙어 …… 하였으며**　구양수歐陽脩의 「취옹정기」醉翁亭記를 가리킨다.
5. **한바탕의 …… 하였습니다**　소식蘇軾의 「희우정기」喜雨亭記를 가리킨다.
6. **묵저墨猪**　획이 굵기만 하고 힘찬 기운이 부족한 서투른 글씨를 말한다.

이에 감히 분수에 넘치는 망녕된 짓임을 잊고서 이 일곱 글자를 손바닥만 한 크기로 써 주시기를 청하는 바이니, 혹시 비루하게 여기지 않으시고 은혜를 베풀어 주신다면, 호서湖西의 대단한 볼거리가 될 것이 틀림없을 터입니다. 다만 하읍下邑(면천군을 가리킴)에는 각수刻手가 없을 뿐 아니라 화공畫工도 얻기 어렵사온즉, 빨리 각수에게 맡겨 주시고 화공을 시켜 대충 단청을 하게 하여 이 정자를 완성할 수 있게 하여 주신다면, 이보다 다행이 없겠습니다. 둑을 빙 둘러 버들을 심고 또 살구씨와 오얏씨 대여섯 말을 뿌려 놓았으며, 또 관노비를 시켜 지난가을에 먹고 버린 복숭아씨를 주워 오게 하여 줄지어 심을 계획을 하고 있습니다. 물정에 어두운 제 자신을 스스로 비웃지 않은 적이 없습니다만, 또한 어찌하겠습니까.

순찰사에게 올림[1] 1

인산因山이 문득 지나서 왕께서 영원히 떠나셨으니,[2] 하늘을 바라보며 길이 부르짖은들 어느 곳에 미칠 수 있겠습니까.

섣달 추위에 순사또께서는 건강이 어떠하신지요? 하관下官(연암의 자칭)은 노병이 날로 깊어 가는데도 오히려 다시 산으로 바다로 헤매면서 기꺼이 밥이나 탐하는 늙은이가 되었으니, 이거야말로 무슨 심보입니까.

지난번 대질 심문[3]할 때에 마침 첫 추위를 만나서 5일 동안 찬 데서

---

1. **순찰사에게 올림**　연암은 순조純祖 즉위년(1800) 9월에 강원도 양양 부사襄陽府使로 부임하였다. 이 편지는 그해 연말에 강원 감사 이노춘李魯春에게 보낸 것이다. 같은 시기에 족제族弟 박준원朴準源에게 보낸 편지가 『연암집』 권10에 수록되어 있다.
2. **인산因山이 …… 떠나셨으니**　순조 즉위년 11월에 정조正祖의 장례가 거행된 사실을 가리킨다. 원문은 '因山奄過 弓劍永閟'인데, '궁검영비'弓劍永閟는 활과 칼이 영영 감춰지고 말았다는 뜻으로, 황제黃帝 헌원씨軒轅氏가 승천할 적에 활을 지상에 떨어뜨렸으며 그의 관에는 칼만 남아 있었다는 전설에서 유래한 표현이다.
3. **대질 심문**　연암이 신병을 핑계로 부임을 지체했다고 강원 감사가 장계를 올려 고발하는 바람에 의금부에 끌려가 심문받고 풀려났던 사실을 가리킨다. 『승정원일기』 순조 즉위년 9월 13일, 26일, 29일.

거처한 탓에 다리 부분이 마비된 데다 다시 험하고 먼 길을 산 넘고 물 건너 오다 보니 마침내 곱사등이[4]가 되고 말았으니, 스스로 가련해한들 어찌하겠습니까.

고을의 폐단이나 백성들의 고질이 모두 고치기 어려운 형편인데, 두어 달 지내는 동안에 비로소 바람마저 매우 다른 것을 깨달았습니다. 몰아치는 폭풍과 비릿한 회오리바람이 일어났다 하면 곧 기왓장을 날리고, 고래나 악어의 울음 같은 거센 파도소리가 베갯머리에서 들리는 듯하니, 돌이켜 고향 집이 생각나도, 수천 봉우리가 하늘을 찌를 듯이 가로막고 있습니다. 대저 이곳은 한때의 구경꾼들이 지팡이 짚고 나막신 신고 명승지로 찾을 만한 땅은 될 수 있지만, 노경에 노닐면서 몸을 보양할 곳은 전혀 못 됩니다. 더구나 하인 하나도 데리고 있지 않고 중처럼 외롭게 살고 있는 신세이리요!

도임한 지 9일 만에 앉은 자리가 따뜻해지기도 전에 금방 취리就理[5] 하는 일로 길을 떠났다가 10월 보름 뒤에 병을 안고 다시 왔는데, 갑자기 황장黃腸의 역사役事[6]를 당하여 차관差官을 겨우 보내고 나니 세금 거두는 일이 시급했고, 환곡 받아들이는 일이 겨우 끝나자 또다시 진영鎭營에 죄를 지어 날마다 머리를 썩이고 있습니다.

가만히 헤아려 보면 관官에 있은 지 50일이 채 못 되는데, 온갖 사무가 바빠서 두서를 정하지 못한 상황이며, 진영 장교의 목근적간木根摘奸[7]은 간교하기가 이루 헤아릴 수 없어, 촌민들이 겁을 먹고 올린 소장訴狀이

---

4. **곱사등이**　원문은 '癃痤'인데 '癃疾'의 오류인 듯하다. 융질癃疾은 늙고 병약하여 허리가 굽는 병을 말한다.

5. **취리就理**　죄를 지은 벼슬아치가 의금부에 나아가 심문을 받는 일을 말한다.

6. **황장黃腸의 역사役事**　황장은 왕실에서 관을 만드는 데 쓰는 질 좋은 소나무인 황장목黃腸木을 말하는데, 양양에는 황장목 숲이 많았다. 정조가 승하한 뒤 양양에 황장목을 벌채하라는 부역이 내렸으며, 임시로 파견된 차관差官이 그 일을 감독하였다. 『過庭錄』卷3

7. **목근적간木根摘奸**　산림의 도벌盜伐 여부를 조사하는 일을 말한다.

날마다 다시 관청의 뜰에 가득합니다. 진영에서는 아무렇게나 쓴 힐책하는 관문關文을 보내 단속을 너무 준엄하게 합니다. 어부 한 사람이 배를 고친 일로 인해 좋지 못한 말이 전관前官에게까지 파급되도록 하였으니, 제 마음에 미안함이 응당 또 어떠하겠습니까.

이는 당초에 진영 장교들이 지나는 길에 함부로 침탈한 것으로서 바로 그들의 수법인데, 뇌물을 토색질한 흔적을 은폐하고자 하여 사감私憾을 품고서 고자질한 것인즉, 교졸校卒들의 말만을 들어 부당하게 처리한 형편을 면치 못할 것입니다. 또 곧장 먼저 감영에 보고한 것을 노여워해서, 반드시 한쪽 편을 들면서 자기 주장만 우기고자 하여 이렇게까지 일이 확대되어 버린 것입니다. 비단 저의 곤경이 비할 바 없을 뿐 아니라, 이 일이 전임 수령에게 관계되기 때문에 조사를 행하는 지경까지 이르렀으니, 이는 모두 새로 온 수령이 너무도 어리석어서 사세를 헤아리지 못하고 소홀히 다루었던 소치가 아닐 수 없습니다. 부끄럽고 한스러운 마음 이루 다 말할 수 있겠습니까.

이에 앞서 순영巡營에서 간사한 상인들이 모여드는 폐단을 염려하여 각 고을에 특별히 관문을 보내어 엄하게 경계한 것이 한두 번이 아니었으니, 어찌 유독 양양襄陽 일대에만 특별히 진영으로 하여금 따로 목근적간을 하게 했겠습니까. 그런데 지금 진영의 장교들이 재삼 와서는, 봉산封山의 금표禁標[8] 안과 밖을 구분하지 않고 나무 뿌리가 크고 작은 것을 막론하고 많이만 적발하기 위하여 보이는 족족 기록하기 때문에, 산 아래 사는 백성과 다 쓰러져 가는 절의 중들이 모두 놀라 도망할 것만 생각하고 있습니다. 바라건대 특별히 측근의 비장裨將을 보내시어 - 이하 원문 빠짐 -

---

8. 봉산封山의 금표禁標 봉산은 나라에서 나무 베는 것을 금지한 산이고, 금표는 봉산의 출입 금지를 알리는 푯말이다.

순찰사에게 올림[1] 2

새해를 맞이하여 순사또의 건강이 신령의 가호로 만강하시며, 부모님께서도 한결같이 강녕하시리라 믿으며, 위로와 축하를 아울러 올리는 정성을 이루 다 표현할 길이 없습니다.

하관下官(연암의 자칭)은 지난겨울에 독감을 거듭 앓고부터 두 다리에 힘이 없어지더니, 그대로 무릎이 오그라붙어 펼 수 없게 되어 버려, 안방에서 움직이는 데도 반드시 부축하는 사람이 있어야 하는 신세가 되었습니다. 그리하여 해가 바뀐 뒤 이처럼 오랜 시일이 지나도록 아직도 나아가 새해 인사를 올리지 못하고 있으니, 답답한 마음이 어찌 그지 있겠습니까.

지금 예조의 관문關文에 "신흥사神興寺의 잡역을 경감한 뒤로 종이에 먹도 마르기도 전에 불법 징수가 전보다 10배나 더하다"고 하고, 심지어 '수향리首鄕吏를 상사上使[2]하여 엄형으로 다스리라'는 조처까지 있으니, 그

---

1. **순찰사에게 올림** 1801년 음력 1월 강원 감사에게 양양 신흥사神興寺 중들의 행패를 바로 잡아 줄 것을 청원한 편지이다. 그러나 강원 감사가 미온적으로 나왔기 때문에, 그해 봄에 연암은 병을 핑계 대고 양양 부사직을 사임했다고 한다. 『過庭錄』卷3
2. **상사上使** 상급 관청에서 하급 관청에 명하여 죄인을 잡아 오게 하는 일을 말한다.

땅을 맡아 다스리는 수령으로서는 너무도 놀랍고 두려워 몸 둘 바가 없습니다. 지난해 여름에 잡역 경감에 대한 절목節目을 영문營門 감영으로부터 반첩反貼[3] 받아 책자로 만들어서, 하나는 영문에 비치하고 하나는 본부本府(양양부)에 비치하고 하나는 그 절에 보내어 증빙할 자료로 삼았으니, 설사 탐관오리가 있다 한들 어찌 구구하게 몇 권卷[4]의 종이를 절목 이외에 더 징수하려 하겠습니까.

또 관속官屬들이 시방 그 절로부터 협박받는 처지가 되어, 조심조심 날을 보내며 오히려 털끝만큼이라도 탈이 잡힐까 두려워하는 판국인데, 또한 어찌 감히 멋대로 10배의 불법 징수를 자행할 수 있겠습니까. 이해利害를 놓고 헤아려 보면 절대로 이럴 리는 없습니다. 진실로 관문의 내용과 같다면, 아무 것도 꺼릴 바가 없는 듯이 구는 절의 중들이 어찌 절목을 하나하나 들어 본관本官(양양 부사)에게 따져 바로잡지도 않고, 또한 어찌 의송議送[5]을 순사또에게 올리지도 않고서, 감히 감영과 고을을 무시한 채 단계를 건너뛰어 경사京司(중앙 관청)에 호소하여 무난히 사실을 날조함이 이런 지경에 이르렀단 말입니까.

하관이 재임한 지 지난해 시월 보름부터 이달 그믐까지 겨우 100일을 채웠습니다. 그래서 고을 일에 대해서는 아직 두서를 자세히 알지 못하니, 시행해야 할 모든 일은 단지 문서화된 규정을 살펴 행할 뿐입니다. 이른바 삭납지지朔納紙地[6]는 두어 권에 불과한 데다, 비록 명색은 관납官納이나 본래부터 넉넉한 값으로 사서 썼으며, 지금은 또 값을 더 쳐주고 있습니다. 그 밖에 감영에서 소용되는 지석紙席(두꺼운 종이로 만든 자리)과 상

---

3. **반첩反貼**　보내온 공문서에 의견을 첨부하여 돌려보내는 것을 말한다.
4. **권卷**　한지 스무 장으로 된 한 묶음을 말한다.
5. **의송議送**　백성이 고을 원의 판결에 불복하여 관찰사에게 올리는 항소장抗訴狀을 말한다.
6. **삭납지지朔納紙地**　매월 초하루마다 바치는 지물紙物을 말한다.

사上司(직속 상급 관청)에 전례에 따라 납부하는 것도 모두 본전本錢으로 직접 샀으며 조목에 따라 값이 매겨져 있으니, 한 번 조사해 보면 알 수 있습니다. 그러나 이는 오히려 세세한 일이라 많은 변명을 할 필요가 없습니다.

대저 본부本府에 신흥사가 있는 것은 바로 한 고을의 난치병과 다름이 없으며, 그 절에 창오昌悟[7]와 거관巨寬[8]이라는 승려가 있는 것 역시 그 절의 난치병과 다름이 없습니다. 저놈들이 하찮은 중으로서 여러 해 동안 서울 근교의 산들에 머무르면서, 중들을 꾀고 협박하여 절 재산을 탕진했는데, 말과 외모가 간사스럽고 종적이 수상합니다. 무뢰배와 결탁하고 외람되이 막중莫重한 곳[9]을 빙자해서, 오로지 수령을 모함하고 관속들에게 위엄을 세우는 것만을 일삼는 것이 제놈의 수법인즉, 관리가 관리 노릇 못 한 지가 오래입니다. 토호들이 시골구석에서 무단武斷하고 관부官府를 쥐고 흔드는 일이 옛날부터 간혹 있었지만, 중들이 이같이 제멋대로 방자하게 행동하는 것은 지금 처음 보는 일입니다.

그런데 전번에 내수사內需司의 관문 내용을 고쳐 바꾸고 용동궁龍洞宮[10]의 수본手本(손수 작성한 서류)을 첨부하였는데, 제일 먼저 강원도 양양에 있

---

7. **창오昌悟** '창오'暢悟의 오기인 듯하다. 창오暢悟는 1797년(정조 21) 거관巨寬과 함께 신흥사의 명부전冥府殿을 중수했으며, 1801년(순조 1) 역시 거관 등과 함께 용선전龍船殿을 창건하고 열성조列聖朝의 위패를 봉안했다고 한다. 그 뒤에도 그는 1813년(순조 13) 거관 등과 함께 보제루普濟樓를 중수하고, 1821년(순조 21) 거관 등과 함께 극락보전極樂寶殿을 중수하였다.

8. **거관巨寬** 1762~1827. 호를 벽파碧波라고 하며, 율승律僧으로서 많은 제자를 두었다. 창오暢悟와 함께 신흥사 내의 건물들을 힘써 중수하였다. 신흥사에 있는 그의 부도浮屠에는 강원 감사 정원용鄭元容이 찬한 비가 있다.

9. **막중莫重한 곳** 왕실을 가리킨다.

10. **용동궁龍洞宮** 명종明宗 때 세자궁世子宮으로 설치한 궁인데, 한양의 서부西部 황화방皇華坊에 있었다. 명례궁明禮宮(덕수궁德壽宮)·어의궁於義宮·수진궁壽進宮과 함께 4궁이라 불렸다. 이러한 궁들은 토지를 약탈·매입하거나 면세 특권을 이용하여 수세지收稅地를 확대하는 등으로 재산 늘리기에 힘써 폐단이 많았다.

는 신흥사는 바로 열성조列聖朝의 구적舊蹟이 봉안된 곳이라는 점을 들고 수령이 삼가 받들어 행하지 않은 죄를 나열해 놓았으니, 이는 모두 창오와 거관에게 속임을 당한 것입니다. 이것을 분명히 밝히지 못한다면, 제 한 몸에 갑자기 닥친 재난은 본시 걱정할 것도 없다고 할지라도, 고을의 폐해는 어찌하며 나라의 기강은 어찌하겠습니까?

'열성조의 구적'이라고 한 것은 본부에 있는 낙산사洛山寺와 같은 곳을 이름이요, 신흥사가 아닙니다. 세조 병술년(1466)에 낙산사를 임시 숙소로 삼으신 일이 있는 데다, 성종의 친필이 열 겹이나 싸여 보물로 간직되어 있고, 숙종의 어제御製 현판은 사롱紗籠[11]에 싸인 채 걸려 있어 지금까지도 보배로운 글씨가 하늘을 돌며 빛을 발하는 은하수[12]처럼 휘황찬란하며, 명나라 성화成化 5년(1469)에 주조한 큰 종에는 당시의 명신名臣들이 왕명을 받들어 기록한 글이 있어 한 절의 귀중한 보물이 되었으니, 이것들은 모두 낙산사의 오래된 보배인 것입니다. 신흥사의 경우는 명나라 숭정崇禎 갑신년(1644)에 새로 창건하여 내력이 100여 년밖에 되지 않아 역대 임금들이 남긴 글들이 본래 있지 않은데도, 감히 모호하게 막중한 곳을 끌어다가 궁속宮屬들을 속여서 부탁하여 수본을 발급받기를 도모하기를 이처럼 쉽게 하였으니, 다른 것은 오히려 어찌 말할 것이 있겠습니까.

작년에 감영과 본 고을에서는 비록 실상이 이와 같은 것을 알았지만, 다만 말이 막중한 곳과 관계되고 일이 내수사에 관련되는 까닭에, 감히 드러내놓고 분명하게 말할 수 없어서 미봉하여 넘겼으니, 중들이 더욱 패악을 부리는 것은 전적으로 이 때문인 것입니다. 그 절이 본시 전답의 소출이 많아서 부자 절이라 일컬어지는데도, 분수를 지키지 못하는 일이

---

11. **사롱紗籠**　현판에 먼지가 앉지 않도록 씌운 천을 말한다.
12. **하늘을 …… 은하수**　원문은 '雲漢昭回'인데, 『시경』 대아大雅 「운한」雲漢에 "저 밝고 큰 은하수는 하늘을 따라 그 빛이 도네"(倬彼雲漢 昭回于天)라고 하였다.

많았습니다. 심지어 정초에는 취한 김에 야료를 부려, 떠돌이 걸인들을 묶은 채로 구타하여 거의 살옥殺獄을 이룰 뻔한 것이 6명이나 되었습니다. 고한辜限[13]이 이미 지났는데, 5명은 겨우 목숨을 건져 지팡이를 짚고 기동하게 되었으니 거의 걱정이 없겠으나, 그중 1명은 상기도 위태로운 지경이니 앞일이 어떻게 될지 알 수가 없습니다. 이 한 가지 일만 보더라도, 중들의 버릇이 세력을 믿고 완강하고 막돼먹어 못할 짓이 없음을 충분히 증명할 수 있습니다. 원당願堂[14]을 다시 설립하는 일은 책임진 곳이 따로 있으며 한낱 중들과 관련된 바가 아니니, 사리事理로써 헤아려 보면 실로 '쥐 잡다 그릇 깰' 우려는 없을 것입니다.

엎드려 바라건대 이러한 사정을 비변사에 보고하거나 장계狀啓를 올려 조사해 주도록 청함으로써, 요망한 중놈들이 막중한 곳을 빙자하여 속임수를 일삼는 죄를 속히 시정하게 해 주심이 어떻겠는지요?

현재 병세를 돌아보건대 감기까지 더치는 바람에 묵은 증세가 한꺼번에 발작하여 실로 무리하기는 어려운 형편이나, 바야흐로 군사훈련에 달려가야 할 때를 당하여 기일이 몹시 촉박할 뿐더러 여러 해 동안 누적된 속오군束伍軍[15]의 궐액闕額(부족한 수효)을 보충할 방도가 없으니, 과연 병을 말하고 사무를 폐할 시기가 아닙니다. 그러니 이 답답한 개인적인 사정을 어찌 이루 다 아뢰겠습니까. 군사훈련이 지난 뒤에는 사면辭免을 거듭 간청해야 될 형편이니 하량하여 주시기 바라는 바입니다. 우선 이만 줄입니다.

---

13. **고한辜限**　보고기한保辜期限의 준말이다. 남을 상해한 사람에 대하여 피해자의 상처가 다나을 때까지 처벌을 보류하는 기간으로, 이 기간 안에 피해자가 사망하면 살인죄가 성립되었다.
14. **원당願堂**　역대 임금들의 명복을 비는 법당法堂인데, 궁중에 있는 것은 내원당內願堂이라 하였다. 여기서는 창오와 거관 등이 설립을 추진한 신홍사의 용선전을 가리킨다.
15. **속오군束伍軍**　선조宣祖 이후 향촌을 지키기 위해 『기효신서』紀效新書의 속오법束伍法에 따라 양인良人과 천인賤人을 혼합하여 편성한 지방군地方軍을 말한다.

영목당榮木堂¹ 이공李公에 대한 제문祭文

유세차維歲次 을해(1755) 11월 경오삭庚午朔 1일 경오²에 반남潘南 박지원은 삼가 술과 과일로 제물을 갖추어, 홍문관 교리 이공의 영전에 곡하며 영결을 고합니다.

내 나이 열여섯에	余年二八
덕망 높은 집안에 장가드니	入贅賢門
형제분이 우애로워	弟兄湛樂
화기가 애애했네	和氣氤氳
장인께서 이르시되	外舅謂我
내 아우 글 좋아하여	余季好文

---

1. **영목당榮木堂**　　연암의 처삼촌인 이양천李亮天의 호이다. 62쪽 주 5번 참조.
2. **경오삭庚午朔 1일 경오**　　고대에는 날짜를 적을 적에 '元嘉三年三月丙子朔二十七日壬寅'이라는 식으로 연월年月 다음에 반드시 초하루를 뜻하는 삭朔 자를 붙여서 삭朔 제第 몇 일日이라 쓰고 또 간지干支를 붙였다. 따라서 초하루를 적을 때에도 이 제문처럼 '乙亥十一月庚午朔一日庚午'라 하여, 번거롭지만 날짜를 중복해서 적었다. 『日知錄』 卷20 「年月朔日子」

벼슬에는 비록 소홀해도	仕宦雖疎
문학에는 몹시 부지런하니	文學甚勤
생관³에 와 머물거라	來舍甥館
내 아우가 너의 스승이니라	余季汝師
나에 대한 공의 사랑	公之愛我
장인보다 더 깊어서	視舅亦罙
내게 경서經書 가르칠 제	授我詩書
엄한 일과 사정 없었네	嚴課無私
공 모시고 따라다닌 지	陪公周旋
이제 어언 사 년일세	四年于玆
세상 따라 문학도 쇠퇴해지매	文與世降
공이 다시 일으켜 세웠나니	公起其衰
산문은 한유의 골수를 취했고	文劈韓骨
시는 두보의 속살을 얻었네	詩踠杜肌
재주 없는 이 소자는	小子不佞
어리석고 노둔한데	才魯性癡
공의 유도에 힘입어서	荷公誘掖
우공이산愚公移山⁴ 바랐더니	庶幾愚移
내 한창 진취하려는데	余方有進
공이 갑자기 별세하시니	公奄棄世
갈림길 하많은데	茫茫岐路

---

3. 생관甥館   사위가 거처하는 방을 말한다.
4. 우공이산愚公移山   우공愚公이란 노인이 집 앞을 가로막고 있는 산들을 깎아 없애 버리고자 결심하고 쉬지 않고 노력했더니 상제上帝가 감동하여 그 산들을 딴 곳으로 옮겨 주었다고 하는 『열자』列子 「탕문」湯問 중의 우화에서 나온 고사성어로, 어려움을 무릅쓰고 꾸준히 노력하여 마침내 큰 뜻을 이루는 것을 말한다.

어느 분을 찾아가야 하리	我尙疇詣
옛 전傳 한 편 읽자 해도[5]	讀古一傳
막히는 곳 너무 많아	已多舡滯
두어 줄만 읽어 내려가면	數行才下
뭇 의심이 앞을 가려	群疑交蔽
책을 덮고 장탄식	廢書太息
슬픈 눈물 뒤따르네	繼以悲涕
의심나면 뉘게 묻고	我疑何質
게으르면 뉘 잡아 주리	我惰孰勵
생각할수록 슬픈 것은	念玆益悲
실은 제 처지가 슬퍼서네	實爲我地
지난여름 장마와 무더위에	去夏潦暑
공의 병이 처음 생겼네	公疾始祟
옥천암玉泉巖[6] 맑은 샘에	玉巖淸泉
공은 갓끈을 씻고	公于濯纓
기수沂水에서 목욕할 제 입을 새옷	浴沂新服
그날에 다 지어졌는데[7]	此日旣成

5. 옛……해도 '옛 전傳'은 『사기』나 『한서』에 실린 전傳들을 가리킨다. 연암은 이양천으로부터 『사기』를 배웠는데 「항우본기」項羽本紀를 본떠 「이충무전」李忠武傳을 지었더니, 이양천은 사마천司馬遷이나 반고班固와 같은 경지를 얻었다고 크게 칭찬했다고 한다. 『過庭錄』卷1
6. 옥천암玉泉巖 한양 서북쪽의 창의문彰義門 밖에 있던 명승지로, 바위에 불상이 새겨져 있어 '불암'佛巖이라고도 했다. 지금도 서대문구 홍은동 홍제천변에 있다. 옥천암 샘물은 각종 질병에 효험이 있는 약수로 소문이 나서 성안 사람들이 많이 와서 마셨다고 한다. 『漢京識略』卷2, 「諸井藥水」,〈藥泉〉
7. 기수沂水에서……지어졌는데 공자가 여러 제자들에게 포부를 물었을 때 증점曾點은 "늦은 봄이 되어 봄옷이 다 지어지면, 관冠 쓴 어른 5, 6명, 동자 6, 7명과 기수沂水에서 목욕하고 무우舞雩에서 바람 쐬고 시 읊으며 돌아오겠습니다"라고 답하였다. 『論語』「先進」여기서는 이양천이

이 소자 돌아보며 이르시길	顧謂小子
어찌 물에서 보지 않느냐	盍觀於水
웅덩이를 채우고야 나아가니[8]	盈科而進
뜻 이루는 것도 이 같은 법	有爲若是
흘러가는 냇물처럼 바빠야 한다[9]	逝水其忙
그 말씀 아직도 귀에 쟁쟁	言猶在耳
이제 와서 생각하니	而今思之
공의 마지막 가르침이셨네	警誨止此
하늘이 우리 공을 낳으시고	天生我公
어찌 수명은 짧게 주셨는고	年命何屯
거적자리엔 상주喪主 없고	苫席無孤
북당北堂에는 모친 계시네	萱堂有親
모를 것이 이치라서	昧昧者理
신에게도 묻지 못해	難質鬼神
후사 없고 단명한 건	無年無嗣
옛사람도 슬퍼한 일	昔人所慼
누가 이를 주장했나	孰主張是
그도 또한 잔인하이	其亦不仁
장원 급제 일렀으나[10]	早擢魁科

연암을 데리고 옥천암으로 놀러 나갔던 일을 가리킨다.

8. 어찌 …… 나아가니   『맹자』「진심 상」盡心上에 "물을 보는 데에 방법이 있다. …… 흐르는 물이란 것은 웅덩이를 채우지 않으면 나아가지 못한다"(觀水有術 …… 流水之爲物也 不盈科 不行)고 하였고, 「이루 하」離婁下에 "근원이 있는 물은 용솟음치며 밤낮으로 그치지 않고 웅덩이를 채우고야 나아가 사해로 쏟아진다"(原泉混混 不舍晝夜 盈科而後進 放乎四海)고 하였다. 쉬지 않고 실천함으로써 차근차근 학업을 성취할 것을 당부한 말이다.

9. 흘러가는 …… 한다   『논어』「자한」子罕에 "공자께서 냇가에서 말씀하시기를, '나아가는 것은 이 냇물과 같다. 밤낮으로 그치지 않는다'(逝者如斯夫 不舍晝夜)고 하였다"는 구절에서 유래한 표현이다. 『논어집주』論語集註에 따르면, 이 구절은 쉬지 말고 면학할 것을 당부한 말이다.

집은 몹시 청빈했고	家甚淸貧
화직華職 요직要職 거쳤지만[11]	歷敭華要
고을 수령되어 부모 봉양 못 했네	養未專城
금마옥당[12]도	金馬玉堂
공에겐 영화가 아니었어라	於公非榮
전에 상소 한번 올렸다가	曩進一疏
남쪽 변방으로 귀양 가고 마셨지[13]	遂竄南荒
나는 병으로 송별을 못 해	余病未別
고당에 와 절 드리니	來拜高堂
벽에 지도 걸어 놓고	壁掛輿圖
가리키며 눈물지으셨네	指示泫然
아스랗다 귀양 가시는 분	迢矣遷人
산과 물이 얼기설기	鬱繆山川
아무 물 아무 산을	某水某山
어느 제 다 거칠꼬	何時度越
생이별도 못 참거든	不忍生離
사별이야 오죽하리	況此死別
전에 공이 귀양 가실 젠	昔公謫去
위로드릴 말이라도 있었지만	奉慰有說

10. **장원 급제 일렀으나**　　이양천은 1749년(영조 25) 춘당시春塘試에 문과 급제하였다.

11. **화직華職 요직要職 거쳤지만**　　이양천은 1749년 이후 1755년 작고할 때까지 사간원 정언·헌납, 홍문관 부수찬·부교리·교리, 세자시강원 사서·필선 등을 지냈다.

12. **금마옥당金馬玉堂**　　원래 한漢나라 때 글 잘 짓는 신하들이 황제의 부름을 기다리던 궁중의 금마문金馬門과 옥당서玉堂署를 가리키는데, 후대에는 한림원翰林院의 학사學士를 가리키게 되었다. 이양천이 홍문관의 관직을 지냈으므로 한림원의 학사에 견주어 표현한 것이다.

13. **전에 …… 마셨지**　　이양천은 홍문관 교리로서 영조 28년(1752) 10월 소론의 영수인 이종성李宗城을 영의정으로 임명한 조치에 항의하는 상소를 올렸다가 흑산도에 위리안치되었다. 『연암집』 권3 「불이당기」不移堂記 참조.

지금 공이 이렇게 가실 제는	今公此行
차마 무슨 말을 하오리	忍作何言
이내 가슴 답답하여	余懷抑塞
저도 몰래 울음 삼키네	不覺聲呑
광주廣州라 그 남쪽이	維廣之陽
바로 공의 안식처일레[14]	卽公眞宅
밤 지나면 계빈啓殯[15]이라	啓殯隔宵
슬픈 영결 고하오니	含哀告訣
문장 비록 졸렬해도	文辭雖拙
가슴속에서 우러나왔고	腑肺攸出
제물 비록 박하지만	奠物雖薄
정례로써 올린 거니	情禮所設
밝으신 영령이시여	尊靈不昧
이 술 한 잔 받으소서	庶歆玆酌
상향	尙饗

14. 광주廣州라……안식처일레   이양천의 묘소는 경기도 광주 돌마면突馬面 율촌栗村에 있었다.
15. 계빈啓殯   발인을 할 때에 관을 내오기 위하여 빈소殯所를 여는 것을 말한다.

장인 처사處士 유안재遺安齋[1] 이공李公에 대한 제문

정유년(1777) 6월 23일 정사丁巳일에 사위 반남 박지원은 삼가 술을 올려 장인 유안재 이공의 영전에 곡하며 영결을 고합니다.

아아, 이 소자 나이 열여섯에 선생의 가문에 사위로 들어와서 지금 26년이 되었습니다. 제가 비록 어리석고 우매하여 선생의 도를 잘 배우지는 못했지만, 그래도 좋아하는 사람에게 아부하여 선생을 부끄럽게 하는 지경에 이르지는 않았다[2]고 스스로 생각합니다. 이제 선생이 멀리 떠

---

1. **유안재遺安齋**   이보천李輔天(1714~1777)의 호이다. 이보천은 세종世宗의 둘째 아들인 계양군 桂陽君의 후손으로, 농암農巖 김창협金昌協의 제자인 종숙부 이명화李命華의 문하에서 수학하고, 같은 농암 제자인 어유봉魚有鳳의 사위가 되어 그에게서도 사사 받음으로써, 우암尤庵에서 농암 으로 이어지는 노론의 학통을 계승한 산림처사로서 명망이 높았다. 그는 사위인 연암에게 『맹 자』를 가르쳤으며, 정신적으로 큰 감화를 주었다고 한다.

2. **그래도 …… 않았다**   이 제문에서 장인을 예찬한 내용이 연암의 사호私好에서 나온 아부의 발 언이 아님을 미리 밝혀 두기 위해 한 말이다. 『맹자』 「공손추 상」에서 맹자는 "재아宰我와 자공 子貢과 유약有若은 지혜가 성인聖人을 넉넉히 알아볼 만하였다. 낮추어 보더라도 그들은 제가 좋 아하는 사람에게 아부하는 지경에는 이르지 않았을 것이다"(汚不至阿其所好)라고 하면서, 재아와 자공과 유약이 그의 스승 공자를 극구 예찬한 말을 공자에 대한 정당한 평가로서 인용하였다. 또 한 「이루 하」에 "명성이 실정보다 지나침을 군자는 부끄러워한다"(聲聞過情 君子恥之)고 하였다.

나시는 날에 한마디 말로써 무궁한 슬픔을 표현하지 않을 수 있겠습니까.

아아	嗚呼
선비로서 일생 마치는 걸	以士沒身
세상 사람들은 수치로 알지만	世俗所恥
이를 비천하다 여기는 저들이	彼以卑賤
어찌 선비를 알 수 있으랴	惡能識士
이른바 선비란 건	所謂士者
상지하고 득기하나니[3]	尙志得己
유하柳下의 절개와 유신有莘의 자득自得도[4]	柳介莘囂
이와 같은 데 불과한 것	不過如是
이로써 보자 하면	由是觀之
선비로 일생 마치기도	沒身以士
역시 어렵다 하리	亦云難矣
아아	嗚呼
선생은 살아서나 죽어서나	先生存沒

---

3. **상지尙志하고 득기得己하나니** 『맹자』「진심 상」에서 제齊나라 왕자 점墊이 "선비란 무슨 일을 하는가?"라고 묻자, 맹자는 "뜻을 고상하게 가진다"(尙志)라고 답했다. 또한 송구천宋句踐이 "어떻게 해야 이처럼 스스로 만족할 수 있는가?"(何如斯可以囂囂矣)라고 묻자, 맹자는 "곤궁해도 의를 잃지 않기 때문에 선비는 스스로 만족한다"(窮不失義 故士得己焉)고 하였다.

4. **유하柳下의 …… 자득自得도** 유하는 노魯나라 대부大夫 전금展禽으로, 유하라는 곳에 살았고 시호諡號가 혜惠였기 때문에 유하혜柳下惠라고 불렀다. 『맹자』「진심 상」에, "유하혜는 삼공三公의 지위로도 그 절개를 바꾸지 않았다"하였다. 유신有莘의 자득自得이란, 이윤伊尹이 유신의 들판에서 농사지으며 살고 있을 때 탕湯임금이 사람을 시켜 초빙하자, 이윤이 "스스로 만족해하며 말하기를(囂囂然曰) '내가 어찌 탕임금의 폐백을 받아들이리오. 내 어찌 들판에서 농사지으며 이대로 요순堯舜의 도를 즐기는 것만 하겠는가'하였다"한 데서 나온 말이다. 『孟子』「萬章上」

선비 본분 안 어겼네	不違士也
예순이라 네 해 동안	六十四年
글을 진정 잘 읽으시어	善讀書者
오랫동안 쌓인 빛이	積久光輝
온아溫雅하게 드러났지	溫乎發雅
배부른 듯이 굶주림을 즐기셨고	樂飢若飽
과부처럼 절개 지키셨네	守節如寡
고고해도 무리를 떠나지 않고[5]	孤不離群
꼿꼿해도 남을 책하지 않으셨네	貞不詭物
발언은 정곡을 찌르고	發言破鵠
일 처리는 똑부러지게 하셨지	制事截鐵
빙호추월[6]처럼	氷壺秋月
안팎 모두 툭 틔었지	外內洞澈
천박한 세상의 썩은 유자儒者들은	陋世酸儒
변함없는 선비 절개 부끄러워하는데	恥士一節
객기는 진작 다 없애셨고	夙刊客浮
만년에는 호걸 기상 감추셨네	晚韜英豪
진실만을 바라보고 탄탄대로 걸으시어	視眞履坦
심기가 차분히 가라앉으셨지	心降氣調

---

5. 무리를 떠나지 않고 동문지간同門之間인 벗들을 떠나서 혼자 쓸쓸히 지내는 것을 이군삭거離
群索居라 한다. 『예기』「단궁 상」檀弓上에 자하子夏가 아들을 여의고 상심하여 실명失明을 하자
증자曾子가 조문을 왔는데, 죄 없는 자신에게 불행을 주었다고 자하가 하늘을 원망하므로 증자가
이를 나무라며 그의 잘못을 성토하니, 자하는 "내가 벗들을 떠나 혼자 산 지 역시 너무 오래되
었기 때문에 그렇게 되었다"고 뉘우쳤다고 한다.
6. 빙호추월氷壺秋月 얼음을 담은 옥항아리와 가을철의 밝은 달처럼 마음이 맑고 깨끗함을 말
한다.

타고난 천성 외엔	所性之外
털끝 하나 아니 붙여	不著一毫
먹 묻으면 씻어 버리고	墨則斯浣
논의 잡초 어찌 아니 뽑으리	稂豈不薅
팔을 베고 물 마시건	曲肱飮水
좋은 말 사천 필을 매어 놓건[7]	繫馬千駟
덜고 보탬 있지 않네	旣無加損
사土라는 한 글자엔	士之一字
운명이란 정해진 것	命有所定
때도 만나야 하는 법	時有所値
이를 분별할 줄 아는 이만	能辨此者
공의 뜻을 알게 되리	始識公志
아아	嗚呼
대들보 부러진 슬픔에다	梁木之哀
강한 같은 그리움으로[8]	江漢之思
잔을 올리며 통곡하노니	奠罍一慟

---

7. 팔을 …… 놓건　『논어』「술이」述而에서 공자가 말하기를 "거친 밥을 먹고 물 마시고 팔을 베고 누웠으니, 그런 가운데에서도 역시 즐거움은 있다. 의롭지 못하면서 부귀한 것은 내게는 뜬구름과 같다"고 하였고, 『맹자』「만장 상」萬章上에서 맹자가 말하기를, "이윤은 유신의 들판에서 농사짓고 살 적에 요순의 도道를 좋아하여 의義가 아니고 도道가 아니거든, 천하를 녹으로 주어도 돌아보지 않고, 좋은 말 4천 필을 마구간에 매어 놓아도 거들떠보지 않았다"고 하였다.
8. 대들보 …… 그리움으로　『예기』「단궁 상」에 공자가 자신의 죽음을 예견하는 꿈을 꾸고는 "태산이 무너지고 대들보가 부러지고 철인哲人이 죽을 것이다"라고 노래했다고 하였다. 그러므로 대들보가 부러진다는 것은 스승이나 철인의 죽음을 뜻하는 말로 쓰인다. 또한 『맹자』「등문공 상」에 증자曾子가 공자를 찬양하여 "강한江漢으로 씻은 것 같고 가을볕으로 쪼인 것 같아서 밝고 깨끗하기가 이보다 더할 수 없다" 하였다. 강한江漢은 양자강과 한수漢水를 말한다. 따라서 강한 같은 그리움이란 작고한 스승을 애타게 추모함을 뜻한다.

만사가 끝났도다	萬事已而
공의 모습 빼닮은	眉宇之寄
아들 한 분 두셨으니[9]	獨有庭芝
즐겁거나 슬프거나 잠깐 사이라도	歡戚造次
바라건대 함께 손잡고	庶共挈携
서로 책선하고 화기애애하여[10]	不忘偲怡
알아주신 은혜 보답 잊지 않으리	以報受知
아아	嗚呼
예전의 어린 사위	昔日小婿
이젠 저도 백발이 되었다오	今亦白頭
이제부터 죽기 전까지	從今未死
허물 적기 바라오니	庶寡悔尤
은덕과 사랑으로	維德之愛
음조陰助하여 주소서	願言冥酬
간장에서 쏟는 눈물	肝膈之寫
영령께서 아실는지	靈或知不
아아 슬프외다	嗚呼哀哉
상향	尙饗

9 아들 한 분 두셨으니 빼어난 자제子弟를 뜰에서 자라는 지란芝蘭과 옥수玉樹에 비유하여 '정지'庭芝니 '정옥'庭玉이라고 한다. 여기서는 연암의 처남인 이재성을 가리킨다.

10. 서로 책선하고 화기애애하여 『논어』「자로」子路에서 자로가 "어떻게 해야 그 사람을 선비라 부를 수 있습니까?"라고 묻자, 공자는 "간절하게 서로 책선責善하고 화기애애하면 선비라고 부를 수 있다. 붕우간에 간절하게 책선하고 형제간에 화기애애하니라"(切切偲偲 怡怡如也 可謂士矣 朋友切切偲偲 兄弟怡怡)라고 하였다.

오천梧川 처사 이장李丈[1]에 대한 제문

모년 모월 모일 반남 박모는 삼가 척계지서隻鷄漬絮의 제수[2]를 갖추어 제사를 올리고 글로써 곡합니다.

아아	嗚呼
내가 나서 세 살 되니	我生三年
말 비로소 배울 때라	自始能言
밤이라 능금이라	栗兮檎兮
오천을 노래했지	詠言梧川
누굴 자랑한 거냐면	云誰之誇
갓 시집온 형수님 집이었네	新婦之家

1. **오천梧川 처사 이장李丈**　　연암의 형 박희원朴喜源의 장인인 이동필李東馝(1704~1772)을 가리킨다. 『연암집』 권2 「맏형수 공인 이씨 묘지명」 참조.
2. **척계지서隻鷄漬絮의 제수**　　간단한 제수를 뜻하는 말이다. 후한後漢의 서치徐穉는 남주南州의 고사高士라 일컬어진 사람인데, 그가 먼 곳으로 문상하러 갈 때 술을 솜에 적셔서 햇볕에 말리고 그것으로 구운 닭을 싸서 가지고 간 다음 솜을 물에 적셔 술을 만들고 닭을 앞에 놓아 제수를 올린 뒤 떠났던 데서 나온 말이다. 『後漢書』 卷53 「周黃徐姜申屠列傳 徐穉」

공이 따님 보러 오실 제	公來視女
노상 흰 나귀를 탔고	常乘白驢
눈은 오목하고 수염 길어	深目長鬚
위엄 있고 정숙하셨네	威儀雅魚
뛰어나가 절 드리며	超躍迎拜
기뻐서 글공부도 잊었지	喜闕課書
나도 장인이라 부르면서	亦呼丈人
형을 따라 같이 했네	隨兄而如
어제 아침 일 같은데도	怳若隔晨
어언 삼십여 년	三十年餘
공의 성품 강직하고	公性剛明
사리와 인정에 통달했으며	深達事情
고사에 정통하고 예의를 숭상	博古好禮
인륜 의리 투철하셨네	倫備義精
나라에 못 쓰이고	進不需國
산골짝에서 늙었으나	守老一壑
운명이니 어찌 슬퍼하리	命也何恒
후회도 부끄럼도 없이 사셨노라	生無悔怍
아아	嗚呼
어머님 같고말고	先妣之似
우리 형수 나에게는	母我嫂氏
우리 집의 형수님은	嫂氏於家
옛 충신과 같아서	如古藎臣
힘 다해 죽어서야 그만두니[3]	盡瘁後已

---

3. 힘 …… 그만두니   제갈량諸葛亮의 「후출사표」後出師表에 "몸이 닳도록 힘을 다하여 죽어서야 그만둔다"(鞠躬盡瘁 死而後已)고 하였다.

공은 제 몸처럼 아프게 여겨	公瘝若身
정성스레 보살피길	綢繆慇懃
마치 옛날 제후국이	如古侯邦
이웃 나라 구제하고 백성을 보호하며	恤鄰保民
때맞추어 곡물 주어	賑糶以時
제 백성을 돌보듯이 하셨네	視厥赤子
딸 생각은 그렇대도	女固念矣
그 동서까지 염려해 주셨네	推及厥娌
부모님을 여읜 뒤로	自我孤露
더욱 공의 비호에 의지했네	益仰燾庇
길 가다 반백의 노인 보면	路見斑白
내 마음 몹시 송구스럽네	我心怵惕
더구나 공은 연세와 덕망으로	況公年德
아버님과 의기투합한 벗이었거늘	父之誼執
어찌 백 년을 못 사시어	胡不百年
나를 섧게 만드시나	使我深慽
이 소자 와서 곡을 하고	小子來哭
뜰과 집을 두루 살펴보니	周瞻院屋
국화 피어 향기 짙고	菊有剩馨
솔 푸르러 뜰에 가득	松翠滿庭
오천의 산은 울울창창	梧山鬱鬱
오천의 물은 맑디맑네	梧水泠泠
고인의 자취 어제런 듯한데	遺躅如昨
영상靈床⁴에서 절 드리니 예전과 다르네	拜床非昔

---

4. **영상靈床**　염을 마치고 입관하기 전까지 시신을 모셔 놓은 곳을 말한다.

두 줄기 눈물 쏟아지고 　　　　　雙淚磊落

호곡 소리 목이 메네 　　　　　　聲苦喉嗌

지칠 줄 모르고 장려해 주셨는데 　　不倦奬掖

이제 어디에 가르침을 청하리 　　　今安請益

거듭 당부하신 그 유언을 　　　　　丁寧遺托

감히 어찌 명심하지 않으리오 　　　敢不銘臆

혼령이시여 가까이 계시거든 　　　尊靈不隔

이 술잔을 받으소서 　　　　　　庶歆玆酌

상향 　　　　　　　　　　　　尙饗

이몽직李夢直에 대한 애사哀辭[1]

대범 사람의 삶은 요행이라 할 수 있는데도 그 죽음이 공교롭지 않게 여겨지는 것은 어째서인가? 하루 동안에도 죽을 뻔한 위험에 부딪치고 환난을 범하는 것이 얼마인지 모르는데, 다만 그것이 간발의 차이로 갑자기 스쳐가고 짧은 순간에 지나가 버리는 데다가, 마침 민첩한 귀와 눈, 막아 주는 손과 발이 있기 때문에 스스로 그렇게 되는 까닭을 깨닫지 못하는 것일 뿐이며, 사람들도 편안하게 생각하고 안심하고 행동하여 밤새 무슨 변고가 없을까 염려하지 않는다. 진실로 사람마다 늘 뜻하지 않은 변고를 당하게 될 것을 염려하게 한다면, 비참하도록 두려워서 비록 종일토록 문을 닫고 눈 가리고 앉아 있다 해도, 그 근심을 감당하지 못할 것이다.

예전에 어떤 망기望氣[2]하는 자가 한 여자의 관상을 보고서 소가 들이

---

1. 이몽직李夢直에 대한 애사哀辭   몽직은 이한주李漢柱(1749~1774)의 자이다. 애사는 한문漢文 문체의 하나로, 주로 요절한 사람에 대한 추도사를 말한다.
2. 망기望氣   망운望雲이라고도 하며, 구름을 보고 길흉을 예언하는 점술을 말한다.

받는 것을 조심하라고 일렀는데, 지게문 앞에서 귀이개³로 귀를 후비다 지게문이 세차게 부딪치는 바람에 귀를 찔러서 죽었으니, 귀이개는 소뿔로 만든 것이었다. 또 사주쟁이가 한 사내의 사주팔자를 논하면서 쇠를 먹고 죽게 될 것이라 했는데, 이른 아침 밥을 먹다가 폐가 수저를 빨아들여 죽었다. 그 신기하게 들어맞고 공교하게 증험된 것이 이와 같을 뿐만 아니라, 일을 당하기에 앞서 간곡하게 조심하라고 당부하지 않은 적도 없었다. 그러나 쇠는 먹을 수 있는 물건이 아니고 소도 규방에서 기르는 것이 아니니, 비록 천명을 아는⁴ 선비일지라도 이런 일을 미리 헤아려서 경계하고 조심하기는 어려울 것이다.

아, "군자는 그가 듣지 못하는 곳에서도 두려워하고, 그가 보지 못하는 곳에서도 경계한다"⁵ 했지만, 이것이 어찌 소에 찔리고 쇠를 먹는 것을 두고 이름이겠는가. 요컨대 높은 산에 오르지 아니하고 깊은 물가에 다가가지 않고, 언어를 조심하고 음식을 조절하며, 나의 생각이 속에서 생겨나는 바를 경계한 것일 뿐이다. 밖에서 닥쳐오는 환난이야 역시 또 어찌하겠는가.

이몽직의 휘諱는 한주漢柱이니, 본관은 덕수德水로서 충무공忠武公의 후손이다. 그 부친은 절도사節度使로 휘가 관상觀祥⁶인데, 나의 매형인 의금부

---

3. **귀이개**　원문은 '䚢'인데, 이는 우리식 한자이다. 김택영 편 『중편연암집』에 "음은 '도'이다. 귀지를 파내는 도구인데 조선조의 제품이다"(音滔 取耳中垢之具也 韓代所製)라고 주를 달아 놓았다. 『여한십가문초』麗韓十家文鈔에도 유사한 주를 달아 놓았다.

4. **천명을 아는**　『주역』「계사전 상」에 "천도를 즐기고 천명을 알고 있다. 그러므로 근심하지 않는다"(樂天知命 故不憂)고 하였다.

5. **군자는……경계한다**　『중용장구』 제1장에 나오는 말이다. 단 앞뒤 구절의 순서가 바뀌었다.

6. **관상觀祥**　이관상(1716~1770)은 충무공의 5세손으로, 그의 친아들 한주는 형 이보상李普祥의 양자가 되었으며, 그의 둘째 서녀庶女가 박제가朴齊家에게 시집갔다. 무과 급제 후 고을 수령과 병수사兵水使를 여러 차례 지냈으며, 영변 부사寧邊府使로 재임 중 사망했다.

도사 서중수徐重修[7] 씨에게 외삼촌이 된다. 그러므로 몽직은 어렸을 때부터 내게 와서 배웠고, 그의 매제인 박씨의 아들 제운齊雲 (박제가)은 젊은 나이로 문장에 능하여 호를 초정楚亭이라 하였는데 나와 친한 사이다. 몽직은 대대로 장수의 집안이라 비록 무관으로 종사했지만, 문인을 좋아하여 항상 초정을 따라서 나와 교유하였다. 사람됨이 어려서는 곱고 귀엽더니, 장성한 뒤에는 시원스럽고 명랑하여 호감을 주었다. 하루는 남산에서 활쏘기를 익히다가 빗나간 화살에 맞아 죽었다. 그렇게 죽었을 뿐 아니라 아들도 없었다.

아, 국가가 태평을 누린 적이 오래라 사방에 난리가 없어 싸울 만한 일이 없는데도, 선비가 유독 창끝이나 살촉에 찔려 죽는다는 것은 어찌 공교로운 일이 아니겠는가. 무릇 사람이 하루를 사는 것도 요행이라 하겠다. 이에 애사를 지어 전장에서 죽은 장사壯士를 애도하고, 이로써 몽직의 죽음에 대해 조문하노라. 애사는 다음과 같다.

장사가 몸을 솟구쳐 전장으로 내달리니	士踴躍兮赴戰場
바람 모래 들이쳐라 양편 군사 맞붙는다	風沙擊兮兩軍當
목소리가 쉬고 거칠어 도리어 고조되지 아니하고	聲嘶暴兮還不颺
입으로는 칼을 물고 전진하며 창 휘두르네	口含劍兮前舞槍
눈 한번 깜짝 않네 뭇 창끝이 몰려와도	目不瞬兮集衆鋩
오른발론 짓밟고 왼발을 날리누나	踏右足兮左脚揚
모든 힘을 다 쏟아라 임금님을 위함일레	竭膂力兮爲君王
모양 소리 사나워도 참으로 미치광이 아니라오	容聲惡兮諒非狂
아아	嗚呼

---

7. **서중수徐重修** 1734~1812. 그의 자는 성백成伯이고 본관은 대구이다. 연암의 둘째 누님의 남편이다. 『연암집』 권5에 「성백에게 보냄」(與成伯)이란 두 통의 편지가 수록되어 있다.

죽은 지가 오래지만 곧게 선 채 쓰러지지 않고　　　死已久兮立不僵
주먹[8] 상기 쥐었어라 두 눈마저 부릅떴소　　　　手猶握兮兩目張
자손에게 벼슬 주고 그 마을에 정표旌表하며　　　　蔭子孫兮表其鄕
역사책에 기록하니 아름다운 이름 길이 전하리　　　史書之兮流芬芳

　　　나는 내 친구 이사춘李士春[9]이 죽은 뒤부터는 사람들과 다시 교제
하고 싶지 않아 경하慶賀건 조위弔慰건 모두 폐해 버렸다. 그리하여
평생의 절친한 친구로 이를테면 유사경兪士京(유언호兪彦鎬), 황윤지黃允之
(황승원黃昇源) 같은 이들이 험한 횡액을 만나 섬에서 거의 죽게 되었어
도,[10] 한 글자 안부를 물은 적이 없었다. 비록 왕래하는 일이 있다
해도, 가까운 이웃에 밥 지을 물과 불을 얻거나 시복緦服[11] 이내의 집
안 친척을 조문하는 것에 지나지 않았다. 그래서 사람들이 무척 원
망하고 노여워하여, 꾸지람과 책망이 한꺼번에 들이닥쳤다. 나 역시
스스로 이와 같이 하겠다 감히 말하지는 않았지만, 교제가 끊어지는
것도 달갑게 여겨, 비록 실성하거나 멍청한 사람으로 지목을 받아도

---

8. **주먹**　　　원문 '手'가 대본에는 '矢'로 되어 있는데, 김택영 편 『중편연암집』과 『여한십가문초』
등에 '手'로 되어 있어 이에 따라 고쳐 번역하였다.
9. **이사춘李士春**　　　이희천李羲天(1738~1771)으로, 그의 자가 사춘士春이다. 호는 석루石樓이고
본관은 한산韓山이다. 연암은 그의 부친인 이윤영李胤永에게 『주역』을 강론하게 된 것을 계기로,
젊은 시절부터 그와 절친한 사이가 되었다. 이희천은 청淸 강희康熙 때 남양지부南陽知府를 지낸
주인朱璘이 편찬한 『명기집략』明紀輯略에 조선 태조의 세계世系를 왜곡·모독한 내용이 있는 줄
모르고 그 책을 책 장사로부터 구입한 적이 있었는데, 이 사실이 문제되어 참수되는 변을 당했
다. 『英祖實錄』 47年 5月 26日
10 **유사경兪士京······되었어도**　　　영조 48년(1772) 유언호兪彦鎬는 노론 청류淸流로 지목되어 흑산
도에 유배되었다가 그해 10월 탕척되었으며, 그 이듬해에는 황승원黃昇源이 사간원 정언으로서
이광좌李光佐 등 소론계 대신의 관직을 복구하라는 영조의 특지特旨에 항의한 참관 조영순趙榮順
을 두둔했다가 흑산도로 유배되어 몇 달 만에 풀려났다.
11. **시복緦服**　　　시마緦麻로 된 상복을 입는 3개월의 상을 말한다. 족부모族父母, 족형제族兄弟 등
가장 촌수가 먼 친척의 상이 이에 해당한다.

원망하지 않았다.

대개 생각은 다 망상이요, 인연은 다 악연이다. 생각하는 데서 인연이 맺어지고, 인연이 맺어지면 사귀게 되고, 사귀면 친해지고, 친하면 정이 붙고, 정이 붙으면 마침내는 이것이 원업冤業[12]이 되는 것이다. 그 죽음이 사춘士春처럼 참혹하고 몽직夢直처럼 공교로운 경우에는, 평생 서로 즐거워한 것은 얼마 되지 않은데 마침내 재앙과 사망으로 고통이 혹독하여 뼈를 찔러대니, 이것이 어찌 망상과 악연이 합쳐져서 원업이 된 게 아니겠는가. 만약에 몽직과 애당초 모르는 사이였다면, 아무리 그가 죽었다는 소식을 들었더라도 마음이 아프고 참담한 것이 이처럼 심하지는 않았을 것이다.

몽직이 나를 종유從遊한 것은 비록 사춘의 경우처럼 정이 깊고 교분이 두텁지는 못했지만, 그래도 달 밝은 저녁과 함박눈 내린 밤이면, 문득 술을 많이 가지고 와서 거문고를 퉁기고 그림을 평론하며 흠뻑 취하곤 했었다. 나는 고요히 지내면서 이런 생활에 익숙해 있었는데, 혹은 달빛 아래 거닐며 서글퍼하다 보면 몽직이 하마 이르렀고, 눈을 보면 문득 몽직을 생각하는데, 문밖에서 두드리는 소리가 났다 하면 과연 몽직이었다. 그런데 이제는 그만이다.

내가 그의 집에 가서 곡하고 조문하지 못할 형편이므로, 그를 위해 이 애사를 지어 저 옛날 한창려韓昌黎가 구양생歐陽生에 대한 애사를 손수 썼던 일[13]을 본떠서, 드디어 한 통을 써서 초정에게 주는 바이다.

---

12. **원업冤業**　악업惡業, 즉 악한 결과를 받는 행동을 말한다.
13. **한창려韓昌黎가 …… 일**　한유韓愈는 요절한 벗 구양첨歐陽詹을 위해 「구양생애사」歐陽生哀辭를 짓고 나서 덧붙인 「제애사후」題哀辭後에서 "나 한유는 본래 쓰기를 좋아하지 않았다. 이 글을 짓고 난 뒤 단 두 통만을 손수 써서, 그중 한 통은 청하淸河의 최군崔群에게 주었다. 최군과 나는 모두 구양생의 벗이다"라고 하였다.

유경집愈景集에 대한 애사

유경집은 휘가 성환成煥이고 본관은 기계杞溪이다. 외모가 훤출하고 건장하며 성품은 순하고 언행은 겸손하며, 기억력이 아주 뛰어났고 문학에 빼어난 재주가 있었다. 그런데 나이 스물둘에 병에 걸려 죽었다.

아아, 나는 경집의 아버지[1]의 친구로서, 경집이 태어나기 전부터 그 아버지를 잘 알았다. 경집의 조부모는 경집의 아버지만을 일찍 기르고서, 뚝 끊기듯이 다른 아들을 두지 못했다. 그래서 경집이 태어나자 손자로 여기지 아니하고 작은 아들로 여겼으며, 경집의 부모 역시 감히 스스로 그 아들을 제 아들이라 하지 못하였는바, 경집도 어렸을 적부터 조부모를 제 부모로 여겼다.[2]

급기야 경집이 죽자 그 부모는 감히 그 아들의 죽음에 곡도 못하고, 늙은 부모의 마음을 아프게 할까 두려워하여 속으로 울었다. 조부모는

---

1. **경집의 아버지**   유정주愈靖柱(1729~1798)를 가리킨다. 유정주는 창애蒼厓 유한준愈漢雋의 족자族子가 되므로, 유한준도 그의 아들을 위해 애사哀辭를 지었다. 『自著』 卷15 「族孫成煥哀辭」
2. **조부모를 제 부모로 여겼다**   원문은 '乃大父焉是母'인데 문리가 통하지 않는다. 문맥으로 유추하여 번역하였다.

차마 그 손자의 죽음에 곡도 못하고, 아들의 슬픔을 더 크게 할까 두려워하여 속으로 울었다. 두 살배기 아들은 그 아비에 대해 곡하는 슬픔을 전혀 알지 못하고 다만 그 어미가 슬퍼하는 것 때문에 울어 대니, 그 아내 이씨李氏는 감히 죽지도 못하고 또한 감히 곡도 못하고 속으로 울었다. 친척과 친구들은 유생兪生이 재주와 덕행을 지니고도 일찍 죽은 것을 슬퍼하지 않는 이가 없었으나, 그 아버지에게까지 조문하고 곡할 겨를이 없었으니, 그 조부모가 다 늙어서 작은 아들과 다름없는 손자를 잃은 때문이다. 이것이 경집의 죽음을 대단히 슬퍼하게 되는 이유이다. 그래서 다음과 같이 애사를 지어 애도하는 바이다.

죽은 사람이 죽음의 슬픔을 모르는 것이 슬퍼할 만한 것과, 산 사람이 죽은 자가 자신의 죽음이 슬퍼할 만함을 모른다는 것을 아는 것이 슬퍼할 만한 것 중에서 어느 것이 더 슬플까?

어떤 이는 "죽은 사람이 슬프지. 죽은 사람은 자신의 죽음이 슬퍼할 만한 것을 모를 뿐 아니라, 산 사람이 그의 죽음이 슬퍼할 만한 일임을 슬퍼한 줄을 모르니, 이야말로 슬퍼할 만한 일이다"라고 한다.

어떤 이는 "산 사람이 슬프지. 죽은 사람은 이미 아무것도 몰라 슬퍼할 만한 것을 슬퍼함도 없으나, 산 사람은 날마다 그를 생각하여 생각하고 또 생각한다. 생각하면 슬퍼서, 빨리 죽어 아무것도 모르게 되기를 바라니, 이야말로 슬퍼할 만한 일이다"라고 한다.

또 어떤 이는 "그렇지 않다. 효자는 더러 부모 여읜 슬픔으로 생명이 위급하기도 하고, 자부慈父는 더러 자식 잃은 슬픔으로 실명하기도 하고,[3] 열부烈婦는 더러 자결하기도 한다. 이는 다 죽은 자에 대한 슬픔으로

---

3. **자부慈父는 …… 하고**　공자의 제자 자하子夏가 아들을 여의고 상심하여 실명을 하였다고 한다. 『禮記』 「檀弓上」

말미암아 혹은 따라 죽고 혹은 병이 되고 만 것이다. 이로 말미암아 논한다면, 죽은 사람과 산 사람의 슬픔은 함께 논할 수가 없는 것이다"라고 한다.

나는 유경집의 죽음에 대해서 "산 사람이 슬프다"고 단언한다.

무릇 사람의 감정으로 볼 때 가장 원망스럽고 한스러워 혹독한 고통이 뼈를 찌르기로는, 나는 믿었는데 상대방이 속이는 것만 한 것이 없으며, 속임을 당한 고통은 가장 친하고 다정한 이가 문득 나를 등지고 떠나는 것만 한 것이 없다. 그렇다면 세상에서 가장 친하고 다정하기로 손자와 할아버지, 아들과 아버지, 남편과 아내 같은 사이보다 더한 경우가 있겠는가. 그런데도 하루아침에 등을 돌리기를 조금도 지체하지 않았다. 또 믿어 의심함이 없기로는, 어느 것이 경집의 재주와 외모로 보아 장래가 크게 기대되는 경우와 같겠는가. 그런데도 마침내 상식과 이치에 어긋나기를 이와 같이 하였다. 그러니 어찌 원망스럽고 한스러워 혹독한 고통이 뼈를 찌르지 아니할 수 있겠는가.

아아, 비록 그렇지만 산 사람은 제 슬픔에 슬퍼하는 것이지, 죽은 사람이 슬퍼하는지 슬퍼하지 않는지를 모른다. 그렇다면 평일에 나처럼 그를 아끼던 자가 어찌 애사를 지어, 한편으로는 산 사람의 슬픔을 위로하고 한편으로는 죽은 사람이 제 슬픔에 슬퍼하지 못하는 것을 애도하지 않겠는가.

재종숙부 예조 참판 증 영의정공領議政公 묘갈명墓碣銘

공의 휘는 사정師正이요	公諱師正
본관은 반남潘南이고	潘南人也
자는 시숙時叔이요	字曰時叔
부친의 휘는 필하弼夏이네	考諱弼夏
우리 박씨는	維我朴氏
신라에서 비롯되어	肇自新羅
여덟 망족望族[1]으로 갈렸는데	分爲八望
반남이 제일 대가	潘爲大家
평도공平度公[2]은	維平度公
우리 태종 도우셨고	相我太宗
야천冶川[3]께서 상서로운 조짐 일으켜	冶川發祥

---

1. **여덟 망족望族**　박씨 중 밀양密陽·반남·고령高靈·함양咸陽·죽산竹山·순천順天·무안務安·충주忠州를 본관으로 하는 이른바 '팔박'八朴을 가리킨다.
2. **평도공平度公**　박은朴訔(1370~1422)의 시호이다. 태종 때 좌의정을 지냈다.

대대로 번창하게 되었네	族世遂昌
금계군錦溪君[4]의 공적이며	錦溪功業
금양군錦陽君[5]의 문장이라	錦陽文章
증조 휘는 세교世橋이고	曾祖世橋
조부 휘는 태두泰斗이니	祖諱泰斗
추증追贈되는 경사 거듭되고	榮贈襲休
봉군封君이 대를 이었네	君封世受
모친 윤씨 부인은	妣尹夫人
관찰사 반攀의 따님	監司攀女
공께서는 숙종대왕	公於肅廟
계해년에 출생하여	癸亥以擧
기미년에 돌아가시니	己未乃卒
향년은 오십칠 세	壽五十七
정유년에 정시 급제	丁酉庭試
한림이며 옥당이며	翰林玉堂
춘방이며 대각이며	春坊臺閣
검상이며 전랑을	檢詳銓郎
두루두루 거치셨지[6]	周歷流轉

3. **야천冶川**　박소朴紹(1493~1534)의 호이다. 『연암집』 권1 「합천 화양동 병사기」陝川華陽洞 丙舍記 참조.
4. **금계군錦溪君**　박동량朴東亮(1569~1635)의 봉호이다. 임진왜란 때 왕을 호종扈從한 공신이었다.
5. **금양군錦陽君**　선조의 다섯째 딸인 정안옹주貞安翁主와 혼인한 금양위錦陽尉 박미朴瀰(1592~1645)이다. 뒤에 금양군으로 개봉改封되었다. 당대의 문장가로서, 『분서집』汾西集이 있다.
6. **한림이며 …… 거치셨지**　한림翰林은 예문관, 옥당玉堂은 홍문관, 춘방春坊은 세자시강원世子侍講院, 대각臺閣은 사헌부와 사간원을 가리킨다. 검상檢詳은 의정부의 정5품 벼슬로 문서 검열을 담당하였고, 전랑銓郎은 이조의 정랑과 좌랑을 가리킨다. 박사정朴師正의 관력官歷은 『연암집』 권 9 「예조 참판 증 영의정 부군 묘표음기」禮曹參判贈領議政府君墓表陰記에 자세하다.

산직散職 겸직兼職도 있고	有冗有兼
해읍에도 간혹 보직되고	間補海邑
호남도 안렴按廉했네[7]	亦按湖廉
처음에 흉당들이	厥初凶黨
사필 장악할 욕심으로	圖秉史筆
외직으로 공 내쫓고	絀公于外
효경梟獍 같은 자들을 배치했네[8]	獍梟峙列
공이 그 간상姦狀 파헤쳐서	公發其姦
드디어 신치운·조지빈을 공박하니	遂駁雲彬
누가 저들을 함께 천거했나	誰其同剡
그 사람을 알 수 있네[9]	可知其人
엄숙한 저 청묘[10]는	肅肅清廟
묘정廟庭 배향 장엄한데	庭食嚴哉
저 세 정승들[11]은	若彼三相
진실로 재앙의 괴수들이라	寔俱禍魁
저들 배향 물리쳐서	並斥其享

---

7. **해읍海邑에도 …… 안렴按廉했네** 　홍양 현감興陽縣監, 남해 현령南海縣令 등에 임명된 사실과 전라도 암행어사로 파견된 사실을 말한다.

8. **처음에 …… 배치했네** 　영조 즉위 초에 『경종실록』景宗實錄을 편찬하는 실록청實錄廳을 설치할 때 당상관堂上官은 유봉휘柳鳳輝·조태억趙泰億·김일경金一境·이진유李眞儒 등, 낭청랑廳은 조지빈趙趾彬·신치운申致雲 등 소론 일색으로 임명되고, 낭청으로 임명된 박사정은 회인 현령懷仁縣令으로 축출되었던 사실을 말한다.

9. **누가 …… 있네** 　박사정은 신치운 등이 박필몽朴弼夢(1668~1728)에게 붙어 사관史官 자리를 차지한 것을 공박하였다. 박필몽은 소론 강경파로서 영조 즉위 초에 도승지가 되었는데, 실록청을 사사로이 출입한다고 사헌부의 탄핵을 받았다.

10. **청묘清廟** 　종묘의 묘실廟室로, 여기에서는 숙종의 묘실을 가리킨다.

11. **세 정승들** 　숙종의 묘에 배향된 소론측의 삼대신三大臣으로, 영의정을 지낸 남구만南九萬, 영의정을 지낸 최석정崔錫鼎, 우의정을 지낸 윤지완尹趾完을 가리킨다.

제사 의식 중히 하고	以重祀典
몸가짐 고고히 하여	持我矯矯
저들의 관리 선발 조소하였네[12]	譏彼銓選
네 충신[13]을 함께 제사하자고	並祠四忠
공이 처음 의견 내셨네	詢謀自公
적신들이 집권하자	賊臣執命
국시가 무너지니	國是北崩
평피의 회합[14]은	平陂之會
또 하나의 사당私黨일레	又一淫朋
공은 맹종하지 않고	公不詭隨
정절이 돌보다 단단했으니	貞于介石
사람들은 공의 처신 살펴보고	視公進退
영예로운 때인지 아닌지를 예측하였네	占時榮辱
왕릉 이전 공사 감독하여	董匠遷陵
그 공로로 승지로 승진하고	勞陞銀臺
안변 부사로서 치적 드러났나니	著治安邊
검약하고 절제하였네	廉約自裁

12. **몸가짐 …… 조소하였네** 영조 즉위 초에 노론과 소론을 가리지 않고 탕평책에 순응하는 사람들만 선발하는 데 항의하여, 박사정이 누차 관직에 제수되었어도 취임을 거부한 사실을 말한다.
13. **네 충신** 노론 사대신인 김창집金昌集·이이명李頤命·이건명李健命·조태채趙泰采를 가리킨다. 이들은 경종 때 왕세제王世弟(후일의 영조)를 책봉하고 대리청정代理聽政을 하는 문제로 소론의 미움을 사서, 1722년(경종 2) 노론계의 역모 사건인 신임옥사辛壬獄事에 연루되어 죽임을 당했던 사람들이다. 1725년(영조 1) 지금의 경기도 하남시에 사충서원四忠書院을 건립하여 이들을 제향하고 사액賜額하였다.
14. **평피平陂의 회합** 영조의 탕평책은 『서경』 「홍범」洪範에 "치우치지 말고 왕의 의로움을 따르라"(無偏無陂 遵王之義), "치우치지 않으면 왕도가 탕평하리라"(無偏無黨 王道蕩蕩 無黨無偏 王道平平)라는 구절에 근거를 둔 것이다. 그러므로 '평피의 회합'은 노론과 소론이 뒤섞인 탕평파蕩平派를 풍자하여 한 말인 듯하다.

대사간으로 들어온 다음	入長薇垣
예조 형조 참의 되고	參議禮刑
이조 참의 세 번 되어	三入選部
청탁淸濁을 꼼꼼히 따졌네	錙分渭涇
강화 유수로 발탁되고	擢守沁府
한성부의 우윤과 좌윤 거쳤네	左右尹京
예조 참판 재임하고	再佐秩宗
도승지가 한 번 되니	一爲知申
품계로는 가의대부	階則嘉義
춘추관과 경연 직함에다	春秋經筵
의금부와 오위도총부 관직 겸하고	金吾摠管
봉상시 제조 거쳐	提擧奉常
비변사 제조 힘껏 사양해도	力辭籌司
수석 영광 차지했네	首席擄光
부인은 이씨이니	夫人李氏
본적이 함평이요	其籍咸平
부친 휘는 택상宅相이며	父曰宅相
고조 휘는 춘영春英이라	高祖春英
공이 세상 떠나시고	距公之沒
십구 년 뒤에 별세했네	十九年卒
여섯 남매 낳았는데	六子是擧
아들 넷에 따님이 둘	四男二女
홍원興源은 스무 살에	興源弱冠
진사과에 합격했고	酒成進士
창원昌源은 문과 장원이나	昌源魁科
벼슬은 정언에 그쳤네	正言而止

형원亨源까지 일찍 죽어	亨源蚤殀
모두 서른 못 넘겼네	俱未卅禩
명원明源은 부마 되어	明源尙主
금성위錦城尉에 봉해지니	封錦城尉
공이 영의정에 증직된 건	贈公議政
실로 그가 귀한 신분 된 덕일레	寔用其貴
큰사위는 김기조요	女金基祚
둘째 사위는 이도양인데	次李度陽
열렬한 이씨 아내는	烈烈李妻
남편 따라 자결했네	從夫自戕
장남에겐 아들 셋 있으니	長派三男
상덕相德은 이조 판서	相德吏判
상악相岳은 사간원 정언이며	相岳正言
상철相喆은 한성 부윤인데	相喆府尹
상악은 형원의 양자 되고	岳繼亨後
상철은 금성위의 양자 되고	喆爲尉子
족자인 상집相集도	族子相集
창원의 제사를 받들었네	亦承昌祀
공은 풍채 아름답고	公美姿度
천품이 곧고 깐깐하여	天姿抗簡
남의 부정 보게 되면	視人不正
그자의 갓이 기운 듯이 여겼네[15]	若敧厥冠

---

15. **그자의…… 여겼네**　『맹자』「공손추 상」에 나오는 백이의 고사를 인용한 것이다. 203쪽 주16
참조.

집안에선 위의威儀 있고[16]　　　　　　在家獻獻

관에서는 강직하셨네　　　　　　　　在官侃侃

소생이 묘갈명 지었으니　　　　　　　小子作銘

영원토록 마멸되지 않으리이다　　　　永世不刊

---

16. 위의威儀 있고　　'獻獻'는 '의의'라 읽으며, 단정하고 엄숙한 모습을 나타내는 '儀儀'와 같은 말이다.

삼종형三從兄 수록대부綏祿大夫 금성위錦城尉 겸 오위도총부 도총관 증시贈諡 충희공忠僖公 묘지명墓誌銘[1]

지금 임금 14년 경술년(1790) 3월 25일 을사일에 금성위 박공朴公이 제생동濟生洞 사제賜第(임금이 하사한 집)의 정침正寢(몸채의 방)에서 편안히 운명하였다. 부음을 아뢰자 임금께서는 조회朝會를 철폐하고 급히 전교하여 애도하는 뜻을 표했는데, 고굉폐부股肱肺腑의 신하[2]로서 한 글자를 얻으면 사후나 생시의 영광으로 삼는 것이, 공에게는 300여 글자나 되었다.[3] 넓은 장생전長生殿 비기秘器(상례에 쓰는 기구)의 여벌을 내려 주고 장례는 1등급의 예禮를 적용하게 하였으며,[4] 무릇 봉賵(수레와 말), 수의襚衣, 제수로 쓰일 물품은 모

---

1. **삼종형三從兄 …… 묘지명墓誌銘**　1790년(정조 14) 금성위 박명원朴明源이 죽자 정조는 손수 그의 신도비명神道碑銘을 짓겠노라고 하면서, 아울러 그의 묘지명을 연암이 짓도록 하교하였다고 한다. 『過庭錄』卷2

2. **고굉폐부股肱肺腑의 신하**　임금이 자신의 팔다리처럼 믿고 중히 여기는 신하를 고굉지신股肱之臣이라 한다. 폐부의 신하란 간과 폐가 서로 붙어 있듯이 임금과 가장 친근한 관계에 있는 신하를 말한다.

3. **300여 글자나 되었다**　『정조실록』14년 3월 25일 조에 300여 자에 달하는 정조의 하교가 수록되어 있다.

4. **장례는 …… 하였으며**　예장禮葬에 1등급의 널감(枢材)을 사용하게 했다는 뜻이다.

두 내부內府(왕실의 창고)에서 지급하게 하였다. 담당 관원들이 각기 맡은 일을 수행하기 위하여 바야흐로 분주하게 문하에서 기다리는데, 가족들이 고인의 뜻을 아뢰어 예장禮葬[5]을 면해 주기를 빌므로 임금께서 마지못해 응낙하여 그 뜻을 이뤄 주게 하였다. 그리고 바로 호조에 명하여, 그 대신 돈 30만 전錢,[6] 백미 100섬과 면포와 갈포 1400여 필을 실어 보내게 하였다. 염이 끝나자 승지를 보내어 조문하게 하고, 공경 대신公卿大臣들에게 명하여 모두 조문하게 하였다. 성복成服날이 되자 승지를 보내 어제 치제문御製致祭文을 읽어 제사 지내게 하였는데, 몸을 돌보지 않고 충성을 다했던 신하로서 한 글자라도 얻으면 공훈을 기록한 명정을 대신하는 것으로 여기는 것이, 공에게는 또 300여 글자나 되었다.[7]

이에 도신道臣(관찰사)에게 명하기를,

"도위都尉의 장사 날짜가 정해졌으니, 내 장차 비문을 친히 지어 그 신도神道(무덤으로 가는 큰 길)를 빛나게 할 생각이다. 너는 큰 돌을 채취해 놓고 기다려라."

하고, 이내 사신詞臣(홍문관 제학)에게 명하기를,

"어진 도위에게 시호諡號를 내려 주는 것은 정해진 은전恩典이다. 너는 그의 덕을 기록하여 봉상시奉常寺에 고하라."

했다. 이에 봉상시 제조가 공의 평생의 대략을 특서한 것을 채집하니, '밀찬익호.'密贊翊護와 '건의천원'建議遷園이라는 여덟 글자였다.[8] 의정부와 홍문관의 신하들이 모두 건의하기를,

---

5. 예장禮葬   대신이나 공신이 죽었을 때 나라에서 예식을 갖추어 치러 주는 장례를 말한다.
6. 30만 전錢   엽전 1냥이 10전錢으로, 엽전 3만 냥이다.
7. 성복成服날이 …… 되었다   『홍재전서』弘齋全書 권21에 정조가 지은 「금성도위 박명원의 성복일 치제문」(錦城都尉朴明源成服日致祭文)이 수록되어 있다.
8. 밀찬익호密贊翊護와 …… 글자였다   '밀찬익호'는 정조의 생부인 장헌세자莊獻世子(사도세자思悼世子)를 은밀히 돕고 보호에 힘쓴 공로가 있다는 뜻이고, '건의천원'建議遷園은 장헌세자의 능을 수원으로 옮길 것을 건의한 공로가 있다는 뜻이다.

"공은 일찍이 바깥 조정에서 능히 못할 바에 절개를 바치고, 온 나라가 감히 못할 바에 충성을 다하여, 사직에 공이 있으니 시호를 충희忠僖라 짓는 것이 마땅하겠습니다."

하니, 임금은 그 건의를 윤허하였다. 삼가 살피건대 시법諡法에 나라를 생각하느라 집을 잊은 것을 '충'忠이라 하고, 조심하여 공순하고 삼가는 것을 '희'僖라 했다. 아아, 공은 그 시호에 합당하다 하겠다.

공의 휘諱는 명원明源이요 자는 회보晦甫이다. 우리 박씨는 계통이 신라에서 나왔는데, 시조가 나주羅州의 반남潘南에서 성姓을 얻었다. 고려 말에 휘 상충尙衷이 있어 우리 왕조에서 문정文正의 시호를 추증받았다. 이분이 평도공平度公 휘 은訔을 낳으니, 우리 태종을 보좌하는 정승이 되었다. 그로부터 5대를 전해 내려와, 문강공文康公 휘 소紹는 세상 사람들이 야천冶川 선생이라 일컬었으며, 선조宣祖 때의 명신인 충익공忠翼公 휘 동량東亮은 공훈으로 금계군錦溪君에 봉해졌으며, 아들 문정공文貞公 휘 미瀰는 선조의 따님 정안옹주貞安翁主에게 장가들었는데, 우리 왕조의 문장 대가로 반드시 금양위錦陽尉를 손꼽으니, 바로 공의 5세조이다.

고조는 첨정공僉正公 휘 세교世橋인데 이조 판서 금흥군錦興君에 추증되었으며, 증조 군수공郡守公은 휘 태두泰斗인데 좌찬성 금은군錦恩君에 추증되었고, 조부 참봉공參奉公은 휘 필하弼夏인데 좌찬성 금녕군錦寧君에 추증되었으니, 충익공의 적손嫡孫인 때문에 모두 훈봉을 이어받은 것이다. 부친은 예조 참판 휘 사정師正으로 영의정에 추증되었고, 모친은 정경부인 함평이씨咸平李氏로 학생 택상宅相의 따님이다.

공은 영조대왕 원년인 을사년(1725) 10월 21일에 태어났으며, 14세에 영조의 셋째 따님인 화평옹주和平翁主에게 장가들었다. 처음에는 순의대부順義大夫[9]에 제수되고, 품계가 쌓여 수록대부綏祿大夫[10]에 이르렀으며, 오위도

---

9. **순의대부**順義大夫   왕의 사위들에게 주는 종2품의 품계이다.

총부 도총관을 겸임하고 봉상시奉常寺·전의감典醫監·선공감繕工監·사재시司宰寺·장흥고長興庫·제용감濟用監의 제조提調가 되었다. 누차 금보金寶와 옥책玉册[11]의 글씨를 써서 그때마다 상으로 말(馬)을 하사받았고, 사명을 받들고 세 번이나 북경에 갔으며, 임금의 특지特旨로 도감都監의 당상堂上에 제수된 것이 세 번인데 효창묘孝昌墓[12]를 조성하는 데 가장 큰 공적이 있었다.

공은 풍채가 아름답고, 천성이 단정하고 선량하며 성실하고 정중하였다. 50여 년이나 대궐을 출입하였으나, 보는 것은 발길 미치는 곳을 넘지 않았고 들은 것은 가족들에게도 말을 옮기지 않았으며, 조정의 논의는 입 밖에 낸 적이 없고 조정 벼슬아치들의 집에는 발걸음을 하지 않았다. 임금의 총애와 예우가 여러 귀척貴戚(임금의 인척) 중에서 단연 으뜸이었지만, 밤이나 낮이나 공경하고 두려워하여 늙을 때까지 해이해지지 않았다. 임금이 특별히 예외로 전장田庄과 노비를 하사하면, 문득 사양하며,

"신이 임금의 은혜를 입어 일찍이 부마로 선택되었으니, 가난은 걱정하지 않아도 됩니다."

하였다. 완상玩賞할 만한 옛 기물器物을 특별히 하사해도, 감히 스스로 지니지 않았다. 처음에 저택으로 이현궁梨峴宮[13]을 하사했으나, 상소하여 기어이 사양하였다. 화평옹주가 돌아가매 영조가 누차 거둥하여 상사를 살피니, 공은 상소를 올려 기어이 임금의 행차를 중지토록 하였으며, 뜻대로 되지 않자 계속 어가御駕를 부여잡고 완강히 간하였다.

---

10. **수록대부綏祿大夫**　왕의 사위들에게 주는 정1품의 품계이다.
11. **금보金寶와 옥책玉册**　금보는 죽은 임금이나 왕후의 존호尊號를 새긴 도장이고, 옥책은 왕이나 왕비에게 존호를 올릴 때 그 덕을 기리는 글을 새긴 옥 조각을 엮어 매어 책처럼 만든 것을 말한다.
12. **효창묘孝昌墓**　정조의 요절한 첫아들 문효세자文孝世子의 묘소이다.
13. **이현궁梨峴宮**　한양 동부 연화방蓮華坊, 즉 지금의 종로구 인의동에 있던 광해군의 잠저潛邸인데, 이 부근은 속칭 배고개(梨峴)라고 불려 이현궁梨峴宮이라고 하였다. 영조도 세제世弟 시절에 한때 이 궁에 거주했다.

집에 있을 때는 한적하여 사람이 없는 것 같았으며, 의원을 맞이하는 일이 아니면 새 얼굴을 대할 길이 없었으니, 당시 사람들이 그 때문에 말하기를,

"누가 그의 마음을 사랴? 차라리 금을 캐는 게 낫지. 그 앞에서 쓸데없는 소리 말아라. 촌철寸鐵[14]도 안 통한다."

했다. 그러므로 조카 종덕宗德이 10여 년[15] 동안 이조와 병조의 판서직을 맡았으나, 세상에 감히 공에게 인사 청탁을 하는 자가 없었다. 몸가짐을 항상 새 옷을 입은 듯이 하면서,

"물건을 남에게 줄 때도 오히려 먼지를 터는 법인데, 하물며 몸을 임금에게 바침에 있어서랴."

했다.

일찍이 지원趾源에게 말하기를,

"부마가 무슨 벼슬인고?"

하므로, 내가 대답하기를,

"품계는 높아도 뭇사람이 우러러보는 재상의 직책이 아니요, 녹봉은 후해도 하는 일 없이 녹봉만 받는다는 책망이 없는 것이 아니겠습니까?"

했다. 공은 웃으며 말하기를,

"일찍이 수레를 하사하며 타라고 명하시므로, 남성南城(남한산성)에서 호정湖亭[16]까지만 타고 말았네. 십수 년 뒤에 임금이 다시 무엇을 타고 다니

---

14. 촌철寸鐵　짧고 날카로운 무기를 말하는데, 여기서는 상대방의 마음을 찌르는 짧은 말을 뜻한다.

15. 10여 년　대본은 '數十年'인데 '十數年'의 잘못이다. 『연암집』 권1 「족형 도위공의 환갑에 축수하는 서문」(族兄都尉公周甲壽序)에 "공의 조카가 10여 년 동안 번갈아 이조와 병조의 판서로 있었으되"라고 하여 '十餘年'이라 되어 있다.

16. 호정湖亭　한강 삼포三浦에 있던 박명원의 별장 세심정洗心亭을 가리키는 듯하다. 『過庭錄』 卷1 삼포는 곧 삼개로 마포麻浦를 가리키는데, 마포 앞을 흐르는 한강을 마호麻湖라고 하였다. 『漢京識略』 卷2 「山川」

는지를 물으셨으므로 황공하여 미처 대답을 못했는데, 옆에 있던 사람이 대신 '이 사람은 수레가 없습니다'라고 아뢰자, 대번에 명을 내려 만들어 주게 하셨지. 그래서 또 동대문으로부터 나와 교외의 별장까지만 타고 그만두었네."

하므로, 내가 묻기를,

"왜 타지 않았습니까?"

하였더니,

"이는 명망과 덕행이 있는 이가 사용하는 것인데 어찌 재상과 나란히 수레를 몰 수 있겠는가?"

라고 말하였다. 뒷날에 또 나에게 이르기를,

"의빈儀賓(부마)이란 어떤 사람인고?"

하기에, 대답하기를,

"대궐에 들어가면 임금의 일상생활을 시중들고 대궐 밖으로 나가면 임금의 행차를 뒤따라가니 귀근인貴近人[17]이 아니겠습니까?"

했더니, 공은 정색을 하며 말하기를,

"비·이슬·서리·눈 내리는 것이 하늘의 조화 아닌 것이 없는데, 만약 다시 하늘을 쳐다보고 구름을 바라보며, 망녕되이 비가 올지 볕이 날지를 점친다면 이는 모두 신하로서 죽을죄인데, 하물며 귀근인이랴?"

하였다. 공은 마음속으로, 자취가 왕실과 연결된 자는 마땅히 그 행동[18]을 조심하여 세상 사람들이 의중을 엿보게 하지 말아야 하며, 명성을 지니기보다는 차라리 국민들이 아무개 도위가 있는 줄을 모르게 하는 것이

---

17. **귀근인貴近人** 임금이 중히 여기고 친근하게 여기는 사람을 말한다.
18. **행동** 원문은 '聲臭'인데, 『시경』 대아大雅 「문왕」文王에 "하늘이 하시는 일은 소리도 나지 않고 냄새도 나지 않는다"(上天之載 無聲無臭) 하였다. 겉으로 드러난 자취가 없어 하늘의 의중을 헤아릴 수 없다는 뜻이다.

좋다고 여겼다. 그러므로 비록 걷거나 달려가고 한 번 찌푸리거나 한 번 웃는 일일지라도, 반드시 아주 사소한 것도 신중히 하고, 다만 국시에 따를 뿐이요 자기 의견은 개입시킨 바 없었다. 대중들과 함께 듣고 볼 뿐 대중들보다 먼저 하고자 하지 아니하며, 사소한 것까지 신중히 하고 자세히 검토하는 것은 감히 남들에게 뒤지지 않았으니, 그 공경하고 겸손하며 신중하고 과묵함이 대개 이와 같았다.

일찍부터 남다른 지우知遇를 장헌세자莊獻世子에게서 입어, 세자에게 닥친 곤란과 우환을 항상 말없이 살피면서, 공과 귀주貴主(화평옹주)가 안팎으로 협찬하며 정성을 다해 보호해 나갔으나, 궁중의 일이라서 이를 아는 이가 없었다. 귀주가 일찍 세상을 떠나매 공의 진실되고 외로운 충성은 임금의 마음속에만 기억되어 있었지만, 차마 자세히 드러내 말씀하시지 못하고 누차 귀주의 제문에다 뜻을 나타내셨으니, 이에 비로소 공이 세자를 보좌한 큰 공이 있다는 것이 알려지게 되었다. 공에게 넌지시 묻는 자가 있자, 공은 한참동안 침묵을 지키다가,

"임금님의 은혜에 감격하여 목이 멜 따름이다."

하였다.

급기야 공이 장헌세자의 예전 장지[19]의 네 가지 해로운 점을 자세히 아뢰자,[20] 위로는 임금의 마음에 맞고 아래로는 여론이 흡족해하였다. 이에 좋은 묏자리를 얻어 나라의 터전을 영원히 굳혔으니, 돌아가신 세자에게 못다 한 공의 충정으로는 이 공사로써 거의 더 이상 바랄 것이 없게 되었다고 하겠다. 바야흐로 이때에 임금은 공을 은인으로 여기셨고,

---

19. **예전 장지**　원문은 '舊園'인데, 김택영 편 『중편연암집』에는 '영우원' 永祐園으로 되어 있다.

20. **공이 …… 아뢰자**　사도세자의 처음 장지인 영우원永祐園이 본래 협소하여 정조는 즉위 초부터 이장하고자 하면서도 결단을 내리지 못하고 있었는데, 박명원이 상소하여 이장해야 할 네 가지 문제점을 거론하므로, 비로소 이장을 결단하고 원래 양주군楊州郡의 배봉산拜峯山에 있던 영우원을 수원水原의 화산花山으로 옮겨 현륭원顯隆園을 조성하게 되었다. 『正祖實錄』13年 7月 11日, 15日

나라 안에서는 시귀蓍龜[21]처럼 믿고 있었다. 공은 병이 심해져 점점 피곤해져서 거의 식사를 끊다시피 한 지가 여러 해였다. 그러나 여전히 길지吉地를 살피고 공사를 감독할 수 있었다. 매번 한번 왕명을 들으면 반드시 신속히 왕래하면서 자신이 쓰러질 것도 걱정하지 않았으니, 왕실에 관한 일을 근심하고 염려하여 죽음에 이르러서야 그만둔 것은 역시 그 천성이 그러했기 때문일 것이다.

지원趾源이 일찍이 공을 따라 국경을 나갔다가 요하遼河에서 비로 길이 막혔는데, 하루는 공이 스스로 나가 물을 살펴보고는 드디어 급히 채찍질하여 곧장 건너므로, 사람들이 허둥지둥 놀라서 뒤를 따랐다. 강을 건너고 난 뒤 공이 사람들을 불러 위로하기를,

"오늘 일은 진실로 위태로웠다. 그러나 왕조의 위덕威德에 힘입은 자는 물에 빠져 죽을 리가 없고, 설사 빠져 죽는다 해도 이것은 자기의 직분이다."

하였다. 이로부터 사람들이 아무도 감히 다시는 물이 넘실대어 건너갈 수 없다고 말하지 못하였다.[22] 또 길을 다급히 재촉하여 열하熱河로 갈 적에도 일을 요량하고 임기응변하는 것이 매번 시의적절하였으며, 자신을 다스리고 대중을 통제함에 있어서는 엄격함이 마치 행진行陣하는 것과도 같았다. 비단 사신으로서 왕명을 받든 이 한 가지 일만이 공에게서 볼 만한 것은 아니었다. 그 밝은 식견과 굳센 지조는 조정에 나아가 엄숙한

---

21. **시귀蓍龜**　시초蓍草를 이용한 주역周易 점占과 거북 껍질을 이용한 점占이다. 이 점괘에 따라 대사를 결정한다. 그러므로 국가의 중대사에 대해 자문諮問하는 덕망이 높은 인물을 시귀라 하기도 한다.

22. **지원趾源이 …… 못하였다**　『열하일기』「도강록」渡江錄 7월 1일부터 6일까지의 기사에 통원보通遠堡에서 폭우로 강물이 불어 며칠 지체되었던 사실이 언급되어 있고,「막북행정록」漠北行程錄 8월 5일자 기사에 또 정사 박명원이 결단하여 위험을 무릅쓰고 강을 건넌 사실이 회고되어 있다. 『연암집』권4에 수록된「통원보에서 비에 막히다」(滯雨通遠堡)는 그때의 사건을 소재로 한 시이다.

태도로 아랫사람들을 통솔할 만한데도,[23] 이미 나라의 제도에 제한되어 어찌할 수 없는 일인즉, 실로 한 세상이 모두 다 애석히 여기는 바이며, 임금께서도 조정에 임어臨御하실 적에 누차 탄식으로 그런 뜻을 드러내셨다.

임금께서 일찍이 연輦(가마)을 타고 공의 집에 납시어, 공의 침소가 벼슬이 없는 선비와 같이 쓸쓸한 것을 보고 가상히 여겨 어서御書로 '만보정'晩葆亭이라는 편액을 내리고, 또 시를 하사하여 총애하는 뜻을 보였다. 현륭원顯隆園이 완성됨에 미쳐서는 승지를 보내어 전장과 노비를 하사하고, 덧붙여 백금과 구마廐馬[24]를 내렸으며, 무릇 금성위의 상소에 대해 비답批答[25]을 내릴 때는 반드시 사관史官이 어전에서 한 번 읽었으니, 모두 특별한 예우였다.

병이 위급하자 태의太醫(어의)가 약을 싸가지고 가 밤낮으로 진찰하고 간호하였으며, 액정서掖庭署[26]의 사자들은 병세를 묻기 위해 날마다 길에 줄을 이었다. 임금께서 거둥하시는 길에 들러 보고자 하여 먼저 사관을 시켜 가 보게 했는데, 공은 이미 말을 못하는 지경이었고 띠를 걸쳐 놓을 수가 없는 상태[27]였으므로 임금께서 슬퍼하며 돌아갔다. 그 후 수일

---

23. 조정에 …… 만한데도　원문은 '可以正色廊廟'인데, 『서경』 「필명」畢命에 주나라 강왕康王이 필공畢公에 대해, "엄숙한 태도로 아랫사람들을 통솔한다"(正色率下)고 칭찬하였다.
24. 구마廐馬　임금이 거둥할 때 쓰는 가마와 말을 맡아보는 내사복시內司僕寺에서 기르는 말을 가리킨다.
25. 비답批答　임금이 상소문의 말미에 적는 가부可否의 답변을 말한다.
26. 액정서掖庭署　임금의 명령을 전달하고 왕이 쓰는 필기구, 대궐 안의 열쇠, 설비 등을 관리하는 관청이다.
27. 띠를 …… 상태　조복朝服 위에 띠를 걸쳐 놓지도 못한다는 말로, 이미 의식이 없는 상태였다는 뜻이다. 『논어』 「향당」鄕黨에 "병이 들었을 때에 임금이 병문안을 오면 머리를 동쪽으로 두고 누워서 조복을 몸에 걸치고 그 위에 띠를 걸쳐 놓았다" 하였는데, 주희朱熹의 주註에, "병들어 누워 있어서 옷을 입고 띠를 맬 수가 없으며, 또 평상복 차림으로 임금을 뵐 수도 없기 때문이다"라고 하였다.

만에 공이 마침내 별세했으니, 향년 66세였다. 5월 16일에 귀주의 묘에 합장하였다. 귀주는 영조 3년 정미년(1727) 4월 27일에 태어나서 무진년 (1748) 6월 24일에 세상을 떠났으니, 향년 22세였다. 선왕先王(영조)의 어찬御 撰인 『효우록』孝友錄이 있다. 공에게는 작은 초상화 두 벌이 있었는데, 선 왕께서 모두 '충효소심'忠孝小心이라 찬贊[28]을 하셨다.

공은 형의 아들 상철相喆을 데려다 양자로 삼았는데, 상철은 문과에 합격하여 부윤을 지냈다. 안동 김간행金簡行의 딸에게 장가들었으나 부인 은 일찍 죽고, 첩에게 4남 3녀가 있으니, 아들은 종선宗善·종현宗顯·종건宗 騫·종련宗璉이요, 딸은 장선張僎, 서근수徐瑾修, 이건영李建永에게 시집갔다. 상철은 종덕의 둘째 아들 홍수絖壽를 양자로 삼았는데, 홍수는 진사시進士 試에 합격하여 참봉參奉을 지냈으나 일찍 죽었다. 그 아들 제일齊一이 지금 승중承重[29]하였는데, 특명으로 상喪이 끝나기를 기다려 돈녕부 참봉敦寧府參奉 에 보임토록 하였다. 딸은 이희선李羲先, 홍정규洪正圭에게 시집갔다.

문효세자文孝世子[30]의 초상 때에 임금께서 공이 이 일에 두루 밝은 것 을 살피시고, 빈궁殯宮 마련부터 사당 건립에 이르기까지 많은 일을 공에 게 위임했다. 공은 이미 피로가 쌓여 병든 상태였는데도 오히려 자신의 몸이 추운지 더운지도 깨닫지 못하였다. 그리고 조용히 지내며 깊이 생 각에 잠겨 실의에 빠진 모습이 바보와도 같았고, 때로는 말을 잊은 채 저절로 눈물을 흘리기도 했다. 이로부터 다시는 풍악 소리를 듣지 않고, 후방後房(소실)의 즐거움도 끊고 정사亭榭(정자)의 놀이도 끊었으며, 비록 술 잔만이 오가는 작은 잔치라도 집에서 베풀지 않았으니, 대개 남모르는

---

28. 찬贊 　한문 문체의 하나로 인물을 칭송하는 글을 말한다. 서화의 옆에 적는 찬을 화찬畫贊 이라 한다.

29. 승중承重 　장손이 아버지와 할아버지를 대신하여 조상의 제사를 지내는 것을 말한다.

30. 문효세자文孝世子 　정조의 첫아들로, 다섯 살 때인 정조 10년(1786)에 병사하였다. 당시 연 암이 박명원을 대신하여 지은 「문효세자 진향문進香文」이 『연암집』 권9에 수록되어 있다.

애통함이 마음에 있는 때문이었다.

임종할 때에 조카 종악宗岳의 손을 잡고서 말하기를,

"내가 세 조정의 은혜를 받았는데도 티끌만큼도 보답한 것이 없으니, 죽어도 눈을 감지 못하겠다."

하고, 유서를 초하려 하지 못해 입으로 불렀는데, 한마디도 사사로운 일은 언급하지 않았다. 공 같은 이는 나라의 충신[31]이라 이를 만하니, 충희라는 시호를 얻음이 역시 합당하지 않겠는가! 명銘은 다음과 같다.

위의 있는 금성위여	獻獻錦城
화평옹주 배필 되어	作配和平
왕실에 공이 있었나니	功在王室
두 분 함께 아름답고 곧았도다	匹徽共貞
공公을 옛사람과 견주어도	公於古人
뉘가 더 위대하리	將誰與京

- 이하 원문 빠짐 -

어떤 이본에는 "공경스러운 금성위여, 나랏님의 사위 되어, 왕실에 공이 있었나니, 두 분 함께 아름답고 곧았도다. 천생배필 합장되었으니[32](翼翼錦城 天家作甥 功在王室 匹徽共貞 天作隨山) - 이하 원문 빠짐 -"로 되어 있다.

---

31. **나라의 충신** 원문은 '國之藎臣'인데, 『시경』 대아大雅 「문왕」文王에는 '王之藎臣'으로 되어 있다.
32. **천생배필 합장되었으니** 천생배필을 '천작지합'天作之合이라 한다. 박명원은 화평옹주의 묘에 합장되었다.

연암집

【 제4권 】

영대정잡영
映帶亭雜咏

총석정叢石亭에서 해돋이를 구경하다[1]

길손들 한밤중에 서로 주고받는 말이	行旅夜半相叫應
먼 닭이 울었는가 아직 울지 않을 텐데	遠鷄其鳴鳴未應
먼저 우는 먼 닭은 그게 바로 어드메냐	遠鷄先鳴是何處
의중에만 있는 거라 파리 소리처럼 희미하네[2]	只在意中微如蠅

1. **총석정叢石亭에서 해돋이를 구경하다**　연암의 아들 박종채朴宗采가 지은 『과정록』過庭錄에 의하면, 영조 41년(1765) 연암은 벗 유언호兪彦鎬·신광온申光蘊과 함께 금강산을 유람할 때 이 시를 지었다고 한다. 이 시를 보고 판서 홍상한洪象漢이 칭찬해 마지않았다고 하며, 연암 스스로도 득의작으로 자부하여 『열하일기』「일신수필」馹迅隨筆 7월 20일 조에 수록해 놓았다. 윤광심尹光心 편 『병세집』幷世集에는 「총석관일」叢石觀日이라는 제하에 수록되어 있는데, 자구의 차이가 있으며 12행 84자가 추가되어 있다. 『연암집』에 수록된 시의 초고로 짐작된다. 유만주兪晩柱의 일기인 『흠영』欽英에도 「총석관일」叢石觀日 시가 수록되어 있는데, 역시 자구의 차이가 있으며 10행 70자가 추가되어 있다.
2. **파리 소리처럼 희미하네**　『시경』詩經 제풍齊風 「계명」鷄鳴에 "닭이 우는 것이 아니라, 파리 소리로다"(匪鷄則鳴 蒼蠅之聲)라고 하였다. 현비賢妃가 임금이 조회朝會에 늦지 않게 깨우려고 조바심하다가 파리 소리를 닭 울음으로 잘못 들었다는 뜻이다.

마을 속의 개 한 마리 짖다 도로 고요하니　　　　　邨裏一犬吠仍靜

고요 극해 찬기 일어 마음이 으시으시　　　　　　靜極寒生心兢兢

이때 마침 소리 있어 두 귀가 울리는 듯[3]　　　　是時有聲若耳鳴

자세히 듣자니 집닭 울음 뒤따르네　　　　　　　纔欲審聽簷鷄仍

예서 가면 총석정이 십 리밖에 되잖으니　　　　　此去叢石只十里

동해에 곧바로 다다르면 해돋이를 보겠구먼　　　正臨滄溟觀日昇

하늘과 맞닿은 물만 넘실넘실 해 뜰 조짐 없고　天水頹洞無兆朕

거센 파도 언덕 치니 벼락이 일어나네　　　　　洪濤打岸霹靂興

노상 의심쩍은 건 폭풍이 바다를 뒤집어엎고　常疑黑風倒海來

뿌리째 산을 뽑아 뭇 바위 무너질까　　　　　連根拔山萬石崩

고래 곤어[4] 다투어 뭍으로 나올 법도 하이　無怪鯨鯤鬪出陸

뜻밖에도 회오리바람 일어 나래 치는 붕새를 만날지도[5]　不虞海運値搏鵬

다만 걱정되는 건 이 밤이 오래도록 아니 새어　但愁此夜久未曙

이제부터 혼돈을[6] 뉘 다시 징벌할지　　　　　從今混沌誰復懲

3. **두 귀가 울리는 듯**　　이명증耳鳴症으로 헛소리를 들은 듯하다는 뜻이다.
4. **곤어(鯤)**　　북해北海에 살며 크기가 몇 천 리나 되는지 알 수 없다는 물고기로, 붕새는 이 곤어가 새로 변한 것이라고 한다. 『莊子』「逍遙遊」
5. **나래 치는 붕새를 만날지도**　　『장자』莊子「소요유」逍遙遊에 붕새는 "바다에서 회오리바람이 일면 장차 남해로 이동한다"(海運則將徙於南溟)고 했으며 "나래로 회오리바람을 쳐서 구만 리나 솟구쳐 오른다"(搏扶搖而上者九萬里)고 하였다.
6. **이제부터 혼돈을**　　혼돈混沌은 천지개벽 초에 만물이 아직 구별되지 않은 어두운 상태를 가리킨다. 이 혼돈은 중국 고대 문헌에서 주로 부정적인 존재로 의인화擬人化되었다. 『장자』「응제왕」應帝王에서는 눈, 코, 입, 귓구멍, 콧구멍이 없는 중앙의 제왕으로 소개되어 있다. 삼황三皇 이전 천지의 시초의 제왕이라고도 한다. 또한 『사기』史記「오제본기」五帝本紀에는 제홍帝鴻 즉 황제黃帝의 못난 자식으로서 그 후손이 요순堯舜 시대 때 악명 높은 사흉四凶의 하나였다고 한다. 『신이경』神異經에는 곤륜산崑崙山 서쪽에 사는 악수惡獸라고도 하였다.

아마도 겨울 신이 제 힘을 과시하여	無乃玄冥劇用武
구유[7]를 일찍 닫고 우연[8]을 얼게 하지 않았나	九幽早閉虞淵氷
아마도 하늘 축이 오래도록 돌고 돌다	恐是乾軸旋斡久
서북으로 기울어져[9] 묶은 줄이 끊어진 게지	遂傾西北墮環絚
세 발 달린 까마귀[10] 날기로는 천하제일인데	三足之烏太迅飛
누가 주술 부려 발 하나를 노끈으로 매어 놓았나	誰呪一足繫之繩
해야[11]의 옷과 띠엔 물방울이 뚝뚝 듣고	海若衣帶玄滴滴
수비[12]의 쪽 찐 머린[13] 추위 서려 싸늘하네	水妃鬢鬐寒凌凌
큰 고기 활개 치며 준마같이 내달리니	巨魚放蕩行如馬
붉고 푸른 지느러미 어찌 그리 터부룩한고	紅鬐翠鬛何髼髶
개벽 이전 어둔 누리 본 사람이 누구더냐	天造草昧誰參看
참다 못해 외쳐 대며 등이라도 켜려 드네	大叫發狂欲點燈
혜성이 꼬리를 끌고[14] 화성火星이 광망光芒을 뻗치네	欃槍擁彗火垂角
낙엽 진 나무의 부엉이 울음 더욱더 밉상일레	禿樹啼鵑尤可憎
조금 뒤에 수면에 작은 부스럼 생긴 듯	斯須水面若小癤

---

7. **구유九幽**　땅속의 가장 깊은 곳을 가리킨다.
8. **우연虞淵**　전설상 해가 지는 곳이다.
9. **서북으로 기울어져**　고대 중국에서는 하늘이 서북으로 기울어져 있어서 일월성신日月星辰이 그쪽으로 가고 있다고 믿었다. 『列子』「湯問」『사기』권127「일자열전」日者列傳에도 "하늘은 서북쪽이 부족하니 별들이 서북으로 이동한다"(天不足西北 星辰西北移)고 하였다.
10. **세 발 달린 까마귀**　전설상 해 속에 산다는 새이다
11. **해야海若**　전설상의 해신海神이다.
12. **수비水妃**　전설상 수중의 신녀神女이다.
13. **쪽 찐 머린(鬢鬐)**　양쪽 귀밑머리를 잡아당겨 만든 환상環狀의 쪽 찐 머리를 말한다.
14. **혜성이 꼬리를 끌고**　원문의 참창欃槍은 혜성의 이름이다. 혜성은 비를 들어 쓸어버린 듯이 꼬리를 길게 끌기 때문에 소추성掃帚星이라고도 한다.

용의 발톱 잘못 긁혀 독기로 벌겋더니	誤觸龍爪毒可療
그 빛이 점점 커져 만리를 비추누나	其色漸大通萬里
물결 위에 번진 빛 꿩의 가슴 비슷하이	波上溋暈如雉臆
아득아득 이 천지에 한계 처음 생겼으니	天地茫茫始有界
붉은 붓 한 번 그어두 층이 되었구려	以朱劃一爲二層
매삽이라 신성이라[15] 염색집이 하도 커서	梅澁新惺大染局
몇 천 필 색을 들여 온갖 비단 으리으리	千純濕色縠與綾
산호나무 누가 베어 참숯을 만들었나	作炭誰伐珊瑚樹
부상나무[16] 뒤이으니 더욱더 이글이글	繼以扶桑盆熾蒸
염제[17]는 불을 불어입이 응당 비틀리고	炎帝呵噓口應喎
축융[18]은 부채 휘둘러 바른팔이 지쳤구려	祝融揮扇疲右肱
새우 수염 가장 길어 그슬리기 제일 쉽고	鰕鬚最長最易爇
굴 껍질은 굳을수록 더욱더 절로 익네	蠣房逾固逾自脉
한 치 구름 조각 안개 동으로 다 쓸려 가서	寸雲片霧盡東轇
온갖 상서 바치려고 제 힘을 다하누나	呈祥獻瑞各效能
자신궁[19]엔 조회 전에 바야흐로 갖옷을 모셔 놓고[20]	紫宸未朝方委裘
병풍만 펼쳐 논 채 용상은 비어 있네	陳辰設黼仍虛凭

15. **매삽이라 신성이라** '매삽'梅澁과 '신성'新惺은 그 의미가 불확실하나 염색집의 이름으로 추정된다.
16. **부상扶桑나무** 전설상 해 뜨는 곳에 자란다는 나무이다.
17. **염제炎帝** 전설상 불을 주관하는 신이다.
18. **축융祝融** 이 또한 불을 주관하는 신이다.
19. **자신궁紫宸宮** 당송唐宋 시대에 천자가 신하나 외국의 사신을 조회하던 정전正殿이다.
20. **바야흐로 갖옷을 모셔 놓고** 임금이 죽고 새 임금이 아직 조정에 나와 앉기 전에는 선왕의 유의遺衣인 갖옷을 모셔 놓고 조회한다.

초승달은 샛별 앞에 오히려 밀려나서   纖月猶賓太白前

먼저 예를 행하겠다고 등설滕薛처럼 제법 맞서누나[21]   頗能爭長薛與滕

붉은 기운 차츰 묽어 오색으로 나뉘더니   赤氣漸淡方五色

먼 물결 머리부터 절로 먼저 맑아지네   遠處波頭先自澄

바다 위 온갖 괴물 어디론지 숨어 버리고   海上百怪皆遁藏

희화[22]만이 홀로 남아 수레 장차 타려 하네   獨留羲和將驂乘

육만이라 사천 년[23]을 둥글둥글 내려왔으니   圓來六萬四千年

오늘 아침 동그라미 고쳐 어쩌면 네모가 될라   今朝改規或四楞

만길의 깊은 바다에서 어느 누가 길어 올렸을까   萬丈海深誰汲引

이제서야 믿겠노라 하늘도 오를 계단이 있음을[24]   始信天有階可陞

등림[25]에 가을 열매 한 덩이가 붉었고   鄧林秋實丹一顆

동공[26]이 채색 공을 차서 반만 올렸구려   東公綵毬蹴半登

과보는 헐레벌떡 뒤따라오고 있고   夸父殿來喘不定

---

21. **등설滕薛처럼 제법 맞서누나**   노魯나라 은공隱公 11년 봄에 등후滕侯와 설후薛侯가 노나라에 조현朝見을 왔다가 예를 행하는 데 있어 그 선후를 다투자 은공이 설후를 설득하여 등후가 먼저 예를 행하도록 한 데서 온 말이다. 『春秋左氏傳』隱公 11年

22. **희화羲和**   전설상 해를 태운 수레를 모는 신이다.

23. **육만이라 사천 년**   소옹邵雍의 『황극경세서』皇極經世書에 의하면, 우주가 개시해서 소멸할 때까지를 1원元이라 하는데, 1원은 12회會로, 1회는 30운運으로, 1운은 12세世로, 1세는 30년年으로 나뉜다. 따라서 1원은 12만 9600년이 된다. 우주의 역사가 6회會가 되면 6만 4800년이 된다.

24. **하늘도 …… 있음을**   『논어』「자장」子張에, 진자금陳子禽이 자공子貢에게 공자라도 그대만 못하겠다고 칭찬하자, 자공은 "선생님에게 미칠 수 없음은 하늘을 계단을 밟아 오를 수 없는 것과 마찬가지이다"(夫子之不可及也 猶天之不可階而升也)라고 반박하였다.

25. **등림鄧林**   전설상의 숲 이름이다. 『산해경』山海經 「해외북경」海外北經에, 과보夸父가 해를 따라 달리다가 목이 말라 죽었는데 그때 버린 지팡이가 숲을 이뤄 등림이 되었다고 한다.

26. **동공東公**   전설상의 해를 맡은 신이다.

육룡은 앞서 끌며[27] 교만스레 자랑하네   六龍前道頗誇矜

갑자기 눈살 찌푸리듯 하늘가 어둑해지더니   天際黯慘忽鼜甕

기운이 솟아난 듯 어영차 해 수레 미네   努力推轂氣欲增

바퀴처럼 둥글잖고 독처럼 길쭉한데   圓未如輪長如瓮

뜰락 말락 하니 철썩철썩 부딪치는 소리 들리는 듯   出沒若聞聲砯砯

만인이 어제처럼 모두 바라보는데[28]   萬物咸覩如昨日

어느 뉘 두 손으로 받들어 단번에 올려놨노   有誰雙擎一躍騰

---

27. **육룡六龍은 앞서 끌며**   전설에서 해의 신이 수레를 타면 여섯 용이 수레를 끌고 희화가 이
를 몰고 다닌다고 한다.

28. **만인이 …… 바라보는데**   『주역』「건괘」乾卦 구오九五의 효사爻辭에 대한 공자의 풀이 중에
"성인이 나타나시니 만물이 바라본다"(聖人作而萬物覩)는 말이 있다. 주자朱子의 본의本義에 의하
면 이때 만물萬物은 만인萬人이라는 뜻이다. 여기서는 해를 성인에 비겼다.

좌소산인左蘇山人¹에게 주다

이 세상 사람들을 내 살펴보니	我見世人之
남의 문장을 기리는 자는	譽人文章者
문文은 꼭 양한을 본떴다 하고	文必擬兩漢
시는 꼭 성당을 본떴다 하네²	詩則盛唐也
비슷하다는 그 말 벌써 참이 아니라는 뜻	曰似已非眞
한당漢唐이 어찌 또 있을 리 있소	漢唐豈有且
우리나라 습속은 옛 투식 즐겨	東俗喜例套
당연하게 여기네 촌스러운 그 말을	無怪其言野
듣는 자는 도무지 깨닫지 못해	聽者都不覺

1. **좌소산인左蘇山人**　서유본徐有本(1762~1822)의 호로 알려져 있으나, 이덕무의 수많은 호 중의 하나이기도 하다. 『碧梅園小選』 이덕무는 연암이 예전에 자신에게 오언 고시五言古詩를 지어 주었는데 문장을 논한 것이 자못 광장하여 볼만했다고 하였다. 『淸脾錄』 三「燕巖」
2. **문文은 …… 하네**　명나라 왕세정王世貞이 "문은 반드시 서한을 본뜨고 시는 반드시 성당을 본떠야 한다"(文必西漢 詩必盛唐)고 제창하여 의고주의擬古主義 문풍이 성행하게 되었다.

얼굴이 붉어지는 사람이 없군	無人顏發赭
못난 놈은 기쁨이 뺨에 솟아서	駄骨喜湧頰
입을 벌려 웃어 대며 침을 흘리고	涎垂噱而哆
약은 놈은 갑자기 겸양을 발휘하고	黠皮乍撝謙
삼십 리나 피하여 달아나는 척	逡巡若避舍
허한 놈은 두 눈이 놀라 휘둥글	餒髥驚目瞠
더웁지 않은데도 땀 쏟아지고	不熱汗如瀉
약골은 굉장히도 부러워하여	儒肉健慕羨
이름만 들어도 향기 나는 듯[3]	聞名若蘅若
심술꾼은 공공연히 노기를 띠어	忮肚公然怒
주먹 불끈 후려치길 생각한다오	輒思奮拳打
내 또한 이와 같은 기림을 듣고	我亦聞此譽
갓 들을 땐 낯가죽이 에이는 듯싶더니	初聞面欲刵
두 번째 들고 나니 도리어 포복절도	再聞還絶倒
여러 날 허리 무릎 시큰하였다네	數日酸腰髁
이름이 널리 알려질수록 더욱 흥미 없어	盛傳益無味
밀 조각을 씹은 듯이 도리어 맛이 없더군	還似蠟札俎
그대로 베껴서는 진정 안 될 말	因冒誠不可
오래 가면 실성하여 바보가 된 듯하지	久若病風儍
심술쟁이를 돌아보며 얘기하노니	回語忮克兒
잔재주 따월랑 우선 버리게	伎倆且姑舍

---

3. **향기 나는 듯** 원문의 형약蘅若은 향초香草인 두형杜蘅과 두약杜若을 말한다. 형약蘅若의 '약若은 이때 상성上聲 마운馬韻으로 압운하였으므로 '人'과 '者'의 반절反切인 '야'로 읽어야 한다.

조용히 내가 한 말 들어나 보면	靜聽我所言
네 마음 응당 너그러워질 터	爾腹應坦韠
흉내쯤이야 시새울 게 무엇이 있다고	摸擬安足妒
스스로 야료를 부리다니 무안스럽지 않나	不見羞自惹
걸음을 배우려다가 되려 기어서 오고[4]	學步還匍匐
찌푸림을 본받으면 단지 추할 뿐[5]	效嚬徒醜醜
이제 알리라 그려 놓은 계수나무가	始知畵桂樹
생생한 오동만 못하다는 걸	不如生梧檟
손뼉 치며 초나라를 놀라게 해도	抵掌驚楚國
마침내는 의관을 빌린 것이며[6]	乃是衣冠假
푸르고 푸른 언덕의 보리를 노래한 것은	靑靑陵陂麥
입속의 구슬을 몰래 빼내기 위함이라[7]	口珠暗批搋

---

4. **걸음을 …… 오고**　　수릉壽陵 지방의 젊은이가 당시 조趙나라의 서울인 한단邯鄲에 가서 그곳 사람들의 세련된 걸음걸이를 배우려다가 이를 제대로 익히지도 못하고 예전의 걸음걸이마저 잃어버린 채 기어서 돌아왔다는 이야기에서 나온 말이다. 『莊子』 「秋水」

5. **찌푸림을 …… 뿐**　　중국 최고의 미인이라 불리는 서시西施가 가슴앓이로 인상을 찌푸리고 다녔는데 그 모습마저 아름답게 보이자 이웃의 추녀가 그 모습을 흉내 내었으나 도리어 더 추해 보였다고 한 이야기에서 나온 말이다. 『莊子』 「天運」

6. **손뼉 …… 것이며**　　초楚나라 악공樂工 우맹優孟이 죽은 초나라 재상 손숙오孫叔敖의 의관을 입고 장왕莊王 앞에 나타나 손뼉을 치면서 이야기하자 장왕이 깜짝 놀라면서 손숙오가 다시 살아 돌아온 것으로 믿었다는 이야기에서 나온 말이다. 『史記』 卷126 「滑稽列傳」

7. **푸르고 …… 위함이라**　　장자莊子가 유자儒者를 도굴꾼에 비유해 풍자한 글에서, 유자가 시체의 입에 물고 있는 구슬을 보고 "푸르고 푸른 보리, 언덕 위에 자랐네. 살아 생전 베풀지 않더니만, 죽어서 구슬 문들 무엇하리오"(靑靑之麥 生于陵陂 生不布施 死何含珠爲)라는 시를 읊조리며 입을 벌려 구슬을 끄집어냈다는 이야기에서 나온 말이다. 즉 시문詩文을 지을 때 남의 훌륭한 구절을 훔쳐 내어 아름답게 꾸미는 것을 말한 것이다. 『莊子』 「外物」

제 속이 속된 줄은 생각 안 하고	不思腸肚俗
아름다운 붓 벼루만 애써 찾거든	强覓筆硯雅
육경의 글자로만 점철하는 건	點竄六經字
비하자면 사당에 의탁한 쥐와 꼭 같지[8]	譬如鼠依社
훈고의 어휘를 주워 모으면	掇拾訓詁語
못난 선비들은 입이 다 벙어리 되네	陋儒口盡啞
태상[9]이 제물을 벌여 놓으니	太常列釘餖
절인 생선과 젓갈 뒤섞여 썩은 냄새 진동하고	臭餒雜鮑鮓
여름철 농사꾼이 허술한 제 차림 잊고	夏畦忘疎略
창졸간에 갓끈과 띠쇠로 겉치장한 셈이지	倉卒飾緌錍
눈앞 일에 참된 흥취 들어 있는데	卽事有眞趣
하필이면 먼 옛것을 취해야 하나	何必遠古抯
한당은 지금 세상 아닐 뿐더러	漢唐非今世
우리 민요 중국과 다르고말고	風謠異諸夏
반고班固나 사마천司馬遷이 다시 태어난다 해도	班馬若再起
반고나 사마천을 결단코 모방 아니 할걸	決不學班馬
새 글자는 창조하기 어렵더라도	新字雖難剏
내 생각은 마땅히 다 써야 할 텐데	我臆宜盡寫
어쩌길래 옛 법에만 구속이 되어	奈何拘古法

8. **육경六經의 …… 같지**　사람들이 범할 수 없는 사당에 집을 짓고 살아가는 쥐처럼, 사람들의 비판을 피하기 위해 성스러운 경전經典에 의탁하여 시문을 짓는 것을 말한다. 『晏子春秋』「問上九」
9. **태상太常**　제사와 예악을 담당하는 관리이다.

허겁지겁하기를 붙잡고 매달린 듯 하나 　　　刼刼類係把
지금 때가 천근淺近하다 이르지 마소 　　　莫謂今時近
천년 뒤에 비한다면 당연히 고귀하리[10] 　　　應高千載下
손자孫子 오자吳子의 병서 사람마다 읽긴 하지만 　　孫吳人皆讀
배수진을 아는 자는 극히 드물지[11] 　　　背水知者寡
남들이 사 두지 않는 물건을 서둘러 산 이는 　　趣人所不居
유독 저 여불위呂不韋[12]란 큰 장사치뿐이었네 　　獨有陽翟賈
이 몸은 음陰이 허해 병이 깊어져[13] 　　　而我病陰虛
사 년째 다리가 쑤시고 아팠다오 　　　四年疼跰踱
적막한 물가에서 그대를 만나니 　　　逢君寂寞濱
가을철 쓸쓸한 규방의 미인마냥 얌전도 하이 　　靜若秋閨姹
웃음을 자아내는 광형匡衡이 방금 온 듯[14] 　　解頤匡鼎來

---

10. 지금 …… 고귀하리　　근대 이전 동양에서는 복고적인 역사관에 따라 문학에서도 옛것일수록 고귀하게 여기고 요즘 것일수록 천시하는 귀고천금貴古賤今의 경향이 심했다. 연암은, 지금 것도 천년이 지나면 옛것이 되어 고귀하게 대접을 받을 것이라고 하여 복고적인 사상을 비판한 것이다.
11. 배수진背水陣을 …… 드물지　　한漢나라 장수 한신韓信은 "사지死地에 빠진 뒤에야 살 수 있고, 죽을 자리에 놓인 뒤라야 산다"는 병법을 활용하여, 오합지졸들을 모아 배수진을 침으로써 조趙나라 군대를 대파할 수 있었다. 『史記』 卷92 「淮陰侯列傳」
12. 여불위呂不韋　　전국 시대 말기 양적현陽翟縣의 대상인이다. 조趙나라에 볼모로 와 천대받고 있던 진秦나라 공자 자초子楚를 만나자 이를 '사 둘 만한 기화'(奇貨可居)라 여기고는, 계책을 써서 진나라의 왕이 되게 함으로써 그의 아들인 진시황에 이르기까지 진나라의 승상을 지낼 수 있었다. 『史記』 卷85 「呂不韋列傳」
13. 이 몸은 …… 깊어져　　한의학에서 음陰에 속하는 정액이나 진액津液이 부족해지는 병을 음허陰虛라고 한다. 음허가 되면 몸에 열이 나고 식은땀과 천식이 생긴다고 한다.
14. 웃음을 …… 듯　　한漢나라 광형匡衡은 『시경』에 대한 풀이를 잘하였다. 당시 사람들이 이를 두고 "『시경』에 대해 풀이할 사람이 없다 싶으면 광형이 바로 오고, 광형이 『시경』을 풀이하면 사람들이 저절로 웃음을 터뜨린다"(無說詩 匡鼎來 匡說詩 解人頤) 하였다. 『漢書』 卷81 「匡張孔馬傳」

몇 밤이나 등잔 심지 돋우었던가	幾夜剪燈炧
글 평론 약속한 듯 서로 꼭 들어맞으니	論文若執契
두 눈을 빛내며 술잔을 잡네	雙眸炯把罌
하루아침에 막힌 가슴 쑥 내려가니	一朝利膈壅
입에 가득 매운 생강 씹은 맛일레	滿口嚼薑餕
평생에 숨겨 둔 두어 줌 눈물	平生數掬淚
싸 두었다 뿌리노라 가을 하늘에	裹向秋天灑
목수가 나무 깎는 일 맡았지만	梓人雖司斲
대장장이를 배척한 일이 없었네	未曾斥鐵冶
미장이는 제 스스로 쇠흙손 잡고	圬者自操鏝
기와 이는 놈 제 스스로 기와 만드네	蓋匠自治瓦
그들이 방법은 비록 같지 않지만	彼雖不同道
목적은 큰 집을 짓자는 거야	所期成大廈
저만 옳다 하면 남이 붙지를 않고	悻悻人不附
지나치게 깔끔을 떨면 복 못 받느니	潔潔難受嘏
그대는 아무쪼록 현빈¹⁵을 지키고	願君守玄牝
아무쪼록 기저¹⁶를 장복長服하게나	願君服氣姐

---

15. **현빈玄牝**　『노자』老子 6장에 "곡신은 죽지 않으니 현빈이라 이른다. 현빈의 문은 천지의 뿌리이다"(谷神不死 是謂玄牝 玄牝之門 天地之根)라고 하였다. 현빈은 현묘한 모체母體란 뜻으로, 양생養生의 도道를 가리킨다.

16. **기저氣姐**　기저의 저姐는 모母와 같은 뜻이다. 『說文』「女部」이 시에서는 '玆'와 '野'의 반절인 '자'로 읽어야 한다. 기저는 기모氣母, 즉 우주의 원기元氣를 말한다. 『장자』「대종사」大宗師에, 복희씨가 도를 얻어 기모를 배합했다고 한다. 복기服氣는 도가道家의 양생술인 호흡법을 말한다.

부디 한창 젊을 적에 노력한다면   願君努壯年
전문이 동쪽으로 활짝 열리리[17]   專門正東闢

17. **전문專門이 …… 열리리**   이백李白의 고시古詩 59수 중 제3수에서 진시황이 천하를 제압한 사실을 노래하면서, "함곡관函谷關이 동쪽으로 활짝 열렸네"(函谷正東開)라고 하였다. 진시황이 육국六國을 병합하자 침략을 두려워할 일이 없어, 그동안 굳게 닫아걸었던 동쪽 관문關門 함곡관을 활짝 열어 두었다는 뜻이다. 여기서는 이덕무가 문장 공부에 전념한다면 장차 천하를 제압하는 명가名家가 되리라는 격려의 뜻을 나타낸 것으로 보인다.

해오라비 한 마리

'도중에 잠시 개다'(道中乍晴)라고도 되어 있다.

한 마리 해오라비 버들 등걸 밟고 섰고	一鷺踏柳根
또 한 마리 물 가운데 우뚝 서 있네	一鷺立水中
산허리는 짙푸르고 하늘은 시커먼데	山腹深靑天黑色
무수한 해오라비 공중을 빙빙 돌며 나네	無數白鷺飛翻空
선머슴 소를 타고 시냇물 거슬러 건너는데	頑童騎牛亂溪水
시내 너머로 각시 무지개 날아오르네	隔溪飛上美人虹

농삿집

늙은 첨지 참새 쫓느라 남녘 둑에 앉았는데	翁老守雀坐南陂
개꼬리 같은 조 이삭에 노란 참새 매달렸네	粟拖狗尾黃雀垂
큰아들 작은아들 모두 다 들에 나가니	長男中男皆出田
농삿집 진종일 낮에도 문 닫겼네	田家盡日晝掩扉
솔개가 병아리를 채려다가 빗나가니	鳶蹴鷄兒攫不得
호박꽃 울타리에 뭇 닭이 꼬꼬댁거리네	群鷄亂啼匏花籬
젊은 아낙 바구니 이고 시내 건너려다 주춤주춤	小婦戴棬疑渡溪
꾀복쟁이와 누렁이가 줄지어 뒤따르네	赤子黃犬相追隨

산해도山海圖를 열람한 노래[1]

여름날에 백씨伯氏 및 종제從弟 이중履仲, 덕보德保, 무관懋官[2]과 약속하여 현원玄園에 노니는데, 각기 하나씩 감상품을 내놓고 비교해 보기로 했다.

---

1. **산해도山海圖를 열람한 노래(搜山海圖歌)**　　유득공柳得恭의 『영재집』泠齋集 권1에도 같은 제목으로 수록되어 있는데, 자구상 차이가 적지 않다.

「산해도」山海圖는 고대 중국의 신화집神話集이자 지리서인 『산해경』山海經의 내용을 소재로 삼은 그림이다. 『완씨칠략』阮氏七略에 의하면 남조南朝 양梁나라의 화가 장승요張僧繇가 그렸다는 「산해도」가 기록으로 전하는 최초의 작품이다. 『육연재필기』六研齋筆記 卷3 동진東晉 때 곽박郭璞이 「산해경도찬」山海經圖讚을 지었고, 도연명陶淵明이 「독산해경」讀山海經 시를 지은 이래, 이백李白과 맹호연孟浩然 등 저명한 시인들이 「산해도」를 본 시들을 남기고 있음을 보면, 「산해도」가 후대에 지속적으로 그려졌음을 알 수 있다. 연암이 보았다는 「산해도」는 왕적王迪이 그린 작품이라 하는데, 왕적이 누구인지 확실치 않다. 참고로, 남송南宋 신종神宗 때 유명한 은자隱者로 먹을 잘 만들었다는 왕적王迪이란 인물이 있다. 『묵사』墨史 卷中 『능개재만록』能改齋漫錄 卷18

2. **백씨伯氏 …… 무관懋官**　　연암의 백씨는 박희원朴喜源이다. 벼슬을 하지 못했으며, 연암의 장남 종의宗儀를 양자로 들였다. 이중履仲은 박수원朴綏源(1738~1811)의 자이다. 그는 연암의 계부인 박사근朴師近의 아들로서, 진사 급제 후 선산 부사善山府使를 지냈다. 덕보德保는 홍대용洪大容의 자이고, 무관懋官은 이덕무李德懋의 자이다.

이 두루마리 그림은 길이가 거의 활 한 바탕 지점에 달하게 되므로 원중
園中에 벌여 놓고 그림을 따라 모두 걸음을 옮겨가면서 감상했다.

용龍 기르는 복부服不[3] 소임 어느 뉘 맡았는고	豢龍服不誰其司
동서남북 넓은 세상 기괴한 것 하고하네	四荒之野多詭奇
북두성 빗기어라 늙은 여우 절을 하고	北斗星斜拜老狐
화표주[4] 푯말 아랜 누런 살쾡이 울음 우네	華表柱下啼黃狸
남산의 큰 원숭이 고운 첩을 훔쳐 내어	南山大玃盜媚妾
바위틈에 함께 살며 억지로 사통하네	與處岩穴强之私
산도깨비 대낮에 산을 떠나 내려와서	山魈白日下山來
사람 사는 부엌 빌려 방게를 구워 먹네	借人竈突燒蟛蜞
울루[5]를 야유하고 백익[6]과 숨바꼭질	揶揄鬱累迷伯益
늪이라 수풀에서 제멋대로 실컷 노네	菹澤叢林恣飽嬉
관운장이 모습 바꿔 신병을 거느리니	關王變相領神兵
하얀 낯에 수염은 한 올도 돋지 않고	白面乃無一莖髭
검은 관 붉은 신에 누른 비단 도포 입고	玄冠赤舃黃羅袍
석 자 길이 교의에 호피 깔고 앉았구려	三尺胡床委皋比
왼손을 무릎까지 드리우고 바른편을 돌아보며	左手垂膝右顧視

3. **복부服不**   맹수를 키우거나 조련하는 관직이다. 『周禮』夏官「司馬」요순堯舜 시절 동보董父
가 용을 잘 길렀으므로 순임금이 그에게 환룡豢龍이란 성씨를 내렸다고 한다. 『春秋左氏傳』「昭
公」29年
4. **회표주華表柱**   교량이나 성곽, 능묘 따위의 앞에 세우는 거대한 기둥을 가리킨다.
5. **울루鬱累**   악귀를 잘 다스린다는 신神의 이름이다. '鬱壘'라고도 한다. 세간에서 '대문의 신'
(門神)으로 받들었다. 『論衡』「訂鬼」
6. **백익伯益**   순舜임금의 신하로 우禹를 도와 치수治水에 공을 세운 인물이다. 『書經』「舜典」
순임금이 백익에게 불을 관장하게 하자 백익이 산과 못을 불 질러 태웠더니 새와 짐승들이 달아
나 숨었다고 한다. 『孟子』「滕文公上」

성났어도 미소 지으며 그 눈썹 치켜세웠네   怒而微笑竪其眉

도검을 받든 자는 칼자루를 오른손으로 잡고 있고   奉刀劍者右其柄

동자놈은 탄환 갖고 찰싹 붙어 따라가네   小童執彈親身隨

녹의[7] 입은 늙은 관리 백책[8]을 손에 쥐고   綠衣老吏執白策

몸을 굽혀 뒤따르며 힐끗힐끗 눈치를 먼저 보네   鞠躬將趨頻先窺

어떤 자는 동개 차고 어떤 자는 도끼 잡아   或佩囊鞬或秉鉞

엄숙하고 경건하니 뉘 감히 딸꾹질하리   肅敬伊誰敢噦嘻

봉황 부채 학 일산日傘 빽빽이 늘어서고   鳳扇鶴傘立簇簇

붉은 깃발 반만 가려 바람에 펄렁펄렁   紅旆半遮風旖旎

땅에 엎뎌 영을 듣고 하늘 찌를 듯이 떠나가니   伏地聽令挐雲去

모두 다 새까맣고 험상궂은 놈들일세   盡是黑漢與醜厮

푸른 놈은 그 얼굴이 쪽물을 들여 논 듯   綠者其面如入藍

누런 놈은 그 다리 치자를 발라 논 듯   黃者其脚如塗梔

부리가 뾰족뾰족 닭 같은 놈 있다면   有如鷄者喙尖尖

뿔이 우뚝우뚝 외뿔소 같은 놈도 있다마다   有如兕者角觺觺

태어나 한 번도 머리를 빗질 않아 털이 더풀더풀   生不梳頭髮鬅鬙

귀신 밉단 사람 말을 내 이제 알았다오   人言鬼憎吾今知

겨드랑이 주변에 입이 달려 아! 괴이하도다   脇上有口吁可怪

그 입에 칼을 무니 수저를 머금은 듯   其口遇劍如含匙

귀 뚫어 구리 고리 달고 팔목에는 팔찌 찼네   耳穿銅環臂跳脫

---

7. **녹의綠衣**   정색正色이 아닌 하등下等 복색服色으로, 당唐나라 때 6, 7품의 하급 관리가 착용했다.

8. **백책白策**   『영재집』에는 '白板'으로 되어 있다. 정식으로 도장이 찍혀 있지 않은 사령장辭令狀을 뜻한다. 정식 발령을 받지 못한 관리도 '백판'이라 한다.

다리에 모직 행전을 치고 신에는 끈을 매지 않았네　　　脚繫毛偪不屨綦
어떤 놈은 칼 안 들고 돌만을 쥐고　　　　　　　　或不執兵但執石
나무 뽑아 가지 쳐서 거꾸로 쥐었구나　　　　　　拔木去枝仍倒持
만 발 길이 쇠줄에 흉악한 용 매달고서　　　　　　萬丈鐵索係毒龍
한 마디 영차 소리에 늪과 언덕 무너지네　　　　　一聲許邪拔澤陂
줄 끊기자 두 귀신 넘어져 엉치 다치니　　　　　　索絶二鬼顚傷尻
한 귀신 팔을 펴며 한바탕 크게 웃네　　　　　　　一鬼張臂大笑之
용이란 놈 기세등등하며 떨어지질 아니하니　　　　龍也搖頭不能落
그 비늘과 뺨의 털[9] 가지런히 달려 있구나　　　　纍纍縣其鱗之而
거센 물결 이처럼 시커멓다 이상할 것 없네　　　　無怪驚濤黑如此
용의 침을 섞어서 귀신 다리 씻겼겠지　　　　　　應洗鬼脚和龍㵿
뱀 잡는 놈이 있어 뱀이 그놈 목 감아 대니　　　　有捕蛇者蛇纏頸
눈알 튀어나오고 낯 벌건 채 턱을 떨고 있네　　　　目營面赤簌其頤
칼 휘둘러 달려가니 다시 주춤 물러서서　　　　　揮劍直前復小卻
갈라진 혓바닥을 실로 불꽃처럼 날름거리네　　　　實燁如炎舌有歧
헐떡거리며 달아나는 놈은 붉은 옷을 입었는데　　　喙且走者衣紫衣
꼬리 탐스러워 어슬렁대는 숫여우[10] 같구나　　　　尾豐似是雄綏綏
아내 하나 화살 맞아 두 팔을 쭉 뻗대고　　　　　一妻箭中兩臂伸
아내 하나 매에게 채여 오른 눈썹 비틀렸네　　　　一妻鷹攫右眉攲
아내 하나 아이 안고 낭자 잡고 달아나는데　　　　一妻抱兒奉髻走
아이가 여전히 젖을 빨자 그 아이를 나무라네　　　兒猶吮乳嗔其兒

---

9. **그 비늘과 뺨의 털**　　원문은 '其鱗之而'인데, 『주례』周禮 「고공기」考工記 재인梓人에 나오는 표현으로, 해석이 분분하다. 여기서는 청나라 왕인지王引之의 설에 따라 해석하였다.

10. **어슬렁대는 숫여우**　　『시경』 위풍衛風 「유호」有狐에 "여우가 어슬렁댄다"(有狐綏綏)는 구절이 있다. '수수'綏綏에 대해 주자朱子는 '짝을 찾아서 혼자 다니는 모습'이라고 풀이했다.

왕 원숭이 타박 입어 뼈마디가 물러지고　　　　　猴王被打骨到軟

배꼽 아래로 고개 처져 사지는 비실비실　　　　　頭垂過臍委四肢

두 계집 부축 받아 절뚝절뚝 걸어가니　　　　　　兩女扶腋跟蹡行

서두르는 손길에 부딪쳐 오사모烏紗帽가 떨어지네　手忙觸落烏接䍦

화상 입은 한 덩이 육신을 보전코자　　　　　　　欲全焦揚一塊肉

몸종은 울면서 비단보로 감싸 주누나　　　　　　侍婢泣以錦褓詩

범의 네 발목을 얽어 작대기로 꿰어 드니　　　　　縛虎四蹄貫以木

축 늘어진 꼴이 홰에 걸린 갖옷과도 같구려　　　　離披有如裘掛桃

땅 위에 철봉 꽂고 붉은 띠로 얽고 얽어　　　　　植棒地上纏赤帶

그 꼬리 손에 쥐고 당기기를 엿 늘이듯　　　　　手執其尾引如飴

물소를 잡아 와서 두 손가락으로 코 뚫고　　　　兩指穿挽水牛鼻

고삐를 못 얻으니 노끈으로 목을 얽었네　　　　索綯不得項繫縻

날아오른 사슴의 이마 뿔이 꺾여 내려오니　　　飛上鹿定摧角下

너무 뾰족해서 갈면 송곳으로 합당하이　　　　太尖只合磨爲觿

거북을 짊어지니 거북 발톱 다릿살을 후벼 파고　負龜龜以爪爬腿

고래를 껴안으니 고래 코는 수염 내를 씩씩 맡네　抱鯨鯨以鼻嗅髭

자라 끌고 두껍 들고 양옆으로 칼을 끼며　　　曳鼈提蟾挾擁劍

멧돼지 메고 이리를 내쫓으며 비유[11]를 꿰찼네　肩豕揮狼佩肥遺

크고 작은 귀신 합쳐 아흔에 여덟인데　　　　大小鬼凡九十八

또 하나 왕 귀신은 여기에 포함되어 있진 않네　又一鬼王不在斯

털 짧은 추한 짐승들 스물하나라면　　　　　羸毛之醜二十一

---

11. **비유肥遺**　　『산해경』 「서산경」西山經에 "영산英山에 새가 있어 그 모습이 메추라기와 같고 노란 몸에 붉은 부리를 가지고 있는데, 그 이름을 비유肥遺라 한다" 하였다. 또 『산해경』 「북산경」北山經에는 "혼석산渾夕山에 머리 하나에 몸이 둘인 뱀이 있는데, 그 이름을 비유라 한다" 하였다.

어여쁜 선녀들 열여섯이 섞여 있네　　　　　　　一十有六之魔姬

용어[12]와 자라에다 뱀마저 열에 여덟　　　　　　龍魚鼈鼇蛇十八

개 하나 매 하나에 다시 또 거북 하나　　　　　　犬一鷹一復一龜

묻노라 어느 사람 이 그림 그렸는고　　　　　　　借問何人作此畵

왕적王迪이라 기후起侯가 만든 걸로 되어 있네　　　王迪起侯之所爲

여러 손들 모여서 보고 다투어 찬탄하며　　　　　諸客聚觀爭讚歎

유과油菓 기름 묻을까 봐 서로 경계하네　　　　　相戒勿汚寒具脂

나 역시 집에 오니 눈에 아직 삼삼하여　　　　　我亦歸家眼森森

밤에도 잠 못 이루고 생각이 여기에만　　　　　宵不成寐念在茲

애오라지 붓을 들고 수효대로 기록하여　　　　　聊復捻筆記其數

때때로 펼쳐 보며 스스로 즐긴다오　　　　　　　時時披閱以自怡

---

12. **용어龍魚**　　　『산해경』「해외서경」海外西經에 용어는 잉어와 비슷하게 생겼는데 신성한 사람
이 그것을 타고 구주九州를 다닌다고 하였다.

해인사海印寺¹

합천이라 해인사 절이 있으니	陜川海印寺
웅장 화려 팔도에 이름이 났네	壯麗稱八路
가마 타고 골짝에 막 들어서니	肩輿初入洞
그윽한 경치 차츰차츰 모여드누나	幽事漸相聚
못은 깊어 수은을 담아 놓은 듯	湫深若貯汞
온갖 형상 아리땁게 갖추었어라	窈窕萬象具
팔나리에 얼그러진 나무 그림자	樹影錯脛肘
폐부를 뚫고 드는 산빛이로세	山光寫肺腑
새는 제 깃 사랑해 자주 물에 비춰보고	愛羽鳥頻窺
수달은 제 터럭 믿고 능히 물을 거슬러 오르네	恃毛獺能泝

---

1. **해인사海印寺**　　연암이 지리산 아래 경상도 안의현安義縣에서 사또로 지내던 1790년대 전반기의 창작으로 추정된다. 이와 관련이 있는 글로 1795년(정조 19) 음력 9월에 지은 「해인사창수시서」海印寺唱酬詩序가 『연암집』 권1에 실려 있다.

으슥진 곳 헤치고 지날 땐 악몽 꾸는 듯	剔幽類夢魘
괴성을 지를 적엔 건주정 피우는 듯	叫奇競淸酗
다람쥐는 밤을 물어 뺨에다 저장하고	鼮鼲頰藏栗
고슴돛은 가시로 찔러 등에 토란을 싣네	蝟載背刺芋
눈 깜짝하는 사이에 기괴하게 변하니	俄頃轉譎詭
너무도 생소하여 의구심마저 나네	生疎甚疑懼
갑자기 으리으리 깁옷 입은 것은	照爛忽衣錦
십리 길을 양옆에 낀 단풍나무 숲이어라	十里擁丹樹
천둥 같은 폭포 소리 높은 골짝 짜개고	飛霆臨高峽
온 샘이 용솟아 한데로 쏟네	百泉湧傾注
후려치고 물어뜯다가 놀라서 서로 합치고	搏噬驚相合
부딪치고 싸우다가 물러섰다 도로 내닫네	觸鬪卻還赴
물의 성질 본래는 유순하지만	水性本柔順
수많은 험한 돌과 서로 만나면	犖确石與遇
한 치도 선선히 양보하지 않아	不肯一頭讓
마침내 수천 년을 성낸 채 내려오네	遂成千古怒
남은 여울물은 모래밭에 엎디어 울며	餘湍伏沙鳴
사람 향해 하소연 흐느껴 우네	幽咽向人訴
모를레라 저 물이랑 저 돌을 보면	不知水於石
서로 무슨 질투가 있다는 건지	有何相嫉妬
물이 돌에 부딪치지 않는다면	使水不相激
돌도 응당 원망하며 거스르지 않을 댄데	石應無怨忤
원하노니 돌이 조금 양보한다면	願言石小遜
물도 편평하게 퍼지며 흘러갈 것을	水亦流平鋪

어쩌자고 힘자랑 밀치고 다투어 　奈何力排爭
밤낮으로 야단법석 일삼는 건고 　日夜事喧嘩
가마 떠멘 중 덕분에 험지險地를 지나는데 　歷險賴轝僧
두어 걸음 못 벗어나 번갈아 메네 　替擔纔數步
어깨 붉어지고 오목한 홈이 패여 가엾고 　肩騂憐凹筧
시뻘게진 까까머리 박처럼 깨져 버릴까 걱정 　巓赭恐破瓠
허리 쥐고 숨을 한창 헐떡거리고 　捧腰喘方短
등에 밴 땀방울 흐르다 말라 버리네 　透背汗因沍
묻노라 너희는 무슨 낙樂 있어 　問爾何所聊
갖은 고생 다 겪으며 깊은 산속에 사느냐 　辛苦萬山住
잡역으로 관가에 종이 만들어 바치고 　雜役供官紙
힘 남으면 사사로이 신도 삼지요 　餘力織私屨
오히려 무서운 건 지나는 나그네들 　猶將畏過客
관의 부름에 나아가듯 빨리 달려간다오 　犇趨似赴募
이를 보니 마음이 측은하여라 　見此心悱惻
호소할 데 없는 신세 차마 못 볼레 　不忍無控籲
미투리 바꿔 신고 지팡일 챙겨 　換屨覓短筇
엎어시고 자빠지며 가는 비탈길 　仄逕任顚仆
화공畵工이 가을 산에 들어가면 　畵史入秋山
해질녘의 먼 경치 그리려 하나니 　意匠在遠暮
서리 숲은 단청으로 풍요로운데 　霜林饒丹靑
찬 햇볕이 하얀 깁을 대신하누나[2] 　冷陽替絹素

2. 찬……대신하누나　찬 햇볕이 비치는 가운데 울긋불긋 단풍이 든 광경을 하얀 비단 위에
채색 그림을 그린 것에 비유한 표현이다.

골짝 입구 갑자기 넓게 벌어져	洞門忽廣坼
수레 백 대도 나란히 몰 수 있겠군	百車可並驅
숲은 첩첩 아스라이 어리비치고	疊樹遠掩映
누樓는 충충 반만이 얼굴 내미네	層閣半呈露
여라 넝쿨 무성한 길에 마중 나온 노승을 보니	老僧候蘿逕
장삼 굴갓 차림새가 괴이하구려	巾衲詭制度
은근히 먼 길을 위로하면서	慇懃勞遠途
합장으로 대신하며 예의를 갖추네	合掌成禮數
나를 끌어 절 문으로 발을 들이자	引我入寺門
눈이 놀라 몇 번이고 돌아보는 걸	眩轉勞眄顧
사천왕상 우뚝허니 앞을 막으니	巨靈屹當前
팔다리 느닷없이 벌벌 떨려라	手脚實危怖
벌린 입은 찢겨져 눈까지 닿았고	張口裂至目
불거진 두 눈깔엔 황금 발랐군	突睛黃金鍍
귓속에서 뽑아낸 두 마리 뱀은	耳中拔雙蛇
꿈틀꿈틀 독 안개 뿜어내는 듯	蜿蜒若射霧
제멋대로 비파를 끼고도 있고[3]	汗漫擁琵琶
알록달록한 칼 끈을 쥐고도 있네[4]	落莫執劍韄
힘을 써서 요귀의 배를 밟으니	努力蹋鬼腹
그 요귀 혀와 눈이 모두 튀어나왔네	鬼目舌並吐
단풍나무 귀신은 팔이 잘려 떨어지고	楓魖腕鑿落

---

3. **제멋대로 …… 있고**   사천왕四天王 중 북방北方을 수호하는 다문천多聞天은 비파를 들고 있다.
4. **알록달록한 …… 있네**   사천왕 중 동방東方을 수호하는 지국천持國天은 칼을 들고 있다.

대나무 귀신은 손톱이 갈큇발 같아 竹魖爪回互

벽라[5]의 옷깃 어깨를 덮고 覆肩薜蘿襟

호피의 바지로 배를 가렸네 掩肚虎皮袴

괴룡[6]이랑 가뭄 귀신은 乖龍及旱魃

꽁무니와 뿔이 서로 엉겨 붙었고 尻角相依附

우레 치는 귀신이랑 바람 귀신은 雷公與飛廉

부리나 이마가 독특하게 생겼는데 嘴額獨天賦

엎치락뒤치락 갖신 밑에 숨어 顚倒竄鞾底

팔다리 돌려대며 허공에 허우적이네 爬空匝臂股

불전은 깊은 골짝이라 몹시 차가워 佛殿寒洞天

용마루 서까래만 햇볕 겨우 드네 甍桷纏容煦

황금빛과 푸른빛 번쩍번쩍 눈부실 지경 金碧閃相奪

해를 보니 저절로 눈이 침침해지네 視陽自昏瞀

창문을 아로새겨 연꽃 이루고 雕窓成菡萏

파닥파닥 가마우지는 멱을 감누나 翩翩浴鵁鸕

연리화[7]는 붉은 꽃받침 함께하고 連理幷紫蔕

비익조[8]는 푸른 목[9]이 하나로 되었네 比翼結翠嗉

---

5. **벽라薜蘿**　넝쿨식물인 벽려薜荔(줄사철나무)와 여라女蘿(소나무겨우살이)를 가리킨다. 『초
사』楚辭 구가九歌 중 「산귀」山鬼에, 산신山神을 뜻하는 산귀는 벽려로 옷을 삼아 입고 여라로 띠
를 삼아 두른다고 하였다. 은자隱者의 의복을 '벽라'라고 하기도 한다.
6. **괴룡乖龍**　전설에 나오는 나쁜 용으로, 비를 내려 주기를 싫어해서 온갖 방법으로 숨지만
결국 뇌신雷神에게 붙잡히고 만다고 한다. 『茅亭客話』卷5
7. **연리화連理花**　한 꽃받침에 꽃이 두 개 달린 병체화幷蔕花를 말한다. 사랑하는 부부를 상징
한다.
8. **비익조比翼鳥**　날개 하나에 눈이 하나인 암수 새 둘이 한 몸이 되어 난다는 전설상의 새이다.

예쁜 아이 검은 용의 구슬을 손에 놀리고	妖童弄驪珠
고운 계집 새장에다 봉새 기르네	豔女調鳳笯
칠성七星의 관원님들[10] 시위侍衛를 거느리고	星官從羽衛
구름 타고 경포[11]에 모여드누나	步雲集瓊圃
영롱 세계 두루두루 구경코 나니	玲瓏罷周覽
서글퍼서 마음이 무너지는걸[12]	悵然使心敤
도리어 꿈속에서 경치를 보면	還如夢中景
어두침침해서 늘 비 내리는 날과 같고	沈沈常雨雨
시름 속에 밥을 먹으면	又似愁裏饍
눈앞에 성찬 있어도 배불리 못 먹는 것과 같네	滿眼不飽匓
비로소 알괘라 괴이한 구경은	始知詭異觀
즐거움 극에 달하면 되려 운치 없음을	樂極還無趣
내 진작 들었노라 석가여래는	我聞牟尼佛
코와 눈이 본래 추악했는데	鼻眼本醜惡
뒷세상 사람들이 더럽게 여겨	或恐後世人
애모하지 않을까 염려가 되어	嘔穢不愛慕
저 경박한 제齊·양梁의 아이놈들이[13]	輕佻齊梁兒
제멋대로 화상과 소상塑像 만드니	私意傅繪塑

9. **푸른 목(翠嗉)**　『규장전운』奎章全韻에 '嗉'를 '새의 목'(鳥吭)이라 새겼다.
10. **칠성七星의 관원님들**　칠성각七星閣에 모신 북두칠성의 신을 가리킨다.
11. **경포瓊圃**　신선이 산다는 동산을 말한다.
12. **마음이 무너지는걸**　원문의 '敤'은 거성去聲 우운遇韻으로 압운을 했으므로 '두'로 읽어야 한다. 『규장전운』에 '敤'를 '敗也'라 새겼다.
13. **제齊·양梁의 아이놈들이**　제나라와 양나라는 남조南朝에 세워진 나라들로서 당시에 중국의 불교가 가장 극성하였으므로 그 나라 사람들을 경멸하여 부른 말이다.

어떤 건 아주 작아 팥알 같건만	幺麼或如豆
전생을 깨달은 것처럼 해 놓고	前生若可悟
우람하기 짝이 없는 장륙불상丈六佛像은	塊然丈六身
다리 하나가 수레를 다 차지할 만하네	一肢可專輅
감괘坎卦처럼 손가락들을 맞대었는데[14]	箇箇指連坎
크고 작은 손가락들 모두 곱고 예쁘네[15]	巨細悉嫩嫷
부처에게 더구나 그게 무슨 상관이랴	於佛更何有
알고 보면 이런 꾀는 모두 잘못이지	此計儘錯誤
그렇게 해서 부처를 높이려는 수작이	所以尊之者
도리어 극심한 비방을 초래하였지	還自極訕謗
이러쿵저러쿵 곱네 밉네 해도	紛紛姸蚩間
혜심[16]은 응당 예전 그대로겠지	慧心應如故
빙 두른 팔십 칸 행랑을 보소	回廊八十間
넓고 넓도다 장경판고藏經板庫[17]여	蕩蕩藏經庫
거울처럼 윤이 나는 옻칠한 판자	漆板明如鏡
좀이 못 들게 소금물에 삶아 냈다지	烹鹽備蟫蠹
차곡차곡 쌓아서 얼음 창고 같은데	委積若凌陰
실명한 듯 깜짝 놀라 제대로 보질 못하겠네	失目驚瞿瞿

14. **감괘坎卦처럼 손가락들을 맞대었는데** 감중련坎中連이라고 하여 음효陰爻 가운데 양효陽爻가 끼여 있는 감괘 모양으로 소지小指를 대지大指와 맞닿게 한 인상印相을 말한다.
15. **크고 …… 예쁘네** 부처는 전생에 베푼 선행의 결과로 인간의 모습으로 태어날 때 32가지 길상吉相을 갖추었는데, 그중의 하나로 손가락이 가늘고 길어 예뻤다고 한다. 『大智度論』 卷4
16. **혜심慧心** 불교 용어로, 진리를 달관할 수 있는 밝은 마음을 말한다.
17. **장경판고藏經板庫** 팔만대장경판을 모신 건물로, 남북으로 마주 보는 수다라장修多羅藏과 법보전法寶殿의 두 채로 되어 있다.

비하자면 늘어선 비단 가게와 같아 　　　　　　　　譬如列錦肆

－ 원문 빠짐 －　　　　　　　　　　　　　　　□□□□□

방패들이 늘어선 듯 짜임새 있게 놓였고 　　　　　織織比盾干

댓가지 꽂아 논 듯 촘촘히 쌓였네 　　　　　　　賷賷挿䈄箈

서성대며 시험 삼아 뽑아다 보니 　　　　　　　徘徊試抽看

주석조차 없어서 도무지 모르겠지만 　　　　　茫然失箋註

괴이한 빛이 때로 터져 나오니 　　　　　　　　光怪時迸發

오금[18]이 용광로에 녹아 있는 양 　　　　　　　五金入鎔鑄

뉘 능히 승법[19]을 풀이할 건고 　　　　　　　誰能說乘法

갈대배 타고 바다 건넌 사람 없으니[20] 　　　　無人□蘆渡

뜰에서 거닐 땐 침도 못 뱉어 　　　　　　　　步庭不敢唾

밥알이 떨어져도 주워 먹겠군 　　　　　　　　粒墜堪拾哺

섬돌 틈엔 개밋둑도 없고 　　　　　　　　　　除級無封螘

기와 이음매엔 새들도 깃들이지 않네 　　　　瓦縫絶棲羽

쓸지 않아도 절로 먼지가 없어 　　　　　　　不掃自無塵

조촐해라 봄비로 씻긴 듯하네 　　　　　　　　淨若沐新澍

찬바람이 으스스하니 　　　　　　　　　　　　寒風□瑟然

온갖 신이 몰래 꾸짖으며 지켜 주나 봐 　　　百神陰呵護

18. **오금五金**　금·은·구리·철·주석 등 다섯 가지 금속을 말한다.
19. **승법乘法**　행인을 실어 목적지에 이르게 하는 수레(車乘)에다 부처의 교법을 비유한 말이다.
20. **갈대배 …… 없으니**　보리달마菩提達磨가 남인도에서 갈대로 만든 배를 타고 포교하러 중국에 건너온 고사를 거론한 것이다. 보리달마와 같은 고승이 없다는 뜻이다. 시문에서 ‘折蘆渡江’ ‘折蘆渡水’ ‘折蘆渡海’ 등의 표현이 종종 보이므로, 빠진 글자는 ‘折’ 자가 아닌가 한다. 『河南通志表』『學言稿』卷2 「送無悅上人歸高句麗」

묻노라 그 누가 이 절 지었노	問誰刱此寺
나라를 기울일 재물 축냈네	傾國致財賂
옛날 옛적에 천흉[21]의 중이	宿昔穿胸僧
바다를 건너와 살았다는데	浮海常來寓
그 조각상은 새까매 까마귀 같고	厥像黑如烏
비쩍 말라서 할망구 같았네[22]	崎嶇若老嫗
경經 새기던 처음 일을 남김없이 말하는데	緬言刻經初
황당하고 괴이하여 후려잡기 어려워라[23]	荒怪難討□
이씨 성에 이름은 거인이란 자[24]	李氏名居仁
부처에 아첨하여 복을 비는데	媚佛求嘏祚
그 집에는 눈 셋 박힌 개가 생겨나	家産三眼狗
어린애 기르듯이 곱게 길렀네	愛養如養孺
그 개가 달아나 뵈지 않으니	狗去不知處

---

21. **천흉穿胸**　　중국 남방의 이민족 중의 하나이다. 『이아』爾雅에서 '육만'六蠻에 대한 이순李巡의 주석에 "육만은 천축天竺, 해수咳首, 초요僬僥, 기종跂踵, 천흉穿胸, 담이儋耳, 구지狗軹, 방척旁脊이다"라고 하였다. 천흉족은 가슴에 구멍이 나 있어, 그중의 귀인들은 그 구멍에 긴 장대를 꿰어 가지고 두 사람이 떠메게 하여 다닌다고 한다.

22. **옛날 …… 같았네**　　해인사의 조사당祖師堂에 모셔져 있던 희랑조사상希朗祖師像을 묘사한 것이다. 신라 말의 고승이었던 희랑希朗은 고려 태조가 후백제의 견훤과 싸울 때 큰 도움을 주어 그 보답으로 해인사를 크게 중건할 수 있었다. 세간에서는 그 유래를 모르고 조사상이 천흉국穿胸國 사람의 모습이라는 설이 있었다고 한다. 『雅亭遺稿』卷3 「伽倻山記」

23. **후려잡기 어려워라**　　원문의 빠진 글자는 문맥과 운자韻字로 보아, 토포討捕의 '捕' 자가 아닌가 한다.

24. **이씨 …… 자**　　이거인李居仁은 신라 문성왕文聖王 때 합천의 이서里胥로서, 왕을 설득하여 해인사의 사간장경판寺刊藏經板을 만들게 했다는 인물이다. 이하 시의 내용은 그와 관련한 영험담靈驗談을 전한 것이다.

갑자기 보살펴 준 은공을 잊어버린 듯했네[25]	忽若忘濡呴
나중에 몸이 죽어 황천에 가서	及死到黃泉
어떤 한 신인神人을 만났었는데	乃與神人迕
그 신인 개마냥 눈이 셋이라	三目亦如狗
깜짝 놀라 반기며 몰래 부탁했더니	驚喜潛囑喩
주인님 은혜에 실로 감동해	實感主人恩
신령의 도움으로 깨어나게 할 터이니	冥祐行□寤
원컨대 팔만의 계偈를 새기어	願刻八萬偈
불사를 널리널리 전파해 달라 했네	佛事廣傳布
땀을 쭉 쏟으며 꿈 깨듯 일어나니	汗發若夢寐
시원스레 묵은 병이 달아났어라	洒然去沈痼
친척들이 입관入棺 소렴小斂 서두는 동안	親戚謀棺斂
고을과 이웃에선 부조 보냈네	鄕隣致賵賻
이거인은 신인이 한 말에 감격하여	感激神所言
온갖 불경 판목에 새기었다니	全經剞劂付
이 일은 진실로 황당하여라	此事誠荒唐
아득한 옛날 일을 거슬러 오를 수 없으니	邃古非可遡
설령 진짜 이런 일이 있다 하여도	且令眞有是
유자儒者로선 마음에 둘 일이 아닐세	儒者所不措

25. 갑자기 …… 듯했네　『장자』莊子「대종사」大宗師에 "샘물이 말라 버리니 물고기들이 함께 뭍에 처하여, 서로 촉촉한 입김을 불어 주고 입의 거품으로 적셔 주었으나, 강호에서 피차 잊고 지내느니만 못하였다"(泉涸 魚相與處於陸 相呴以濕 相濡以沫 不如相忘於江湖)고 하였다. 그러므로 원문의 '忘濡呴'는 어려울 때 도와준 사실을 잊어버린다는 뜻이다.

십삼경²⁶을 생각하면 탄식이 절로	所歎十三經
머나먼 연경燕京의 시장까지 달려가 사 오질 않나	遠購燕市鷲
저네들은 한 사람의 힘만으로도	彼能一人力
천년토록 굳건하게 경판을 전하였구나	刻板千載固
아침나절 학사대에 올라 보니	朝上學士臺
문창후文昌侯²⁷를 만날 것도 같구만 그래	文昌如可晤
이분이 신선을 하 좋아하여	此子喜神仙
종신토록 장가 두 번 안 들었다네	終身不再娶
도를 얻어 갑자기 하늘 오르니	得道忽飛昇
신발 두 짝 숲 언덕에 버려두었네	雙履遺林步
황제黃帝가 용을 타고 하늘로 올라갔다 하지만	軒轅雖騎龍
교산에는 상기도 무덤이 있네²⁸	喬山尙有墓
선탑禪榻에 기대어 밤을 묵으니	暝宿倚禪榻
초승달엔 이지러진 두꺼비와 옥토끼²⁹	初月缺蟾兎
금탑에선 풍경이 땡그랑 울고	金塔鳴風鐸

---

26. **십삼경**　한漢나라 때 학관學官에 세운 『역경』易經, 『시경』詩經, 『서경』書經, 『예기』禮記, 『춘추』春秋의 5경이다. 당唐나라 때 『주례』周禮, 『의례』儀禮, 『공양전』公羊傳, 『곡량전』穀梁傳을 합쳐 9경이 되었고, 여기에 다시 『효경』孝經, 『논어』論語, 『이아』爾雅를 보태 12경이라 했다. 송宋나라 때 다시 『맹자』孟子를 보탰으며, 명明나라 때 이들을 합쳐 13경이라 일컬었다.
27. **문창후文昌侯**　최치원崔致遠은 고려 현종顯宗 때 문창후에 추시追諡되고 문묘文廟에 배향되었다.
28. **교산喬山에는 …… 있네**　교산은 황제黃帝를 장사 지냈다는 곳이다. 교산橋山이라고도 한다. 『열선전』列仙傳에, 황제를 교산에 장사 지냈더니 산언덕이 갑자기 무너지면서, 묘에 시신이 사라지고 단지 칼과 신발만 남았다고 한다.
29. **두꺼비와 옥토끼**　달에 산다는 요정이다. 보름달이 아니면 그들의 모습이 온전하게 보이지 않는다고 한다.

옥등잔엔 심지가 무지개 이루었네 　　　　　　　　　玉燈貫虹炷

청아한 범패 소리 어고魚鼓[30] 흔들고 　　　　　　　清梵搖魚□

바람 소리[31] 일어나 고루 퍼지네 　　　　　　　　　虛籟發鈞濩

---

30. 어고魚鼓　　원문에는 '魚' 자 다음에 한 글자가 빠졌으나, '鼓' 자가 아닌가 한다. 어고는 곧 목어木魚로서, 나무를 깎아 잉어 모양을 만들고 속을 파낸 것으로 불사佛事 할 때 두들긴다.

31. 바람 소리(虛籟)　　『장자』「제물론」齊物論에 천뢰天籟, 지뢰地籟, 인뢰人籟가 있다고 했다. 바람 소리는 천뢰로서, 허뢰虛籟라고도 한다.

갓을 노래한 연구聯句[1]

봄날 밤에 연상각烟湘閣에 모여 갓을 두고 시를 지었는데, 미未 자를 운자로 얻었다. 나이 순서로 첫 번째 운자를 시작하기로 했는데, 나는 정사丁巳생이고, 청장靑莊(이덕무)은 신유辛酉생이며, 영재泠齋(유득공)는 무진戊辰생이다. 내가 마침내 먼저 시구를 불렀다.[2]

---

1. **갓을 노래한 연구聯句**　　유득공의 『영재집』 권1에도 같은 제목의 시가 수록되어 있는데 자구상 약간 차이가 있다. 이덕무의 『아정유고』 권1에도 같은 제목의 시가 수록되어 있는데, 이덕무가 지은 14구만 수록되어 있으며 역시 자구상 약간 차이가 있다. 연암이나 홍대용, 이덕무 등은 갓을 쓰던 당시 풍속에 대해 비판적이었으며, 갓을 개량해야 할 것으로 보았다. 『연암집』 권15 열하일기 「동란섭필」銅蘭涉筆과 홍대용의 『연기』燕記 「건복」巾服, 이덕무의 『앙엽기』盎葉記 8 「입당개조」笠當改造, 「입폐」笠弊, 「논제립」論諸笠 등 참조.

2. **봄날 …… 불렀다**　　『영재집』에 수록된 「갓을 노래한 연구」의 서문은 이와 조금 다르다. 즉 "경인년(1770) 봄에 선귤당蟬橘堂(이덕무의 서실)에 모여, 박연암, 이무관李懋官(이덕무)과 함께 미운未韻을 다 써서 지었다"고 하였다. 시구의 말미에 연암이 지은 것은 '燕', 이덕무가 지은 것은 '懋', 유득공이 지은 것은 '惠'로 표시되어 있다. 이에 따라 번역에서 각 시구 말미에 '燕'은 '_연암'으로 '懋'는 '_이덕무'로, '惠'는 '_유득공'으로 보충해 두었다.

포변[3]이 주나라 때 만든 거면   布弁周製歟

죽관[4]은 한나라 때 의식일까_연암   竹冠漢儀未

금화모[5]는 우아한 멋 다하고   金華輪雅致

청약립[6]은 시골 멋이 넘치네_이덕무   靑篛饒風味

백방립[7]은 경아전京衙前의 근심거리요   白方畿吏愁

골소다[8]는 고구려에서 귀하게 여겼지_유득공   骨多麗朝貴

둥근 갓양태는 부처의 광배光背 같고   旁圓佛放光

볼록한 갓모자 의서醫書에 그려진 위 같네_연암   中凸醫畵胃

갓을 두고 맹약한 것은 월나라 사람부터이고[9]   結盟越人自

갓을 씌워 싸움 금지한 건 기자국을 말함이라[10]_이덕무   止鬪箕邦謂

3. **포변布弁**　　상례喪禮 때 착용하는 것으로, 작변爵弁과 제도가 같으나 15승升의 베를 사용하며, 그 위에 환질環絰을 얹는다. 『禮記集說』 卷48 「曾子問」

4. **죽관竹冠**　　대나무 껍질이나 댓잎으로 만드는데, 사서士庶나 석도釋道가 주로 썼다. 언월관偃月冠과 고사관高士冠의 두 가지 식이 있다. 『朱子語類』 卷91

5. **금화모金華帽**　　금으로 만든 꽃으로 장식한 모자이다. 이백李白의 「고구려」高句麗 시에 "금화로 장식한 절풍모 썼는데, 흰말이 조금 멈칫거리며 빙빙 도네"(金花折風帽 白馬小遲回) 하였다.

6. **청약립靑篛笠**　　푸른 조릿대로 만든 삿갓이다.

7. **백방립白方笠**　　방립方笠은 원래 서울의 아전들이 쓰던 모자로 검은색이었으나, 조선 중엽 이후 흰색으로 바뀌면서 상을 당한 사람들이 쓰는 것으로 되었다.

8. **골소다骨蘇多**　　고구려 때 귀인貴人들이 쓰던 고깔 모양의 모자로, 골소骨蘇, 소골蘇骨이라고도 했다.

9. **갓을 …… 사람부터이고**　　『풍토기』風土記에 월나라에서는 남과 처음 사귈 때의 예의로, 개와 닭을 잡아 제사 지내면서 "그대가 수레 타고 나는 갓 쓰고 있으면, 후일 만날 때 그대는 수레에서 내려 읍하라. 그대가 우산 쓰고 내가 말을 타고 있으면, 후일 만날 때 그대 위해 말에서 내릴 것이다"라는 노래를 불렀다고 한다. 그 노래를 「월요가」越謠歌라고 한다. 『古詩紀』 卷2

10. **갓을 …… 말함이라**　　우리나라 사람들이 싸움하기를 좋아하므로, 기자箕子가 우리나라에 와서 큰 갓과 긴 소매의 옷을 지어 입혀 백성들이 몸을 마음대로 활동하지 못하게 했으니, 이는 싸움을 금지하기 위한 것이라는 설이 있다. 『盎葉記』 8 「笠爲雨具」

그림쇠는 썼으되 곱자는 쓰지 않았고[11]　　　　　　以規不以矩

씨줄에다 또 날줄로 베처럼 짰네_유득공　　　　　有經復有緯

패랭이는 혹 이상하다 하겠지만　　　　　　　　蔽陽或異件

절풍건[12]은 점잖은 부류에 속하지_연암　　　　折風是常彙

비 오면 쓰는 갈모는 도롱이 비슷하고　　　　　雨冒紙類蓑

먼지 털면 휘양은 고슴도치 닮았네[13]_이덕무　　塵刷毛肖蝟

성한 갓과 찌부러진 갓은 실로 범군과 초왕[14] 같고　成虧眞凡楚

좋은 갓과 거친 갓은 때로 경수와 위수[15] 같네_유득공　精粗或涇渭

벼슬아친 뺨 왼쪽에 산호 매달았고　　　　　　爵頰左縮瑚

선비는 턱 양쪽에 비단 끈 드리웠네_연암　　　儒頷雙綏絹

옻칠 말리는 건 비 오고 구름 낀 날 틈타고　　燥髹乘雨靄

아교로 붙이는 건 불기운을 빌려야지_이덕무　　緻膠藉火煁

제 혼자 단정히 쓰면 영락없는 일산이요　　　獨整儼華蓋

---

11. **그림쇠는 …… 않았고**　둥글기만 하고 모가 나지 않았다는 뜻이다. 『장자』「변무」騈拇에서 천
하의 사물 중에 "둥근 것은 그림쇠를 쓰지 않고도 스스로 둥글고, 모난 것은 곱자를 쓰지 않고
도 스스로 모났다"(圓者不以規 方者不以矩)고 한 데에 출처를 둔 표현이다.

12. **절풍건折風巾**　고구려인들이 즐겨 썼던 것으로, 중국에 들어가 한위漢魏 시대에 유행했다.
『北史』卷94「高麗傳」

13. **먼지 …… 닮았네**　휘양은 방한용 털모자로, 연암의 「양반전」에 "옷소매로 휘양을 닦고, 먼
지 털어 털 무늬를 일으킨다"(袖刷毳冠 拂塵生波)고 하였다.

14. **범군凡君과 초왕楚王**　약소국인 범국凡國의 임금과 강대국인 초나라의 임금처럼 형세가 판
이하다는 뜻이다. 『장자』「전자방」田子方에 초왕과 범군의 대화가 나온다. 범국은 세 번이나 망
할 뻔했지만 그래도 범군은 참된 자아를 보존했는데, 초왕은 나라를 보존했어도 참된 자아를 보
존하지는 못했다고 비판했다.

15. **경수涇水와 위수渭水**　중국의 강 이름으로, 경수는 흐리고 위수는 맑다고 알려져 왔으나, 실
제로는 그와 반대이다.

나란히 서게 되면 마주 대한 상위[16] 같네_유득공 離立峙象魏

큰길에서 걸핏하면 서로 부딪치니 康莊動相觸

백성들 시비하느라 물 끓듯 하네_연암 黎黔鬧若沸

비스듬히 그림자 지면 막 피려는 연꽃 보는 듯 仄影看卷荷

성글게 그늘 드리우면 그늘 우거진 팥배나무 같네[17]_이덕무 疏陰怳棠苃

함께 식사할 땐 거치적거려 싫지만 共食礙堪嫌

측간에 갈 땐 벗어도 누가 비난하랴_유득공 如厠免何誹

왕기는 그림을 몹시 그르쳤고[18] 王圻畵殊失

왜놈은 나무로 새기느라 힘만 빠졌네_연암 倭奴刻浪費

세상에 전하기를, 교역하던 한 왜인이 갓을 보고 좋아하면서 나무로 새겨야겠다고 여겨, 그 나라의 솜씨 좋은 장인이 나무로 새겼지만 끝내 완성하지 못했다고 한다.

반과산의 두보[19]에겐 씌울 수 있어도 可加飯顆甫

상투 쫓은 위타[20]에겐 어찌 도움이 되랴_이덕무 寧資椎髻尉

모자가 떨어진 걸 벼슬아친 자랑할 만하지만[21] 帽妥仕堪詫

---

16. **상위象魏**　고대 중국의 궁궐문 밖에 마주 보게 세운 한 쌍의 건물이다. 그곳에 교령敎令을 현시懸示했다고 한다. 『周禮』天官「太宰」

17. **비스듬히 …… 같네**　'그늘 우거진 팥배나무(棠苃)'는 『시경』 소남召南 「감당」甘棠의 '蔽苃甘棠'이란 구절에서 나온 말이다. '蔽苃'의 풀이는 주석가에 따라 구구하다. 여기서는 초목이 무성해서 그늘이 짙은 모양으로 새겼다.

18. **왕기王圻는 …… 그르쳤고**　명나라 때 왕기가 편찬한 『삼재도회』에 갓이 잘못 그려져 있다는 뜻이다.

19. **반과산飯顆山의 두보杜甫**　이백李白의 「희증두보」戱贈杜甫 시에 "반과산 정상에서 두보를 만났더니, 해가 정오라 머리에 삿갓 썼구려"(飯顆山頭逢杜甫 頭戴笠子日正午) 하였다.

20. **위타尉陀**　위타는 남월南越의 왕으로, 그 나라 습속에 따라 상투 머리를 하고 두 다리를 뻗고 앉아서 한漢나라 사신 육가陸賈를 접견했다. 『說苑』「奉使」

21. **모자가 …… 만하지만**　진晉나라 때 맹가孟嘉가 9월 9일 중양절重陽節에 환온桓溫이 베푼 용산龍山의 연회에서 바람에 모자를 떨어뜨렸다는 고사를 말한 것이다. 『晉書』卷98「孟嘉傳」 그 이후 중양절에 높은 곳에 올라 모자를 떨어뜨리는 풍류가 생겨났다.

비녀를 지탱할지 노인을 위로하긴 어렵구려[22]_유득공 　　　簪支老難慰

벽에 붙어 기대기에 불편하고 　　　襯壁倚不便

문미門楣를 지날 땐 부딪칠까 두렵네_연암 　　　過楣觸可畏

비구승이 쓴 건 엎어 논 사발처럼 둥글고 　　　比邱圓覆盂

우바새[23]가 쓴 건 얽어 논 어망처럼 엉성하네_이덕무 　　　優婆疎結罻

좌중에 참석하면 주위를 산처럼 에워싸고 　　　參座圍岌嶪

구경거리에 끼어들면 대숲처럼 무성하네_유득공 　　　觀場簇蓊蔚

반쯤 파손된 갓을 협객은 일부러 애호하고[24] 　　　半挫俠故喜

갓이 너무 넓으면 난쟁이가 꺼려하지[25]_연암 　　　太博矮所諱

고관은 붉은 명주실로 감아 근엄하고 　　　達官儼朱線

새 사위는 노란 풀로 엮어 어여쁘네[26]_이덕무 　　　新壻姣黃芔

선비에겐 물총새 깃으로 만든 관이 어울리지 않는데[27] 　　　不稱士冠鷸

---

22. 비녀를 …… 어렵구려　　두보의 시 「춘망」春望 중에 "흰머리 긁적여 보니 더욱 짧아져, 전혀
비녀를 지탱하지 못하겠네"(白頭搔更短 渾欲不勝簪)라고 한 시구를 말한 것이다.
23. 우바새優婆塞　　속세에 있으면서 부처를 믿는 남자를 가리키는데, 거사居士라고도 한다.
24. 반쯤 …… 애호하고　　『사기』 권77 「위공자열전」魏公子列傳에 등장하는 후영侯嬴의 고사를 가
리키는 듯하다. 후영은 비천한 문지기로서 다 떨어진 의관衣冠 차림으로 위나라 공자 무기無忌의
수레에 선뜻 올라타고는 대연회에 참석했다.
25. 갓 …… 꺼려하지　　관장왜인觀場矮人이란 말이 있다. 난쟁이가 키 큰 사람들 틈에 끼어 구경
거리를 보려 하나 잘 보지 못한다는 뜻이다. 제대로 보지 못해 식견이 얕은 자를 가리킬 때 쓰
는 말이다.
26. 고관은 …… 어여쁘네　　첫째 구는 갓 중의 극상품極上品인 진사립眞絲笠을 가리키고, 둘째
구는 초립草笠을 말한다.
27. 선비에겐 …… 않는데　　『춘추좌씨전』 「희공」僖公 24년 조에 정鄭나라의 자장子臧이 송宋나라
로 달아나서 물총새의 깃을 모아 만든 관(鷸冠)을 쓰기를 좋아했으나, 이 소문을 들은 정백鄭伯
이 법도에 어긋난 관을 쓴 것을 증오하여 도적을 시켜 그를 죽였다. 『춘추좌씨전』에서는 이 기
사에 이어 논평을 가하면서, 『시경』 조풍曹風 「후인」候人의 "저와 같은 사람들은 그 옷이 어울리
지 않도다"(彼其之子 不稱其服)라는 구절을 인용하였다.

여자들도 비비 털로 된 다리를 달가워하랴[28]_유득공   寧屑女髢狒

영달하면 종립騣笠[29]에다 갖신이 합당하고   達可騣而鞾

궁색하면 전립氈笠[30]에다 짚신이 합당하지_연암   窮可氈而扉

제주도 갓은 매미 날개보다 더 얇고   耽羅薄於蜩

고려 때 갓은 비취새처럼 파랗게 물들였지_이덕무   高麗染如翡

섬세한 빛깔은 아침 해처럼 눈에 가득하고   纖彩旭滿眶

둥근 갓 그림자 정오엔 다리까지 덮치네_유득공   圓影午壓腓

저물녘 처마 밑처럼 거미나 하루살이가 뒤덮고   夕簷蒙蝣蛛

타작마당처럼 껑충대는 메뚜기를 머리에 이네_연암   秋場戴跳蜚

평평한 갓 천장은 하늘 구멍 메운 듯하고   平頂天穿補

검은 갓양태는 개기월식 같구나_이덕무   玄規月蝕旣

금작은 우전에게 더해졌고[31]   金雀加優㑋

옥로는 악의樂毅에게 내려졌네[32]_유득공   玉鷺賜樂毅

이마가 꽉 조이면 죽사竹絲를 몸에 맞게 구부리고   額穹竹彎體

상투가 갑갑하면 모시로 하여 더운 기를 제거하네_연암   髻鬱紵泄氣

---

28. **여자들도 …… 달가워하랴**　비비狒狒는 원숭이의 일종으로, 머리털을 늘어뜨리고 빠르게 달린다고 한다. 『이아』『釋獸』 다리는 여자들이 머리숱을 풍부하게 보이려고 덧넣었던 딴머리를 말한다. 또한 『시경』 용풍鄘風 「군자해로」君子偕老에 "검은 머리 구름 같으니, 다리를 달갑잖게 여기네"(鬒髮如雲 不屑髢也)라고 하였다.

29. **종립騣笠**　말총으로 만든 갓이다.

30 **전립氈笠**　짐승 털을 다져 넣어 만든 모자로, 벙거지라고도 한다.

31. **금작金雀은 …… 더해졌고**　금작은 갓 꼭대기의 장식물인 정자頂子의 일종인 듯하다. 『경국대전』經國大典에 의하면 대군大君은 금정자金頂子를 사용한다. 우전優㑋은 진秦나라의 배우인데, 우전에게 금작이 상으로 더해진 고사는 출처를 알 수 없다.

32. **옥로玉鷺는 …… 내려졌네**　옥로 역시 정자頂子의 일종이다. 옥로로 장식한 갓을 옥로립玉鷺笠이라 하는데, 장신將臣이 착용했다. 악의樂毅는 중국 전국戰國 시대 연燕나라의 명장名將이다.

얼굴에 덮으면 잠시 잠을 즐길 수 있지만	面覆睡暫悅
옆에 끼고 담 넘자니 어찌 탄식이 나오지 않으랴_이덕무	腋挾超詎欷
먹으로 칠한 건 담제인禫制人을 위로하기 위함이요	墨塗慰服禫
은으로 꾸민 건 녹미 받음을 축하해서라네[33]_유덕공	銀飾賀祿餼
빨리 달리면 가는 휘파람과 서늘한 바람 일고	迅馳細嘯颸
갓 너머로 엿보려면 흐릿한 무늬 번지네_연암	閃睨潤纈[illegible]
습기 찰세라 노끈으로 팽팽히 당겨 두고	恐濕撐繩糾
더럽혀질세라 갓집에 싸서 두네_이덕무	惜汚套匣衣
머리 뒤로 젖혀 쓰면 방탕해 보이고	岸腦則近蕩
이마 쪽으로 눌러 쓰면 성난 듯하네_유득공	貼額者若愾
머리 크기 다르지만 않다면	頭顱苟不異
친구 사이엔 빌려 줄 수도 있지_유득공	朋友可相乞

33. **은으로 …… 축하해서라네** 정3품 이상이 되면 은정자銀頂子로 갓 꼭대기를 장식하는 것을 가리키는 듯하다.

담원 팔영澹園八詠¹

구체적인 사실은 「피서록」避暑錄에 보인다.

붉은 파초 푸른 돌 동녘 담에 솟아 있고	紅蕉綠石出東墻
한 그루 벽오동은 그윽한 누각 앞에	一樹梧桐窈窕堂
꼿꼿한 한평생 손님 응대 게으르니	傲骨平生迎送嬾
저물녘 산 풍경에나 허리를 숙이신다네	丈人惟拜暮山光

이상은 내청각來靑閣이다.

남녘 둑의 못에 종일토록 그림자 한들한들 　　　南陀竟日影婆娑

---

1. **담원 팔영**澹園八詠　　중국인 곽집환郭執桓(호 회성원繪聲園)은 홍대용이 1766년 북경에서 돌아오는 길에 교분을 맺게 된 그의 친구 등사민鄧師閔(호 문헌汶軒)을 통해, 자신의 시고詩稿인 『회성원집』繪聲園集에 대한 조선 명사들의 서문과 아울러, 부친 곽태봉郭泰峯(호 금납錦納)의 거처인 담원澹園을 노래한 시를 지어 줄 것을 요청하였다. 『燕記』「鄧汶軒」『湛軒書』內集 卷3 「繪聲園詩跋」「담원 팔영」은 이에 호응하여 지은 시로, 유득공과 박제가 등도 같은 제목의 시를 지었다. 『泠齋集』卷1 곽집환에게 보낸 박제가의 편지에 의하면, 이는 영조 49년(1773) 일로 짐작된다. 『貞蕤閣文集』卷4 「與郭澹園 附答書」「피서록」은 『열하일기』에 실려 있다.

그림자 날 부르고 나도 저를 부를 수 있을 듯한데　　　耐可呼吾亦喚他

갑자기 산들바람 그치고 오리 백로 지나가니　　　乍綴微風鳧鷺去

내 그림자 어지러이 백 갈래로 나눠지고 말았네[2]　　　不禁撩亂百東坡

　　　이상은 감영지鑑影池이다.

코끝을 따라서 어렴풋한 흰 기운을 바라본 뒤[3]　　　已觀微白鼻端依

장신[4]을 분별코자 두 눈꺼풀을 감았더니　　　欲辨臟神掩兩扉

그윽한 향기 호올로 쓸쓸한 꿈결에 스며들고　　　獨有暗香侵夢冷

나부산[5] 밝은 달이 환히 빛나네　　　羅浮明月弄輝輝

　　　이상은 소심거素心居이다.

만卍 자 난간 깊고 깊어 솔 그늘 덮였는데　　　松覆深深卍字欄

2. **백 갈래로 …… 말았네**　　백동파百東坡는 소동파의 시 「범영泛穎」에 나오는 표현이다. 거울 같은 영수穎水에 제 얼굴을 비추어 보던 중 홀연 물고기 떼가 나타나 물에 비친 얼굴을 교란시켜 놓는 바람에 "흩어져 수백 동파 되었다가 잠깐 새에 도로 여기에 있네"(散爲百東坡 頃刻復在玆)라고 하였다.

3. **코끝을 …… 뒤**　　불교에서 유래한 수양법을 말한다. 눈으로 코끝을 바라보면서 호흡을 조절하는데, 그렇게 하면 코로 숨쉴 때 연기처럼 흰 기운이 출입하는 것이 보인다고 한다. 주자의 「조식잠」調息箴과 『능엄경』楞嚴經 등 참조.

4. **장신臟神**　　오장五臟, 즉 심장, 신장, 간, 폐, 비장을 가리킨다. '장'臟은 '장'藏이란 뜻으로, 정精은 신장에 숨고, 신神은 심장에 숨고, 혼魂은 간에 숨고, 백魄은 폐에 숨고, 지志는 비장에 숨는다고 한다.

5. **나부산羅浮山**　　중국 광동성廣東省에 있는 산으로 도교道敎의 명산 중의 하나이며, 매화梅花의 고사로 유명한 곳이다. 전설에 의하면, 수隋나라 개황開皇 연간에 조사웅趙師雄이란 사람이 나부산에서 한 여인을 만났는데 그녀에게서 나는 향기가 너무나 향기롭고 목소리가 청아하여 함께 술을 마시고 대취하였다가 깨어나 보니 큰 매화나무 아래였다고 한다. 『龍城錄』매화를 나부몽羅浮夢이라 한다.

늘어진 다래 기울어진 돌 서로 얽혀 푸르네 垂蘿欹石翠相攢

그림배 바람 따라 흘러가게 맡겨 두니 一任畵舫風吹去

밤새도록 차거운 솔바람 소리 여울처럼 쏟아지네 盡夜寒聲瀉作灘

이상은 송음정松蔭亭이다.

꽃잎에 살짝 뿜어 취한 넋을 깨워 주고 噀輕堪醒醉魂花

푸른 갈기 더풀더풀 허공 닫는 천마天馬인 양 天裊行空翠鬣髣

불사약을 캐고자 유신劉晨 완조阮肇[6] 찾아가니 採藥將尋劉阮去

적성[7] 노을 아른아른 길을 잃었네 路迷廉閃赤城霞

이상은 비하루飛霞樓이다.

꽃은 흡사 가려는 손 억지로 잡아 논 듯한데 花似將歸强挽賓

비바람에게 불지 말라 했다가 꾸짖음만 당했네 囑他風雨反逢嗔

두어라 골짝에서 병사甁史[8]를 익힌 이래로 自從洞裏修甁史

---

6. **유신劉晨 완조阮肇** 두 사람 모두 후한 때의 인물이다. 전설에 의하면, 후한 명제明帝 영평
永平 연간에 이 두 사람이 약을 캐러 천태산天台山으로 들어갔다가 길을 잃고 헤매다 두 여인을
만났다. 그 집에 들어가 하룻밤 유숙한 다음 부부의 연을 맺고 살게 되었다. 반년이 지난 후 세
상에 나와 보니 아는 사람들은 모두 죽어 아무도 없고 이미 7대代가 지났음을 알게 되었다. 다
시 여인들이 있는 곳으로 돌아가려 했으나 다시는 돌아갈 길을 찾지 못했다고 한다. 『太平廣
記』「神仙傳」

7. **적성赤城** 중국 절강성浙江省 천태현天台縣에 있는 산이다. 천태산으로 가려면 반드시 이 산
을 거쳐 가야 한다고 한다. 또한 도교의 전설에도 적성산이 나오는데, 그 산 아래 단동丹洞이 있
어 단단丹이 풍족하다고 한다. 『初學記』 8 「登眞隱訣」

8. **병사甁史** 병중甁中의 화사花史란 뜻으로, 꽃병에다 이 꽃 저 꽃을 갈아 꽂는 것을 말한다.
또한 명나라 원굉도袁宏道가 지은 『병사』란 책이 있는데, 병화甁花(병에 꽂은 생화生花)와 그 삽
법揷法에 대해 논하였다.

삼백이라 예순 날이 모두 다 봄이로세　　　　　　三百六旬都是春

　　이상은 유춘동留春洞이다.

옥주[9] 쥐고 맑은 밤 홀로 누대에 오르니　　　　　玉麈清宵獨上臺
구기자나무 시렁에 서리 지고 기러기 울음 애처롭네　杞棚霜落鴈流哀
한 가락 휘파람 소리 가을 구름을 다 흩날리니　　一聲劃裂秋雲盡
창공이라 만리에 하얀 달이 솟아오르네　　　　　萬里瑤空皓月來

　　이상은 소월대嘯月臺이다.

화예부인[10] 처음으로 궁중에 들어오니　　　　　花蘂夫人初入宮
부끄럼이 말을 앞서 볼 먼저 붉어지네　　　　　含羞將語臉先紅
앵가사리[11] 본래로 묘한 게 아니라오　　　　　鸚哥舍利元非妙
도를 깨닫게 한 아난의 공덕 그 뉘라 알려는지[12]　誰識阿難悟道功

　　이상은 어화헌語花軒이다.

9. **옥주玉麈**　　옥으로 만든 자루에다 고라니 털을 달아서 벌레를 쫓거나 먼지를 털 때 사용하는
물건이다. 옛사람들이 한가롭게 담론을 할 때 늘 지니고 다녔다고 한다.
10. **화예부인花蘂夫人**　　오대五代 때 촉주蜀主 맹창孟昶의 부인을 일컫는다. 재색才色으로 궁에
들어와 왕비가 되었으며 문장에도 뛰어났다. 작품으로 당唐나라 말기의 시인 왕건王建의 「궁사」
宮詞를 본떠 지은 「화예부인궁사」花蘂夫人宮詞가 있다. 미인을 '말하는 꽃'(解語花)이라 한다.
11. **앵가사리**　　지혜롭고 말 잘하는 앵무새를 가리켜 한 말인 듯하다. 앵가鸚哥는 앵무새란 뜻
이다. 또한 부처의 10대 제자 중 지혜가 제일이라는 사리불舍利佛이 있는데, 그의 이름은 사리舍
利라는 여인의 아들이란 뜻이고, 사리舍利는 말 잘하는 새라는 뜻이라고 한다.
12. **도를 …… 알려는지**　　아난阿難은 부처의 10대 제자의 한 사람으로, 다문제일多聞第一이었다
고 한다. 수달 장자須達長者에게 앵무새 두 마리가 있었는데, 아난이 그 새들을 위해 사제四諦의
법을 설하니 듣고 깨우쳤으며, 죽은 뒤 하늘에 태어났다고 한다. 『金藏經』

설날 아침에 거울을 마주 보며[1]

두어 올 검은 수염 갑자기 돋았으나	忽然添得數莖鬚
육척의 몸은 전혀 커진 것이 아니네	全不加長六尺軀
거울 속의 얼굴은 해를 따라 달라져도	鏡裡容顔隨歲異
철모르는 생각은 지난해 나 그대로	穉心猶自去年吾

---

1. **설날 …… 보며** 『연암집』권5「성백에게 보냄」與成伯 두 번째 편지에도 인용되어 있다. 단국대 소장『연암집 초고보유』燕巖集草稿補遺 제9책에 제목 아래에 "二十時作"이라 하여 스무 살 때 지은 작품임을 밝혔다.

새벽길

까치 하나 외로이 수숫대에 잠자는데   一鵲孤宿薥黍柄
달 밝고 이슬 희고 밭골 물은 졸졸 우네   月明露白田水鳴
나무 아래 오두막은 둥글어라 돌 같은데   樹下小屋圓如石
지붕 위 박꽃은 별처럼 반짝이네   屋頭匏花明如星

극한極寒

깎아지른 북악¹은 높기도 한데
남산이라 송림松林은 새까만 빛을
송골매 지나가니 숲이 소슬하고
두루미 울음소리 하늘 파랗네

北岳高戌削
南山松黑色
隼過林木肅
鶴鳴昊天碧

---

1. **북악**北岳   한양의 경복궁 뒷산을 가리킨다. 다음에 나오는 남산은 한양의 목멱산木覓山을 가리킨다.

산중에서 동짓날 이생李生¹에게 써 보이다

연암이라 그 아래 집을 지으니   築室燕岩下

바로 화장산華藏山 동쪽이로세   乃在華藏東

수석에 다다를 땐 지팡이 짚고   倚杖臨水石

물거리를 베느라 낫을 찬다오   携鎌剪灌叢

기이한 바위는 푸른빛 이슬진 병풍 같고   奇巖翠滴屛

그윽한 여울물 소리 궁음宮音 곡조로 울리네   幽湍響操宮

뜰 안에 심어 논 선 무어냐 하넌   庭中何所植

복숭아와 대나무 소나무 단풍일세   桃竹與松楓

---

1. **이생李生**   몇몇 이본들에는 '이현겸'李賢謙이라 밝혀져 있다. 정조 2년(1778) 황해도 금천金川 연암협燕巖峽으로 이거移居한 연암은 그전에 잠시 개성開城 금학동琴鶴洞에 있던 양호맹梁浩孟의 별장에 머물면서 개성의 청년 문사들을 가르쳤는데, 그중 이현겸은 그 지역에서 문학으로 가장 명성이 높던 청년이었다. 연암이 금학동 별장으로부터 연암협으로 돌아오자, 이현겸 등도 따라와 글을 배웠는데, 이 시는 그때 지은 작품으로 추정된다. 『過庭錄』 卷1

시냇가 푸른 사슴 물을 마시고 磵畔飮蒼鹿

섬돌에 꿩이 내려 곡식 쪼누나 階除啄華蟲

짚 처마 정교하게 달을 새기고 簷茅工鏤月

추녀 끝의 풍경은 바람에 절로 우네 楹磬自戞風

해 다 가도 사람은 아니 보이니 盡日不見人

적막에 사로잡힌 방지기 신세 寂寞守窓欞

어찌 보면 선정禪定에 든 중과도 같고 還如僧入定

공곡空谷으로 도망간 부처도 같네 復似佛逃空

어느 뉘 겨울 해가 짧다고 했나 誰謂冬日短

이따금 낮잠 들어 정신이 몽롱하네 午睡時朦朧

나를 따르는 이생이 있어 相隨有李生

농에 가득 고서를 가지고 왔네 古書携滿籠

산전山田이라 가을 되어도 곡식이 여물지 않아 山田秋不熟

푸성귀나 풋콩으론 배 못 채워 괴롭네 蔬菽苦未充

그렇지만 부지런히 외우고 읽어 猶然勤誦讀

목이 메도록 웅얼거리네 伊吾嗌喉嚨

늙어서 게을러진 나를 깨우쳐 주어 고마운데 感君警衰惰

연마하는 너를 깔보다니 부끄럽구나 媿我蔑磨礱

양陽이 처음 자라나는² 이날을 맞아 是日値陽至

『대학』大學³ 책 한 권을 끝마쳤다니 君讀曾傳終

---

2. **양陽이 처음 자라나는** 동짓날은 일양시생一陽始生이라 하여, 음이 극에 달하여 양이 다시 자라나기 시작하는 날이라고 한다.

3. 『**대학**』大學 원문의 '증전'曾傳은 증자曾子가 공자의 가르침을 전한 것, 곧 『대학』을 가리킨 다.

묻노라 무엇을 네 얻었는고	問君何所得
이理는 본래 하나라서 서로 통하지	一理本相通
성하거나 쇠하는 건 각자 점차적으로 되나니	消長各有漸
쌓고 또 쌓아야만 다함 없느니	累積乃無窮
겨울 되면 비록 견고해지지만	及冬雖貞固
봄이 오면 누그러져 퍼지게 마련	至春得發融
빠르지 않은 반면 느리지도 않아	不疾亦不舒
총총히 오가는 게 아니고말고	來往非悤悤
한 가지 일 제아무리 독차지할 수 있어도	一事雖得專
사시四時는 제 혼자서 공功 못 이루네	四時不自功
비하자면 알을 품은 암탉과 같아	譬如鷄伏卵
아득한 그 가운데 말없이 되는 법	默化窅冥中
미약한 양陽은 겨우 실낱 같고	微陽僅如線
초승달은 영락없이 활 모양이네	初月又似弓
아무리 눈 밝은 이루⁴가 있고	雖有離婁明
귀 밝은 사광이 온달지라도	復使師曠聰
그 기미를 듣고 보기 어려운 것은	其幾難聞覩
혼돈에서 비롯된 갈라짐이기 때문	判別肇鴻濛
사사로운 지력 따위 어찌 용납이 되리	寧容智力私
천지조화의 공평함을 예서 보는걸	乃見運化公

---

4. 이루離婁   고대 중국에서 눈이 몹시 밝았다는 사람이다. 『맹자』孟子 「이루 상」離婁上에 나온다. 아래의 사광師曠은 춘추 시대 진晉나라의 유명한 맹인 악사樂師로, 역시 『맹자』의 같은 편에 나온다.

창의 해그림자 책력册曆을 대신하는데   窓晷代曆日
물시계를 시험해서 무엇 하리오   何用驗漏筒
네 부디 밝은 덕을 숭상하여라   願君崇明德
일신[5]의 효험을 차츰 보게 되리라   漸看日新工

5. **일신**日新   『대학』에 '명덕을 밝히라'(明明德)는 말씀에 이어 탕湯임금의 「반명」盤銘을 인용하여 "진실로 날로 새롭게 되려면, 나날이 새로 하고, 또 날로 새로이 하라"(苟日新 日日新 又日新)고 하였다.

산행 山行

'산전갈이'(山耕)로 된 데도 있다.

이랴저랴 소몰이 소리 구름 속에 들리는데	叱牛聲出白雲邊
하늘 찌른 푸른 봉우리엔 비늘같은 밭골이라	危嶂鱗塍翠插天
견우직녀 왜 구태여 까막까치 기다리나	牛女何須烏鵲渡
은하수 서쪽 나루 달이 걸려 배 같은데	銀河西畔月如船

이거 移居

관도¹ 주변으로 집을 옮기니	移家官道下
하루 내내 행인 구경 하누나	盡日看行人
가는 자가 오는 자를 맞는가 하면	去者逢來者
앞사람 발자취가 뒷사람 발자취를 잇대는구려	前塵接後塵
이 길을 말미암아 천리를 가노라고	由茲千里適
인생 백년의 몸이 늙어 버리는데	老彼百年身
– 원문 빠짐 –	□□□□□
딴 길을 따르는 사람을 도리어 가엾어하네	還嗟異所循

---

1. **관도官道** 조선 정부에서 만든 간선도로로, 한양을 기점으로 전국에 10대 간선도로가 있었다.

노군교勞軍橋¹

어옹노래 초부타령 영웅이 몇이더뇨 漁歌樵唱幾英雄
날고 뛰는 싸움 공격 패기도 없어졌네 戰伐飛騰伯氣終
옛날이라 어구御溝에 흐르는 물 어디 가고 昔日御溝流水盡
보리밭 묵정 속에 노군교만 남아 있네 勞軍橋在麥田中

---

1. **노군교勞軍橋** 개성 송악산 입암동立岩洞에 있던 다리 이름이다. 부근에 고려 왕궁 터가 있
었다.

필운대弼雲臺의 꽃구경[1]

나비의 꽃 희롱 하필 극성이라 나무라노 戲蝶何須罵劇顚

사람들 되려 나비 따라 꽃과 인연 맺으려 달려가네 人還隨蝶趁芳緣

아지랑이 뜬 저 너머에 한낮의 봄은 새파랗고 春靑晝白遊絲外

길엔 붉은 먼지 자욱하고 마실 풍경 드설레네 井哄烟喧紫陌前

새 울음 각각인 건 제 뜻대로라지만 各各禽啼容汝意

도처에 꽃이 핀 건 저 하늘 뜻대로지 頭頭花發任他天

명원名園에 앉아 둘러보니 소년들 하나 없고 名園坐閲無童髦

머리 허연 노인들만 작년과 달라진 게 서글프네[2] 白髮堪憐異去年

---

1. **필운대弼雲臺의 꽃구경** 필운대는 한양 경복궁 서쪽 인왕산의 필운동에 있던 명승지이다. 『연암집 초고보유』燕巖集草稿補遺 제9책에는 제목이 「弼雲臺 與伯修(沈念祖) 克卿(吳載紹) 景晦(沈公著) 懋官(李德懋)作」으로 되어 있고, 다시 그 위에 "弼雲臺賞花 歸路過趙園 拈誠齊韻"이라는 주가 있다.

2. **명원名園에 …… 서글프네** 이 구절이 대본에는 '缺'이라고 되어 있으나, 영남대본과 승계문고본에 의거하여 보충·번역하였다.

강가에 살며[1]

푸른 나무 그늘 짙고 짙어 산비둘기 까치 새끼 놀고　　　鳴鳩乳鵲綠陰垂
돛대 머리에 돛 날리네 조운선漕運船 올라올 때　　　　亂颿檣頭漕上時
강가 누각에서 졸고 나니 하나도 일이 없어　　　　　　江閣罷眠無一事
박태기나무 꽃 아래에서 당시唐詩를 베낀다오　　　　　紫荊花下錄唐詩

1. **강가에 살며**　　『연암집 초고보유』燕巖集草稿補遺 제9책에는 제목 아래 '세심정'洗心亭이라는
주가 있다. 세심정은 마포麻浦에 있던 박명원의 별장이다. 그의 배려로 연암은 1780년대 후반에
세심정에서 지낸 적이 있다.

압록강을 건너 용만성龍灣城을 돌아보다[1]

손바닥만 한 외론 성에 빗발이 어지럽고	孤城如掌雨紛紛
갈대 억새 아득아득 변방 해는 어둑어둑	蘆荻茫茫塞日曛
먼 길 나선 말 울음 쌍나팔에 어울리고	征馬嘶連雙吹角
고향 산은 점점 희미하게 만겹 구름에 감싸였네	鄉山漸入萬重雲
용만이라 군리들은 모래톱에서 돌아가고	龍灣軍吏沙頭返
압록강에서 새와 물고기도 물 사이에서 나눠지네	鴨綠禽魚水際分
고국 소식 담은 편지 예서부터 끊어지니	家國音書從此斷
가없는 저 벌판으로 고개 돌려 어이 들리	不堪回首入無垠

---

1. **압록강을 …… 돌아보다**   용만龍灣은 의주義州를 말한다. 『열하일기』「도강록」渡江錄 정조 4년
(1780) 6월 24일 조에 의주에서 압록강을 건넌 사실이 기록되어 있다.

구련성九連城에서 노숙하며[1]

요양遼陽 가는 만리 길에 누워서 생각하니	臥念遼陽萬里中
예 이제 강과 산에 영웅이 몇이더뇨	山河今古幾英雄
이적李勣이 도호부都護府 설치한 곳엔[2] 나무들 잇대었고	樹連李勣曾開府
동명왕東明王 살던 궁궐[3] 구름에 뒤덮였네	雲壓東明舊住宮
날고 뛰는 싸움 공격 강물과 함께 흘러가 버렸고	戰伐飛騰流水盡
어부와 나무꾼 태평세월 노래하니 석양만 쓸쓸하이	漁樵問答夕陽空
출새곡出塞曲[4] 노래하나 취한 김에 웃어 대니	醉歌出塞歌還笑

1. **구련성九連城에서 노숙하며**　『열하일기』 「도강록」 6월 24일·25일 조에 관련 기사가 있다. 구련성은 압록강 너머 30리 거리에 있었다.
2. **이적李勣이 …… 곳엔**　668년 당나라 고종高宗은 장수 이적을 시켜 고구려를 정벌케 했다. 이적은 고구려를 멸망시킨 뒤 안동도호부安東都護府를 설치했다.
3. **동명왕東明王 살던 궁궐**　고구려의 수도인 국내성國內城을 가리킨다. 연암은 구련성이 곧 예전의 국내성일 것으로 보았다.

머리 하얀 한낱 서생 바람으로 머리를 빗질하겠구나[5]　　　頭白書生且櫛風

4. **출새곡出塞曲**　　국경의 요새를 거쳐 외국으로 나갈 때 불렀다는 악부樂府 「횡취곡」橫吹曲의 이름이다. 중국의 한漢나라 초부터 불렀다고 하며, 당나라 때 두보 등 유명한 시인들이 가사를 지었다.
5. **머리 …… 빗질하겠구나**　　바람으로 머리를 빗질하고 비로 머리를 감는다는 뜻의 '즐풍목우'櫛 風沐雨는 갖은 고생을 하며 바삐 돌아다니는 경우에 쓰는 표현이다. '머리 하얀 한낱 서생'은 연 암이 자신을 자조적自嘲的으로 표현한 것이다.

통원보通遠堡에서 비에 막히다[1]

변방에 비 주룩주룩 그칠 줄 모르니	塞雨淋淋未肯休
어명 받든 사신들 행차 길이 막혔구려	皇華使者滯行輈
옛부터 유세遊說하기를 소의 꼬리 됨이 부끄럽다는데[2]	遊談從古羞牛後
마두[3]들만 믿고 있는 일행들이 가엾구려	眷屬還憐恃馬頭
취한 속에 바라보아도 내 나라가 아니로세	醉裏相看非故國

1. **통원보通遠堡에서 비에 막히다**　『열하일기』「도강록」7월 2일 조에 관련 기사가 있다. 6월 29일 통원보에 도착한 조선 사행使行은 7월 1일부터 큰비를 만나 그곳에 머물게 되었는데, 7월 2일에도 앞 계곡에 물이 불어 건널 수 없다는 보고를 받고 계속 체류하게 되었다.
2. **옛부터 …… 부끄럽다는데**　중국 전국 시대의 유세가인 소진蘇秦이 한韓나라 선혜왕宣惠王에게 진秦나라에 신복臣服하지 말도록 설득하면서 "닭의 머리가 될지언정 소의 꼬리는 되지 말라" (寧爲鷄口 無爲牛後)는 속담을 인용한 것에서 나온 말이다. 『史記』 卷69「蘇秦列傳」 앞장서지 못하고 낙후이이 부끄럽다는 뜻이다.
3. **마두馬頭**　중국 사행길을 수행하는 하천배의 하나로 말을 모는 일을 담당했다.

어느 시대 세상인지 초가을이 또 왔구려　　　人間何世又新秋
앞 강에 배 없다 기별이 전해 오니　　　　　前河報道闕舟楫
긴긴 날 지루하여 무엇을 해야 할지　　　　長日無聊那可由

요동遼東 벌판을 새벽에 지나며

요동 벌판 어느 제나 끝이 날는지	遼野何時盡
열흘 내내 산이라곤 보지 못했네	一旬不見山
새벽 별은 말 머리 위로 솟아오르고	曉星飛馬首
아침 해가 논밭에서 솟아나누나	朝日出田間

동관東關[1]에서 유숙하다

앞 계곡에 물이 불어 수레를 또 멈추니	前溪水漲又停車
난간에 기대어 어쩔거나 외칠밖에	只得憑欄喚奈何
어린 시절부터 중국 일을 글에서만 읽었더니	自幼讀書中國事
이로부터 대방가의 풍속을 보겠구려[2]	從玆觀俗大方家

1. **동관東關**　　대본에 '潼關'으로 되어 있는 것을 바로잡았다. 동관潼關은 섬서陝西·산서山西·하남河南 3성省의 요충지로서 조선 사신의 조공로朝貢路와는 동떨어진 곳이다. 또한 『열하일기』「일신수필」馹汛隨筆 7월 20일 조에도 영원寧遠에서 출발하여 동관역東關驛에 도착했는데 다음 날 새벽까지 큰 비가 내렸다고 하였고, 7월 21일 조에 "강물이 불어나 길이 막혀서 동관역에서 유숙했다"(阻河漲 留東關驛)고 되어 있다.

2. **이로부터 …… 보겠구려**　　『장자』「추수」秋水에서 강의 신인 하백河伯은 가을에 비가 많이 내려 황하가 불어난 것을 보고 크게 자부심을 느꼈다가, 황하가 흘러든 북해北海가 아득하게 넓은 것을 보고는 자신의 식견이 좁았던 것을 몹시 부끄러워하면서, 바다의 신인 해야海若에게 "나는 길이 대방지가大方之家의 웃음거리가 되겠구려"라고 말했다. 대방지가는 대도大道를 아는 사람이란 뜻이다. 이 시에서는 대국大國인 중국에서는 조선과 달리 비가 한번 왔다 하면 상상을 초월할 정도로 강물이 엄청나게 불어난다는 뜻으로 그와 같은 표현을 쓴 듯하다.

예나 지금이나 비와 구름 오가고 여름 겨우 지났는데　　雨今雲古纔經夏

조삼모사朝三暮四 이 아니랴 강물을 몇 번이나 건넜던고　　暮四朝三幾渡河

－ 원문 빠짐 －　　　　　　　　　　　　　　　　□□□□□□□

－ 원문 빠짐[3] －　　　　　　　　　　　　　　　□□□□□□□

3. **원문 빠짐**　　승계문고본에는 원문이 빠진 곳에 결구缺句 표시를 하고 그 아래에, "어떤 본에는 '절하느라 이마에 진흙 묻힌 꼴을 보고 웃었더니, 되려 날 보고 웃긴 왜 웃나'(我政笑君泥點額, 君還向我笑甚麼)로 되어 있다" 하였다.

－ 원문 빠짐 － 절구 한 수를 읊다[1]

머리 하얀 서생이 황경(북경)을 들어가니	書生頭白入皇京
의복 차림 의연히 일개 노병일레	服着依然一老兵
말을 타고 또다시 열하를 향해 가니	又向熱河騎馬去
그야말로 공명에 나아가는 가난한 선비 같구려	眞如貧士就功名

1. 절구 한 수를 읊다　　김택영 편 『연암집』과 『중편연암집』에는 이 시의 제목이 '熱河途中'으로 되어 있다. 『열하일기』 「막북행정록」漠北行程錄에 의하면 연암은 정조 4년 8월 5일 북경에서 열하로 출발하였다.

- 원문 빠짐 - **말 위에서 구호口號[1]하다**

시에 관한 설명이 「피서록」避暑錄에 보인다.

푸른 깃에 은정자銀頂子 모자 쓰니 이야말로 무부 같네	翠翎銀頂武夫如
요양이라 천리 길 사신 수레 뒤따랐소	千里遼陽逐使車
중국에 한 번 들어온 뒤 호칭 세 번 바뀌었으니[2]	一入中州三變號
좀스런 선비들은 옛부터 충어蟲魚 따위나 배우는 법[3]	魾生從古學蟲魚

1. **구호口號** 입에서 나오는 대로 즉흥적으로 읊었다는 뜻이다. 또한 그렇게 지은 시를 '구호'라고 한다.
2. **호칭 세 번 바뀌었으니** 연암 자신처럼 아무런 직임을 띠지 않고 사행길을 따라가는 자를 국내에서는 밴댕이(盤當)와 음이 같은 반당伴當, 중국에서는 새우(蝦 : 무부武夫라는 뜻), 가오리尷 즙里(고려高麗라는 뜻)라고 부르는 것을 빗대어서 말한 것이다. 『熱河日記』「避暑錄」
3. **좀스런 …… 법** 추생魾生은 식견이 얕은 사람을 일컫는 말이고, 충어蟲魚를 배운다는 것은 유교 경전을 연구하면서 벌레나 물고기의 명칭과 같은 자질구레한 지식들을 추구하는 것을 풍자한 말이다. 이 시에서는 연암 자신이 사행 길에 밴댕이, 새우, 가오리 등으로 불린 것을 스스로 풍자한 것이다.

필운대에서 살구꽃 구경하며

석양이 갑자기 넋을 거두어들이니[1]	斜陽倏斂魂
위는 밝고 아래는 그윽하고 고요해	上明下幽靜
꽃 아래 노니는 하고한 사람	花下千萬人
옷과 수염 저마다 볼 만하네	衣鬚各自境

---

1. **넋을 거두어들이니** '斂魂'은 원래 죽은 이의 넋을 모은다는 뜻인데, 여기서는 석양이 지면서 어두워졌다는 뜻으로 쓰인 듯하다. 황혼을 염혼斂昏이라고도 한다.

절구 네 수

제목 없음. 연경에 들어가는 사람을 송별한 때이거나 연경에 가면서 지은 잡영雜咏인 듯
하다.[1]

먼 길 나서며 월나라 비단 치마로 갈아입었으니[2]	征裙換盡越羅裳
강서江西의 문란文蘭으로 여점旅店 가득 향기롭네	江右文蘭滿店香
조선에서만 그 슬픈 사랑 이야기 글로 엮어졌나니[3]	唯有東韓編艶史
쓸쓸한 진자점榛子店 성벽 석양을 띠었구려	城寒榛子帶斜陽

1. **연경에 …… 듯하다**　이덕무의 『청비록』淸脾錄 권3에 제4수가 수록되어 있는 점으로 미루어
연암이 1778년 이전에 지은 시로 짐작된다.
2. **먼 길 …… 갈아입었으니**　청나라 강희제康熙帝 때 강서성江西省 출신으로 수재秀才 우상경虞
尙卿의 젊은 아내였던 계문란季文蘭은 남편이 만주족에게 피살당하고 자신은 납치되어 심양瀋陽
으로 팔려 가면서, 산해관山海關 밖 진자점榛子店의 벽에다 구원을 호소하는 칠언절구 1수를 남
겼다. 『열하일기』「피서록」에 그 시의 전문이 소개되어 있는데, 이 시구는 그 시의 둘째 구절을
인용한 것이다.
3. **조선에서만 …… 엮어졌나니**　1683년 사신으로 갔던 김석주金錫胄가 처음 계문란의 시를 기록
하여 돌아왔다. 『息菴集』 그 이듬해 남구만南九萬도 그 시를 보았다고 했으며, 1712년 김창업金
昌業도 그 시를 보고 차운한 시를 남겼다. 『老稼齋燕行錄』 그 이후 연행燕行에 나선 조선 문사들
은 진자점을 지날 적마다 계문란의 고사를 회상하면서 시를 짓곤 하였다.

화려한 집의 닭 울음 늘어진 버들처럼 길어라[4]   金屋鷄聲似柳長

배신[5]이 응대한 말 이제껏 향기롭네   陪臣牙頰至今香

노구교[6] 새벽달은 상기도 맑고 고운데   蘆溝曉月涓涓在

심양왕의 만권당을 어느 뉘 알리   誰識瀋王萬卷堂

육왕六王을 겨우 끝장내자 한 철퇴가 날아드니   六王纔畢一椎來

산신山神은 소리 없고 백옥만 애처롭네[7]   山鬼無聲白璧哀

미자한담에서 그를 당세 제일의 재사才士라 추앙하니[8]   尾蔗閒談推第一

---

4. **화려한 …… 길어라**   고려 때 충선왕忠宣王은 원元나라 수도에서 만권당萬卷堂이란 서실을 짓고 기거하면서 조맹부趙孟頫 등 저명한 문사들과 교제했는데, 하루는 충선왕이 "닭 울음이 문 앞의 버드나무 같네"(鷄聲恰似門前柳)라는 시구를 지었으나, 중국 문사들이 그 출처를 묻는데 답을 하지 못했다. 이때 왕을 측근에서 모시고 있던 익재益齋 이제현李齊賢이 고려 사람의 시에 "해 돋는 지붕 위로 금계가 우는데, 늘어진 버들처럼 간들간들 길어라"(屋頭初日金鷄唱 恰似垂柳裊裊長)라는 구절이 있다고 응대하여 온 좌중의 감탄을 샀다고 한다. 『淸脾錄』卷1「鷄聲似柳」 충선왕은 원나라에 있을 때 심양왕瀋陽王에 봉해졌다.

5. **배신陪臣**   이제현을 가리킨다. 제후諸侯의 신하는 천자에 대하여 신하의 신하가 된다는 뜻으로 배신이라 부른다.

6. **노구교蘆溝橋**   북경北京의 광안문廣安門 서쪽에 있는 유명한 다리로서, 노구효월蘆溝曉月은 북경 팔경八景의 하나로 일컬어졌다.

7. **육왕六王을 …… 애처롭네**   청나라 건륭乾隆 때 시인 원매袁枚(자 자재子才, 호 수원隨園)가 진시황秦始皇 때의 역사를 노래한 회고시懷古詩「박랑성」博浪城의 일부를 인용한 것이다. 육왕六王은 전국 시대의 6국인 제齊·초楚·연燕·한韓·위魏·조趙의 왕을 가리킨다. '한 철퇴가 날아드니'는 장량張良이 박랑사博浪沙에서 진시황을 철퇴로 저격하려다 실패한 사건을 말한다. '산신은 소리 없고 백옥만 애처롭네'라고 한 것은 진시황 36년에 어떤 신령스런 사람이 진시황의 사자使者 앞에 나타나 벽璧을 주면서 진시황의 죽음을 암시하는 예언을 하고 사라진 사건을 말한다. 이를 보고받은 진시황은 '산신은 본래 한 해의 일을 아는 데 불과하다'고 짐짓 무시했다. 『史記』卷6「秦始皇本紀」, 卷55「留侯世家」 원매의「박랑성」시는『열하일기』「피서록」에 전문이 소개되어 있다.

원매袁枚 같은 사람 중국에 몇이더뇨[9]　　　　　幾人中土似袁枚

난하灤河의 맑은 모래 외로운 저 섬 속에　　　　灤水沙晴島嶼孤
신세 좋은 해오라기는 티끌 한 점 안 묻었네[10]　鸂鶒身世一塵無
백이伯夷 숙제叔齊 사당 아래 서글피 섰노라니　夷齊祠下悄然立
서희徐熙처럼 몰골도[11]를 그리고 싶어지네[12]　欲寫徐熙沒骨圖

8. **미자한담尾蔗閒談에서 …… 추앙하니**　　미자尾蔗는 사탕수수(甘蔗)를 맛이 쓴 뿌리부터 먹는다는 뜻으로 점입가경漸入佳境을 말한다. 청나라 건륭 때 시인 이조원李調元(호 우촌雨村)은 원매를 당세 제일의 재사才士라고 칭송하면서 자신의 『미자헌한담』尾蔗軒閒談에서 그에 관한 일을 기록했노라고 하였다. 『청비록』卷4 「袁子才」　이조원이 편집한 『함해』函海에 『미자총담』尾蔗叢談 4권이 수록되어 있다.

9. **육왕六王을 …… 몇이더뇨**　　김택영의 『중편연암집』에는 이 제3수만을 「회증원수원」懷贈袁隨園이란 제목을 붙여 수록해 놓았다. 그러나 연암과 원매 간에는 아무런 교분이 없으므로 적절한 제목이라 하기 어렵다.

10. **난하灤河의 …… 묻었네**　　이덕무의 『청비록』淸脾錄 권3 「연암조」燕巖條에도 이 두 시구가 소개되어 있다. 박종채의 『과정록』過庭錄 권4에도 이 시구를 소개한 대동소이한 기사가 있다.

11. **몰골도沒骨圖**　　묵필墨筆로 밑그림을 그리지 않고 곧바로 채색한 그림을 말한다. 서희는 오대五代 말기에서 송宋나라 초기의 저명한 화가로 몰골도의 기법을 개발하였다.

12. **난하灤河의 …… 싶어지네**　　『열하일기』「일신수필」7월 26일 조에 영평부永平府에서 출발하여 난하를 건너 이제묘夷齊廟를 들렀다고 기록되어 있고, 따로 「이제묘기」夷齊廟記와 「난하범주기」灤河泛舟記가 수록되어 있다. 연암은 그림도 잘 그렸다고 한다.

강가에 살며 멋대로 읊다

우리 집 문밖은 바로 서호西湖[1] 나루 근처   我家門外卽湖頭

쌀 사려 소금 사려 몇 곳의 배들이냐   米關鹽喧幾處舟

가을 기러기 한번 울자 일제히 닻을 올리고   霜鴈一聲齊擧矴

강에 가득 밝은 달 비추일 때 금주[2]로 내려가네   滿江明月下金州

1. **서호西湖**   한양의 서강西江을 말한다. 한강의 마포 나루로 흘러드는 하천으로, 조운漕運의 한 중심지였다.
2. **금주金州**   한강 입구의 김포金浦를 금주 또는 금릉金陵이라 불렀다.

연암燕岩에서 선형先兄을 생각하다[1]

우리 형님 얼굴 수염 누구를 닮았던고   我兄顔髮曾誰似

돌아가신 아버님 생각나면 우리 형님 쳐다봤지   每憶先君看我兄

이제 형님 그리우면 어드메서 본단 말고   今日思兄何處見

두건 쓰고 옷 입고 가 냇물에 비친 나를 보아야겠네   自將巾袂映溪行

1. **연암燕岩에서 …… 생각하다**   정조 11년(1787) 연암의 형 박희원朴喜源이 향년 58세로 별세하여 연암협燕嚴峽의 집 뒤에 있던 부인 이씨 묘에 합장하였다. 이덕무는 이 시를 읽고 감동하여 극찬한 바 있다. 『過庭錄』卷1

홍태화洪太和의 비성아집秘省雅集 시에 차운하다[1]

첫가을 맑은 잔치 난향蘭香이 상쾌한데   新秋淸讌灑蘭薰
밥상 받은 분들은 효반晶飯과 취반毳飯으로 나뉘었네[2]   會飯群公晶毳分

---

1. 홍태화洪太和의 …… 차운하다   태화太和는 홍원섭洪元燮(1744~1807)의 자이다. 홍원섭은 충
주 목사를 지냈으며 고문古文을 잘 지었다. 그의 문집 『태호집』太湖集에 「비성아집첩전운」秘省雅
集疊前韻이 수록되어 있는데, 그 시에 붙인 소주小註에 연암과 이덕무·박제가·유득공·성대중
大中 등과 함께 지었다고 밝히고 있다. 비성秘省은 비서성秘書省 즉 규장각奎章閣의 외각外閣인
교서관校書館을 가리킨다. 정조 15년(1791) 7월 이덕무, 유득공, 박제가가 왕명으로 교서관에서
병지兵志를 편찬할 때 성대중이 마침 교서관에 숙직하자 홍원섭과 박지원 등이 함께 모여 시를
지었다고 한다. 『貞蕤詩集』 卷3 「辛亥七月同靑莊泠菴奉命纂輯國朝兵事開局於秘省而靑城適就直太湖燕
巖玉流諸公偶集」

2. 효반晶飯과 취반毳飯으로 나뉘었네   소식蘇軾과 전협錢勰 간의 해학적인 일화에 출처를 둔 표
현이다. 전협이 소식에게 편지를 보내 효반을 대접하겠노라고 했는데, 가 보니 밥 한 사발, 무 한
접시, 백탕白湯 한 그릇뿐이었다. 세 가지가 모두 백색白色이라고 '효반'이라 한 것이었다. 며칠
뒤 소식은 전협에게 편지를 보내 취반을 대접하겠노라고 했는데, 가 보니 아무 것도 없었다. 모
毛는 '무'無와 통하므로, 밥·무·백탕 세 가지가 모두 없다는 뜻으로 '취반'이라 한 것이었다. 『高
齋漫錄』 여기서는 차려진 음식이 변변치 않았음을 풍자적으로 표현한 것이다.

영지靈芝 돋은 늙은 나무 옛 비를 간직했고 老樹蒸芝藏舊雨

어떤 본에는 '장맛비를 머금고'(含積雨)로 되어 있다.

신기루 같은 먼 누각 무너지는 구름을 부축하고 있네 遙樓學蜃擁頹雲

시마詩魔에 홀렸다는 비웃음이 뒤따르고 詩魔邂逅從他笑

자주自註 : 차수次修(박제가의 자)가 내 시를 보고 "시마에 홀린 것이 아닙니까?" 하니 좌
중이 모두 크게 웃었다.[3]

용의 뿔 우뚝하게 그렸노라 반쯤 술이 취한 김에 龍角崢嶸倚半醺

어떤 본에는 '허겁지겁 수묵화를 그렸노라'(墨畫蒼茫)로 되어 있다.

자주 : 태화가 종이를 펴고 나더러 용을 그려 달라고 떼를 쓰기에 내가 비늘과 뿔을 대충
그리고 먹을 뿌려 보았다.

귀밑털에 서리 내린 이래 기사耆社[4]에 들기 넉넉하니 霜鬢由來優入社

북산에서 이문移文을 보내오진 않겠구먼[5] 北山應不便移文

3. 차수次修가 …… 웃었다   평소 시를 즐겨 짓지 않던 연암이 모처럼 시를 지었기 때문에 그와
같이 농담을 한 것이다.
4. 기사耆社   기로소耆老所를 말한다. 70세 이상의 고관들을 예우하기 위한 경로 기관이었다.
5. 북산北山에서 …… 않겠구먼   북산은 중국의 종산鍾山을 가리키며 남경南京의 북쪽에 있다 하
여 북산이라 한다. 이문移文은 관부 문서의 일종으로 격문檄文과 비슷하며 어떤 대상을 성토하는
글이다. 남조南朝 때에 주옹周顒이 북산에 은거하다가 나중에 불려 나가 해염 영해염令이 되었는
데 임기가 만료되어 서울로 들어오다 다시 북산을 지나게 되었다. 이에 공치규孔稚珪(447~501)
가 북산의 산신山神 이름을 빌려 사이비 은사隱士인 그를 성토하였다. 『文選』「北山移文」

재실齋室에서

제릉 영齊陵令으로 있을 때 지은 것이다.[1]

한두 잔 막걸리로 혼자서 맘 달래노라	淺酌村醪獨自寬
백발이 성글성글 탕건 하나 못 이기네	蕭蕭霜髮不勝冠
천년 묵은 나무 아래 황량한 집	千年樹下蒼涼屋
한 글자 직함 중에도 쓸데없이 많은 능관陵官일레[2]	一字啣中冗長官
맡은 일 시시하여 신경 쓸 일도 적다만	都付鼠肝閒計小
그래도 계륵처럼 버리기 아깝구려	猶將鷄肋快抛難

1. **제릉 영齊陵令으로 …… 것이다**　　정조 14년(1790) 연암은 경기도 개풍군開豐郡에 있는 태조비 太祖妃 신의왕후神懿王后의 능을 관리하는 제릉 영으로 임명되어 그 이듬해까지 재직하였다. 작품 중에 겨울 추위를 겪었다는 내용이 있는 것으로 미루어, 이 시는 정조 15년(1791)에 지은 것으로 추정된다.
2. **한 …… 능관陵官일레**　　영令은 사온서·평시서·사직서·종묘서·소격서·의영고·장흥고 등과 각 전殿 및 능陵의 우두머리 벼슬로 종5품이었다. 그중에서도 능을 지키는 능관陵官이 가장 많았다.

만나는 사람마다 지난겨울 괴로웠다 말하는데 　　　逢人盡說前冬苦
나는 마침 재실에서 되려 추운 줄 몰랐다네 　　　最是齋居却忘寒

술을 조금 마시다[1]

새소리는 여리고 느리게 문 앞에서 들리고	禽聲當戶緩
꽃 그림자 천천히 섬돌을 올라오네	花影上階遲
손자를 본 날이라[2] 술 맛이 더욱 진하고	酒重添丁日
관직을 벗은 때라[3] 몸이 가볍네	身輕解紱時
묵은 취반鷲飯[4]은 넉넉하고	三毛贏舊飯

1. **술을 조금 마시다**   승계문고본과 영남대본에는 "때는 병진년(1796) 봄으로, 안의 현감에서 해임되어 돌아왔는데, 어린 손자가 태어난 지 겨우 수일이었다. 또한 어떤 사람이 만시輓詩를 청하였다"(時丙辰春 解安義宰歸 小孫生才數日 又有人請輓)는 소주小註가 있다. 1796년 음력 2월 박종의의 아들 효수孝壽가 출생하였다.
2. **손자를 본 날이라**   '첨정'添丁은 아들이나 손자가 태어난 것을 뜻한다. 아들이나 손자를 낳음으로써 나라를 위해 역역力役에 복무할 장정壯丁을 추가했다는 뜻이다.
3. **관직을 벗은 때라**   '해불'解紱은 수령이 차는 도장의 끈을 풀었다는 뜻으로, 관직에서 벗어났다는 말이다.
4. **취반鷲飯**   '삼모'三毛는 삼무三無와 같은 뜻이다. 밥과 무와 백탕白湯 세 가지조차 모두 없는 극히 보잘것없는 음식을 말한다. 349쪽 주2 참조.

양쪽 귀밑털에 새 흰머리 빛나누나   雙鬢耀新絲
고요한 속에 도로 일거리 찾노니   靜裡還尋事
남을 위해 만시輓詩를 쓰는 거로세   爲人寫輓詩

구일날 맹원孟園에 올라
두목杜牧의 시에 차운하다[1]

백발노인이 어찌 걸음 날래다 뽐낼쏜가	霜鬢爭誇步屧飛
삼청동三淸洞 구름 낀 숲은 바라봐도 아득하이	三淸雲木望中微
얼큰히 취한 내 얼굴은 단풍잎과 어떠한지 묻노라	半酣爲問楓何似
늘그막엔 두말 말고 국화와 절조를 함께해야지	晩節眞堪菊與歸
송동에서 화전花煎 부치며 옛일을 읊조리고	宋洞花饌吟古事
맹원에서 풍모[2] 쓰고 가을 햇빛을 사랑하노라	孟園風帽媚秋暉
늙어 쇠했으나 금년에도 건재하니	婆娑又得今年健

1. **구일날 …… 차운하다** 구일날은 음력 9월 9일 중양절重陽節을 가리킨다. 진晉나라 때 맹가 孟嘉가 용산龍山에 올라 바람에 모자를 떨어뜨렸다는 고사로 인해 중양절에는 높은 곳에 올라 모자를 떨어뜨리는 풍류가 생겼다. 맹원孟園은 한양 가회방嘉會坊(지금의 가회동) 북쪽에 있던 높은 고개인 맹현孟峴을 가리킨다. 연암이 차운했다는 두목杜牧의 시는 「구일제산등고」九日齊 山登高이다. 『연암집 초고보유』燕巖集草稿補遺 제9책에는 제목 아래에 "癸亥重陽 孟園 次杜韻"이 라 하여 1803년에 지은 작품임을 밝혔다.
2. **풍모風帽** 추위와 바람을 막는 방한모를 말한다.

천길 산꼭대기에서 한번 옷자락을 털어 보세[3]　　　千仞岡頭試振衣

자주: 이에 앞서 송동宋洞에 모여 화전을 부쳐 먹고 높은 곳에 오르자 약조했는데 그렇게 하지 못했다. 유몽득劉夢得[4]이 「구일시」九日詩를 지으면서 '고'䭔 자를 쓰려고 했으나 오경五經 중에 없는 글자라 하여 걷어치우고 더 이상 짓지 않았다. 그리하여 송자경宋子京[5]의 시에 "유랑劉郞도 과감하게 '고' 자 운을 못 썼으니, 한세상 시호詩豪란 말 속절없이 저버렸네"(劉郞未敢題䭔字 空負詩中一世豪)라고 하였다.

시는 고체古體와 금체今體 도합 42수이다. 아버님이 본시 시인으로 자처하지 아니하여 남과 더불어 창수唱酬한 것이 극히 드물었으며, 보통 요구에 응해 지은 작품들도 상자에 남겨 두지 않았기 때문에 작품 제목이 몹시 적다. 게다가 사람들이 전송傳誦하는 것을 수집한 시가 많으므로 중간에 빠지고 확정하지 못한 곳이 꽤 있으나, 삼가 평소의 뜻을 좇아 문편文編의 끝에 붙여 둔다. 구고舊稿에 '영대잡영'映帶雜咏이라는 편제編題가 있으므로 지금 그대로 답습한다.

아들 종간宗侃(박종채의 초명初名)이 삼가 쓰다.

---

3. **한번 옷자락을 털어 보세**　　맑은 바람에 옷의 먼지를 털어 보자는 뜻이다. 『초사』楚辭 「어부」漁父에 "새로 머리를 감은 사람은 반드시 모자의 먼지를 털고, 새로 목욕한 사람은 반드시 옷의 먼지를 터는 법이다"(新沐者必彈冠 新浴者必振衣) 하였다.
4. **유몽득**劉夢得　　몽득夢得은 당나라 유우석劉禹錫(772~842)의 자이다.
5. **송자경**宋子京　　자경子京은 송나라 송기宋祁(998~1061)의 자이다. 인용된 시구는 송기의 「구일식고」九日食䭔의 후반부이다.

연암집

【 제5권 】

영대정잉묵
映帶亭賸墨

자서 自序

– 원문 60자 빠짐 – '우근진'右謹陳을 들어 타매唾罵하고 있다. 이른바 '우근진'
이란 말이 저열한 표현인 것은 사실이나, 세상에 붓대를 쥐고 글줄이나
쓴다는 사람들이 얼마나 많겠는가마는, 그들의 글을 책으로 간행한 것들
을 보면 모두가 가득 늘어만 놓은 음식의 찌꺼기처럼 시금떨떨한 것에
지나지 않으니, 왜 구태여 문서의 서두어나 말을 꺼낼 때 사용하는 상투
어[1]만을 나무라는지 모를 일이다. 제전帝典(『서경』書經 「요전」堯典·「순전」舜典)의
'월약계고'曰若稽古나 불경佛經의 '여시아문'如是我聞도 바로 지금의 '우근진'과
같은 성격의 투식어일 뿐이다.

특히 봄 숲에서 새 울음을 들으면 소리마다 각기 다르고 해시海市[2]에

---

1. **문서의 …… 상투어**   앞의 '우근진'右謹陳은 관청에 청원하는 문서, 즉 소지所志의 서두어로,
'우자右者가 삼가 말씀을 올린다'는 의미이다. 홍기문, 『리두연구』, 과학원출판사, 1957. 다음에
나오는 '옛일을 상고하건대'라는 뜻인 월약계고曰若稽古나 '이와 같이 내가 들었노라'라는 뜻인 여
시아문如是我聞은 『서경』이나 불경에서 말을 꺼낼 때 사용하는 상투어이다.
2. **해시海市**   일반적으로는 맑은 날 바다 한가운데 나타난다는 화려한 성시城市, 즉 신기루蜃氣
樓 현상을 가리킨다. 그러나 여기서는 해안의 성시로 보아야 할 듯하다. 「우상전」虞裳傳에 소개

서 보물을 둘러보면 하나하나 다 새로우며, 연잎 위의 이슬은 본디 둥글고 초楚나라의 박옥璞玉[3]은 깎지 않은 채로 있다. 이것이 바로 척독가尺牘家들이 『논어』論語를 조술祖述하고 풍아風雅(『시경』詩經)로 거슬러 올라간 점이다.[4] 사령辭令으로 말하면 자산子産과 숙향叔向을 본받고[5] 장고掌故로 말하면 『신서』新序와 『세설』世說[6]을 본받았다. 확실하고 적절한 점으로 말하면 양책良策을 올린 가 태부賈太傅(가의賈誼)나 정사政事를 주관하던 육 선공陸宣公(육지陸贄)만 그러했던 것이 아니다.[7] 그러나 저들은 일단 고문사古文辭라 하면 단지 서序와 기記가 으뜸이 되는 줄만 알아서, 거짓으로 글을 짓고 부화한 표현들을 끌어다 쓰고는, 정작 이러한 글들에 대해서는 소가小家[8]의 묘품妙品이라고 배척하여, 밝은 창가의 조촐한 궤석几席에서 잠이 깬 뒤 베개 고이고 읽을 따름이다.

된 이언진李彦瑱의 시 「해람편」海覽篇에 일본 오사카大阪에서 각종 보물들이 거래되고 있음을 노래하면서 "페르시아 상인들도 눈이 부셔지고 절강의 성시들도 빛이 바랬네"(波斯胡目眩 浙江市色奪)라고 하였듯이, 중국 동남 해안의 성시들에서는 각종 보석 거래를 비롯하여 대외무역이 매우 활발했다.

3. **초楚나라의 박옥璞玉** 초나라 사람 화씨和氏가 얻었다는 다듬어지지 않은 옥덩어리로, 화씨벽和氏璧이라고도 한다.

4. **이것이 …… 점이다** 척독尺牘이 문학적으로 볼 때, 『논어』나 『시경』의 참신하면서도 진솔한 문답체 표현 방식을 계승했다는 뜻이다. 그 좋은 예가 자서의 후반에 인용되어 있다.

5. **사령辭令으로 …… 본받고** 사령은 말로써 응대應對하는 것을 말한다. 외교에서는 특히 사령을 잘해야 한다. 정鄭나라가 형법刑法의 조문을 새긴 정鼎을 주조하자, 진晉나라 숙향叔向이 정나라 공자公子 자산子産에게 서신을 보내어 형벌로써 백성을 다스리려 하는 것을 힐난했으며, 자산은 이러한 숙향의 서신을 받고 그의 충고에 감사하는 답신을 보냈다. 『春秋左氏傳』 「昭公」 6年 3月 이는 서신을 통해 사령을 잘한 예이다.

6. **『신서』新序와 『세설』世說** 둘 다 한漢나라 때 유향劉向이 지은 책이다. 『신서』는 춘추전국 시대의 고사를 모아 놓은 책이다. 『세설』은 실전失傳되어 내용을 알 수 없는데, 후세의 『세설신어』世說新語는 이 책에서 이름을 딴 것이다.

7. **양책良策을 …… 아니다** 가의賈誼의 상소上疏나 육지陸贄의 주의奏議에 못지않다는 뜻이다. 한漢나라 때 가의는 문제文帝에게 「치안책」治安策을 올렸으며, 당나라 때 육지는 덕종德宗에게 직언直言을 서슴지 않는 주의를 올려 국정을 잘 보좌하였다.

8. **소가小家** 대가大家의 반대로, 시시한 군소 작가들이란 뜻이다.

무릇 공경은 예禮를 갖추어야 확립되는 것이지만 그렇다고 엄숙하고 근엄하게만 대하는 것은 어버이를 섬기는 도리가 아니다. 더 나아가 큰 손님이라도 맞이하듯 도포를 떨쳐입고는 대충 안부나 묻고 더 이상 아무 말도 하지 않는다면, 이는 어버이를 공경한다고는 할 수 있겠지만 예를 안다고는 할 수 없다. 기쁜 안색과 부드러운 목소리로 격식에 구애되지 않고 곁에서 어버이를 봉양하는[9] 모습을 어디에서 찾아볼 수 있겠는가.

그러므로 빙그레 웃으며 "아까 한 말은 농담이다" 한 것[10]은 공자다운 멋진 해학이요, "아내가 '닭이 울었다' 하자, 남편은 '아직 어두운 새벽이다' 말하네"[11] 한 것은 시인詩人[12]의 편지인 셈이다.

우연히 상자 속을 뒤지다가, 추운 겨울을 맞아 창구멍을 바르려던 참에 옛날에 친구에게 보냈던 편지의 부본副本으로 쓸데없는 것들을 찾아내었는데, 모두 50여 건이었다. 어떤 것은 글자가 파리 대가리만 하게 작고 어떤 것은 종이가 나비 날개마냥 얇다.[13] 어떤 것은 장독 덮개로 쓰기에 넉넉하고[14] 어떤 것은 농을 바르기에 부족하다. 이에 한 권으로 베껴 내

---

9. **격식에 …… 봉양하는**　원문은 '左右無方'인데, 『예기』「단궁 상」檀弓上에 부모를 섬길 때에는 "곁에서 봉양하는 데 격식에 구애되지 말아야 한다"(左右就養無方)고 하였다.

10. **빙그레 …… 것**　공자가 무성武城 지방에 가서 백성들이 음악에 맞추어 노래를 부르는 소리를 듣고서 빙그레 웃으며 "닭을 잡는 데에 어찌 소 잡는 칼을 쓰겠는가" 하며 넌지시 조롱하였다. 무성의 수령인 제자 자유子游가 '군자가 도道를 배우면 사람을 사랑하고 소인이 도를 배우면 부리기가 쉽다'고 예전에 공자가 한 말을 들어 따지자, 공자가 제자들을 보고서 "얘들아 자유의 말이 옳다. 아까 한 말은 농담이다" 하였다. 『論語』「陽貨」

11. **아내가 …… 말하네**　『시경』「계명」鷄鳴의 첫 구절로, 아내가 닭이 울었으니 일하러 나가라고 하자 남편이 나가기 싫어 아직 어두운 새벽이라고 둘러대는 것을 묘사한 것이다. 주자朱子는 이 시를 부부가 서로 권계勸戒한 것이라고 주해註解하였으나, 연암은 부부가 일상적인 집안일로 문답을 나눈 시로 보았다.

12. **시인詩人**　「계명」을 지은 옛 시인을 가리킨다.

13. **종이가 …… 얇다**　원문은 '紙如蝶翅'인데, 왕안석王安石이 나비를 노래한 시에 "날개가 가루보다 가볍고 비단보다 얇다"(翅輕於粉薄於繒) 하였다.

어 방경각放瓊閣의 동루東樓에 보관한다.

임진년(1772) 맹동孟冬 상한上澣에 연암거사燕巖居士가 쓰다.

14. 장독······넉넉하고   '장독 덮개'(覆瓿)란 가치가 없는 저작을 가리키며, 주로 자신의 저작에
대한 겸양의 말로 쓰인다. 한漢나라 때 유흠劉歆이 양웅揚雄의 『태현』太玄을 두고 후세 사람들이
장독 덮개로나 쓸 것이라고 풍자한 데에서 유래한 말이다.

경지京之에게 답함 1

작별할 때의 말씀이 여전히 잊히지 않으나[1] 이른바 '그대를 천리까지 전
송해도 한 번 이별은 종당 있게 마련'[2]인 것을 어찌하오리까. 다만 한 가
닥 희미한 아쉬움이 하늘하늘 마음에 얽혀 있어, 마치 공중의 환화幻花[3]
가 어디선가 날아왔다가 사라지고 나서도 다시 하늘거리며 아름다운 것
과 같습니다.

예전에 백화암白華菴에 앉았노라니, 암주菴主인 처화處華 스님이 먼 마
을에서 바람 타고 들려오는 다듬이질 소리를 듣고는, 그의 비구比丘인 영

---

1. **작별할 …… 않으나**　원문은 '別語關關'인데, '別語耿耿'과 같은 뜻이다.
2. **그대를 …… 마련**　멀리까지 전송할 것이 없다고 상대방을 위로하는 말로, 전송하는 사람을
만류할 때 흔히 쓰는 속담이다. 『수호지』水滸誌에서 무송武松이 송강宋江을 만류하며 "형님은 멀
리 전송할 것 없소이다. 속담에 '그대를 천리까지 전송해도 끝내 한 번은 이별해야 한다'고 했
소"(尊兄不必遠送 常言道 送君千里 終須一別)라고 하였다.
3 **공중의 환화幻花**　불교 용어로, 공화空華, 공중화空中華, 허공화虛空華라고도 한다. 눈병 난
사람이 공중에 꽃과 같은 것이 아른거리는 것을 보게 되듯이, 본래 실재하지 않은 것을 실재하
는 것이라고 잘못 아는 경우를 비유한 말이다.

탁靈托에게 게偈를 전하기를,

"'탁탁' 치는 소리와 '땅땅' 울리는 소리 중에 어느 것이 먼저 허공에서 들렸겠느냐?"

하니, 영탁이 손을 맞잡고 공손히 대답하기를,

"먼저도 아니고 나중도 아닌, 바로 그 사이[4]에 들었습니다."

하였습니다.

어제 그대가 여전히 정자 위에서 난간을 따라 배회하고 있을 때, 이 몸도 또한 다리 가에서 말을 세우고 있었는데, 서로 떨어져 있는 거리가 아마 1리쯤 되었지요. 우리가 서로를 멀리 바라보았던 곳도 역시 바로 그 사이였는지 모르겠습니다.

---

4. 그 사이   원문은 '那際'인데, 『열하일기』「도강록」渡江錄 6월 24일 조에 유사한 용례가 나온다. 즉, 연암은 압록강을 건너면서 수역首譯 홍명복洪命福에게 "그대는 도道를 아는가?"라고 묻고는, "이 강은 곧 저들과 우리의 국경이 마주치는 곳으로, 언덕이 아니면 강물이지. 무릇 천하의 윤리와 물리物理란 강물이 언덕에 닿아 있음과 같네. 도는 다른 데에서 구할 것이 아니요, 바로 그 사이에 있네(道不他求 卽在其際)"라고 하였다.

경지에게 답함 2

부지런하고 정밀하게 글을 읽기로는 포희씨庖犧氏와 대등할 이 뉘 있겠습니까. 글의 정신과 의태意態가 우주에 널리 펼쳐 있고 만물에 흩어져 있으니, 우주 만물은 단지 문자나 글월로 표현되지 않은 문장입니다.

후세에 명색이 부지런히 글을 읽는다는 자들은 엉성한 마음과 옅은 식견으로 마른 먹과 낡은 종이 사이에 시력을 쏟아 그 속에 있는 좀 오줌과 쥐 똥이나 찾아 모으고 있으니, 이는 이른바 "술찌끼를 잔뜩 먹고 취해 죽겠다" 하는 격이니 어찌 딱하지 않겠습니까.

저 허공 속에 날고 울고 하는 것이 얼마나 생기가 발랄합니까. 그런데 싱겁게도 새 '조'鳥라는 한 글자로 뭉뚱그려 표현한다면 채색도 묻혀 버리고 모양과 소리도 빠뜨려 버리는 것이니, 마을의 사당에 나가는 시골 늙은이의 지팡이 끝에 새겨진 것¹과 무엇이 다를 게 있겠습니까.

---

1. **시골……것**　나라에서 경로敬老의 뜻으로 노인들에게 하사하던 구장鳩杖을 가리킨다. 지팡이 끝에 비둘기 모양을 새겼다.

더러는 늘 하던 소리만 하는 것이 싫어서 좀 가볍고 맑은 글자로 바꿔 볼까 하여 새 '금'禽 자로 바꾸는 경우가 있는데, 이는 글만 읽고서 문장을 짓는 자들에게 나타나는 병폐입니다.

아침에 일어나니 푸른 나무로 그늘진 뜰에 철 따라 우는 새가 지저귀고 있기에, 부채를 들어 책상을 치며 마구 외치기를, "이게 바로 내가 말하는 '날아갔다 날아오는' 글자요, '서로 울고 서로 화답하는' 글월이다. 다섯 가지 채색을 문장文章이라 이를진대² 문장으로 이보다 더 훌륭한 것은 없다. 오늘 나는 참으로 글을 읽었다" 하였습니다.

---

2. **다섯 …… 이를진대**　다섯 가지 채색은 청靑·황黃·적赤·백白·흑黑을 가리킨다. 문장文章이란 말에는 원래 무늬나 문채文彩라는 뜻이 있다. 순자荀子의 부賦에 "다섯 가지 채색을 갖추어야 문장이 이루어진다"(五采備而成文) 하였다.

경지에게 답함 3

그대가 태사공太史公의 『사기』史記를 읽었으되 그 글만을 읽었을 뿐 그 마음은 읽지 못했다고 보아야 할 것입니다. 왜냐하면 「항우본기」項羽本紀를 읽고서 성벽 위에서 전투를 관망하던 장면[1]이나 생각하고, 「자객열전」刺客列傳을 읽고서 고점리高漸離가 축筑을 치던 장면[2]이나 생각하니 말입니다. 이런 것들은 늙은 서생들이 늘 해 대는 케케묵은 이야기로서, 또한 '살강 밑에서 숟가락 주웠다'는 것과 무엇이 다르겠습니까.

어린아이들이 나비 잡는 것을 보면 사마천司馬遷의 마음을 간파해 낼

---

1. **성벽 …… 장면**　항우項羽의 초楚나라 군대가 거록鉅鹿에서 진秦나라 군대를 무찌를 때 그 기세에 눌린 다른 제후의 장수들은 성벽 위에서 전투를 관망하고만 있었다.
2. **고점리高漸離 …… 장면**　위衛나라 출신의 자객인 형가荊軻는 연燕나라에 왔을 때 축筑을 잘 치는 고점리와 절친하여, 술이 취하면 고점리가 치는 축에 맞추어 노래 부르기를 즐겼다. 진시황秦始皇 암살 임무를 띠고 떠나기에 앞서 역수易水에서 형가가 고점리가 치는 축에 맞추어 노래를 부르니 전송 나온 자들이 모두 감동하였다고 한다. 형가가 암살에 실패하고 죽은 뒤 고점리는 진시황 앞에 불려 와 축을 치다가, 축을 던져 그를 죽이려 했으나 역시 실패하고 피살되었다. 『史記』 卷86 「刺客列傳」

수 있습니다. 앞다리를 반쯤 꿇고, 뒷다리는 비스듬히 발꿈치를 들고서
두 손가락을 집게 모양으로 만들어 다가가는데, 잡을까 말까 망설이는
사이에 나비가 그만 날아가 버립니다. 사방을 둘러보아도 사람이 없기에
어이없이 웃다가 얼굴을 붉히기도 하고 성을 내기도 하지요. 이것이 바
로 사마천이 『사기』를 저술할 때의 마음입니다.

중일中一에게 보냄 1

힘으로써 남을 구제하는 것은 '협'俠이라 이르고, 재물로써 남에게 은혜를 베푸는 것은 '고'顧라 합니다. 고顧를 갖추면 명사名士가 되거니와, 협俠을 갖추어도 이름이 드러나 후세에 전해질 것입니다. 이러한 협과 고를 겸하면 '의'義라 하나니, 만약 그런 사람이 있다면 어찌 진실로 대장부가 아니겠습니까. 무릇 예禮란 제멋대로 행함을 방지하기 위한 것이요, 의義는 제멋대로 결단함이 없게 하자는 것입니다. 그렇지만 급하게 의에 따라 선善을 행하다 보면, 설령 제멋대로 행하고 결단을 내린 것이기는 하지만, 착한 아들이라도 부모에게 여쭙지 못하고 할 수밖에 없는 경우가 있고, 어진 부모라도 이를 금지하지 못할 경우가 있습니다.

옛날에 한漢나라 급암汲黯은 황제의 조서를 사칭하고 창고 곡식을 풀어 하남河南의 주린 백성을 구제했고,[1] 송宋나라 범요부范堯夫는 보리 싣고

---

1. **한漢나라 …… 구제했고**　한나라 무제武帝 때에 하내河內의 민가 천여 호가 불에 타는 큰 화재가 발생하자 급암汲黯을 사자로 파견하여 진상을 조사하게 하였다. 급암이 하내의 상황을 보니, 백성들이 가뭄과 홍수로 만여 호가 굶주리고 있었으므로 임의로 황제의 명을 사칭하고 창고

가던 배를 석만경石曼卿에게 넘겨준 일[2]이 있었습니다. 무릇 황제의 조서
를 사칭한 것은 사형죄에 해당하는 것이요, 아버지 모르게 남에게 주는
것은 예가 아닙니다. 임금과 아비는 지극히 존엄한 분이지만, 의義에 비
추어 급히 행해야 할 경우에는 부월鈇鉞(허리를 베는 도끼)의 처벌도 피하지
않았고 혼자 결단하여 행하는 죄도 범하였던 것입니다. 그럼에도 불구하
고 무제武帝는 총명한 군주라는 명성을 잃지 않았고 범문정范文正(범중엄范仲
淹)은 어진 아비가 되었으며, 장유長孺(급암汲黯)는 곧은 신하가 되는 데 지
장이 없었고 요부堯夫는 좋은 아들이 되었습니다.

지금 준俊[3]은 친상親喪을 당한지라, 친한 친구가 이처럼 측석側席[4]하고
밥을 배부르게 먹지 못할 때이니, 단지 하남河南의 굶주림과 석만경의 다
급한 사정에 비할 정도가 아닙니다. 그러니 그대가 힘을 다해 구제해 준
다면, 이는 창고 곡식을 풀고 배의 보리를 넘겨준 행동만큼 멋대로인 것
은 아닐 것입니다.

<hr />

를 열어 백성들을 구제한 후 무제에게 이를 보고하자 무제가 훌륭히 여겨 용서해 주었다고
한다. 『漢書』 卷50 「張馮汲鄭傳」 『연암집』에는 하내河內가 하남河南으로 되어 있다. 그러나 하남
은 황하黃河 이남 지역으로, 하외河外라고 한다.

2. 宋나라 …… 일   요부堯夫는 범순인范純仁의 자字이고 만경曼卿은 석연년石延年의 자이다.
범순인이 젊었을 때 그의 부친 범중엄范仲淹의 심부름으로 소주蘇州로 식량을 구하러 갔다가 돌
아오는 길에 부친의 친구인 석만경石曼卿을 만났는데, 석만경이 장례 비용이 없어 곤경에 처해
있는 것을 보고는 자신이 배로 싣고 온 보리를 모두 그에게 주고 빈손으로 돌아왔다. 나중에 범
중엄에게 이 일을 말하자 범중엄이 기뻐했다고 한다. 『山堂肆考』 卷102

3. 준俊   두 번째 편지를 보면 '준'俊은 바로 '사준'士俊으로, 원문에 '士' 자가 빠진 것이 아닌
가 한다.

4. 측석側席   자신의 좌석만 남기고 내객來客을 맞을 좌석은 두지 않는 것을 말한다. 『예기』
「곡례 상」에 "우환이 있는 사람은 측석하고 앉는다"(有憂者 側席而坐) 하였다.

중일에게 보냄 2

그대가 사준士俊에게 돈 백 금金[1]을 주면서 장사를 하라 했다니, 어찌 그
리 적게 주었습니까. 결국에는 사준이 빈손으로 돌아올 것이니, 그대는
그때 가서 날더러 말을 아니해 주었다고 허물일랑 마시오.

무릇 한 집의 살림살이를 잘 다스리는 것이 천하의 정사를 다스리는
것과 무엇이 다르겠습니까. 탕왕湯王의 땅은 사방 칠십 리요 문왕文王은
백 리의 땅으로 일어났는데, 맹자는 이를 구실로 삼아 걸핏하면 은나라
와 주나라의 예를 끌어와 당시의 임금들을 설득했습니다.[2] 그런데 등滕나
라로 말하자면 '임금을 제대로 만나 도를 행할 수 있는 조건이 갖추어졌

---

1. **백 금金**　금金은 화폐 단위로서 시대마다 값이 다르다. 여기서 백 금은 엽전 백 냥을 가리
킨다. 『열하일기』「옥갑야화」玉匣夜話에 허생許生이 도적 두목에게 "천 명이 천 금을 약탈하면
각자의 몫이 얼마냐?"(千人掠千金 所分幾何)라고 묻자, 도적 두목은 "한 사람당 한 냥일 뿐이오"
(人一兩耳)라고 답하였다.
2. **탕왕湯王의 …… 설득했습니다**　『맹자』「공손추 상」公孫丑上에 "왕자王者는 대국大國을 필요로
하지 않는다. 탕임금은 칠십 리의 땅으로 왕자가 되었고 문왕은 백 리의 땅으로 왕자가 되었다"
(王不待大 湯以七十里 文王以百里)고 하였다.

다'고 이를 만했습니다. 등나라 문공文公 같은 천하의 어진 임금이 군주로 있고, 허행許行과 진상陳相[3] 같은 당시의 호걸이 백성으로 있었지만, 그런데도 등나라를 떠난 것은 무엇 때문이겠습니까? 그 형세가 불가능했기 때문입니다. 제齊나라와 위魏나라의 임금은 지극히 불초하지만, 그래도 못내 돌아보고 서성대며 차마 떠나지 못한 것은 무엇 때문이겠습니까? 그 토지가 넓고 인민이 많고 무기가 날카롭고 모든 물자가 풍부하여 그 형세를 이용하면 공功을 이루기 쉽기 때문입니다.

그러므로 맹자의 말에 "제나라를 가지고서 왕천하王天下하기란 손바닥 뒤집기나 마찬가지이다"[4] 하고, 등나라에 대해서는 "이리 잘라 저리 맞추면 거의 사방 오십 리가 될 것이니 큰 나라를 만들 수가 있다"[5] 하였던 것입니다. 스승의 도[6]는 제나라를 훨씬 높게 보고 등나라를 낮추어 보는 것이 아닌데도 때에 따라 맹자가 굴신屈伸[7]의 차이를 보인 것은 대국과

---

3. 허행許行과 진상陳相　　허행은 농가農家에 속하는 학자로 초나라 사람인데, 등 문공이 인정仁政을 베푼다는 소문을 듣고 등나라로 귀의하였다. 진상은 초나라 사람 진량陳良의 제자였으나, 역시 등 문공을 흠모하여 등나라로 귀의한 뒤 허행의 학설에 공감하여 그의 제자가 되었다. 맹자는 중원中原으로 와서 유교를 배운 진량에 대해서만 '호걸지사'豪傑之士라고 하였다. 『孟子』「滕文公上」

4. 제나라를 …… 마찬가지이다　　『맹자』「등문공 상」에 나오는 말이다.

5. 이리 …… 있다　　『맹자』「등문공 상」에 나오는 말이다. 단 『맹자』에는 '큰 나라'(大國)가 아니라 '좋은 나라'(善國)를 만들 수 있다고 하였다.

6. 스승의 도　　맹자는 나라 다스리는 법을 묻는 등 문공에게 정전법井田法과 학교 제도를 시행하는 등 선정善政을 베풀면 "왕자가 나오면 반드시 와서 그 법을 본받을 터이니, 이는 왕자의 스승이 되는 것이다"(有王者起 必來取法 是爲王者師也)라고 하였다. 『孟子』「滕文公上」 그러므로 여기서 '스승의 도'란 장차 왕도王道로 다스려질 나라의 모범이 되는 통치 방법을 뜻한다. 제나라와 같은 대국뿐 아니라 등나라와 같은 소국도 이러한 '스승의 도'를 실천할 수 있다는 것이 맹자의 주장이다.

7. 굴신屈伸　　'진퇴'進退와 같은 말이다. 벼슬에 나아가 포부를 펴거나, 아니면 물러나 은둔하는 것을 가리킨다.

소국의 형세가 다르기 때문이요, 등나라 땅이 은나라나 주나라보다 훨씬 작은 것이 아닌데도 맹자의 말과 실제 행동이 서로 어긋난 것은 삼대三代 와 전국戰國이라는 고금古今의 시대가 다르기 때문입니다.

중일에게 보냄 3

어린애들 노래에 "도끼를 휘둘러 허공을 치는 것이 바늘을 가지고 눈동자를 겨누는 것만 같지 못하다" 하였고, 또 속담에 "정승을 사귀려 말고 네 몸가짐부터 신중히 하라" 하였으니, 그대는 아무쪼록 명심하시오. 차라리 약하면서도 굳센 편이 낫지 용감하면서도 뒤가 물러서는 아니 되오. 하물며 외세外勢[1]란 믿을 수 없는 것이 아니겠소.

---

1. **외세外勢**   타인의 권세權勢를 말한다. 『관자』管子 「팔관」八觀에 "권력을 쥔 자가 그의 재능과 무관하게 높은 지위를 차지하게 되면, 백성들은 효제충신을 등지고 외세를 구한다"(權重之人 不論才能 而得尊位 則民倍本行而求外勢)고 하였다. 외세를 구한다는 것은 외국의 세력과 결탁하여 사욕을 채우려 한다는 뜻이다.

창애蒼厓[1]에게 답함 1

보내 주신 문편文編[2]을 양치질하고 손을 씻고서 무릎을 꿇고 정중히 읽고 나서 말하오. 그대의 문장이 몹시 기이하다 하겠지만, 사물의 명칭이 빌려 온 것이 많고 인용한 전거가 적절치 못하니 이 점이 백옥의 티라 하겠기에 노형을 위하여 아뢰는 바요.

문장을 짓는 데에는 법도가 있으니, 이는 마치 송사하는 자가 증거를 지니고 있고 장사치가 물건을 들고 사라고 외치는 것과 같소. 아무리 사리辭理가 분명하고 올바르다 하더라도, 다른 증거가 없다면 어찌 이길 수가 있겠소. 그러므로 문장을 짓는 사람은 경전을 이것저것 인용하여 자기의 의사를 분명하게 밝히는 것이오. 『대학』大學은 성인聖人이 짓고 현인

1. **창애蒼厓**　　유한준兪漢雋(1732~1811)의 호이다. 유한준은 진사 급제 후 음직蔭職으로 군수·부사·목사·형조 참의 등을 지냈다. 당대의 문장가로 평판이 높았으며, 젊은 시절에 연암과 절친하였으나, 나중에 『열하일기』를 비방하고 산송山訟을 벌이는 등 사이가 극히 나빠졌다. 박종채朴宗采의 『과정록』過庭錄에 의하면, 바로 이 편지로 인해 유한준이 연암에 대해 유감을 품기 시작했다고 한다.
2. **문편文編**　　책으로 엮은 글을 말한다.

賢人이 이를 계술繼述하였으니, 이보다 더 미더울 게 없소. 그런데도 『서경』書經의 「강고」康誥에서 '극명덕'克明德을 인용하고 또 제전帝典(「요전」堯典)에서 '극명준덕'克明峻德을 인용하여 명명덕明明德의 뜻을 밝히고 있소.[3]

관호官號나 지명은 남의 것을 빌려 써서는 아니 되는 것이니, 나무를 지고 다니면서 소금을 사라고 외친다면 하루 종일 길에 다녀도 장작 한 다발 팔지 못할 것이오. 마찬가지로 황제가 살고 있는 곳이나 제왕의 도읍지를 다 '장안'長安이라 칭하고 역대의 삼공三公을 다 '승상'丞相이라 부른다면, 명칭과 실상이 혼동되면서 도리어 속되고 비루한 표현이 되고 마오. 이는 곧 좌중을 놀라게 한 가짜 진공陳公[4]과 얼굴 찌푸림을 흉내 낸 가짜 서시西施[5]의 꼴과 같소. 그러므로 문장을 짓는 사람은 아무리 명칭이 비루해도 이를 꺼리지 아니하고, 아무리 실상이 속되어도 이를 은폐하지 말아야 하오. 『맹자』에 "성은 다 같이 쓰는 것이지만 이름은 독자적인 것이다"[6]라고 했듯이, 또한 오직 "문자는 다 같이 쓰는 것이지만 문장은 독자적인 것이다"라고 하겠소.

3. 『대학』大學은 …… 있소   주자朱子는 『대학』을 경經 1장과 전傳 10장으로 나누고, 경經은 공자의 말을 증자曾子가 조술祖述하고, 전傳은 증자의 뜻을 그의 문인들이 기록한 것이라고 보았다. 『서경』의 「강고」와 「요전」에서 인용한 말은 전傳의 제1장에 나오는데, 이는 『대학』의 경經의 첫 문장 즉, "대학의 도는 명덕을 밝히는 데에 있다"(大學之道 在明明德)는 주장을 뒷받침하기 위한 것이다.

4. 좌중을 …… 진공陳公   진공은 전한前漢 말의 인물인 진준陳遵을 가리킨다. 자는 맹공孟公이다. 당시에 열후列侯 가운데 진준과 성姓과 자字가 같은 사람이 있었다. 그래서 진준이 남의 집을 방문할 때 언제나 진맹공陳孟公이 왔노라고 알렸다. 좌중이 깜짝 놀라 일어나 보면 그들이 생각했던 그 열후가 아니었다. 그래서 당시에 진준을 가리켜 '진경좌'陳驚座라고 불렀다. 『漢書』卷92「游俠傳」陳遵

5. 얼굴 …… 서시西施   춘추 시대의 미인인 서시가 가슴앓이로 인해 얼굴을 찌푸리고 다니니 그 모습이 더욱 예뻤다. 그러자 이웃 마을에 사는 추녀醜女가 이를 보고는 자신도 흉내 내고 다녔더니 더욱 추해졌다고 한다. 『莊子』「天運」

6. 성은 …… 것이다   『맹자』「진심 하」盡心下에 나오는 말이다.

창애에게 답함 2

본분으로 돌아가 이를 지키는 것이[1] 어찌 문장에 관한 일뿐이리오. 일체 오만 가지 것이 모두 다 그러하다오. 화담花潭(서경덕徐敬德)이 밖에 나갔다 가 제집을 잃어버리고 길가에서 우는 자를 만나서

　"너는 어찌 우느냐?"

했더니, 대답이

　"저는 다섯 살 적에 소경이 되었는데, 그런지 지금 20년이 되었습니 다. 아침나절에 밖을 나왔다가 갑자기 천지 만물을 환하게 볼 수 있게 되었습니다. 기뻐서 집으로 돌아가려는데, 밭둑에 갈림길이 많고 대문들 이 서로 같아서 제집을 구분할 도리가 없습니다. 그래서 울고 있습니다."

하기에, 선생이

---

1. **본분으로 …… 것이**　원문은 '還他本分'으로 되어 있는데, 이는 '還守本分'의 잘못이다. 초서로 '守'자가 '他'자와 비슷하여 잘못 판독한 듯하다. 이 편지의 말미에 '守分'이라는 유사한 표현이 다시 나오고, 김병욱金炳頊의 「곡망자묘문」哭亡子墓文에도 "이제부터는 출세길에서 일찍 물러나 본분으로 돌아가 이를 지키고 싶을 뿐이다"(惟願從今以後 무謝名途 還守本分)라는 예가 있다. 『磊 樓集』卷4

"내가 너에게 돌아갈 방도를 가르쳐 주마. 네 눈을 도로 감으면 바로 네 집이 나올 것이다."

했습니다. 이에 소경이 눈을 감고 지팡이로 더듬으며 발길 가는 대로 걸어가니 서슴없이 제집을 오게 되었더라오. 눈 뜬 소경이 길을 잃은 것은 다름이 아니라 색상色相이 뒤바뀌고[2] 희비喜悲의 감정이 작용했기 때문입니다. 이것을 바로 망상妄想이라 하는 거지요. 지팡이로 더듬고 발길 가는 대로 걸어가는 것이 바로 우리들이 분수를 지키는 전제詮諦[3]요, 제 집으로 돌아가는 증인證印[4]이 되는 것이오.

---

2. **색상色相이 뒤바뀌고** '색상'은 불교 용어로, 겉으로 드러난 만물의 모습을 말한다. 색상은 본래 실체가 없는 공空이라고 한다. '뒤바뀌다'(顚倒) 역시 불교 용어로, 번뇌로 인해 망상妄想을 일으키는 것을 말한다.

3. **전제詮諦** 불교 용어로 진제眞諦와 같은 말이다. 속사俗事의 허망한 도리인 속제俗諦와 구별되는 진정한 도리를 가리킨다.

4. **증인證印** 불교 용어로 인증印證이나 인가印可와 같은 말이다. 제자가 진리를 증득證得한 것을 인정하는 것을 말한다.

창애에게 답함 3

마을의 어린애에게 『천자문』千字文을 가르쳐 주다가, 읽기를 싫어해서는 안 된다고 나무랐더니, 그 애가 하는 말이

"하늘을 보니 푸르고 푸른데 하늘 '천'天이란 글자는 왜 푸르지 않습니까? 이 때문에 싫어하는 겁니다."

하였소. 이 아이의 총명이 창힐蒼頡로 하여금 기가 죽게 하는 것이 아니겠소.

창애에게 답함 4

어제 자제¹가 찾아와서 글 짓는 법을 묻기에 내가 일러 주기를,

"예禮가 아니면 보지 말고, 예가 아니면 듣지 말고, 예가 아니면 움직이지 말고, 예가 아니면 말하지 말라."²

했더니 자못 좋아하지 않는 기색을 하고 떠나더군요. 혼정신성昏定晨省의 즈음에 혹시 고합디까?

---

1. **자제** 유한준의 아들 유만주兪晚柱(1755~1788)를 가리킨다. 유만주는 1775년부터 13년간 쓴 일기 『흠영』欽英 24권 6책을 남겼는데, 연암에 대한 평가를 포함하여 당시 문단의 동향을 알 수 있는 중요한 자료이다.
2. **예禮가 …… 말라** 『논어』 「안연」顏淵에서 공자가 한 말이다.

창애에게 답함 5

저물녘에 용수산龍首山[1]에 올라 그대를 기다렸으나 그대는 오지 않고 강물만 동쪽에서 흘러와 어디론가 흘러갔습니다. 밤이 깊어 달빛 비친 강물에 배를 띄워 돌아와 보니, 정자 아래 고목나무가 하얗게 사람처럼 서 있기에 나는 또 그대가 거기에 먼저 와 있는가 의심했었다오.

---

1. **용수산龍首山**　　용수산龍岫山이라고도 한다. 개성부開城府 남쪽으로 2리 떨어진 외성外城의 터에 있었다. 『新增東國輿地勝覽』 卷4 「開城府 上」

창애에게 답함 6

선비란 궁유窮儒의 별호別號가 아닙니다. 비유하자면 그림을 그리는 일이
흰 바탕에서 시작하는 것¹과 같으니, 천자로부터 서인에 이르기까지 모두
다 선비가 아닐 수 없지요.² 저들이 스스로 벼슬할 만하다고 자부하면서
도 지치고 굶주린 선비라고 일컬어지는 것은, 평생 과거 시험장에서 요
행수를 노리다가 스스로 증오하고 스스로 업신여긴 때문이요. 천자로서
선비가 아닌 자는 주전충朱全忠(후량後粱의 태조太祖) 한 사람뿐이지요. 이를테

---

1. **그림을 …… 것**　『논어』 「팔일」八佾에서 공자가 "그림을 그리는 일은 바탕을 희게 칠한 다음
의 일이다"(繪事後素)라고 하였다. 예禮를 배우기 전에 그 바탕이 되는 덕행을 먼저 갖추어야 한
다는 뜻이다.
2. **천자로부터 …… 없지요**　『연암집』 권10 「원사」原士에서 "그러므로 천자도 근원은 선비이다.
근원이 선비란 것은 생민生民의 근본을 두고 한 말이다. 그의 작위는 천자이지만 그의 신분은
선비인 것이다"(故天子者 原士也 原士者 生人之本也 其爵則天子也 其身則士也)라고 하였다. 『예기』
禮記 「옥조」玉藻에 "천자도 편히 쉴 때에는 사복士服인 현단玄端을 입는다" 하였으며, 『의례』儀禮
「사관례」士冠禮에 "천자의 원자는 선비와 같다. 천하에 나면서부터 귀한 사람은 없다"(天子之元子
猶士也 天下無生而貴者也)고 하여 세자世子가 관례冠禮를 치를 때 사례士禮와 똑같이 한다고 하였
다. 연암의 주장은 이러한 예설禮說에 근거한 것이다.

면 조자환曹子桓[3]은 동경東京(낙양洛陽)의 수재秀才이며 환경도桓敬道[4]는 강좌江左 (양자강 동쪽 지방)의 명사名士라 하겠지요.

3. **조자환曹子桓**   위魏나라 문제文帝인 조비曹조이다. 자환은 그의 자字이다.
4. **환경도桓敬道**   동진東晉 말기에 건강建康을 함락시키고 초楚나라를 세운 환현桓玄이다. 경도 는 그의 자이다.

창애에게 답함 7

그대는 보따리를 풀고 말안장을 내리도록 하시오. 내일은 비가 올 거요.
샘물이 울음소리를 내고 시냇물이 비린내를 풍기고, 흙섬돌에는 개미 떼
가 밀려들고, 왜가리는 울며 북으로 가고, 연기는 서려 땅으로 치닫고,
별똥은 서쪽으로 흐르고, 바람도 살펴보니 샛바람이 아니겠소.

창애에게 답함 8

나무를 심고 꽃을 심는 것은 마땅히 진晉나라 사람의 글씨[1]가 글자를 구차스레 배열하지 않고도 줄이 저절로 시원스레 곧은 것처럼 해야 하는 거라오.

1. **진晉나라 사람의 글씨**　왕희지王羲之의 초서草書를 가리킨다.

창애에게 답함 9

정옹鄭翁[1]은 술을 많이 마실수록 필흥筆興이 더욱 도도하여, 그 큰 점은 공만 하고 먹방울은 튀어서 왼 뺨에 떨어지곤 하지요. 남녘 '남'南 자의 오른쪽 다리획이 종이 끝을 넘어 깔개 자리까지 뻗치자, 붓을 던지고 허허 웃더니 유유히 용호龍湖[2]를 향해 떠나갔는데 지금은 찾아볼 수가 없소그려.

---

1. **정옹鄭翁**　정내교鄭來僑(1681~1759)를 가리키는 듯하다. 정내교는 저명한 여항閭巷 문인으로, 호는 완암浣巖인데 현옹玄翁으로도 불렸다. 홍봉한洪鳳漢과 김종후金鍾厚 형제의 숙사塾師였다. 김종후가 지은 「완암 정옹 묘지명」浣巖鄭翁墓誌銘에 의하면, 정내교는 술 마시기를 좋아해서 술이 취하면 강개하여 비가悲歌를 부르던가, 붓을 휘둘러 시를 썼는데 서법 또한 굳세고 호방했으므로, 보는 사람들이 모두 그를 경모敬慕했다고 한다. 『本庵集』 卷8
2. **용호龍湖**　용산龍山 부근을 지나는 한강을 일컫는 말이다.

설초雪蕉에게 보냄

무슨 말을 할 수 있겠소, 무슨 말을 할 수 있겠소! 아계鵝溪(이산해李山海)가
다른 사람의 서첩書帖에 제사題辭를 써 주면서 '아옹'鵝翁이라 일컬었는데,
송강松江(정철鄭澈)이 이를 보고 웃으면서

　　"대감이 오늘에야 제소리를 내는구려."
했으니, 이는 '아옹'이 고양이 소리와 비슷한 것을 두고 말한 것이지요.
이 사람도 오늘 제 마음을 쏟아 내었으니, 두렵고 두려울 뿐이오.

치규稚圭에게 보냄

백우伯雨[1]는 아마도 떨쳐 일어나지 못할 것 같소. 무당이 문에 들어오자 귀신이 그 방에 가득 차 있었으며, 아침나절 나아가 진찰을 해 보니 얼굴빛은 새까맣고 눈동자는 벌겋고 부어 있었소. 무엇이 빌미가 되었느냐고 묻자,

"자주 두려움에 시달리고 지난 일을 자주 뉘우쳤더니 이것이 병의 빌미가 되었소."

하기에,

"군자는 도를 즐기어 근심을 잊으며,[2] 운명과 이치에 순응하여 도에 맞게 행동하거늘, 두려울 게 무에 있으며 뉘우칠 게 무에 있으랴."

하였더니, 시자侍者가 눈짓을 하며 만류하였소. 시간을 살펴보다 밖으로 나와서 좌우 사람들에게 물어보았더니,

---

1. **백우伯雨**　　신광온申光蘊의 일자 一字이다.
2. **군자는 …… 잊으며**　　『논어』「술이」述而에서 공자는 "도를 즐기어 근심을 잊는다"(樂以忘憂)고 하였다. 또한 양운楊惲의 「보손회종서」報孫會宗書에 "군자는 도를 행하느라 즐거워서 근심을 잊는다"(君子游道 樂以忘憂)고 하였다. 『文選』卷41

"선생님의 병세는 증오하는 것이 많은 점인데 특히 여자를 가장 꺼려합니다."

합디다.

생각해 보니 백우는 얼굴이 훤하고 잘생긴 데다 항상 모양을 냈으니 지금 병의 빌미는 여자를 지나치게 총애한 때문이오. 불(火)이 이글거리면 쇠붙이(金)가 녹고, 나무(木)가 성하면 흙(土)이 흘러내리듯이, 두려움이 생기면 뉘우침이 뒤따르는 법이니 이 때문에 두려워하고 증오하는 증세가 생긴 것이지 귀신이 내린 재앙은 아니오. 그런데 무당을 불러다가 기도를 하니 나는 백우의 병이 정말로 귀신이 내린 재앙이 될까 두렵소.

무릇 귀신에도 군자의 귀신이 있고 소인의 귀신이 있소. 삼신三辰(해, 달, 별)과 오행五行, 사직社稷과 산천山川은 백성에게 주는 이로움으로 인하여 섬기는 귀신이요, 죽음으로써 나랏일에 힘쓴 인물과 고생하여 나라를 안정시킨 인물, 공정한 법을 백성에게 실시한 인물과 재해와 큰 환란을 막은 인물은 백성들에게 미친 공로로 인하여 섬기는 귀신이오. 이와 같이 공덕과 큰 이익을 주는 귀신들은 모두 제사를 지내 주도록 사전祀典에 기록되어 있소.[3] 이를 일러 명신明神이라 하는데, 이들은 어질고 신령하며 귀하고 오래 살며 높고도 밝게 드러나니, 이것이 바로 군자의 귀신이오.

그런데 부엌, 방구석, 문지방, 중류中霤[4]에 붙어 있는 귀신들로 말하면

---

3. **삼신三辰과 …… 있소**　『예기』禮記 「제법」祭法에, "무릇 성왕聖王이 제사를 제정함에 있어 공정한 법을 백성에게 실시한 인물에 대하여 제사를 지내고, 죽음으로써 나랏일에 힘쓴 인물에 대하여 제사를 지내고, 고생하여 나라를 안정시킨 인물에 대하여 제사를 지내고, 큰 재해를 막은 인물에 대하여 제사를 지내고, 큰 환란을 막은 인물에 대하여 제사를 지낸다.……그리고 일월성신은 백성들이 우러러보는 대상이요, 산림, 천곡, 구릉은 백성들이 재물을 가져다 쓰는 곳이므로 제사를 지낸다. 그러나 이런 것들을 제외한 대상은 사전祀典에 실리지 않는다"(夫聖王之制祭祀也 法施於民則祀之 以死勤事則祀之 以勞定國則祀之 能禦大菑則祀之 能捍大患則祀之……及夫日月星辰 民所瞻仰也 山林川谷丘陵 民所取財用也 非此族也 不在祀典) 하였다.

4. **중류中霤**　방의 중앙을 가리킨다. 유霤는 낙숫물이란 뜻이다. 고대 중국에서는 방 중앙에 낙숫물 받는 곳이 있었으며 토土는 중앙을 주관하므로, 방 중앙에서 토신土神의 제사를 지냈다.

모두 제사에 대한 보답은 있을지언정 위에서 말하는 귀신과는 진실로 그 부류가 다르오. 이를 간신奸神이라 하는데, 미련하고 신령하지 못하며 천하고 일찍 죽으며 낮고 음침하니 이것이 바로 소인의 귀신이오. 이들이 숲과 늪에 붙으면 매魅가 되고 덤불과 골짜기에 붙으면 양魎이 되며, 벌레와 물고기에 붙으면 요妖가 되고 풀이나 나무에 붙으면 상祥이 되며, 물건에 붙으면 괴怪가 되고 사람에게 붙으면 수竪가 되며, 꿈에 붙으면 압魘이 되고 일에 붙으면 마魔가 되고 병에 붙으면 여厲가 된다오. 이는 사전에도 실려 있지 않고 천지天地 사이에도 용납되지 못하여, 해와 달이 환히 비추고 바람과 천둥이 뒤흔들어 버리면 구멍 속으로 숨고 틈 사이로 파고들어, 궁핍하게 억눌려 지내다가 간간이 민간의 사귀邪鬼가 되어 나타난다오. 이때 무당이 음기淫氣를 빙자하여 장구를 두들기고 춤을 추면서 저와 의기가 통하는 귀신들을 불러 대어 집안 식구들을 겁주는 것이오.

『시경』에 이르기를 "점잖은 군자들은 복을 구해도 간사하게 하지 않는다"(愷悌君子 求福不回)[5] 했거늘, 군자의 병에 어찌하여 소인의 귀신을 섬길 까닭이 있겠소. 부인네를 천시하는 것은 바로 말이 많기 때문이오. 부인네가 말이 많은 것은 무당을 끌어들이는 미끼가 되고 여자 무당이 장구치며 춤추는 행위는 귀신을 불러들이는 매개가 되오. 이러한 미끼와 매개가 이미 다 갖추어졌으니, 이는 실로 화를 불러들이는 것이오. 갈대 빗자루로 쓸어 내고 부적을 가지고 주문을 외면서, 겉으로는 귀신을 쫓는 척하나 남몰래 귀신을 불러들여 머리를 조아리고 귀신을 부르고 그에게 복종하고 있으니, 이는 실로 재앙을 불러들이는 것이오. 그래서 귀신처럼 말하고 귀신처럼 웃고 귀신처럼 성내고 귀신처럼 기뻐하면서, 이리 부르고 저리 불러 온 방에 가득 차게 하고, 들어오면 목구멍에 머물다가 나

5. 점잖은 …… 않는다 『시경』 대아大雅 「한록」旱麓에 나오는 구절이다.

갈 때는 꽁무니로 빠져나가며, 남의 병을 가지고 농락하면서 재물을 삼키려 드니, 어찌 떨치고 일어날 수 있겠소.

성인聖人은 귀신을 공경하면서도 멀리하기 때문에 "나의 기도는 오래되었다" 하였으니,[6] 지금 방 안에서 항상 빌고 있다면 귀신을 이보다 더 가까이하는 것이 뭐가 있겠소. 이것이 과연 명신明神일진대 어찌 희생犧牲과 옥백玉帛을 놓아두고 민가에 내려와서 밥을 얻어먹겠으며, 만약 그것이 나쁜 짓을 일삼는 간신奸神과 음신淫神이라면 무슨 복을 주겠소. 거북점도 두 번 하면 오히려 알려 주지 않거늘[7] 하물며 예禮가 아닌 일에 푸짐하게 차려 놓고 많은 재물을 주어 청하려고 한들 될 리가 있겠소.

백우가 말하기를, 그대의 누이가 어질고 오빠의 감화를 크게 받아 매사를 그대에게 의논한다 하였소. 그렇다면 그대는 번연히 알면서도 말리지 않은 것이니, 그들과 똑같은 잘못이 있다 할 것이오. 그대는 아무쪼록 생각해 보시오.

6. **성인聖人은 …… 하였으니** 『논어』 「옹야」雍也에, 번지樊遲가 지知에 관해 묻자, 공자는 "사람으로서 해야 할 도의道義에 힘쓰고 귀신을 공경하면서도 멀리하면 지知라 말할 수 있다"(務民之義 敬鬼神而遠之 可謂知矣)고 하였다. 『논어』 「술이」述而에, 공자가 병이 위중해지자 자로가 신에게 기도를 드릴 것을 청하면서 "상하 천지신명에게 기도한다"(禱爾于上下神祇)라고 한 뇌문誄文의 말을 인용하니, 공자가 그런 기도라면 나의 기도는 오래되었다고 하여, 자로의 청을 완곡하게 물리쳤다. 평소의 행동이 신명神明의 뜻과 부합했으므로 기도를 일삼을 필요가 없다는 뜻으로 말한 것이다.

7. **거북점도 …… 않거늘** 『시경』 소아小雅 「소민」小旻에 "나의 거북이 이미 싫증을 낸지라 나에게 길흉을 알려 주지 않네"(我龜旣厭 不我告猶)라고 하였다. 이로부터 귀염불고龜厭不告란 성어가 생겼다.

중관仲觀에게 보냄[1]

내 듣건대 그대가 계우季雨[2]와 절교했다고 하니 이 무슨 일이지요? 계우가 어질다면 절교해서는 안 되는 거고, 만약 불초하다면 그대가 바로잡아 주지 못하고 마침내 대대로 맺어 온 집안의 친분을 저버리는 것이니, 도대체 어쩌자는 것이오? 어진 이와 절교하는 것은 상서롭지 못한 일이요 불초한 사람을 바로잡아 주지 않는 것은 어질지 못한 일이니, 그 시비곡직을 가리려 들진대 고을과 이웃의 부형들의 여론을 기다려야 할 것이 아니겠소. 상서로운 일을 저버리고 어진 일을 포기한 것은 그 책임이 그대에게 있다고 나는 생각하오.

예전 그대의 관례冠禮에 그대의 선고先考께서 자방子方 씨를 빈賓으로 뽑았고 백우伯雨가 실로 찬자贊者가 되어,[3] 그들 두 사람이 그대를 붙들어

---

1. **중관仲寬에게 보냄**　중관이 누구의 자인지 알 수 없다. 국립중앙도서관 온재문고 소장 『연암집목록』에는 「여이중관서」與李仲寬書라고 하여 중관의 성을 이씨로 밝혀 놓았다.
2. **계우季雨**　신광직申光直(1738~1794)의 일자 一字이다. 신광직은 신광온의 아우로, 자는 중응中應·숙응叔凝 등이고 호는 염재念齋(念哉)·주성酒聖·주선酒仙 등이다. 1771년 진사 급제 후 참봉參奉·봉사奉事·직장直長 등을 거쳐 삼등 현령三登縣令을 지냈다.
3. **자방子方 씨를 …… 되어**　자방은 신광온·신광직 형제의 부친인 신소申韶(1715~1755)의 일자

섬돌 위로 인도하고 축祝을 읽고 관을 씌워 주어 성인成人의 의식을 행하였으며, 술을 따라 제祭를 올려 그 복을 이루게 하고[4] 절을 하고 자字를 지어 그 덕을 표방했으며, 띠와 신을 내려 주면서도 다 훈계하는 말을 하였소. 그런데 자방 씨와 백우가 죽은 뒤에 그들의 고아이자 어린 아우[5]를 모른 척하여 그들의 혼령을 슬프게 한다면 그대가 마음이 편안하겠소? 돌아가신 분들이 생전과 같은 지각知覺이 없다 해도 잊어서는 안 될 일이며, 만약에 지각이 있다고 한다면 어찌 두 아버님[6]의 마음에 부끄러움이 없겠소.

무릇 관이란 머리에 얹는 것이요, 띠는 허리에 매는 것이요, 신은 발에 신고 다니는 것인데, 지금 그대는 관만 머리에 얹었지 그 덕은 얹지 않았고, 그 띠만 허리에 매었지 그 훈계의 말은 매지 않았고, 그 신만 발에 신었지 그 훈계는 실천하지 않고 있소. 이는 곧 얹은 관을 떨어뜨리고 맨 띠를 풀어 버리고 그 선대先代의 양가의 친목을 이어 가지 않는 것이니, 장차 어떻게 관 쓰고 띠 매고 옷 입고 신 신고 향리에 다닌단 말이오? 그대는 아무쪼록 생각해 보오.

一字인 듯하다. 관례를 행하기 3일 전에 주인은 중빈衆賓 가운데서 한 사람을 관례를 주관하는 빈賓으로 선택하고 길흉을 점치는데, 이를 서빈筮賓이라 한다. 빈은 자신을 돕는 찬자贊者 한 사람을 요청한다.
4. 술을……하고 삼가례三加禮를 마친 뒤에 빈賓이 관자冠者에게 술을 따르며 "절하고 술잔을 받아 제사를 올려 너의 복을 이루어라"(拜受祭之 以定爾祥)라고 치사致辭한다. 『儀禮』「土冠禮」
5. 그들의……아우 계우季雨를 가리킨다. 계우는 자방 씨의 아들이자 백우伯雨의 동생이었다.
6. 두 아버님 중관仲觀의 부친과 백우伯雨·계우季雨의 부친 자방 씨를 가리킨다.

어떤 이에게 보냄[1]

그대는 고서를 많이 쌓아 놓고 절대로 남에게 빌려 주지 않으니, 어찌 그리 빗나간 짓을 하오. 그대는 장차 대대로 전하고 싶어서 그러는 거요? 무릇 천하의 물건이 대대로 전해지지 못하는 것이 오래되었소. 요순堯舜도 전하지 못하고 삼대三代도 능히 지키지 못한 천하를 진시황제가 대대로 지키려 하였으니, 이 때문에 그를 어리석다 하는 것이오.[2] 그런데도 그대는 몇 질의 서적을 대대로 지키고자 하니, 어찌 빗나간 짓이 아니겠소.

책이란 일정한 주인이 없으니, 선행을 즐기고 학문을 좋아하는 자가 갖게 마련인 거요. 만약 뒷 세대가 어질어서 선행을 즐기고 학문을 좋아

---

1. **어떤 이에게 보냄**　승계문고본에는 제목이 「사자안」謝子安으로, 일본 동양문고본에는 「여자안」與子安으로, 국립중앙도서관 온재문고 소장 『연암집목록』에는 「여홍자안서」與洪子安書로 되어 있다. 연암과 친분이 있던 홍낙성洪樂性의 자가 자안이다.
2. **요순堯舜도 …… 것이오**　진시황은 천하를 통일한 뒤 자신을 '시황제'始皇帝라 부르게 하고, 자신의 뒤를 잇는 황제들은 숫자로만 헤아려 2세, 3세라는 식으로 불러 만세에 이르도록 무궁하게 제위帝位를 전하게 하라고 명하였다. 그러나 진나라는 불과 2세에서 망하였다. 『史記』 卷6 「秦始皇本紀」

하면 벽간壁間에 소장된 책과 총중家中에 비장된 책과 한문으로 번역된 먼 나라의 책들도 장차 남양南陽의 시대로 전해질 것이오.³ 만약 뒷 세대가 어질지 못하여 안일하고 게으르다면 천하도 지키지 못하거늘 하물며 서적이겠소? 남에게 말을 타도록 빌려 주지 않는 것도 공자는 오히려 슬퍼했거늘⁴ 책을 가진 자가 남에게 읽도록 빌려 주지 않는다면 장차 어찌하잔 셈이오?

그대가 만약 자손이 현우賢愚를 막론하고 다 대대로 책들을 지킬 수 있다고 여긴다면 이것 또한 크게 빗나간 짓이오. 군자君子(제왕帝王)가 나라를 처음 세워 자손에게 물려주는 것은 이를 계속 이어 갈 수 있게 하기 위한 것이오. 그러므로 법으로써 밝히고 덕으로써 거느리고 위용으로써 보여 주지 않는 것이 없었지만, 뒷 세대가 오히려 이를 실추시켜서 제대로 계승하는 경우가 없었소. 관석화균關石和鈞⁵을 하夏나라 자손이 대대로

3. **벽간壁間에 …… 것이오**   벽간에 소장된 책이란 서한西漢 무제武帝 때 공자孔子의 옛집 벽간에서 출토된 『고문상서』古文尙書 등의 책들을 가리킨다. 총중에 비장된 책이란 진晉나라 때 급군汲郡에 있던 위魏나라 안희왕安釐王의 무덤에서 발굴된 『일주서』逸周書 등의 책들을 가리킨다. 한문으로 번역된 먼 나라의 책들이란 아홉 번이나 통역을 거쳐야 할 정도로 먼 외국의 책들을 한문으로 번역한 것을 말하며, 불경佛經이나 서학서西學書가 그 대표적인 예이다. 남양南陽의 시대란 광무제光武帝의 치세와 같이 학문이 흥성한 시대를 가리키는 듯하다. 동한東漢을 세운 광무제는 남양 사람이어서 남양에는 왕기王氣가 서려 있었다고 한다. 광무제는 보기 드문 호학好學의 군주로서 태학太學을 일으키고 예악을 정비하였으며 학문을 장려하여 그의 치세에 경학經學이 다시 융성하였다. 그러므로 『문심조룡』文心雕龍 「정위」正緯에서도 "광무제의 시대에 이르러 …… 그의 교화에 크게 영향받아 학자들이 대거 배출되었다"(至于光武之世 …… 風化所靡 學者比肩)고 하였다.
4. **남에게 …… 슬퍼했거늘**   『논어』 「위령공」衛靈公에서 공자가 말하기를, "사관史官이 불확실한 내용을 빼놓고 기록하지 않는 것과 말을 가진 자가 남에게 타도록 빌려 주는 것을 예전에는 보았는데 지금은 그나마 없어졌구나"라고 탄식한 것을 두고 한 말이다.
5. **관석화균關石和鈞**   『서경』書經 「오자지가」五子之歌의 네 번째 노래에, "밝고 밝은 우리 선조 온 나라의 임금이시라 법과 규칙 높이 세워 자손에게 남기셨네. 석과 균을 통용시켜 왕의 창고 풍족하더니 그 전통 실추시켜 종족 망치고 제사 끊겼도다"(明明我祖 萬邦之君 有典有則 貽厥子孫 關石和鈞 王府則有 荒墜厥緖 覆宗絶祀)라고 한 데서 나온 말이다. 이 노래는 하夏나라의 무능한 임금인 태강太康이 백성을 돌보지 않고 노는 데에만 빠져 왕위에서 쫓겨나자 그의 다섯 동생이

지켰더라면 구정九鼎이 어찌 옮겨졌겠으며, 명덕형향明德馨香[6]을 은殷나라의 자손이 제대로 지켰더라면 박亳(은나라 수도)의 사직社稷이 어찌 누차 옮겨졌겠으며, 천자목목天子穆穆[7]을 주周나라 자손이 대대로 지켰더라면 명당明堂(제후들의 조회를 받던 궁전)이 어찌 헐렸겠소.

이로 말미암아 본다면 법을 밝혀 후세에 전하고 덕과 위용으로써 보여 주어도 오히려 지키기 어려운 일이거늘, 지금 천하의 고서古書를 사장私藏하고서 남에게 빌려 주는 선행을 하지 아니하며, 교만하고 인색한 마음을 품고서 이를 후세로 하여금 계승하게 하려고 하니, 너무도 불가한 일이 아니겠소? 군자는 글로써 벗을 모으고 벗으로써 인仁을 보완해 나가는 법이니,[8] 그대가 만약 인을 구할진대 천 상자의 서적을 친구들과 함께 보아서 닳아 없어지게 하는 것이 옳은 일이오. 그런데도 지금 책들을 묶어서 높은 다락에 방치해 두고 구구하게 뒷 자손에게 전해 줄 생각만 한단 말이오?

각각 1수씩 지어 태강의 부덕不德함과 나라 잃은 슬픔을 노래한 것이다. 여기에서 석石은 120근, 균鈞은 30근으로서, 관석화균은 도량형度量衡의 통일을 가리킨다.

6. **명덕형향明德馨香**　덕정德政을 뜻한다. 『서경』「군진」君陳에, "지극한 정치는 향기로워 신명을 감동시키니, 서직이 향기로운 것이 아니라 밝은 덕만이 향기롭다"(至治馨香 感于神明 黍稷非馨 明德惟馨) 한 데서 나온 말이다. 이것은 주周나라 성왕成王이 주공周公을 이어 은殷나라의 유민遺民을 다스리러 가는 군진君陳에게 훈계하면서 한 말이다.

7. **천자목목天子穆穆**　천자의 위엄을 뜻한다. 『시경』「옹」雝에, "제후들이 와서 제사를 돕거늘 천자는 엄숙하게 계시도다"(相維辟公 天子穆穆) 한 데서 온 말이다. 이 시는 주나라 무왕武王이 문왕文王에게 제사를 올릴 때를 노래한 것이다. 즉 천자가 권위가 있어 제후들이 자발적으로 와서 제사를 도운 것을 두고 한 말이다.

8. **군자는 …… 법이니**　원문은 '君子以文會友 以友輔仁'인데, 『논어』「안연」顔淵에서 증자曾子가 한 말이다.

중옥仲玉에게 답함 1

귀에 대고 속삭이는 말은 애초에 듣지 말아야 할 것이요, 발설 말라 하면서 하는 말은 애초에 하지 말아야 할 일이니, 남이 알까 두려운 일을 무엇 때문에 말하며 무엇 때문에 들을 까닭이 있소?

　말을 이미 해 놓고 다시 경계하는 것은 상대방을 의심하는 일이요, 상대방을 의심하고도 말하는 것은 지혜롭지 못한 일이오.

중옥에게 답함 2

장공예張公藝의 참을 인忍 자 백 자[1]는 끝내 활법活法(융통성 있는 방법)이 되지 못하오. 장공예의 9대 동거同居를 당唐나라 대종代宗이 능히 해냈으니, 무어라 말하여 그리되었소? "어리석지 않고 귀먹지 않으면 가장 노릇을 하기 어렵다"[2]고 하였소. 그렇다면 어느 것이 활법이겠소? 그것은 바로 애비는 애비 노릇 하고 아들은 아들 노릇 하고 형은 형 노릇 하고 동생은

1. **장공예張公藝의 …… 백 자**　　장공예는 9대가 함께 동거하여 북제北齊, 수隋, 당唐 등 세 왕조에서 정표旌表를 내린 집안의 인물이다. 인덕麟德 연간에 고종高宗이 태산泰山에 봉선封禪을 하고 나서 그 집에 행차하여 친족 간에 화목하게 지낼 수 있는 방법을 물었다. 이에 장공예가 지필묵을 꺼내어 참을 인忍 자 백여 자를 써서 올렸더니, 고종이 훌륭히 여겨 비단을 하사하였다고 한다. 『小學』 卷6 「善行」

2. **어리석지 …… 어렵다**　　가장家長이 집안을 평화롭게 다스리려면 보아도 못 본 체 들어도 못 들은 체해야 한다는 뜻의 속담이다. 당나라 대종代宗 때 곽자의郭子儀의 아들 애애가 승평공주昇平公主와 결혼했는데 공주와 말다툼을 하다가 천자에게 저촉되는 말을 했다. 공주가 이를 고자질하자 대종은 공주를 타일러 돌려보냈으며, 또한 이 사실을 안 곽자의가 아들을 감금하고 대죄待罪하자, 대종은 "어리석지 않고 귀먹지 않으면 가장 노릇을 하기 어렵다"(不痴不聾 不作家翁)는 속담을 인용하면서 너그러이 용서했다고 한다. 『資治通鑑』 卷224 「唐代宗」 大歷 2年

동생 노릇 하고 남편은 남편 노릇 하고 아내는 아내 노릇 하고[3] 어른은 어른 노릇 하고 어린이는 어린이 노릇 하고 남종은 남종 구실 하고 여종은 여종 구실 하는 것뿐이오.

이번에 「인재기」忍齋記[4]를 지으면서 이런 내용을 삽입하고자 하는데, 어떨는지 모르겠소. 고견을 밝혀 주시오.[5]

---

3. **애비는 …… 하고**　　『주역』周易 「가인괘」家人卦에 "애비는 애비 노릇 하고 아들은 아들 노릇 하고 형은 형 노릇 하고 동생은 동생 노릇 하고 남편은 남편 노릇 하고 아내는 아내 노릇 하면 가도家道가 바르게 되니, 집안이 바르게 되어야 천하가 안정된다"(父父子子 兄兄弟弟 夫夫婦婦 而 家道正 正家而天下定矣)고 하였다.

4. **「인재기」忍齋記**　　『연상각집』煙湘閣集(성균관대 소장)의 「문고보유목록」文稿補遺目錄에 「인재기」忍齋記가 있다.

5. **고견을 밝혀 주시오**　　원문은 '示破'인데 '錄示破疑'의 준말이다.

중옥에게 답함 3

어제는 우리들이 달을 저버린 것이 아니라 달이 우리들을 저버린 거요. 세상에 어떤 일이든 모두 다 저 달과 같지 않겠소?

한 달이라 서른 날에도 큰달이 있고 작은달[1]도 있으니, 초하룻날과 초이튿날은 방백旁魄[2]일 따름이며, 초사흗날에는 겨우 손톱 흔적만 하되 그래도 낙조落照 때에는 빛을 발하며, 초나흗날이면 갈고리만 하고 초닷샛 날이면 미인의 눈썹만 하고 초엿샛날이면 활만 하되 빛은 아직 넓게 퍼 지지 못하고, 칠팔일로부터 열흘에 이르면 비록 얼레빗만 하나 빈 둘레 가 여전히 보기 싫고, 열하루, 열이틀, 열사흘이면 변송汴宋(북송北宋)의 산 하山河처럼 오吳·촉蜀·강남江南이 차례로 평정되어 판도에 들어오는데 운주 雲州와 연주燕州가 요遼에 함락되어 국토가 끝내는 이지러진 모습을 지닌

---

1. **작은달**　한 달이 28일이나 29일이 되는 달로 음력 2월·4월·6월·9월·11월이 작은달이다.
2. **방백旁魄**　백魄은 달이 태양빛을 받지 못해 어두운 부분을 말한다. 초하루의 달은 달빛이 아주 소멸하여 사백死魄이라 하고, 초이튿날의 달은 사백에 가깝다고 하여 방사백旁死魄이라 한 다.

것과 같고, 열나흘이면 마치 곽분양郭汾陽의 운수가 오복五福을 다 갖추었으나 다만 한편으로 옆에 달라붙은 어조은魚朝恩 때문에 두려워하고 조심해야 했던 것이 한 가지 결함인 것과 같지요.[3]

그렇다면 거울같이 완전히 둥근 때는 보름날 하루저녁에 불과한 데다 그나마 달이 가장 둥근 때가 열엿새로 옮겨지거나[4] 혹은 살짝 월식月蝕이 되든지 달무리가 지거나 혹은 먹구름에 가려지거나 혹은 모진 바람과 세찬 비가 내려 어제처럼 사람들을 낭패하게 만들지요. 우리들은 이제부터 마땅히 송조宋朝의 인물을 본뜨고, 다만 곽 분양처럼 자기에게 주어진 복을 아끼기를 바라는 것이 옳겠지요.[5]

---

3. **곽 분양郭汾陽의 …… 같지요**　곽 분양은 곽자의郭子儀(697~781)를 말한다. 곽자의는 안사安史의 난亂을 평정한 일등공신으로 분양군왕汾陽郡王에 봉해졌으며, 부귀와 장수를 누리고 후손들이 모두 현달顯達하였다. 단 총신寵臣 어조은魚朝恩이 관군용선위처치사觀軍容宣尉處置使로서 삭방절도사朔方節度使인 곽자의를 견제하고 집요하게 모함했으나, 곽자의는 은인자중하며 잘 대처하여 어조은의 참소가 끝내 통하지 못했다.

4. **달이 …… 옮겨지거나**　달이 가장 밝은 때를 망望이라 하는데, 작은달에는 15일이 망이 되지만, 큰달에는 16일이 망이 된다.

5. **우리들은 …… 옳겠지요**　꼭 15일에만 만나려 하지 말고, 그 전에 11일에서 14일 사이에 만나는 것도 좋겠다는 취지로 농담을 한 것이다.

중옥에게 답함 4

말세에 처하여 사람을 사귈 때는 마땅히 상대방의 말이 간략하고 기운이 차분하며 성품이 소박하고 뜻이 검약한가를 살펴보아야 하며, 절대로 마음속에 계교計巧를 지닌 사람은 사귀어서는 안 되고 뜻이 허황된 사람은 사귀어서는 아니 되지요.

세상에서 떠드는 '쓸모 있는 사람'이란 반드시 쓸모없는 사람이며, 세상에서 떠들어 대는 '쓸모없는 사람'이란 반드시 쓸모 있는 사람이지요. 천하가 안락하고 향리에 아무런 사고가 없는데, 참으로 쓸모 있는 사람이라면 무엇 때문에 재기才氣를 드러내고 정신을 분발하면서까지 경솔히 남에게 보여 주려고 애쓸 까닭이 있겠소.

저와 같이 갑옷을 입고 말에 오르는 것은 겉보기에 용맹한 것 같지만 이는 곧 노인의 상투적인 버릇[1]이요, 60만 군사를 굳이 청한 것은 겁

---

1. **갑옷을 …… 버릇**　전국戰國 시대 조趙나라의 명장 염파廉頗가 위魏나라에 도피해 있을 때 조나라가 진秦나라의 침공으로 곤경에 처하자 조나라 왕은 사자使者를 보내 염파가 아직 쓸 만한지를 탐문해 오게 하였다. 그때까지 조나라에 다시 등용되기를 기다리고 있던 염파는 사자가 보

쟁이 같지만 이는 곧 지혜로운 이의 깊은 꾀[2]랍니다.

는 앞에서 한 말의 밥을 먹고 열 근의 고기를 먹은 다음 갑옷 차림으로 말을 타고서 자신이 아직도 쓸 만한 사람임을 과시하였다. 그러나 사자는 조나라로 돌아가 보고하기를, "염 장군이 비록 늙기는 하였으나 아직까지 밥은 잘 먹습디다. 하지만 신과 함께 앉아 있으면서 잠깐 새에 세 번이나 변을 보았습니다" 하니, 조나라 왕은 그가 늙었다고 여겨 마침내 부르지 않았다. 『史記』 卷81「廉頗藺相如列傳」

2. 60만 …… 꾀   진시황이 초楚나라를 정벌하기 위해 장군 이신李信을 불러 얼마의 군사가 있으면 정벌할 수 있겠냐고 묻자 이신이 20만 명이면 충분하다고 대답하였다. 다시 장군 왕전王翦을 불러다 묻자 왕전은 60만 명은 있어야 정벌할 수 있다고 대답하였다. 진시황은 왕전이 늙어서 겁이 많다고 질책하고 이신을 출전시켰으나 이신은 초나라 정벌에서 참패를 당하고 말았다. 진시황이 다시 왕전을 불러다 사과하고 그의 주장대로 60만의 군사를 내주자, 왕전이 출전하여 결국 초나라를 멸망시켰다. 『史記』 卷73「白起王翦列傳」

북쪽 이웃의 과거 급제를 축하함

무릇 요행을 말할 때에는 '만에 하나'(萬一)란 말을 하지요. 어제 과거에 응시한 사람이 줄잡아 수만 명이나 되었지만 창명唱名(급제자 발표)은 겨우 스무 명밖에 아니 되니 이야말로 만에 하나라 이를 만하지 않겠소.

시험장의 문에 들어갈 때 서로 밟고 밟히고 죽고 다치고 하는 자들이 수도 없으며, 형제끼리 서로 외치고 부르고 뒤지고 찾곤 하다가, 급기야 서로 만나게 되면 손을 잡고 마치 죽었다 살아난 사람이나 만난 듯이 여기니, 죽을 확률이 십 분의 구라 이를 만하지요.

지금 그대는 능히 십 분의 구의 죽을 확률에서 벗어나서 만에 하나의 이름을 얻었소. 나는 그 많은 사람들 속에서 만에 하나의 영광스러운 발탁을 미처 축하하기 전에, 속으로 사망률이 십 분의 구에 달하는 그 위태로운 장소에 다시 들어가지 않아도 되는 것을 축하할 따름이오.

즉시 몸소 축하해야 마땅하겠으나, 나 역시 십 분의 구의 죽음에서 벗어난 뒤라 지금 자리에 쓰러져 신음하고 있으니 병이 조금 낫기를 기다려 주기 바라오.

사강土剛에게 답함

붓대를 쥐고 언 손을 호호 부니 손톱이나 의대衣帶에서 모두 술내가 풍기는구려. 마치 젊은 장수가 사냥에 도취하고 보니 갑옷이나 군화나 깃발이 모두 피비린내를 띤 거와 마찬가지오그려.

영재冷齋[1]에게 답함 1

옛사람의 술에 대한 경계는 지극히 깊다 이를 만하구려. 주정꾼을 가리 켜 후酗라 한 것은 그 흉덕凶德(흉악한 행실)을 경계함이요, 술그릇에 주舟[2]가 있는 것은 배가 엎어지듯 술에 빠질 것을 경계함이지요. 술잔 뢰罍는 누 纍(오랏줄에 묶임)와 관계되고, 옥잔 가斝는 엄嚴(계엄戒嚴)의 가차假借요, 배盃는 풀이하면 불명不皿(가득 채우지 말라)이 되고 술잔 치巵는 위危 자와 비슷하고, 뿔잔 굉觥은 그 저촉抵觸됨을 경계함이요, 창(戈) 두 개가 그릇(皿) 위에 있 는 것[3]은 서로 다툼을 경계한 것이고 술통 준樽은 준절撙節(절제節制)을 보 여 줌이요, 금禁[4]은 금제禁制를 이름이요, 술 유酉 부에 졸卒(죽다)의 뜻을 취하면 취醉 자가 되고 생生(살다) 자가 붙으면 술 깰 성醒 자가 되지요.

---

1. **영재**冷齋   유득공柳得恭의 호이다.
2. **주舟**   술잔을 받치는 쟁반을 말한다. 찻잔 쟁반을 다주茶舟라고 한다.
3. **창**(戈) …… **것**   '잔'盞 자를 가리킨다.
4. **금禁**   술잔을 놓는 탁자를 말한다. 『의례』儀禮 「사관례」士冠禮 정현鄭玄의 주에 "이름을 금 이라 한 것은 술을 경계한 때문이다"(名之爲禁者 因爲酒戒也)라고 하였다.

『주관』周官(『주례』周禮)에 "평씨萍氏가 기주幾酒를 맡았다"[5] 했는데, 『본초』本草를 살펴보니 "평萍(개구리밥)은 능히 술기운을 제어한다" 했소.[6]

우리들은 술 마시기를 좋아하는 것이 옛사람보다 더하면서, 옛사람이 경계로 남긴 뜻에는 깜깜하니 어찌 크게 두려운 일이 아니겠소. 원컨대 오늘부터 술을 보면 옛사람이 글자 지은 뜻을 생각하고, 다시 옛사람이 만든 술그릇의 이름을 돌아봄이 옳지 않을는지요.

5. 평씨萍氏가 기주幾酒를 맡았다   『주례』「추관」秋官에 나오는 말이다. 평씨는 나라의 물에 관한 금령禁令을 맡은 관직 이름이고, 기주는 백성들이 술을 구매하는 것이 적량適量이며 적시適時인가를 기찰譏察하는 임무를 말한다.

6. 『본초』本草를 …… 했소   신농씨神農氏가 지었다는 『본초』에 나오는 말로서 『주례집설』周禮集說, 『시아편』示兒編 등에 인용되어 있다. 개구리밥은 물에 가라앉지 않는 성질이 있고 수기水氣가 승하여 술기운(酒氣)을 흩어지게 한다고 한다. 이상과 같은 술과 관련된 한자 풀이는 이덕무의 『이목구심서』耳目口心書 6에도 유사한 내용이 보인다.

영재에게 답함 2

이는 은어隱語인데 나는 벌써 해석했소. '마혁과시'馬革裹尸는 종군終軍[1]을 가리키고, '불감앙시'不敢仰視는 엄안嚴顏[2]을 가리키고, '포'泡는 백기白起[3]를 가리키고, '귤'橘은 황향黃香[4]을 가리키고, '운'雲은 악비岳飛[5]를 가리키고, '폭'瀑은

1. **종군終軍** 한 무제漢武帝 때 제남齊南 사람으로 어려서부터 박학하고 문장을 잘 지어 18세에 박사제자博士弟子가 되었다. 글을 올려 국사를 논한 일로 무제에게 발탁되어 간대부諫大夫가 되고 남월南越에 사신으로 가서 남월왕으로 하여금 한나라에 복속하게 하였다. 그러나 월상越相 오가吳嘉가 이에 반발하여 남월왕과 한나라 사신을 살해하면서 종군도 죽였다. '말가죽에 시체를 싼다'(馬革裹尸)는 것은 전쟁터에서 싸우다 죽어서 시신으로 돌아온다는 뜻이므로 종군을 비유한 것이다.

2. **엄안嚴顏** 후한後漢의 유장劉璋의 장수로서 파촉巴蜀을 지키다가 장비張飛에게 사로잡혀 항복을 권유받자 "우리 주州에는 단두장군斷頭將軍만 있지 항장군降將軍은 없다"고 하며 이를 거부하였다. 장비가 노하여 목을 베려 하였으나 얼굴빛 하나 변하지 않았으므로 장비가 이를 장하게 여겨 빈객賓客으로 삼았다. '감히 쳐다보지 못한다'(不敢仰視)는 것은 엄한 얼굴을 나타내므로 엄안을 비유한 것이다.

3. **백기白起** 전국 시대 진秦나라의 명장으로서 초楚나라를 정벌한 공으로 무안군武安君에 봉해졌다. 거품(泡)은 하얗게 일어나므로 백기白起를 비유한 것이다.

4. **황향黃香** 후한 때의 강하江夏 사람으로 "천하에 강하의 황동에 비견할 사람이 없다"(天下無雙 江夏黃童)고 할 정도로 학문과 문장에 뛰어났다. 귤橘은 색이 노랗고 향기가 있으므로 황향黃香을 비유한 것이다.

산도山濤[6]를 가리키고, '동안백발'童顔白髮은 소옹少翁[7]을 가리키고, '집의소생'
集義所生[8]은 맹호연孟浩然[9]을 가리키고, '풍자도'馮子都[10]는 흉노匈奴를 가리키는
것이지요.

5. 악비岳飛　　송宋나라 때 금金나라의 남하南下에 대항한 명장으로, 시호는 무목武穆이다. 구름
(雲)은 산 위에 날아다니므로 악비岳飛를 비유한 것이다.
6. 산도山濤　　서진西晉 때의 인물로 혜강嵇康, 완적阮籍 등과 교유하였으며 죽림칠현竹林七賢
가운데 한 사람이다. 폭포(瀑)는 산에서 이는 파도라 할 수 있으므로 산도山濤를 비유한 것이다.
7. 소옹少翁　　한 무제 때에 제齊 지방의 방사方士이다. 무제가 총애하던 왕부인王夫人의 혼령을
방술方術로 불러들여 그 공으로 문무장군文武將軍에 제수되었다. 어린애 얼굴에 흰머리(童顔白髮)
는 애늙은이를 가리키므로 소옹少翁을 비유한 것이다. 『史記』卷12「孝武本紀」
8. 집의소생集義所生　　『맹자』「공손추 상」公孫丑上의 호연지기浩然之氣 장에서 "호연지기는 의義
가 축적되어 생겨나는 것이지 의가 갑자기 엄습하여 얻어지는 것은 아니다"(是集義所生者 非義襲
而取之也)라고 한 말에서 나온 것이다.
9. 맹호연孟浩然　　당나라의 시인으로 양양襄陽 사람이다. 특히 자연의 경물을 잘 묘사하여 왕유
王維와 함께 '왕맹'王孟으로 불린다.
10. 풍자도馮子都　　한나라의 대장군 곽광霍光의 감노監奴로서 주인 곽광의 비첩인 현顯과 사통
私通을 하다가 곽광의 부인 민씨閔氏가 죽고 현이 정실부인이 되자 반란을 일으켰다. 즉, 풍자도
는 흉악한 노복奴僕에 해당하므로 흉노凶奴 즉 흉노匈奴를 비유한 것이다. 『漢書』卷68「霍光金日
磾傳」

아무개에게 답함

우연히 야성野性[1]을 찬미하다가 스스로를 고라니(麞)[2]에 비한 것은 고라니
가 사람만 가까이하면 잘 놀라기 때문에 그렇게 말한 것이지 감히 잘난
체해서가 아니었지요. 지금 그대의 편지를 받아 보건대, 스스로를 기마驥
馬 꼬리에 붙은 파리[3]에 비했으니, 또 어찌 그리 작지요? 진실로 그대가
작게 되기를 구한다면 파리도 오히려 크고말고요. 개미도 있지 않소?

　내 일찍이 약산藥山[4]에 올라 도읍을 굽어보니 사람들이 달리고 치닫고

---

1. **야성野性**　　자연 속에서 한적하게 살기를 좋아하는 성격을 말한다.
2. **고라니(麞)**　　고라니처럼 자연 속에서 한적하게 살고 싶어하는 것을 '미록지'麋鹿志 또는 '미록
성'麋鹿性이라 한다. 또한 노루처럼 담이 작아 잘 놀라는 것을 '균경'麕驚이라 한다.
3. **기마驥馬 …… 파리**　　기驥는 명마의 이름이다. 『사기』 권61 「백이열전」伯夷列傳에서 사마천은
"안연顏淵이 비록 학문을 독실히 했지만 기마의 꼬리에 붙었기에 그의 행실이 더욱 알려졌다"고
하였다. 쉬파리가 기마의 꼬리에 붙어 천리를 가듯이, 안연도 공자의 제자가 된 덕분에 후세에
더욱 유명해졌다는 뜻이다.
4. **약산藥山**　　평안도 영변군寧邊郡에 있는 산이다. 약산 동대東臺는 관서팔경關西八景의 하나이
다.

하여 땅에 가득 구물대는 것이 마치 개밋둑에 진을 친 개미와 같아서, 한번 불면 능히 흩어질 것만 같았지요. 그러나 다시 그 도읍 사람으로 하여금 나를 바라보게 한다면, 비탈을 더위잡고 바위를 오르고 다래 넝쿨을 움켜쥐고 나무를 타고서 산꼭대기에 올라가서는 망령되이 스스로 높고 큰 양하는 모습이 이(虱)가 머리털을 타는 것과 무엇이 다를 게 있겠소?

그런데 지금 마침내 큰소리치며 스스로 비하기를 고라니라 했으니, 어찌 그리 어리석던지요. 당연히 대방가大方家(식자識者)에게 비웃음을 사 마땅한 일이지요. 만약 다시 그 형체의 크고 작고를 비교하고, 보이는 바의 원근을 분별하기로 든다면, 그대나 내가 모두 다 망령된 짓을 할 뿐이지요. 고라니는 과연 파리보다는 크다지만, 코끼리가 있지 않소? 파리가 과연 고라니보다 작다 하지만, 저 개미에게 견주어 본다면 코끼리와 고라니 사이나 마찬가지이지요.

지금 저 코끼리가 서면 집채만 하고 걸음은 비바람같이 빠르며, 귀는 구름이 드리운 듯하고 눈은 초승달과 비슷하며, 발가락 사이에 진흙이 봉분같이 솟아올라, 개미가 그 속에 있으면서 비가 오는지 살펴보고나서 싸우려고 나오는데, 이놈이 두 눈을 부릅뜨고 보아도 코끼리를 못 보는 것은 어쩐 일입니까? 보이는 바가 너무 멀기 때문이지요. 또 코끼리가 한 눈을 찡긋하고 보아도 개미를 보지 못하니, 이는 다름 아니라 보이는 바가 너무 가까운 탓이지요. 만약 안목이 좀 큰 사람으로 하여금 다시 백 리의 밖 멀리에서 바라보게 한다면, 어둑어둑 가물가물 아무 것도 보이는 바가 없을 것이니, 어찌 고라니와 파리, 개미와 코끼리를 구별할 수 있겠소?

성지誠之에게 보냄

그의 말이 비록 터무니없는 거짓임을 알지라도 불가불 믿을 수밖에 없소. 미리 거짓말이라 단정하지 말고 일단 믿을 만한 말이라고 인정해 주는 것이 어떻는지요? 비유하자면 마치 거짓말쟁이가 꿈 얘기 하는 것과 같아서, 참이라고 믿어 줄 수도 없지만 그렇다고 거짓이라고 이를 수도 없는 게 아니겠소. 다른 사람의 꿈속이라 한번 달려 들어가 볼 수도 없으니 말이오.

석치石癡[1]에게 보냄 1

옛날에 원민손袁愍孫이 부 상시傅常侍의 청덕淸德을 칭송하면서,

　"그 문을 지날 때면 고요하여 사람이 없는 듯하다가, 막상 그 휘장을 걷고 보면 그 사람이 거기에 있다."

했는데,[2] 나는 매양 눈 속을 걸어가서 쪽문을 열고 매화를 찾을 때면 문득 부 상시의 청덕을 느낀다오.

---

1. **석치石癡**　정철조鄭喆祚(1730~1781)의 호이다. 정철조는 미호渼湖 김원행金元行 문하에서 홍대용洪大容과 함께 수학했으며, 문과 급제 후 정언正言을 지냈다. 그는 호주豪酒로 유명하며, 서화에 뛰어났고, 특히 천문학과 지리학에 밝았다. 『연암집』 권10에 그에 대한 제문祭文이 수록되어 있다.

2. **옛날에 …… 했는데**　원민손袁愍孫은 남조南朝 송나라 때의 인물인 원찬袁粲(420~477)의 초명初名이며, 부 상시傅常侍는 양梁나라 때 산기상시散騎常侍를 지낸 부소傅昭(454~528)를 가리킨다. 원찬이 단양 윤丹陽尹으로 있을 때 부소를 고을의 주부主簿로 삼아 젊은이들을 가르치게 하였고, 명제明帝가 붕어崩御했을 때는 원찬의 이름으로 올린 애책문哀策文의 절반을 부소가 지었을 정도였다. 매번 부소의 문을 지날 때마다 감탄하기를, "그 문을 지날 때면 고요하여 사람이 없는 듯하다가 막상 휘장을 걷고 보면 그 사람이 거기에 있으니, 어찌 명현名賢이 아니겠는가" 하였다고 한다. 『南史』 卷60 「傅昭傳」

석치에게 보냄 2

"군자의 도는 담박하면서도 싫증 나지 않고 간결하면서도 빛이 난다."[1]
했는데, 이 말은 바로 매화를 위한 칭송인 것 같소. 소자첨蘇子瞻이 도연
명陶淵明의 시를 논하면서 "질박해 보이면서도 실은 화려하고, 여위어 보
이면서도 본래는 기름지다"[2] 했는데, 이로써 매화에 빗대어 말하면 다시
더 평할 말이 없지요.

---

1. **군자의 …… 난다**　『중용장구』中庸章句 제33장에 나오는 말이다.
2. **질박해 …… 기름지다**　소철蘇轍이 지은 「추화도연명시인」追和陶淵明詩引에 나오는 말이다. 소
식蘇軾이 도연명의 시에 화운和韻하여 지은 시를 모은 시집에 그 아우 소철이 서문을 썼는데, 소
식이 동생에게 서문을 부탁하는 편지에서 그와 같은 말을 했다고 한다.

석치에게 보냄 3

옛날에 이학사李學士[1] 어른을 모시고 계당溪堂으로 매화 구경을 갔는데, 그 어른이 위연喟然히 탄식하며 말하기를,

"곽유도郭有道는 도도하면서도 속세를 끊지 않았고[2] 부흠지傅欽之는 맑으면서도 화려하지 않았다[3]고 했는데, 뜻밖에도 홀로 빼어난 향기로운 꽃

---

1. 이 **학사**李學士   연암의 처숙妻叔으로 홍문관 교리를 지낸 이양천李亮天(1716~1755)을 가리킨다.

2. **곽유도**郭有道는 …… **않았고**   곽유도는 후한 때의 은사隱士인 곽태郭太(128~169)를 가리킨다. 곽태의 자는 임종林宗이고 유도有道는 곽태가 도를 지닌 사람으로 천거되었기 때문에 불린 이름이다. 어떤 사람이 범방范滂에게 곽태가 어떤 인물이냐고 묻자, "은거하면서도 가까운 사람을 떠나지 않았고 도도하면서도 속세를 끊지 않았으며, 천자도 그를 신하로 삼지 못했고 제후도 그를 벗으로 삼지 못했으니 나는 그가 어떤 인물인지 도대체 모르겠다"고 하였다. 『後漢書』 卷68 「郭太列傳」

3. **부흠지**傅欽之는 …… **않았다**   흠지欽之는 송나라 때 인물인 부요유傅堯兪(1024~1091)의 자이다. 사마광司馬光이 소옹邵雍에게 "맑고 강직하고 용맹한 덕은 사람들이 동시에 갖추기가 어려운 법인데 흠지欽之는 이 세 가지를 동시에 갖추고 있소" 하니, 소옹이 말하기를, "흠지는 맑으면서도 화려하지 않고 강직하면서도 부딪치지 않고 용맹하면서도 온화하니, 이는 매우 어려운 일이오" 하였다. 『宋史』 卷341 「傅堯兪傳」

매화가 이 두 가지 덕을 갖추었단 말인가."
라고 했지요.

석치에게 보냄 4

『시경』과 『서경』에는 매화를 말하면서 열매만 말하고 꽃은 말하지 않았는데,[1] 우리들은 지금 매화시梅花詩를 지으면서 향기를 평하고 빛깔을 견주어 꽃의 아름다움을 음미하면서 그래도 부족하여, 또 따라서 그 모습을 그림으로 그리곤 하니, 겉치레에다 또 겉치레를 더하여 참모습과의 거리가 더욱 멀어지고 말았소. 어째서 태산이 임방林放만 못하다고 보는 거요?[2]

---

1. 『시경』과 …… 않았는데   『시경』 소남召南 「표유매」摽有梅에 "잎이 떨어진 매화나무여 그 열매가 겨우 일곱이로다"(摽有梅 其實七兮)라고 하였다. 『서경』 「열명 하」說命下에 "만약 양념을 넣은 국을 만들려거든 그대가 소금과 매실이 되어 주오"(若作和羹 爾惟鹽梅)라고 하였는데 여기서 '매'梅는 매실로 만든 식초를 말한다.

2. 어째서 …… 거요   『논어』 「팔일」八佾에, 노魯나라의 대부大夫인 계씨季氏가 대부임에도 불구하고 제후諸侯만이 지낼 수 있는 여제旅祭를 태산泰山에서 지내자 공자가 계씨의 가신家臣인 제자 염유冉有에게 이를 막지 못한 것을 따지면서 "어째서 태산이 임방林放만 못하다고 보는가?" 하고 질책하였다. 임방은 공자에게 예禮의 근본을 물었던 사람이다.

어떤 이에게 보냄[1]

나는 집이 가난하고 꾀가 모자라니, 생계를 꾸리는데 방공龐公을 배우고
싶지만 소계蘇季와 같은 한탄만 있을 뿐이지요.[2] 허물 벗음은 이슬 마시는
매미보다 더디고 지조는 흙을 먹는 지렁이에 부끄러울 뿐이외다.[3] 옛날에

<hr />

1. **어떤 이에게 보냄**　　이 편지는 이덕무李德懋의 『청장관전서』青莊館全書 권62 「윤회매십전」輪
回梅十箋에도 실려 있다. 즉 「윤회매십전」 팔지첩八之帖에 무릉茂陵(박지원) 씨가 밀랍으로 만든
매화인 윤회매를 사라고 관재觀齋(서상수徐常修)에게 보낸 편지로서 그 내용이 소개되어 있으며,
또한 편지의 말미 부분은 매화를 판 뒤 관재에게 작성해 준 증서인 「윤회매십전」 구지권九之券
의 일부로 되어 있고, 이 증서는 '무자년戊子年 12월 무신戊申(戊辰의 오류)' 즉 1769년 1월 21일
에 작성한 것으로 되어 있다.

2. **방공龐公을 …… 뿐이지요**　　방공은 후한後漢 때의 은자隱者인 방덕공龐德公을 가리키고 소계蘇
季는 전국 시대의 유세가遊說家인 소진蘇秦을 가리키는데 소진의 자가 계자季子이다. 소진이 연
횡책連衡策으로 진秦나라 혜왕惠王을 설득하다가 실패하고 실컷 고생만 하고 고향에 돌아오자,
가족들이 모두 그를 외면하였다. 이에 소진은 "아내는 나를 지아비로 여기지 않고, 형수는 나를
시동생으로 여기지 않고, 부모님은 나를 자식으로 여기지 않는구나"라고 길게 탄식하였다고 한
다. 『전국책戰國策』 「진책秦策」

3. **허물 …… 뿐이외다**　　학업에 진전이 없는 것과 남에게 신세 지고 사는 것을 반성한 말이다.
『순자荀子』 「대략」大略에 "군자의 배움은 매미가 허물 벗듯이 신속하게 변한다"(君子之學如蛻 幡

매화 삼백예순다섯 그루를 심어 날마다 한 그루씩 보면서 세월을 보낸 사람이 있었는데, 지금 나는 셋방살이 신세가 되어 고산孤山과 같은 동산이 있을 턱이 없으니,[4] 장차 어찌하면 좋지요?

벼루밭의 어린 종은 손재주가 하도 교묘하므로 나 역시 때때로 그를 따라서 연전硯田(문필로 생활함)의 겨를을 내어 절지折枝[5]의 매화를 만드는데, 촛눈물은 화판花瓣이 되고 고라니털은 꽃술이 되고 부들의 꽃가루는 꽃술의 구슬이 되어, 이름을 윤회화輪回花라 했지요. 왜 '윤회'라 일렀냐 하면, 무릇 나무에 붙어 있는 생화生花가 밀랍이 될 걸 어찌 알며, 밀랍은 벌집에 있는데 그것이 꽃이 될 줄 어찌 알리요? 그러나 노전魯錢과 원이猿耳[6]는 꽃봉오리가 천연스럽게 이루어졌고 규경窺鏡과 영풍迎風[7]은 그 자세가 아주 자연스럽지요. 오직 땅에 박히지 않았을 뿐 바로 자연의 정취를 볼 수 있지요. 황혼의 달 아래, 비록 그윽한 향기가 풍기는 것은 없지만, 눈 가득한 산중에 고사高士가 누워 있는 모습을 족히 상상하고말고요.

然遷之)고 하였으니, 부단히 학습하여 구태에서 벗어날 것을 강조한 것이다. "낡은 것을 혁신하기를 매미가 허물 벗듯이 한다"(去故就新 若蟬之蛻也)는 말도 있다. 『맹자』「등문공 하」滕文公下에서 맹자는 오릉중자於陵仲子가 청렴을 지키기 위해 인륜마저 저버림을 비판하면서 "오릉중자의 지조를 충족시키자면 지렁이가 된 뒤라야 가능할 것이다. 지렁이는 위로는 마른 흙을 먹고 아래로는 지하수만을 마시고 산다"(充仲子之操 則蚓而後可者也 夫蚓 上食槁壤 下飮黃泉)고 하였다.
4. 옛날에 …… 없으니   송나라 때의 은자隱者인 임포林逋가 서호西湖의 고산孤山에 은거하여 방학정放鶴亭과 소거각巢居閣을 짓고는 주변에 매화 360그루를 심고 소일하였다고 한다.
5. 절지折枝   가지가 구부러져 아래로 늘어진 모양을 말한다. 동양화에서는 매화 나무 전체를 그리지 않고 가지가 구부러져 늘어진 부분만을 그린다.
6. 노전魯錢과 원이猿耳   이덕무의 「윤회매십전」 오지화五之花에 꽃잎 5개가 말려 있고 꽃술이 나와 있지 않은 매화를 '옛 노전'(古魯錢)이라 하고, 꽃잎 3개는 떨어지고 남은 2개도 떨어지려 하나 꽃술만은 성성한 매화를 원이猿耳라고 한다고 하였다. 노포魯褒가 「전신론」錢神論을 지었기 때문에 돈을 일러 노전魯錢이라 한다.
7. 규경窺鏡과 영풍迎風   이덕무의 「윤회매십전」 오지화五之花에 꽃잎 5개가 만개한 것을 규경窺鏡 또는 영면迎面이라 한다고 하였다. 영풍은 '영면'과 같은 것이 아닌가 한다.

나는 그대에게 먼저 매화 한 가지를 팔아서 그 값을 정하고 싶소. 만약 그 가지가 가지답지 못하거나, 꽃이 꽃답지 못하거나, 꽃술이 꽃술답지 못하거나, 꽃술의 구슬이 구슬답지 못하거나, 상 위에 놓아도 빛이 나지 않거나, 촛불 아래서도 성긴 그림자가 생기지 않거나, 거문고와 짝 지어도 기이한 흥취를 자아내지 않거나, 시에 넣어도 운치나지 않거나, 한 가지라도 이런 것이 있다면 영원히 물리쳐 버려도 끝내 원망하는 말을 하지 않을 거요. 이만 줄이오.

아무개에게 보냄 1

다른 사람에게 처음 손이 되어 가면, 모로미 낯설거나 껄끄러운 고태故態를 가져야 하고, 친숙하거나 다정한 듯한 태도는 짓지 말아야 하오. "손을 씻고 국을 끓여 먼저 시누이를 불러 맛보게 한다"[1] 했는데, 이 시를 지은 이는 아마 예禮를 아는 사람일 거요. 태묘太廟에 들어서는 매사를 반드시 물어서 해야 하는 법이오.[2]

1. **손을 …… 한다** 당나라 왕건王建의 「신가랑」新嫁娘 시에 "시집온 지 사흘 지나 부엌에 가서, 손을 씻고 국을 끓였네. 시어머니 식성을 아직 모르니, 먼저 시누이에게 맛보게 했네"(三日入廚下 洗手作羹湯 未諳姑食性 先見小姑嘗)라고 하였다. 새색시의 조심성 있고 사려 깊은 태도를 칭송한 것이다.

2. **태묘太廟에 …… 법이오** 『논어』「팔일」에 "공자가 태묘에 들어서 매사를 물으니, 어떤 사람이 '누가 추인鄹人의 아들이 예禮를 안다고 하는가? 태묘에 들어서 매사를 묻는구나'라고 하였다. 공자가 그 말을 듣고 '이렇게 하는 것이 예이니라'라고 말했다" 하였다. 공자가 노魯나라 주공周公의 묘에서 제사를 거들 때 매사를 물었던 것은 결코 예를 몰라서가 아니라, 극도로 공경하고 근신하여 만전을 기하기 위해서였다는 것이다.

아무개에게 보냄 2

시골 사람이 서울 맵시를 내 봤자 결국 촌놈이오. 비하자면 술 취한 사람이 아무리 정색을 해 봤자 하는 짓이 취한 짓뿐인 것과 같으니, 이걸 꼭 알아야 하지요.

군수君受에게 답함

보내 준 글은 비하자면 몰골도沒骨圖[1]와 같소. 착색에 엷고 짙은 것이 있은 연후에야 눈썹과 눈[2]을 분간할 수 있는 거지요.

---

1. **몰골도沒骨圖**　묵필墨筆로 밑그림을 그리지 않고 곧바로 채색한 그림을 말한다.
2. **눈썹과 눈**　글의 요점을 비유한 것이다.

중존仲存[1]에게 보냄

매탕梅宕[2]은 반드시 미친병이 발작하고 말 것이니, 그대는 아는지요? 그가 장연長淵에 있을 때 일찍이 금사산金沙山에 올라 큰 바다가 하늘에 닿을 듯이 파도치는 것을 보고서 스스로 자기 몸이 좁쌀만 한 것을 깨닫자, 갑자기 수심이 생겨서 마침내 탄식하며 말하기를,

"가령 저 탄환만 한 작은 섬이 여러 해 동안 기근이 든 데다 풍파가 하늘에 닿아서 구호식량마저 보낼 수 없다면 이를 어찌하나? 해적들이 몰래 일어나 바람에 돛을 올리고 침략해 와서 도망할 곳이 없게 된다면 이를 어찌하나? 용, 고래, 악어, 이무기가 육지를 타고 올라와 알을 까고 사람을 사탕수수 줄기처럼 마구 씹는다면 이를 어찌하나? 바다의 파도가

---

1. **중존仲存**　연암의 처남인 이재성李在誠의 자이다.
2. **매탕梅宕**　이덕무의 일호一號이다. 이덕무는 1768년 음력 10월 한양에서 황해도 장연長淵의 조니진助泥鎭까지 다녀온 여행일기인 「서해여언」西海旅言을 썼다. 「서해여언」 10월 12일 조에 조니진에 머물면서 장산곶長山串의 사봉沙峯 즉 금사산金沙山에 올라 대해를 바라보며, 연암이 편지에서 인용한 바와 같은 망상을 했던 내용이 기록되어 있다. 단 연암은 「서해여언」 중의 해당 내용을 조금 줄여 인용하였다. 『靑莊館全書』 卷62

크게 넘쳐 마을을 갑자기 덮쳐 버린다면 이를 어찌하나? 바닷물이 멀리 옮겨 가 하루아침에 물길이 끊어지고 고립된 섬의 밑부분이 높이 솟구쳐 우뚝이 바닥을 보인다면 이를 어찌하나? 파도가 섬의 밑부분을 갉아먹어 부딪치고 넘치고 하길 오래 하여 흙도 돌도 지탱하기 어려워 물살에 무너지고 만다면 이를 어찌하나?"

하였다지요.

그의 의심과 염려가 이와 같으니 미치지 않고 어쩌겠소. 밤에 그의 말을 듣고 저도 모르게 포복절도하여 손길 가는 대로 써 보내는 거요.

경보敬甫[1]에게 보냄 1

공교롭고도 묘하구려, 이처럼 한데 만나게 된 인연이여! 도대체 누가 이런 계기를 만들었단 말이오? 그대는 나보다 앞서 나지도 않았고 나는 그대보다 뒤에 나지도 않아 둘 다 한 세상에 태어났으며, 그대는 이면剠面[2]하지도 않았고 나는 조제雕題[3]하지도 않아 둘 다 한 나라에 태어났으며, 그대는 남쪽에 살지 않고 나는 북쪽에 살지 않아 둘 다 한마을에 집을 짓고 살았으며, 그대는 무武를 업으로 삼지 않고 나는 농사를 배우지 않아 똑같이 사문斯文(유학儒學)에 종사하고 있으니, 이야말로 큰 인연이요 큰 기회期會가 아니겠소.

---

1. **경보敬甫** 박종경朴宗敬(1746~1818)의 자가 아닌가 한다. 박종경은 연암의 족질族姪이자 동서同壻로서, 1773년 생원 급제 후 영덕 현령盈德縣令, 안성 군수 등을 지냈다.
2. **이면剠面** 칼로 얼굴에 자국을 낸다는 뜻이다. 고대에 흉노나 위구르 등지의 종족들은 큰 우환이나 초상을 당하면 칼로 얼굴에 자국을 내어 그 비통함을 표시했다고 한다. 여기에서는 북쪽 나라에서 태어남을 말한 것이다.
3. **조제雕題** 칼로 이마 위에 꽃무늬를 새겨 넣는다는 뜻이다. 고대에 남방의 소수민족 사이에 유행했던 풍속으로, 여기에서는 남쪽 나라에서 태어남을 말한 것이다.

그렇다고 해서 상대의 말에 구차스레 동조하거나 상대가 하는 일에 구차스레 맞추려고 한다면, 이는 차라리 위로 거슬러 올라가 천고千古의 옛사람을 벗하거나 백세후百世後에도 미혹되지 않는[4] 편이 낫지 않겠소.

---

4. **백세후百世後에도 미혹되지 않는**   『중용장구』中庸章句 제28장에, 군자의 도는 "백세후에 성인 聖人을 기다려도 미혹되지 않는다"(百世以俟聖人而不惑)고 하였다. 이는 군자는 백세후에 출현할 성인이라도 자신과 동일한 도를 말할 것이라고 확신한다는 뜻이지만, 연암의 편지에서는 백세후 에라도 자신을 알아줄 사람이 나타나기를 기다린다는 뜻으로 말한 것이다.

경보에게 보냄 2

안회顔回처럼 누항陋巷에 살면서, 그가 즐거워한 바가 무슨 일인지를 탐구
하고 있소이다.[1] 원헌原憲은 봉려蓬廬에 살면서, "병에 걸린 것이 아니라
가난할 뿐이다"라고 말했지요.[2]

1. 안회顔回처럼 …… 있소이다　　『논어』「옹야」雍也에서 공자가 말하기를, "어질도다, 안회여! 한
그릇의 밥과 한 바가지의 물로 누항에서 살게 되면 남들은 그 근심을 견디지 못하는데 안회는
즐거움을 변치 않으니, 어질도다, 안회여!"라고 하였다. 또한 「술이」述而에서도 공자는 "거친 음
식 먹고 물 마시고 팔을 베고 누웠어도 즐거움은 또한 그 가운데에 있다"고 하였다. 아무리 가
난한 생활도 그의 즐거움을 변하게 할 수는 없다는 말이다. 그런데 안회나 공자가 무엇을 즐거
워했는지는 밝혀져 있지 않다. 그러므로 주자周子는 이같이 공자와 안회의 즐거움을 말한 대목에
서 '즐거워한 바가 무슨 일인지'(所樂何事)를 깨우치도록 하였고, 정자程子도 공자가 '즐거워 한
바가 무슨 일인지'(所樂者何事) 반드시 알아야 한다고 하였다. 연암은 박제가朴齊家에게 굶주림을
하소연하며 돈을 꿔 달라고 요청한 편지에서 해학적인 어조로, "공자가 진陳·채蔡에서 겪은 것
처럼 곤액이 심하지만, 도를 실천하느라고 그렇게 된 것은 아닐세. 그러나 망령되이 안회의 누항
생활에 비기면서, 그가 즐거워한 바가 무슨 일인지 탐구하고 있네"(厄甚陳蔡 非行道而爲然 妄擬陋
巷 問所樂而何事)라고 하였다. 『貞蕤閣文集』卷4「答孔雀館」
2. 원헌原憲은 …… 말했지요　　공자의 제자 원헌은 쑥대를 짜서 문을 겨우 만들어 단 가난한 집
에 살면서도 정좌하고 거문고를 타며 노래를 불렀다. 출세한 자공子貢이 좋은 옷차림에 거마車馬

원숭이를 기르는 사람이 도토리를 아침에는 세 개씩 주고 저녁에는 네 개씩 주니, 도토리를 주고서도 원숭이들을 화나게 만들었소.[3] 그리고 맹자는 일국一國으로써 팔국八國을 굴복시키려는 것을 나무에 올라가 물고기를 구하는 짓에 비유하였지요.[4]

그대는 나날이 나아가오. 나도 나날이 나아가겠소.[5]

를 타고 원헌을 방문했는데, 허름한 옷차림의 그를 보고는 탄식하며 무슨 병이 있느냐고 물었다. 이에 원헌이 "재물이 없는 것을 가난이라 하고 배운 것을 실행하지 못하는 것을 병이라 하네. 나는 지금 가난한 것이지 병에 걸린 것은 아니라네"라고 하였더니 자공이 부끄러워하였다고 한다. 『莊子』「讓王」

3. 원숭이를 …… 만들었소   『장자』「제물론」齊物論에 나오는 유명한 이야기이다.

4. 맹자는 …… 비유하였지요   『맹자』「양혜왕 상」梁惠王上에서 맹자는 제齊나라 선왕宣王이 천하의 패자霸者가 되고 싶어하자, 이를 나무에 올라서 물고기를 구하는 짓에 비유하면서, 천하의 강국 아홉 나라 중의 하나에 불과한 제나라가 나머지 여덟 나라를 굴복시키는 것은 불가능하다고 비판하였다.

5. 그대는 …… 나아가겠소   『시경』 소아小雅 「소완」小宛에 "저 할미새를 보라, 부지런히 날면서 울어 대지 않는가. 나는 나날이 나아가니, 너도 다달이 나아가라. 일찍 일어나고 밤늦게 자면서, 너를 낳아 주신 분들을 욕되게 말아라"(題彼脊令 載飛載鳴 我日斯邁 而月斯征 夙興夜寐 無忝爾所生) 하였다. 이 시는 형제가 각자 나아가는 길이 혹시 다를지라도 부모에게 욕되지 않도록 서로 부지런히 노력하자고 형이 동생을 면려勉勵한 시로 풀이된다. 이와 마찬가지로, 연암은 친구 경보를 면려하는 뜻으로 이 시의 한 구절을 변형하여 인용한 것이 아닌가 한다.

원심재遠心齋에게 보냄

혜풍惠風(유득공柳得恭)의 집에 『속백호통』續白虎通이 있는데 한漢나라 반표班彪가 짓고 진晉나라 최표崔豹가 주석을 내고 명明나라 당인唐寅이 평했다는 것이지요.

그래서 나는 기서奇書라 여기고 소매 속에 넣고 돌아와 등잔 밑에서 자세히 들여다보니, 혜풍 자신이 범에 대한 얘기를 모아서 한번 웃을 자료로 삼은 것이 아니겠소.

그러니 나는 참으로 머리가 둔하다 하겠소. 당인唐寅의 자가 백호伯虎인 때문에 그런 것이었소.[1] 그렇기는 하지만, 한번 웃음거리로 읽기에는 족할 것이니, 보고 나서 바로 돌려주기 바라오.

---

1. **당인唐寅의 …… 것이었소**   『백호통』白虎通은 한漢나라 때 반고班固가 편찬한 책으로, 백호관白虎觀에서 오경五經에 관해 논의한 결과를 기록한 것이다. 유득공이 『속백호통』을 반고의 아버지인 반표班彪가 편찬하고, 『고금주』古今注의 저자 최표崔豹가 주석을 냈다고 꾸며 댄 것은, 그들의 이름에 각각 작은 범 표彪 자, 표범 표豹 자가 들어 있기 때문이었다. 그러나 당인唐寅이 평했다고 꾸며 댄 것은 그의 자가 백호伯虎인 때문이었는데, 그 점을 미처 간파하지 못했다는 뜻이다.

초책楚幘에게 보냄

그대는 행여 신령한 지각과 민첩한 깨달음이 있다 하여 남에게 교만하거
나 다른 생물을 업신여기지 말아 주오. 저들에게 만약 약간의 신령한 깨
달음이 있다면 어찌 스스로 부끄럽지 않겠으며, 만약 저들에게 신령한
지각이 없다면 교만하고 업신여긴들 무슨 소용이 있겠소.

　우리들은 냄새나는 가죽부대 속에 몇 개의 문자를 지니고 있는 것이
남들보다 조금 많은 데 불과할 따름이오. 그러니 저 나무에서 매미가 울
음 울고 땅 구멍에서 지렁이가 울음 우는 것도 역시 시를 읊고 책을 읽
는 소리가 아니라고 어찌 장담할 수 있겠소.

성백成伯[1]에게 보냄 1

문 앞의 빚쟁이는 기러기처럼 줄 서 있고   門前債客鴈行立
방 안의 취한 놈들 고기 꿰미마냥 잠을 자네   屋裡醉人魚貫眠

이 시는 당唐나라 때 큰 호걸 사나이[2]가 지은 시입니다. 지금 나는 찬 방에 외로이 지내면서 냉담한 품은 마치 선禪에 든 중과 같은데, 다만 문 앞에 기러기처럼 늘어선 놈들 두 눈깔이 너무도 가증스럽소.

---

1. **성백成伯**　서중수徐重修(1734~1812)의 자이다. 서중수는 연암의 둘째 누님의 남편으로 1765년 진사進士 급제 후 문경 현감·은진 현감·강화부 경력江華府經歷 등을 지냈다.
2. **당唐나라 …… 사나이**　당나라 때의 시인인 이파李播를 가리킨다. 이파는 원화元和(806~820) 연간에 진사에 급제한 인물로서, 유우석劉禹錫과 백거이白居易로부터 칭송을 받을 정도로 시를 잘 지었다고 한다. 위에 인용된 시는 그의 대표적인 시 「현지」見志의 일부분으로서 그 전문은 "작년에 산 거문고값 아직 내지 않았고, 올해 산 술값도 돌려주지 않으니, 문 앞의 빚쟁이는 기러기처럼 줄 서 있고, 방안의 취한 놈들 고기 꿰미마냥 잠을 자네"(去歲買琴不與價 今年沽酒未還錢 門前債主雁行立 屋裡醉人魚貫眠)이다. 『唐詩紀事』卷47 『靑莊館全書』卷53 「耳目口心書 6」

매양 비굴하게 말해야 할 때면 도리어 등滕·설薛의 대부³를 생각할 뿐입니다.

---

3. 등滕·설薛의 대부　　『논어』「헌문」憲問에서 공자가, "맹공작孟公綽은 조趙나라나 위魏나라의 가로家老가 되기에는 충분하지만 등滕나라나 설薛나라의 대부大夫는 될 수 없다" 하였는데, 이는 맹공작의 인물됨이 청렴하고 욕심이 없기는 하지만 나라를 다스리는 재주가 부족한 것을 두고 말한 것이다. 등나라나 설나라는 약소국이라 그 나라의 대부가 되면 나라를 유지하기 위해 고생이 막심하다. 연암은 가난한 집안의 가장으로서 무능한 자신을 그에다 견주어 탄식한 것이다.

성백에게 보냄 2

나는 나이 스무 살 되던 때 「설날 아침에 거울을 마주 보며」(元朝對鏡)[1]라는 시를 지었지요.

두어 올 검은 수염 갑자기 돋았으나	忽然添得數莖鬚
육척의 몸은 전혀 커진 것이 아니네	全不加長六尺軀
거울 속의 얼굴은 해를 따라 달라져도	鏡裡容顔隨歲異
철모르는 생각은 지난해 나 그대로	穉心猶自去年吾

이 시는 원래 턱밑에 드문드문 난 짧은 수염을 처음 보고서 기뻐서 지은 것이라오. 그 뒤 6년이 지나 북한산에서 글을 읽는데 납창蠟窓(밀랍 종이를 바른 창)의 아침 햇살에 거울을 마주하고 이리저리 돌아보니 두 귀밑에 몇 올의 은실이 비치는 것이 아니겠소. 스스로 기쁨을 가누지 못하

---

1. 「설날 …… 보며」　이 시는 『연암집』 권4 영대정잡영映帶亭雜咏에 수록되어 있다.

여 시詩의 재료를 더 얻었다 생각하고 아까워서 뽑아 버리지 않았지요. 지금 다시 5년이 지나니² 앞에서 이른바 시의 재료라는 것은 어지러이 얼크러지고, 턱밑에 드문드문 났던 것은 뺏세기가 생선의 아가미뼈 같으니, 연소한 시절의 철모르던 생각을 회상하면 저도 몰래 부끄러워 웃게 됩니다. 만약 진작에 이렇게 될 줄 알았다면 아무리 새 시 몇 백 편을 얻는다 해도, 어찌 스스로 기뻐하면서 남이 알지 못할까 걱정했겠소.

우리들이 만약 말을 타고 문을 나서려고 한다면 용문龍門에 오르기보다 어려우니³ 어느 때에 서로 만날 수 있겠소? 생각이 날 때 즉시 가야 하지만, 단지 지독한 가뭄이 돌을 녹이고 바람 먼지가 얼굴을 덮칠 뿐 아니라, 귀인貴人은 더위에 시달리는 백성들을 위해 애쓰고 있고⁴ 시생侍生은 하마下馬를 해야 하니 이것이 난감하외다. 이를 어찌하겠소.

2. 지금……지나니 이로 미루어 이 편지가 연암의 나이 31세 때인 1767년에 쓰인 것임을 알 수 있다.
3. 용문龍門에……어려우니 황하黃河의 잉어가 급류를 거슬러 용문에 오르면 용으로 변한다고 해서, 과거에 급제하거나 입신출세하는 것을 등룡登龍이라 한다.
4. 귀인貴人은……있고 귀인은 성백成伯을 가리킨다. 원문은 "貴人喝扇"으로 되어 있는데, 선갈扇喝은 더위 먹은 사람에게 부채질을 해 준다는 뜻으로, 덕정德政을 찬양할 때 쓰는 말이다. 주周나라 무왕武王이 더위 먹은 사람을 보고 손수 부축하여 부채질을 해 주었다는 고사가 있다.『淮南子』「人間訓」

종형從兄[1]에게 올림 1

사람들이 심한 더위와 모진 추위를 만나면 그에 대처하는 방법을 전혀 모르고 있는 듯합니다. 옷을 벗거나 부채를 휘둘러도 불꽃 같은 열을 견 뎌내지 못하면 더욱 덥기만 하고, 화롯불을 쪼이거나 털배자를 껴입어도 한기寒氣를 물리치지 못하면 더욱 떨리기만 하는 것이니, 이것저것 모두가 독서에 착심着心하는 것만 같지 못합니다. 요컨대 자기 가슴속에서 추위 와 더위를 일으키지 않아야 하겠지요.

---

1. **종형從兄**　박진원朴進源(1735~1754)을 가리키는 듯하다. 박진원은 연암의 계부季父인 박사근 朴師近의 장남으로, 자를 취사就斯라 하였다. 『연암집』 권3 「황윤지에게 감사함」(謝黃允之書) 151쪽 주12 참조.

종형에게 올림 2

이른바 이광李廣은 운명이 기구하여[1] 편장偏將과 비장裨將들도 다 후侯에 봉封해졌거늘 홀로 그리 되지 못했습니다. 그렇다고 해서 짧은 베옷 바람으로 차가운 날씨에 옷자락을 끌고 어느 왕공王公의 문하를 쫓아다녔겠습니까?

찾으시는 문편文編(책으로 엮은 글)을 삼가 받들어 올리기는 합니다만, 제왕齊王의 문 앞에서 거문고를 잡고 있는 격[2]이어서 재주를 파는 방법을

---

1. **이광李廣은 운명이 기구하여**　한漢나라 무제武帝 때 이광은 자원하여 대장군大將軍 위청衛青의 휘하에서 흉노 정벌에 종군했으나, 이광이 늙었다고 여긴 무제는 위청에게 이광은 운명이 기구하니 선우單于와 대적하지 못하게 하라는 밀지密旨를 내렸다. 『漢書』卷54「李廣傳」

2. **제왕齊王의 …… 격**　제齊나라 왕이 피리를 좋아하였는데, 어떤 사람이 제나라에서 벼슬을 얻기 위해 거문고를 들고 가서 제왕의 문 앞에서 3년 동안 서 있었으나 들어가 보지도 못하자, 밖에서 크게 소리치기를, "내가 거문고를 연주하면 귀신도 춤을 추게 할 수가 있으며 헌원씨軒轅氏의 음률에도 합치가 됩니다" 하였다. 그러자 문객이 나와 꾸짖기를, "왕께서는 피리를 좋아하신다. 네가 거문고를 아무리 잘 연주한다 한들 왕께서 좋아하지 않으시는 것을 어찌하겠느냐" 하였다. 한유韓愈는 말하기를, "이는 거문고는 잘 타지만 제나라에 벼슬을 구하는 것은 잘 못한다는 것이다"라고 하면서 자신의 문체가 당시의 유행에 맞지 않는 것을 그에 비기어 탄식하였다. 『韓昌黎文集』卷18「答陳商書」

모른다는 비웃음을 살 뿐이요, 초楚나라 궁궐에 옥玉을 바치는 격[3]이어서
발뒤축이 잘려도 후회하지 않을는지 두렵습니다.

3. 초楚나라 …… 격 변화卞和가 직경이 한 자나 되는 박옥을 얻어 초나라 여왕厲王과 무왕武王
두 임금에게 바쳤으나 옥을 감정하는 사람이 보고 돌이라 하여 두 발이 잘리고 말았다. 그 후
문왕文王이 즉위하자 변화는 박옥을 안고 사흘 밤낮 동안 피눈물을 흘리며 울었다. 문왕이 이
사실을 듣고 사람을 보내 이유를 묻자, 그가 대답하기를 "나는 발이 잘린 것을 슬퍼하는 게 아
니라 보배로운 옥을 돌이라 하고 곧은 선비를 미치광이라 하니, 이 때문에 내가 슬퍼 우는 것입
니다" 하였다. 이에 왕이 옥공玉工을 시켜 박옥을 다듬게 하여 마침내 보옥을 얻고 이를 화씨지
벽和氏之璧이라 이름하였다. 『韓非子』 卷4 「和氏」

대호大瓠[1]에게 답함 1

보내 주신 「원관루부」遠觀樓賦는 종횡무진 거침없는 표현이 지나쳐 글제의 뜻을 고려하지 않았더군요. 비하자면 초상화를 그릴 때 본래의 모습과 털끝만큼도 어긋남이 없어도 아무개의 초상화라고 제목을 붙여 놓지 않는다면 필경에는 누구인지 알지 못하는 것과 같습니다. 이도 오히려 불가不可하거늘, 더 나아가 녹야당綠野堂 안의 사람을 그리면서 그 모습을 고쳐 피부가 하얗고 눈썹이 선명하게 그려 놓는다면,[2] 비록 걸어 놓고 보기에는 좋지만 배도裴度나 곽광霍光과 무슨 관계가 있겠습니까.

---

1. **대호大瓠**　　누구의 호인지 알 수 없다. 『장자』「소요유」逍遙遊에서 호를 따왔다. 혜자惠子가 위魏나라 왕이 준 대호大瓠(큰 조롱박)의 씨앗을 심었더니 그 열매가 너무 커서 쓸모가 없어 부수어 버렸다고 하자, 장자莊子는 그것으로써 대준大樽(요주腰舟)을 만들어 강호江湖에 떠서 노니는 데 쓰면 되지 않느냐고 공박하였다.

2. **녹야당綠野堂 …… 그려 놓는다면**　　녹야당 안의 사람은 당나라 때의 재상이 배도裴度(756~839)를 가리킨다. 배도는 벼슬에서 은퇴하고 낙양洛陽으로 물러나 녹야당이란 별장을 짓고 당대의 시인인 백거이白居易, 유우석劉禹錫과 교유하였다 한다. 그리고 피부가 하얗고 눈썹이 선명한 것은 한나라 때 대장군을 지낸 곽광霍光(?~기원전68)의 모습을 묘사한 것이다. 『한서』漢書에 의하면, 곽광은 사람됨이 침착하고 치밀하며, 키가 7척 3촌에 하얀 피부와 선명한 눈썹, 멋진 수염을 지녔다고 한다. 『新唐書』 卷173 「裴度傳」 『漢書』 卷68 「霍光傳」

대호에게 답함 2

남에게 청하는 것과 남에게 주는 것 가운데 어느 것이 싫으냐 하면, 누구를 막론하고 청하는 것이 싫다 할 것이오. 만약 남에게 주는 자의 마음이 실로 남에게 청하는 자의 마음만큼이나 싫다면, 사람치고 남에게 주는 자가 없으리라. 그런데 지금 나는 청하지 않고서도 매우 후하게 받았으니, 그야말로 그대는 남에게 주는 것을 즐기는 분이 아니겠소.

대호에게 답함 3

"진실하고 성실한 사람은 반드시 보응이 있고, 침착하고 조용한 자는 반드시 수양이 있고, 너그럽고 후한 자는 반드시 복이 있고, 부지런하고 검소한 자는 반드시 이룸이 있다" 했는데, 이는 감경甘京[1]의 말이지요. 그의 스승 정산程山[2]은 여기에다 네 가지 말을 더했는데, "근엄하고 공경한 자는 반드시 실수가 없고, 청렴하고 근신한 자는 반드시 허물이 없고, 자상하고 신중한 자는 반드시 뉘우침이 없고, 겸손하고 화순한 자는 반드시 욕보는 일이 없다"는 것입니다.

내가 일찍이 이 두 사람의 말을 외우고 다녔더니, 이장李丈[3]께서 말씀

---

1. **감경甘京**　　1622~? 명말 청초明末淸初의 학자로 호는 건재健齋이며, 사문천謝文洊의 제자이다.
2. **정산程山**　　명말 청초의 학자인 사문천을 가리킨다. 정산은 그의 호이다. 초기에는 왕양명王陽明의 학문을 연구하다 40세 이후에는 정주程朱의 학문으로 전환하였고 정산학사程山學舍를 세워 학문에 매진하였다.
3. **이장李丈**　　연암의 장인인 이보천李輔天을 가리킨다. 『과정록』 초고본 권4에 연암이 친구에게 보낸 편지에서 「무필재기」를 논하며 '이장의 말씀'(李丈語)이라 일컬은 조목은 바로 장인 이보천의 말씀이라고 밝혔다.

하시기를,

"어찌 기필할 수 있으리오만, 반드시 이와 같이 해야 할 따름이다."
하셨지요. 지금 「무필재기」無必齋記를 보니, 성인聖人(공자孔子)에게 사심私心이
없다는 걸 꿰뚫어 보았다 하겠소.[4]

---

4. 「무필재기」無必齋記를 …… **하겠소**   『논어』「자한」子罕에 "공자는 네 가지를 끊으셨다. 억측하
지 않고, 기필하지 않으며, 고집하지 않고, 아집을 부리지 않았다"(子絶四 毋意 毋必 毋固 毋我)고
하였다. '毋必'은 '無必'과 같은 말로, 반드시 이루려고 무리하지 않음을 말한다.

담헌湛軒[1]에게 사과함

어젯밤 달이 밝기로 비생斐生[2]을 찾아갔다가 그를 데리고 집에 돌아와 보니, 집을 지키던 자가 말하기를,

　"키 크고 수염 좋은 손님이 노랑말을 타고 와서 벽에다 글을 써 놓고 갔습니다."

하기에, 촛불을 비춰 보니 바로 그대의 필치였소. 안타깝게도 손님이 왔다고 알려 주는 학鶴[3]이 없기에 그만 그대에게 문에다 '봉'鳳 자를 남기게 하였으니,[4] 섭섭하고도 송구하구려. 이제부터는 달 밝은 저녁이면 당분

---

1. **담헌湛軒**　홍대용洪大容의 호이다.
2. **비생斐生**　박제가朴齊家를 가리키는 듯하다. 박제가는 '초비당䒨翡堂 주인'이라 자호自號하였다. 『貞蕤閣文集』 권1 「百花譜序」
3. **손님이 …… 학鶴**　송宋나라의 은사隱士로 서호西湖의 고산孤山에 은거한 임포林逋는 학 두 마리를 길렀는데 손님이 오면 그 학이 손님이 온 것을 알렸다고 한다. 『宋詩鈔』 卷13 「林逋和靖詩鈔序」
4. **문에다 …… 하였으니**　위魏나라 때 혜강嵇康이 여안呂安과 친하여 매번 보고 싶은 생각이 들면 천리 길도 마다 않고 찾아갔다. 어느 날 여안이 혜강을 찾아갔으나 마침 혜강은 집에 없고

간 밖에 감히 나가지 않을 거요.

그의 형 혜희嵇喜가 문을 나와 맞이하자 여안이 집으로 들어가지 않고 대문 위에다 '봉'鳳 자를
쓰고는 가 버렸다. 혜강이 돌아와서 그것을 보고 '범조'凡鳥 즉 '평범한 새'로 파자破字하여 읽었
다. 즉 혜희는 평범한 인물이므로 함께 사귈 만하지 못하다는 뜻으로 적어 놓은 것이다. 일반적
으로 누구를 찾아갔다가 만나지 못하고 돌아가는 경우를 뜻하는 말로 쓰인다. 『韻府群玉』 卷19

燕巖集

燕巖集 卷之三

孔雀館文稿

自序

　　文以寫意則止而已矣。彼臨題操毫。忽思古語。強覓經旨。假意謹嚴。逐字矜莊者。譬如招工寫眞。更容貌而前也。目視不轉。衣紋如拭。失其常度。雖良畫史。難得其眞[1]。爲文者亦何異於是哉。語不必大。道分毫釐。所可道也。瓦礫[2]何棄。故檮杌惡獸。楚史取[3]名。椎埋劇盜[4]。遷固是敍[5]。爲文者惟其眞而已矣。以是[6]觀之。得失在我。毀譽在人。譬如耳鳴而鼻鼾。小兒嬉庭。其耳忽鳴。啞[7]然而喜。潛謂鄰兒曰。爾聽此聲。我耳其嚶。奏篳[8]吹笙。其團如星。鄰兒傾耳相接。竟無所聽。悶然叫號。

1. 眞　『종북소선』과 『병세집』은 ‘意’로 되어 있다.
2. 瓦礫　『종북소선』과 『병세집』은 ‘糞壤’으로 되어 있다.
3. 取　『종북소선』은 ‘是’로 되어 있다.
4. 劇盜　『종북소선』과 『병세집』은 ‘狗屠’로 되어 있다.
5. 是敍　『종북소선』은 ‘生色’으로 되어 있다.
6. 以是　『종북소선』은 ‘由是’로, 『병세집』은 ‘是以’로 되어 있다.
7. 啞　『종북소선』은 ‘哦’로 되어 있다.
8. 篳　대본에 ‘觱’로 되어 있는 것을 바로잡았다. 다른 이본들에는 ‘觱’로 되어 있는데 역시 잘못이다. ‘篳篥’은 곧 ‘觱篥’로 피리의 일종이다.

恨人之不知也。嘗與鄉人宿。鼾息磊磊。如哇如嘯。如嘆如噓[9]。如吹火。如鼎之沸。如空車之頓轍。引者鋸[10]吼。噴者豕狗。被人提[11]醒。勃然而怒曰。我無是矣。嗟乎。己所獨知者。常患人之不知。己所未[12]悟者。惡[13]人先覺。豈獨鼻耳有是病哉。文章亦有甚焉[14]耳。耳鳴病也。閔人之不知。況其不病者乎。鼻鼾非病也。怒人之提[15]醒。況[16]其病者乎。故覽斯卷者。不棄瓦礫[17]。則畫史之渲墨。可得劇盜[18]之突鬢。毋聽[19]耳鳴。醒我鼻鼾。則庶乎作者之意也。

9. 如哇如嘯如嘆如噓 『종북소선』은 '如歎如哇'로만 되어 있다.
10. 鋸 『종북소선』과 『병세집』은 '鉅鍛'으로 되어 있다.
11. 提 『종북소선』은 '搖'로 되어 있다.
12. 未 『종북소선』과 『병세집』은 '不'로 되어 있다.
13. 惡 『종북소선』과 『병세집』은 '衆'으로 되어 있다.
14. 焉 『종북소선』은 '然'으로 되어 있다.
15. 提 『종북소선』은 '搖'로 되어 있다.
16. 況 『종북소선』은 그 앞에 '又'자가 추가되어 있다.
17. 瓦礫 『종북소선』과 『병세집』은 '糞壤'으로 되어 있다.
18. 劇盜 『종북소선』과 『병세집』은 '狗屠'로 되어 있다.
19. 毋聽 『종북소선』은 '不問'으로 되어 있다.

贈季雨序

師道廢久矣 自仲尼歿 而孟子已下 皆未[1]得以師道自居 彼曰師曰弟子云爾者 未必眞知其師之賢 則信道未必篤 道旣不足以必信 則師斯不足以爲尊矣 孔子呼門弟子 必稱參回賜商赤由雍而爾汝之 夫斥名而爾汝者 自子弟逾下 而至廝役僕隷 擧得而施之也[2] 門人疑孔子服 子貢曰 昔子喪顔淵 若喪子而無服 今門人若喪父而無服 門人之於師 猶父子然 其不信矣乎 請車則不許 厚葬則歎 欲其同乎子也 詩禮之外 未有異聞 欲其同乎門人也 孟子未嘗名門弟子 必稱子 子者尊之之辭 由敵已上 可以至君公父師 施之門人 則此友與友之道也 七十子之徒 有稱其師賢於堯舜 而不爲僭 彼旣眞知而深[3]信 則日月不足以爲大 泰山不足以爲高 河海不足以爲深[4] 萬章公孫丑之徒 才識下 未足眞知而深信 則極尊其師 不過乎管仲晏子之流 故孟子於門人 有問則答 未嘗言其志 旣不能知且信 則其與塗途異者幾希矣 執途之人而爾汝之 且不可 又況敢以師道居乎 雖然 孟子嘗嚴於師道 責陳相 絶曹交 蓋未嘗不歎息於七十子之服孔子也 嘗思得天下之英才而敎育之 又患人之好爲師 其不欲[5]輕師於人亦明矣 今季雨 年纔弱冠 不遠道路[6]之險 抱槖脯負書笈[7] 往從乎其師[8] 吾知先生必思得英才而敎育之也 又

---

1. 未 『흠영』은 '不'로 되어 있다.
2. 而爾汝之 …… 擧得而施之也 『병세집』은 '爾汝之也者 魯之方音 此待子弟之道 弟子者子弟也 故'로 되어 있다.
3. 深 『병세집』은 '篤'으로 되어 있다.
4. 日月不足以爲大 …… 河海不足以爲深 『병세집』은 '天地不足以爲大 日月不足以爲高 河海不足以爲深矣'로 되어 있다.
5. 欲 『흠영』은 '能'으로 되어 있다.
6. 路 『병세집』은 '塗'로 되어 있다.
7. 抱槖脯 負書笈 『병세집』은 '負書笈 抱槖脯'로 되어 있다.

不欲輕師於人人也。其必以吾說。先贄於先生。則先生宜有以答也。遂書而贈之。

孔與孟。不過百餘年。師弟間契誼。判若淄澠。余讀斯文。未嘗不歎世道之趨下也。

8. 往從乎其師 『병세집』은 '往從于雲坪 蓋將以師之也'로 되어 있다.

送沈伯修出宰狼川序

狼川　古貊國　地僻而民貧　友人沈君伯修　爲令於此　意氣充充然　涓期束裝
挈家而行　甚類得志者　沈君纔弱冠　容姿端麗　文學辭章　雋傑精敏　議論風發
筆翰如飛　聲譽遂振一世　其所交遊　皆屈輩行　國朝以來　歷數夙達　方期之漢陰
文谷之間　上嘗召進士　試殿庭　親臨賜紙　時天雨　士皆爭先受賜　避雨入廡下
君拱手獨雨立庭中　上望見異之　顧問彼獨立者誰　左右以君名對　上歎曰　安得不
奔競獨如此人者　所以勉其中第　將大用者甚盛　君亦嘗擢置巧黜者數矣　上每聞其
名　未嘗不歎惜　久之　君亦廢程工　益讀書　文章日高　然顧浮沈郎署間　今其視
古人　典文拜相之年　而乃得山僻一小邑　斯豈非命也哉　送君者　方交口誦君之屈
而君則將蚤夜治簿書　孜孜訪民瘼　廨宇當何補葺　邑弊當何沿革　若平生雅志于此
者　其稱君之窮而戚戚以相悲者　舉將憮然　而自小之不暇也　君其眞得於中而有以
忘其外者歟　士於得失榮辱之際　數數以道命　其眞不知命者歟　君嘗賣田買書　身
致萬卷　日講讀樓中　其於術也備矣　今其爲小邑也　何有

送徐元德出宰殷山序

古者 士大夫重內而輕外 近密之臣 非情迹不安於朝 及特旨譴補者 莫肯以吏職自糜 恥言才諝 矜飾名節 蓋其標望高峻 自處絶異 故名益重 則官益清 官益清 則其所取也益廉 間有家貧親老 則例得乞郡 而其雄府大邑 雖據府庫之實 擅魚鹽之利 旣不敢絲髮自賦 墮損名節 則固無所事乎繁華膏腴之地 必擇山水勝區 有登臨之樂 開僻之趣 然後乃肯暫出休息 露雞石蜂 足以取養 舞妓歌兒 可以自娛 日出遊讌 漫不省事 而動以威重 不屑去就 故觀察使洞洞畏忌 文報牒請 無不曲施 盼盼然常若繡衣監臨 謹飭自修 而武倅蔭宰 視效仰成 民懷其簡 吏憚其廉 課功考績 常最諸郡 非獨威望特絶 聲張勢使而然也 其廉操簡政 文理自優 不煩施措 著效實然 近世名宦旣壞 則士大夫日益惰肆 無所愛惜 廉防名論 日隨以頹 其所自處 無異流品 則莫不以田宅産業爲事 旣留心家計 則腴邑一出 萬目睢盰 請託旁午 非勢勁力捷 乃不一得 其得之也固難 故早夜乾沒於簿書期會之間 昔之所以矜飾威重者 痛自抑損 類爲練熟 非但方伯連帥 輒以軍務吏事 動相督過 雖鎭司防營 皆得以上官彈壓 則聽號承令之不暇 顧何能登臨遊讌之足娛哉 嗚呼 內輕外重 而士大夫始言才諝 則近密之臣 固無休息之所矣 友人徐君元德 以弘文館校理出宰殷山 於其行也 固索余言 余固勉之以自重無屈於上官 夫外內重輕之辨 亦有待乎物者也 君子處之 何輕重之辨而今昔之異哉 故曰 君子不以昭昭信節 冥冥墮行 所謂自重 非爲其地望威重 所謂不屈 非爲其傲慢不恭 廉簡淸愼 則民安而吏畏 不屑去就 則上官不責以難强之事 於是乎世之重外者 非因貨利膏澤而重也 將自徐君而爲淸官望職 則殷山固將率先他邑 而屹然爲四方之望也 夫如是 則吾於外邑之重 亦復何憾焉

說得外內輕重 娓娓有據 可爲士大夫官箴

大隱菴唱酬詩序

戊寅十二月十四日、與國之誼之元禮、夜登白岳之東麓、列坐大隱岩下、澗冰溜漏、蹲蹲累積、冰底幽泉、琮琤蕭瑟、月嚴雪玄、境靜神夷、相視笑諧、樂而和詩、已而歎日、此昔南袞士華之遺址、而朴誾仲說、一國之名士也、仲說之飲酒、必於大隱之巖、而其賦詩也、未嘗不與士華相屬也、當是時也、文章交遊之盛、可謂極一代之選流、而數百年之間、前人之勝迹、皆已湮滅而不可知、則而況於袞者乎、今其頹垣廢址之間、慨然而爲之躊躇者、悲盛衰之有時、而知善惡之不可磨也、今元禮寓居於此、歌嬉傾倒、殆將軒輊仲說、而澗流松風、尚有餘韻、嗚呼、當二子之遊於此也、其意氣之盛、顧何如哉、劇飲大醉、兩相吐露、握手歔欷、氣可以崩山岳、辯可以決河漢、尚論千古、顧何嘗不嚴於君子小人之辨哉、然而仲說諫死於燕山之朝、而其爲詩也不爲不多、然尚恨其少、至今讀其詩、凜凜乎想有以立也、袞啓禍北門、斬艾正類、而袞之將死、悉焚其藁曰、使藁傳者、孰肯觀之哉、由是觀之、文章奇遊、信一餘事爾、何與於其人之賢不肖、而在君子則來者慕其迹、後世尚恨其傳之不多也、而在小人則猶且自削之不暇也、而況於他人乎、詩凡幾篇、仲美、序、

自笑集序

嗟乎. 禮失而求諸野. 其信矣乎. 今天下薙髮左袵. 則不識漢官之威儀者. 已百有餘年矣. 獨於演戲之場. 像其烏帽團領玉帶象笏. 以爲戲笑. 嗟乎. 中原之遺老盡矣. 其有不掩面而不忍視之者歟. 亦有樂觀諸此而想像其遺制也歟. 歲价之入燕也. 與吳人語. 吳人曰. 吾鄉有剃頭店. 榜之曰盛世樂事. 因相視大噱. 已而潸然欲涕云. 吾聞而悲之曰. 習久則成性. 俗之習矣. 其可變乎哉. 東方婦人之服. 頗與此事相類. 舊制有帶. 而皆濶袖[1]長裙. 及勝國末. 多尙元公主. 宮中髾服. 皆蒙古胡制. 于時士大夫爭慕宮樣. 遂以成風. 至今三四百載. 不變其制. 衫纔覆肩. 袖窄如纏. 妖佻猖披. 足爲寒心. 而列邑妓服. 反存雅制. 束釵爲髻. 圓衫有純[2]. 今觀其廣袖容與. 長紳委蛇. 褎然可喜. 今雖有知禮之家. 欲變其妖佻之習. 以復其舊制. 而俗習久矣. 廣袖長紳. 爲其似妓服也. 則其有不決裂而罵其夫子者耶. 李君弘載自其弱冠. 學於不佞. 及旣長. 肄漢譯. 乃其家世舌官[3]. 余不復勉其文學. 李君[4]旣肄其業. 冠帶仕本院. 余亦意謂李君前所讀書. 頗聰明. 能知文章之道. 今幾盡忘之. 乾沒可歎. 一日李君稱其所自爲者. 而題之曰自笑集. 以示余. 論辨若序記書說百餘篇. 皆宏博辯肆. 勒成一家. 余初訝之曰. 棄其本業. 而從事乎無用. 何哉. 李君謝曰. 是乃本業. 而果有用也[5]. 蓋其事大交鄰之際. 莫善乎辭令. 莫嫺乎掌故. 故本院之士. 其日夜

---

1. 袖 『홍영』과 김택영 편 『중편연암집』『여한십가문초』 등은 '袟'로 되어 있다.
2. 純 『홍영』은 '緣'으로 되어 있다.
3. 舌官 승계문고본과 『중편연암집』에는 그 다음에 '也' 자가 추가되어 있다.
4. 李君 승계문고본 및 『연암집』과 『중편연암집』은 '弘載'로 되어 있다. 아래에 나오는 '李君'도 모두 마찬가지이다.
5. 而果有用也 대본은 '而果有用 則'으로 되어 있는데, 문리가 잘 통하지 않아 승계문고본 및 『연암집』과 『중편연암집』에 의거하여 바로잡았다.

所肄者。皆古文辭而命題試才皆取乎此。余於是[6]改容而歎曰。士大夫。生而幼能讀書。長而學功令。習爲駢儷藻繪之文。旣得之也。則爲弁髦筌蹄。其未得之也。則白頭碌碌。豈復知有所謂古文辭哉。鞮象之業。士大夫之所鄙夷也。吾恐千載之間。反以著書立言之實。視爲胥役之末技。則其不爲戲場之烏帽。邑妓之長裙者幾希矣。吾故爲是之懼焉。特書此集而序之曰。嗟乎。禮失而求諸野。欲觀中原之遺制。當於戲子而求之矣。欲求女服之古雅。當於邑妓而觀之矣。欲知文章之盛。則吾實慚於鞮象之賤[7]士。

6. 於是 『흠영』은 '見自笑集'으로 되어 있다.
7. 賤 『흠영』은 '下'로 되어 있다.

贈悠久序

李悠久隨父任 將之關西之永柔[1]縣 其所與遊者咸送之家 皆世之知名士也
以遊而以處 讀書而談義 今悠久捨其友生 去其學業 出京邑六百里 離群而索居
耶 關西山水佳麗 都邑富豪 謠俗侈淫 出則有樓觀之遊 處則有妓樂之娛 分隊
陸博 結曹投壺 清歌劒舞 動在左右 足以忘京邑之思 而慰索居之憂也 然而視
其色 似鬱鬱 意忽忽 類不得志者 吾以是知悠久不久居於此也 非離群而索居者
也 處者非久別 而行者必歸來之速也 以故吾不須多言也 或曰 悠久 雖爲學
將曠其定省何 余曰 古人有數千里遊學者 況其父母未老 而亦非久留其子者 咸
曰 然

---

1. 柔 대본에 '桑'으로 되어 있는데, 영남대본과 승계문고본, 연세대본에 의거하여 바로잡았다.

夏夜讌記

二十二日。與麯翁步至湛軒。風舞夜至。湛軒爲瑟。風舞琴而和之。麯翁不冠而歌。夜深。流雲四綴。暑氣乍退[1]。絃聲[2]益淸。左右靜默。如丹家之內觀臟神。定僧之頓悟前生。夫自反而直。三軍必往。麯翁當其歌時。解衣磅礴[3]。旁若無人者。梅宕[4]嘗見簷間老蛛布網[5]。喜而謂余曰。妙哉。有時遲疑。若有思也。有時揮霍。若有得也。如蒔麥之踵。如按琴之指。今湛軒與風舞相和[6]也。吾得老蛛之解矣。去年夏。余嘗至湛軒。湛軒方與師延論琴。時天欲雨。東方天際。雲色如墨。一雷則可以龍矣。旣而長雷去天。湛軒謂延曰。此屬何聲。遂援琴而諧之。余遂作天雷操[7]。

---

1. 流雲四綴 暑氣乍退　『종북소선』은 '暑氣乍退 流雲四綴'로 되어 있다.
2. 絃聲　『종북소선』은 '兩絃'으로 되어 있다.
3. 磅礴　『종북소선』은 '盤礴'으로 되어 있다. 뜻은 같다.
4. 梅宕　『종북소선』은 '炯菴'으로 되어 있는데, 이 역시 이덕무李德懋의 일호一號이다.
5. 網　대본에 '綱'으로 되어 있는 것을 바로잡았다.
6. 和　『종북소선』은 '樂'으로 되어 있다.
7. 余遂作天雷操　『종북소선』은 '終未得云'으로 되어 있다.

貂裘記

宣文王歸自藩質 慨然有復讐之志 蓋未嘗一日而忘在藩也 是時明亡十餘年矣 清旣得志於天下 臣妾萬邦 而天下之士大夫皆已薙髮左衽 立其朝而事其君者 亦旣有之 則天下不復有明室矣 然而獨王之志 未嘗不存明室也 王旣承大統 首聘尤菴宋先生 待之[1]以賓師之禮 謀所以復大明之讐 雪先王[2]之恥 蓋將學焉而後臣之也 先生朝夕告王以誠意正心之學 王旣樂聞其言 而巖穴之士 皆出而列於王朝矣 一日先生直禁中 世子跪授王手書 先生趨侍于朝 王屏左右 出貂裘以賜曰 燕薊早寒 可以禦風雪 於是先生遂許王以驅馳 蓋將生聚十年 然後奮大義於天下 雖君臣同死行間 不怨也 旣而王薨 巖穴之士 稍稍自引而去 先生旣退居葩谷 而每獨入深山 拊膺呼天 未嘗不泣貂裘也 賊臣多陰害之者 爲飛語以風淸 淸人盛兵臨界上 先生內旣數絀於賊臣 而外爲淸人所持 然與學者必講春秋之義 以明先王之志 其失志於先王者 多怨先生 數置之死 先生流離海上 痛大義之未伸也 宗國之將危也 每追念先王 未嘗不抱裘而泣也 罪人皆伏其辜 先生旣還 而先王之遺老 已無在者 則不復言復雪之事 而漠然四十年之間 皮幣之使 歲走燕薊之郊矣 及議禮起 賊臣復執國命 以爲先生不滿於先王 貶宗而降服 卒置之死 國中遂諱言貂裘事矣 門人以先生遺命 立祠葩谷 祀明顯皇帝及烈皇帝 明陵時築壇苑中 幷祀二帝 存葩谷之祠 以識先生之義也 今上三十二年 以先生從祀孔子 而先生之子孫奉其遺像及貂裘 進於上 上作贊而賜之 三月十九日 烈皇帝殉社之日也 崇禎紀元後爲三甲申 上率群臣 親祀大報壇 於是里中之父兄 至宋氏城西之寓舍 拜先生之像 出貂裘 陳之於中堂 相與歔欷流涕 咸屬某曰 曲阜

---

1. 之 대본에는 빠져 있는데, 영남대본 등 여러 이본에 의거하여 보충하였다.
2. 王 대본은 ‘生’으로 되어 있는데, 영남대본 등 여러 이본에 의거하여 바로잡았다.

之後世．寶其遺履．鼎湖之群臣．泣其墜弓．則況是裘也．先王之賜而先生之所受歟．
況乎其是年而是日歟．某不敢辭．乃拜手稽首．係之以詩曰．

維我先王．亦維有君．大明天子．我君之君．先王有臣．時烈英甫．忠于天子．
如忠其主．先王有仇．維彼建州．豈獨我私．大邦之讎．王欲報之．大老與謀．王曰
懋哉．賜汝貂裘．秋毫唧霜．紫塞騰光．大功未集．王遽陟方．大老其寒．抱裘而泣．
其淚滿地．化而爲碧．匪裘不溫．未服是矣．先王之命．命弊是矣．今夕何辰．甲其
三申．明之遺民．先王聖人．

王考手書翰林薦記

嗚呼。此吾王考主薦翰林時手書二人名也。其二人爲誰。領議政申公晩吏曹判書尹公汲也。本朝立國旣久。士大夫專尙門閥。其門閥淸宦。惟翰林與吏曹佐郞爲尤重。吏郞自三品以下。皆得主其通塞。亦自薦其代。然其名位。猶不離郞署。而翰林故事。回薦到門。館隷以故事白。在座回避。則雖大官。自非宿跡。例避席謝去。膺選者。其地望才學。無一毫疵摘。然後乃爲完薦。其完薦之[1]日。焚香誓祝曰。薦非其人。殃及子孫。所以重史事也。故官雖卑。而無所統屬。視吏郞。名尤華顯。古有戒僕益馬豆。晒穀自揮雀。而遂被瑣屑之謗。終身枳淸選者。夫益馬揮雀。何與於賢不肖。而不幾傷於太薄乎。然而士大夫處家。猶恥其自親庶事。則其居官任職。所以望其養廉節重名論者。顧何如哉。由是觀之。責其細節。非幾於太薄。乃其所以厚養士大夫也。故其地望才學。足膺是選。則雖十年不調。猶自佇望。不以超遷[2]爲榮。由是而[3]當途者。惡其名論在下。遂[4]一切破壞[5]其故事。而翰薦爲召試。吏郞歸庶僚。由是而沛然日趨於貴富利達之塗。一資半級。猶恐或後。三[6]百年所以厚養士大夫者。幾乎盡矣。嗚呼。起居時政日曆之重焉。而焚香誓祝之辭。不可以復見。則誰復知此書之爲翰林故事也哉。二公者猶以士大夫進退榮辱爲己任。而筆札俱絶。當時爲縉紳楷範云。

---

1. 完薦之 『흠영』은 이 3자가 없다.
2. 超遷 『흠영』은 '陞擢'으로 되어 있다.
3. 由是而 『흠영』은 이 3자가 없다.
4. 遂 『흠영』은 그 앞에 '則' 자가 추가되어 있다.
5. 壞 승계문고본은 '毁'로 되어 있다.
6. 三 『흠영』은 그 앞에 '則' 자가 추가되어 있다.

酬素玩亭夏夜訪友記

六月某日。洛瑞夜訪不佞。歸而有記云。余訪燕岩丈人。丈人不食三朝。脫巾跣足。加股房櫳而臥。與廊曲賤隸相問答。所謂燕巖者。卽不佞金川峽居。而人因以號之也。不佞眷屬時在廣陵。不佞素肥苦暑。且患草樹蒸鬱。夏夜[1]蚊蠅。水田蛙鳴。晝夜不息。以故每當夏月。常避暑京舍。京舍雖甚湫隘。而無蚊蛙草樹之苦。獨有一婢守舍。忽病眼狂呼。棄主去。無供飯者。遂寄食廊曲。自然款狎。彼亦不憚使役如奴婢。靜居無一念在意。時得鄉書。但閱其平安字。益習疎懶。廢絶慶弔。或數日不洗面。或一旬不裹巾。客至。或默然淸坐。或販薪賣瓜者過。呼與語孝悌忠信禮義廉恥。款款語屢數百言。人或譏其迂濶無當。支離可厭。而亦不知止也。又有譏其在家爲客。有妻如僧者。益晏然。方以無一事爲自得。有雛鵲折一脚。蹁跚可笑。投飯粒益馴。日來相親。遂與之戲曰。全無孟嘗君。獨有平原客。東方俗。謂錢爲文。故稱孟嘗君。睡餘看書。看書又睡。無人醒覺。或熟睡盡日。時或著書見意。新學鐵絃小琴倦至。爲弄數操。或故人有餉酒者。輒欣然命酌。旣醉。乃自贊曰。吾爲我似楊氏。兼愛似墨氏。屢空似顏氏。尸居似老氏。曠達似莊氏。參禪似釋氏。不恭似柳下惠。飲酒似劉伶。寄食似韓信。善睡似陳搏[2]。鼓琴似子桑[3]。著書似揚雄。自比似孔明。吾殆其聖矣乎。但長遜曹交。廉讓於陵。慚愧慚愧。因獨自大笑。時余果不食三朝。廊隸爲人蓋屋。得雇直。始夜炊。小兒妬飯。啼不肯食。廊隸怒。覆盂與狗。惡言罵死。時不佞纔飯。旣[4]困臥。爲擧張乖崖守蜀時斬小兒事。以譬曉之。且曰。不素教反

---

1. 夜 영남대본 등 여러 이본은 '多'로 되어 있다.
2. 搏 대본에 '搏'으로 되어 있는 것을 바로잡았다.
3. 子桑 대본에는 '子桑□戶'로, 한 글자가 누락되어 있고, 영남대본과 승계문고본 등 여러 이본은 '子桑戶'로 되어 있는데, 모두 오류이므로 바로잡았다.
4. 旣 영남대본 등 여러 이본은 '已'로 되어 있다.

罵 爲長益賊恩 而仰視天河垂屋 飛星西流 委白痕空 語未卒而洛瑞至 問丈人 獨臥誰語也 所謂與廊曲問答者此也 洛瑞又記雪天燒餅時事 時不侫舊居 與洛瑞 對門 自其童子時 見不侫賓客日盛 有意當世 而今年未四十 已白頭 頗爲道其 感慨 然不侫已[5]病困 氣魄衰落 泊然無意 不復向時也 玆爲之記以酬

　　洛瑞記曰 季夏之弦 步自東鄰 訪燕岩丈人[6] 時微雲在天 林月蒼翳 鍾 聲初起 其始也殷殷 其終也泛泛 若水漚之方散 意以爲丈人在家否 入其巷 先戲其牖燈照焉 入其門 丈人不食已三朝矣 方跣足解巾 加股[7]房櫳 與廊 曲賤隷相問答 見余至 遂整衣坐 劇談古今治亂及當世文章名論之派別同異 余聞而甚奇之也 時夜已下三更 仰見窗外 天光倏開倏翕 輕河亘白 益悠揚 不自定 余驚[8]曰 彼曷爲而然 丈人笑曰 子試觀其側 蓋[9]燭火將滅 焰動搖 益大 乃知向之所見者 與此相映徹而然也 須臾燭盡[10] 遂兩坐黑室中 諧笑 猶自若 余曰 昔丈人與余同里 嘗雪夜訪丈人 丈人爲余親煖酒 余亦手執餅 蒸之土爐中 火氣烘騰[11] 余手甚熱 數墮餅于灰 相視甚歡 今幾年之間 丈 人頭已白 余亦髭鬚蒼然矣 因相與悲歡者久之[12] 是夜後十三日而記成

---

5. 已　승계문고본은 '因'으로 되어 있다.
6. 丈人　『자문시하인언』自問是何人言은 '朴丈人'으로 되어 있다.
7. 股　『자문시하인언』은 '膝'로 되어 있다.
8. 驚　『자문시하인언』은 '顧謂丈人'으로 되어 있다.
9. 蓋　『자문시하인언』은 '余驚視之'로 되어 있다.
10. 須臾燭盡　『자문시하인언』에는 그 다음에 '余欲歸待僕 卒不至 且檠上無膏燭可以繼者'가 추가되어 있다.
11. 騰　승계문고본은 '動'으로 되어 있다.
12. 久之　『자문시하인언』은 '良久 夜半始歸家'로 되어 있다.

不移堂記

士涵自號竹園翁。而扁其所[1]居之堂曰不移。請余序之。余嘗登其軒而涉其園。
則不見一挺之竹。余顧而笑曰。是所謂無何鄉。烏有先生之家耶。名者實之賓。吾將
爲賓乎。士涵憮然爲間曰。聊自寓意耳。余笑曰。無傷也。吾將爲子實之也。曩李學
士功甫。閒居爲梅花詩。得沈董玄墨梅以弁軸。因笑謂余曰。甚矣。沈之爲畫也。能
肖物而已矣。余惑之曰。爲畫而肖。良工[2]也。學士何笑[3]爲。曰。有之矣。吾初與李元
靈遊。嘗遺絹一本。請畫孔明廟柏。元靈良久。以古篆書雪賦以還。吾得篆且喜。益
促其畫。元靈笑曰。子未喩耶。昔已往矣。余驚曰。昔者來乃篆書雪賦耳。子豈忘之
耶。元靈笑曰。柏在其中矣。夫風霜刻厲。而其有能不變者耶。子欲見柏。則求之於
雪矣。余乃笑應曰。求畫而爲篆。見雪而思不變。則於柏遠矣。子之爲道也。不已離
乎。旣而余言事得罪。圍籬黑山島中。嘗一日一夜疾馳七百里。道路傳言金吾郎且至。
有後命。僮僕驚怖啼泣。時天寒雨雪。其落木崩崖。嵯峨[4]虧蔽。一望無垠。而岩前老
樹倒垂。枝若枯竹。余方立馬披簑。遙指稱奇曰。此豈元靈古篆樹耶。旣在籬中。瘴
霧昏昏。蝮蛇蜈蚣。糾結枕茵。爲害不測。一夜大風振海。如作霹靂。從人皆奪魄嘔
眩。余作歌曰。南海珊瑚折奈何。秖恐今宵玉樓寒。元靈書報近得珊瑚曲。婉而不傷。
無怨悔之意。庶幾其能處患也。曩時足下嘗求畫柏。而足下亦可謂善爲畫耳。足下去
後。柏數十本留在京師。皆曹吏輩禿筆傳寫。然其勁榦直氣。凜然不可犯。而枝葉
扶疎。何其盛也。余不覺失笑曰。元靈可謂沒骨圖。由是觀之。善畫不在肖其[5]物

---

1. 所　승계문고본은 '新'으로 되어 있다.
2. 工　승계문고본은 '畫'로 되어 있다.
3. 笑　승계문고본은 '所'로 되어 있다.
4. 岈　대본에 '研'로 되어 있는 것을 바로잡았다. 승계문고본은 '峨'로 되어 있다.
5. 其　승계문고본은 이 글자가 없다.

而已。余亦笑[6]。旣而學士歿。余爲編其詩文。得其在謫中所與兄書。以爲近接某人書。欲爲吾求解於當塗者。何待我薄也。雖腐死海中。吾不爲也。吾持書傷歎曰。李學士眞雪中柏耳。士窮。然後見素志。患害愍厄而不改其操。高孤特立而不屈其志者。豈非可見於歲寒者耶。今吾士涵。性愛竹。嗚呼。士涵其眞知竹者耶。歲寒。然後吾且登君之軒。而涉君之園。看竹於雪中可乎。

6. 笑 승계문고본은 그 다음에 '矣' 자가 있다.

素玩亭記

完山李洛瑞 扁其貯書之室曰素玩 而請記於余 余詰之曰 夫魚游水中 目不
見水者 何也 所見者皆水 則猶無水也 今洛瑞之書盈棟而充架 前後左右無非書
也 猶魚之游水 雖效專於董生 助記於張君 借誦於東方 將無以自得矣 其可乎
洛瑞驚曰 然則將奈何 余曰 子未見夫索物者乎 瞻前則失後 顧左則遺右 何則
坐在室中 身與物相掩 眼與空相逼故爾 莫若身處室外 穴牖而窺之 一目之專 盡
舉室中之物矣 洛瑞謝曰 是夫子挈我以約也 余又曰 子旣已知約之道矣 又吾敎
子 以不以目視之 以心照之可乎 夫日者 太陽也 衣被四海 化育萬物 濕照之
而成燥 闇受之而生明 然而不能蓺木而鎔金者 何也 光遍而精散故爾 若夫收萬
里之遍照 聚片隙之容光 承玻璃[1]之圓珠 規精光以如豆 初亭毒而晶晶 倐騰焰
而熊熊者 何也 光專而不散 精聚而爲一故爾 洛瑞謝曰 是夫子警我以悟也 余
又曰 夫散在天地之間者 皆此書之精 則固非逼礙之觀 而所可求之於一室之中
也 故包犧氏之觀文也 曰仰而觀乎天 俯而察乎地 孔子大其觀文 而係之曰 屈
則玩其辭[2] 夫玩者 豈目視而審之哉 口以味之 則得其旨矣 耳而聽之 則得其音
矣 心以會之 則得其精矣 承珠而悟之於心矣 雖然 室牖非虛 則不能受明 晶
珠非虛 則不能聚精 夫明志之道 固在於虛而受物 澹而無私 此其所以素玩也歟
洛瑞曰 吾將付諸壁 子其書之 遂爲之書

---

1. 璃 영남대본 등 여러 이본은 '瓈'로 되어 있다.
2. 屈則玩其辭 『중편연암집』은 '居則觀其象而玩其辭'로 되어 있다.

琴鶴洞別墅小集記

不佞燕岩峽居。距中京才三十里。以故常客遊中京。今年冬。奎章閣直提學俞士
京方留守中京。間嘗旅邸相遇。歡然道舊如布衣。蓋世俗所謂升沈榮枯。不相有也。
一日士京簡其趨[1]導。携其子。來視琴鶴洞。時不佞寓梁氏別墅。促煖酒。各出所爲
文。兩相考評。相視而笑曰。何如夜宿摩訶衍衎時。獨無白華菴比邱緇俊參禪。小集似
灌泉。而吾輩幾時俱白頭。灌泉。不佞漢陽白門舊宅。而歸自楓嶽。小集於此。不佞
時年二十九。少士京七歲。兩鬢已有五六莖白。自喜得詩料。今已十三年。所謂詩料
不禁撩亂。而士京帶文權。擁兵柄。鎭大府城。今其髭鬚盡白乃爾也。士京自循其鬢
後金圈曰。自視缺然矣。況鬢後不自視乎。曩日不佞自燕岩。適入城。路値留守講武
還府。時方昏黑。下馬。雜士女。伏道左。炬燭輝輝。旗斾勿勿。不佞爲言曩日道左
觀軍容。士京大笑曰。何不字呼。曰。恐駭都人士。遂相與大笑。士京曰。軍容何如
曰。鴛[2]鴦作隊。三行十步。小異於訓局。大逾於平壤。且攔後兵。不淅[3]巾。衣前後短
二寸。方軒然益健。士京問我何如。曰。我見將軍畫像。不見將軍。士京問何謂也
曰。左溫元帥。右馬元帥。前趙玄壇。矧後獨馬上持幟。黑質繪星似[4]句陳。吾嘗見招
工寫眞者。必默然正[5]色。類非常度。將軍曩時必忍咳耐噎[6]。痒不敢搔爾。士京大笑
曰。果有一我。觀我道旁。不佞大笑曰。昔曹公自起。握刀立牀前。此觀我法也。然

---

1. 趨 영남대본과 연세대본은 '驅'로 되어 있다. 뜻은 같다.
2. 鴛 대본에 '鳶'으로 되어 있는 것을 바로잡았다.
3. 淅 승계문고본은 '浙'로 되어 있다.
4. 似 승계문고본은 '如'로 되어 있다.
5. 正 대본에는 '整'으로 되어 있는데, 승계문고본에 의거하여 바로잡았다.
6. 噎 대본에 '啑'으로 되어 있는데, 영남대본과 승계문고본 등에 의거하여 바로잡았다.

將軍身不跨馬。似杜元凱。而未聞註左氏。緩帶儒雅。似羊叔子。而未知他日誰墮望碑之淚也。因大笑。起去門外。月色正圓。余送之門曰。來夜月益明。吾且賞月南樓。將軍復能步來乎。曰。諾。灌泉舊有小集記。士京先有中京小集記以示。乃作此以酬

晚休堂記

余昔與故大夫金公述夫氏. 雪天對鑪燒肉. 作煖會. 俗號鐵笠圍. 室中燻烘. 葷膩襲人. 公先起相携退. 就北軒下. 搖扇曰. 猶有淸涼地. 可謂去神仙不遠. 俄見群隷供役. 立廡下. 寒甚頓足. 而子弟群圍. 濺羹爛手. 喧戲不止. 公大笑曰. 熱處早退. 立見其效. 而雪中頓足者. 未沾一瀝. 是可念也. 余亦以少年濺羹諷公. 因極論古今人進退榮辱. 公愀然曰. 知足於富貴之餘. 思休於遲暮之境. 則亦已晚矣. 何樂之有. 蓋公未必能勇決於早退. 而其爲此言. 亦有所感於中也. 及余西遊松京. 與梁氏子廷孟相厚善. 嘗遊其大人鶴洞別墅. 花樹整列. 庭宇汎治. 而名其堂曰晚休. 梁翁休休然有古長者風. 日與里中諸老. 射奕爲事. 琴酒自娛. 蓋能蚤息於聲名利勢之塗. 而久享於衰晚之際也. 豈非眞得晚休之樂者哉. 嘗請余文爲之記. 噫. 金公嘗尹玆都. 有去思. 爲道其圍鑪故事. 以賀翁晚休之樂. 且書此以警夫世之群圍爛手者.

名論

天下者, 枵然大器也, 何以持之, 曰名, 然則何以導名, 曰欲, 何以養欲, 曰恥, 萬物之易散而莫可以相屬也, 名以留之, 五倫之易悖而莫可以相親也, 名以係之, 夫然後彼大器者, 其能充實完好, 而無欹覆壞缺之患也, 天下之爵祿, 莫可以遍賞乎爲善, 則君子可以名勸, 天下之刑罰, 莫可以遍懲乎爲惡, 則小人可以名愧, 今夫投璧於暮夜之中, 莫不按劍而待之者, 何也, 知名之無因而不可以爲悅也, 而況天下之大器乎, 委裘於朝堂[1]之上, 莫不攝袵而趨之者, 何也, 知名之有在而不可以相踰也, 而況忠孝之實而惻怛之際乎, 故當周之衰也, 擁虛器於强大諸侯之上, 而莫敢先加以無禮者, 猶憚其空名也, 鹿馬之形相似也, 而一亂其名, 則天下有弑其君者, 嗟乎, 彼鹿馬之名, 何與於天下之存亡, 而猶不可乎一日而無辨, 而況善惡之不同而榮辱之判乎, 夫天下之禍, 莫憯於泊然而無欲也, 先王知其將怠惰崩弛, 一於退而無進, 則爲之黼黻藻繪絺繡, 以導其目焉, 爲之鍾鼓琴瑟笙鏞, 以導其耳焉, 圭組軒駟, 以導其身, 褒異旌惠, 刻勒咏歎, 以導其志氣, 使天下之衆, 莫不奮發淬礪, 以興於可欲而無退托自沮之心, 然而一於進而無退, 則天下之禍, 又莫憯於恬然而無恥, 先王爲之束帛加璧, 以養其高尙, 慰諭敦勉, 以養其退讓, 威武不能屈, 所以養其節也, 刑不上大夫, 所以養其廉也, 黥劓流殛, 而又從而[2]示其傷慘矜恤之意, 使天下之衆, 莫不貞介自守, 而將有所不爲也, 故人之所欲, 莫甚於富貴, 而其所欲反有甚於富貴, 則爵祿可辭也, 人之所恥, 莫大於刑戮, 而其所恥反有大於刑戮, 則白刃可蹈也, 是孰使之然哉, 豈非所謂名耶, 由是觀之, 刑賞而爲政者, 有窮之道也, 厲名而爲治者

---

1. 朝堂 승계문고본 등 여러 이본은 '廟堂'으로 되어 있다. 뜻은 같다.
2. 而 영남대본 등은 '以'로 되어 있다.

無方之道也。何者。人或有爲善而不待賞者。則是爵祿不足以勝其爲善矣。亦有爲惡而不忌刑者。則是捶楚不足以勝其爲惡矣。此必有不待賞而勸。不待刑而愧。勃然可欲而莫之能禦者耳。或曰。義之爲名也公而大。名之爲名也私而鄙。如子之論也。將率天下而爲僞者也。曰。凡所謂惡夫名者。一人之好名也。其蔽也駃。猶將矜莊自愛。汚不至隨俗沈浮也。今雖有好名之人。猝然被之以過情之譽。彼亦將退然而謙辭。怒然而不自居矣。夫何患乎相率而爲僞。苟使天下之人。是皆君子也。亦奚事乎名也。如其勉强而就之。則仁義之行。可以導之以欲矣。不義之事。可以愧之以名矣。假使天下之大衆。漠然無好名之心。則先王之所以長民禦世之策[3]。忠孝仁義之實。舉將濩然爲空器。其將安所托而自行乎。

---

3. 策　영남대본과 승계문고본 등 여러 이본은 '具'로 되어 있다.

伯夷論 上

史記에 武王伐紂에 伯夷叩馬而諫이어늘 武王旣改殷命에 伯夷恥之하여 餓死首陽山이라 論曰伯夷之諫武王은 不見於經이오 此齊東野人之言을 而司馬遷取之以爲之史니 此不足信也라 雖然이나 信斯書也라도 容有可議로다 夫伯夷者는 所謂天下之大老賢人也라 西伯嘗禮養之러니 當是時하여 左右欲兵之어늘 嗚呼라 以先王禮養之臣으로 而天下之所謂大老賢人也어늘 而左右直[1]欲兵之於前이면 則武王尙謂커늘 非我也라 兵也라하고 向微太公이런들 伯夷其免矣乎아 昔伊尹은 一夫不獲其所에 若己推而納之溝中하고 殺一不辜而王天下不爲라하니 是亦武王之志也라 將號於天下曰 商民不獲所어늘 然而周之將興也로다 大老賢人者를 不獲其所면 則武王之得天下는 將自不獲所始오 又號於天下曰 商棄老成言이어늘 然而周之將興也로다 大老賢人者가 諫其不義어늘 則武王之得天下는 將自不聽諫始오 又號於天下曰 商殺不辜어늘 然而周之將興也로다 大老賢人者가 不得其死면 則周之有天下는 將自殺不辜始라 夫此三者는 武王所以伐人者어늘 而悍[2]然而不自顧耶아 武王釋箕子之囚하고 封比干之墓하고 式商容之閭하되 獨不致意於伯夷하니 玆曷故焉고 嗚呼라 其生也엔 禮養之如文王하고 其去也엔 不臣之如箕子하고 義之表章之如商容하고 其死也엔 封之如比干可也라 吾故曰 湯伯夷武王同道라하니 爲其爲天下後世慮也라 湯放桀而天下迢然而莫之怵이면 則湯固已慮之曰 吾恐後世에 以吾爲口實이라하니 武王乃踵而行之에 天下又迢然而不怵이면 則其爲後世慮誠大矣라 故伯夷之非武王은 非非其擧也라 明其義而已矣오 武王之不封伯夷는 非忘之也라 顯其義而已矣니 其慮後世天下同也라 嗚呼라 禮養之가 不足以明其義於後世也며 表章之가 不足以明其義於後世也며 不臣之가 不足以明其義於後世也며 封之가 不足以厚伯夷也라

---

1. 直 『여한십가문초』는 '卽'으로 되어 있다.
2. 悍 대본은 '恤'로 되어 있는데, 김택영 편 『연암집』에 의거하여 바로잡았다. 승계문고본과 『중편연암집』『여한십가문초』는 '憚'으로 되어 있다.

伯夷論 下

孔子稱古之仁人、箕子微子比干是也、三人者之行各不同、猶不失乎仁之名、孟子稱古之聖人、伊尹柳下惠伯夷是也、三人者之行各不同、猶不離乎聖之號、夫太公者、古所謂大老賢人、則爲其行同伯夷、而道似伊尹也、然而孔子不稱其仁以列之三仁、孟子不稱其聖以列之三聖、何也、嗚呼、以余觀乎殷、其有五仁乎、何謂五仁、伯夷太公是也、夫五仁者、所行亦各不同、皆有丁寧惻怛之志、然而相須則爲仁、不相須則爲不仁矣、微子之爲心也、曰、殷其淪喪、我與其不可諫而諫之、孰若存殷之祀也、遂行、是微子須諫於比干耳、比干之爲心也曰、殷其淪喪、我與其不可諫而不諫、寧孰諫、遂諫而死、是比干須傳道於箕子耳、箕子之爲心也曰、殷其淪喪、我不傳道而誰傳道也、遂陽狂爲奴、箕子若無所相須者也、雖然、仁人之心、未嘗一日而忘天下、則是箕子須拯民於太公耳、太公之爲心也、自以殷之遺民也、曰、殷其淪喪、少[1]師行、王子死、太師囚、我不拯其民、將天下何哉、遂伐紂、太公亦若無所相須者也、雖然、仁人之心、未嘗一日而忘後世、則是太公須明義於伯夷耳、伯夷之爲心也、自以殷之遺民也、曰、殷其淪喪、少師行、王子死、太師囚、我不明其義、將後世何哉、遂不宗周、夫是五君子者、豈樂爲者哉、皆不得已也、或曰、若相須而爲仁也、無太公則箕子當爲牧野之事、非伯夷則太公當爲叩馬之諫乎、曰、非然也、如此而爲仁者、非謂須其人也、須其義而已矣、非若申包伍胥之相告也、然而微王子、少師不必行矣、不必行而行、微子爲不足仁矣[2]、無少師之行焉、而王子獨死、王子爲不

---

1. 少 대본에 '小'로 되어 있는 것을 바로잡았다. 뒤에 나오는 '少師'의 '少'도 모두 바로잡은 것이다.
2. 不必行而行 微子爲不足仁矣 대본에는 없는데, 승계문고본과 『중편연암집』에 의거하여 보충하였다.

足仁矣。王子旣死。少師旣行。而太師不陽狂。太師爲不足仁矣。太公不以天下爲心。伯夷不以後世爲慮。是伯夷太公爲不足仁矣。然則其奔周。爲不得已也。諫而死。爲不得已也。傳道。爲不得已也。伐紂。爲不得已也。不宗周。爲不得已也。吾故合伯夷太公之道於殷之三仁焉。是亦孔子之志也。不稱太公。蓋難言也。至於伯夷。亟稱其德曰。求仁得仁。又何怨乎。雖然。不敢係之於三仁者。蓋爲武王諱之歟。或曰。如五仁而爲仁。不亦勞乎。曰。非斯之謂也。其理則然也。若夫一事而爲仁。隘與不恭。惡得掩淸和之爲聖哉。

炯菴[1]行狀

我定宗恭靖大王第十五男茂林君謚昭夷公諱善生。十世而有諱廷衡。監察贈戶
曹參判。生諱尙馣。生諱必益。江界府使。生諱聖浩。是炯菴之考也。妣潘南朴氏。
兎山縣監諱師濂女。錦平尉謚孝靖公諱弼成孫也。炯菴諱德懋。字懋官。炯菴其號也。
以英宗辛酉生。生而有異質。性度端嚴。三歲時。有鄰娼。遺一文錢。卽投于地曰。
穢穢。錢誤落鞋上。以巾拭其鞋。甫六七歲。能屬文。嗜書籍。家人嘗失所在。向夕
於廳壁後積草間得之。蓋耽觀塗壁之古書。不知日之暮也。稍長。篤志力學。坐臥起
居。有恒處。不失尺寸。群居終日。莊而不矜。和而不狎。家甚貧。破屋數間。疏糲不
繼。處之晏然。人不見其憂色。凡世間貨利聲色玩好技戲之物。一切不入於心。爲文
章。必求古人旨趣。不爲蹈襲虛僞之辭。一字一句。皆切近情理。摸寫眞境。每篇可
讀。曲盡其妙。與同志數人。講討之外。不肯以所著詩文示人。不妄交遊。亦未嘗識
一宦達人。以是年蹄弱冠。名不出里巷。得一書。必且看且抄。看書殆蹄數萬卷。抄
書亦幾數百卷。雖行路時。必以書卷貯袖中。至齎筆硯而隨之。店次舟行。亦未嘗掩
卷。若得奇語異聞。輒記之。著書善於攷據辨證。嘗於鳥獸草木名物度數經濟方略金
石碑板。以至國朝典章外國風土。莫不細究焉。少以親命爲功令文。工於詩。當世之
以科詩鳴者。自以爲不及。間嘗赴擧而不樂也。卒未有遇而不慍。乙酉。丁內憂。三
年不解経帶。晨夕哀號。隣人爲之掩耳。若非上墓。雖宗子之家。未嘗往焉。戊戌。
隨使价。入燕都。觀山川風物。多與一時名儒談辯唱酬。杭州人潘庭筠見之歎曰。眼
光燁然。是異人也。己亥。拜外閣檢書官。是聖上御極三年也。時上念文風之寢衰。
人才之沈淪。思所以振作而拔擢之。倣英陵故事。建奎章閣。置閣僚。又移置校書館

---

1. **炯菴** 승계문고본 및 김택영 편 『연암집』과 『중편연암집』은 '李懋官'으로 되어 있다.

于丹鳳門外 爲奎章外閣 詢于閣臣 以布素中有文識者充外閣官 肇錫曰檢書 懋官爲首選也 上命諸檢書入侍 賦奎章閣八景近體八篇 而居魁 翌日 復命賦登瀛洲二十韻 而又居魁 並賞賜有次 於是焉未遇於人者 始受知於君上也 辛丑正月 爰命以外閣官 移作內閣官 懋官之爲奎章閣檢書官 蓋始此 三月 陞司禦²寺主簿 自是每以本官兼帶檢書之職 是年十二月 拜沙斤道察訪 沙斤驛有年久公債 每歲取殖爲公費 日撻殘民 民不聊生 舉報上官革罷 郵民至今賴焉 癸卯十一月 入拜廣興倉主簿 甲辰二月 移司饔院主簿 六月 拜積城縣監 在積城十考 皆居最 嘗語人曰 廉則威生 公則惠及 人或語以俸薄 輒色變曰 吾以一介書生 昵近耿光 官至縣宰 上供老親 下育妻孥 榮已極矣 只頌君恩 豈敢言貧 縣之南有青鶴洞 古松白石 幽邃可愛 舊有亭 盡圮 更搆數間 扁以又醉翁亭 自製兩輪小車 暇日獨往逍遙而返 己酉六月 秩滿 內移瓦署別提 庚戌七月 移司禦寺主簿 辛亥二月 移尙衣院主簿 三月 移掌苑署別提 五月 移司饔院主簿 懋官自少安於貧窶 或日晚而不具食 或冬寒而不燃堗 及其供仕也 自奉甚略 居處衣服 無異未仕時 亦不以饑寒二字出諸口 而氣質素羸弱如婦孺 年垂衰而自不覺其受傷者久矣 冬月寒甚 支一木板於壁 寢其上 已而疾作 病中坐臥言語猶自如也 及臨終 更整衣冠 奄然而逝 是癸丑正月二十五日也 得年僅五十三 以二月葬于廣州樂生面板橋酉坐之原 嘗有著書十二種 曰嬰處稿 卽少時所著詩文 自言持身謹行 當如嬰兒處子 因以名稿 曰青莊館稿 青莊卽鷄鶋之別名 在江湖間 不營求 唯食過前之魚 故一名信天翁 其自號者 有以也 曰耳目口心書 卽耳所聞 目所覩 口所言 心所思 曰士小節 援昔賢遺訓 以備箴警 紀今人近事 以資觀感 曰淸脾錄 載古今人詩話 曰紀年兒覽 起自上古至于明淸及春秋小國 而詳於華夷之別 曰蜻蜓³國志 記日本世系地圖風俗言語物産 曰盎葉記 卽古今攷據辨證之語 曰寒竹堂涉筆 嶠南郵丞時 記聞見 曰禮記臆 釋禮記難字疑義 曰宋史

2. 禦 대본에 '導'로 되어 있는 것을 바로잡았다. 뒤에 나오는 '司禦寺'도 같다.
3. 蜻蜓 『청장관전서』에는 '蜻蛉'으로 되어 있다. 뜻은 같다.

補傳. 卽奉教. 編校御定宋史筌也. 補撰遺民列傳及高麗遼金蒙古傳. 曰磊磊落落書.
繙閱群書. 編輯明末遺民. 未及刪定也. 每有文獻編摩之役. 懋官輒與焉. 如國朝寶
鑑羹墻錄文苑黼黻大典通編之類也. 又嘗承命編進韻書. 名曰奎章全韻. 字畫皆用
六書. 註釋參以諸家韻書. 叶韻通韻. 無不詳備. 竣其事而沒焉. 甲寅冬. 命鋟梓
仍命其弟功懋及子光葵. 同爲校正. 董其事. 旣祥而禫. 上教曰. 今日因韻書印役事
思之. 故檢書官李某之才識. 尙今不忘. 其子聞已闋服. 特差檢書官. 又賜錢五百緡
以爲遺稿剞劂之資. 仍命閣臣及抄啓文臣之時帶將任外任藩任雄府者. 俾各隨力助
之. 至親訓將敬懋. 亦一體助給爲教. 是日命光葵入侍. 恩教鄭重. 宗族親朋. 相顧
而賀曰. 懋官平日守身勤業. 勞於編摩之役. 及其身後. 至尊思其才. 念其貧. 迺有
錄孤鐫稿之命. 恩榮所曁. 非獨深感九泉. 亦將興起一世. 曷不盛哉. 娶隋城白氏
同知師宏女. 贈戶曹判書行平安兵使諡忠莊時耉曾孫. 生一男二女. 男卽光葵. 女適
全州柳炕光山金思黃. 光葵子女幼. 嗚呼. 懋官行義敦[4]篤. 足以模範一世. 才識透
悟. 足以精究萬物. 其爲學. 篤於內修. 屛絶外誘. 本體澄澈. 其用纖悉. 顔氏之四
勿. 曾氏之三省. 皆勉焉用力者也. 其爲文. 博采百氏. 自成一家. 匠心獨詣. 不師
陳腐. 奇峭而不離於眞切. 樸實而不墮於庸凡. 使千百載下. 一讀而宛然如目擊也.
若其該洽今古. 辨析名物. 雖謂之曠前絶後可也. 自在章布. 亦嘗惓惓於生民之困
悴. 才俊之沈沒. 慨然有志於經濟. 其議論記述. 尤致意於典章制度. 以救民濟物爲
要. 然則其憂國憂民之意. 未嘗須臾忘也. 固宜擧而試之. 將無所不可. 而唯其厭流
俗之滔滔. 樂本地之恢恢. 守志信命. 澹然無欲. 蓬蓽蕭條. 貧賤是甘. 足不到 缺
名不聞貴要. 不知而有不慍之實. 獨立而有無懼之想. 幾乎坎坷終老. 湮滅不稱. 唯
我聖后. 闡右文之化. 廣蒐才之路. 懋官窮閭一布衣. 日登文陛. 上已知其所蘊. 趨
走於深嚴之地. 供奉於編摩之役. 世所未知. 而上獨知之. 人未之奇. 而上獨奇之.
其跡則一疎賤. 而其任則掌奎璧. 其官則一流品. 而其事則備顧問. 前後獎諭之勤

---

4. 敦 영남대본과 연세대본은 '淳'으로 되어 있다.

錫賚之渥，殆貴臣之所罕得，懋官之遇亦盛矣，若夫仕路崚嶒，官止一縣，天不假年，未能展布於當世，齎志而沒，則是命也，非時之不遇也，然及其沒也，上有恩言，既以爲才識不可忘，又以內家錢，鋟遺稿而壽其傳，以其官，官其子，終始哀榮至矣，歷數古人，能得此於君上者幾人矣，於是乎懋官可以無憾矣，內閣諸臣方奉教，編其遺集，以某知懋官之本末，托爲之狀云，

爲學之方圖跋

爲學之方圖。上下二卷。圖凡幾篇。說若識。凡幾則。趙君衍龜號敬菴之所蒐輯成書者也。嗟夫。此爲冥道之指車。迷津之寶筏。安容多方騈贅。以爲圭駏之嗟哉。辭旣不獲焉。則洒言曰。夫道者猶途也。請以途喩。行旅之適乎四方者。必先審問所向程里幾舍。所費餱糧幾何。所經亭津馹堠遠近次第。瞭然吾目中。夫然後脚踏實地。素履坦坦。其知也先明。故不爲邪徑走造。不爲別岐彷徨。又無捷路榛蕪之險。半途廢輟之患。此知行所以兼致也。或有行當自知之說。則亦何異於泗水潦月。負鼓覓子哉。其卒不爲阮哭楊泣者鮮矣。譬若京坊子弟。徒聞力穡之爲貴。不待人時之敬授。窮冬耕播。血指汗顏。則行雖力矣。於知如何。此行先知後之卒無有穫[1]。而趙君之所以爲懼也。苟使學者。按是圖而爲方。則如夜之懸燈。如瞽之有相。如兵陣之按圖。如醫藥之循方。一以爲田家之時曆。一以爲行旅之亭堠。凡百君子。盍勉斯諸。

---

1. 穫　영남대본과 숭계문고본 등은 '獲'으로 되어 있다.

繪聲園集跋

古之言朋友者、或稱第二吾、或稱周旋人、是故造字者、羽借爲朋、手又爲友、言若鳥之兩羽而人之有兩手也、然而說者曰、尙友千古、鬱陶哉是言也、千古之人、已化爲飄塵冷風、則其將誰爲吾第二、誰爲吾周旋耶、揚子雲旣不得當世之知己、則慨然欲俟千歲[1]之子雲、吾邦之趙寶汝嚔之日、吾讀吾玄、而目視之、目爲子雲、耳聆之、耳爲子雲、手舞足蹈、各一子雲、何必待千歲之遠哉、吾復鬱陶焉、直欲發狂於斯言曰、目有時而不睹、耳有時而不聞、則所謂舞蹈之子雲、其將孰令聆之、孰令視之、嗟乎、耳目手足之生并一身、莫近於吾、而猶將不可恃者如此、則孰能鬱鬱然上溯千古之前、昧昧乎遲待千歲之後哉、由是觀之、友之必求於現在之當世也明矣、嗟乎、吾讀繪聲園集、不覺心骨沸熱、涕泗橫流曰、吾與叔圭氏、生旣并斯世矣、所謂年相若也、道相似也、獨不可以相友乎、固將友矣、獨不可以相見乎、地之相距也萬里、則爲其地之遠歟、曰、非然也、嗟乎嗟乎、旣不可得以相見乎、則顧可謂之友乎哉、吾不知叔圭氏之身長幾尺鬚眉何如、不可知、則吾其於并世之人何哉、然則吾將奈何、吾將以尙友之法友之乎、叔圭之詩盛矣哉、其大篇發韶濩、短章鳴璁珩、其窈窕溫雅也、如見洛水之驚鴻、泓渟蕭瑟也、如聞洞庭之落木、吾又不知其作之者子雲歟、讀之者子雲歟、嗟乎、言語雖殊、書軌攸同、惟其[2]歡笑悲啼、不譯而通、何則、情不外假、聲出由衷、吾將與叔圭氏、一以笑後世之子雲、一以弔千古之尙友、

---

1. 歲 승계문고본과 연세대본 등은 ‘載’로 되어 있다.
2. 其 승계문고본은 ‘是’로 되어 있다.

筆洗說

有鬻古器而三年不售者。質頑然石也。以爲飲器也。則外窳而內卷。垢膩之掩其光也。遍國中。未有顧之者。更歷貴富家。價愈益下。至數百。一日有持而示徐君汝五者。汝五曰。此筆洗也。石產於福州壽山五花石坑。次玉而如珉者也。不問值[1]高下。立與八千。刮其垢。而昔之頑然者。乃石之暈而艾葉綠也。形之窳且卷者。如秋荷之枯而卷其葉也。遂爲國中之名器。汝五曰。天下之物。其有不器者乎。顧所以用得其當耳。夫毫之含墨膠固則易禿。常滌其墨而柔之。此其器之爲筆洗也。夫書畫古董。有收藏鑑賞二家。無鑑賞而徒收藏者。富而只[2]信其耳者也。善乎鑑賞而不能收藏者。貧而不負其眼者也。東方雖或有收藏家。而載籍則建陽之坊刻。書畫則金閶之贋本爾。栗皮之罏。以爲黴而欲磨。藏經之紙。以爲浣而欲洗。逢濫惡則高其值。遺珍秘而不能藏。其亦可哀也已。新羅之士。朝唐而入國學。高麗之人。遊元而登制科。能拓眼而開胸。其於鑑賞之學。蓋亦彬彬於當世矣。國朝以來。三四百年。俗益鄙野。雖藏通于燕。而乃腐敗之藥料。麄疏之絲絹耳。虞夏殷周之古器。鍾王顧吳之眞蹟。何嘗一渡乎鴨水哉。近世鑑賞家。號稱尙古堂金氏。然無才思。則未盡美矣。蓋金氏有開創之功。而汝五有透妙之識。觸目森羅。卞別眞贋。兼乎才思而善鑑賞者也。汝五。性聰慧。能文章。工小楷。兼善小米潑墨之法。旁通律呂。春秋暇日。汛掃庭宇。焚香品茗。嘗歎家貧而不能收藏。又恐流俗從而噪之。則顧鬱鬱謂余曰。誚我以玩物喪志者。豈眞知我哉。夫鑑賞者。詩之敎也。見曲阜之履。而豈有不感發者乎。見漸臺之斗。而豈有不懲創者乎。余乃慰之曰。鑑賞者。九品中正之學也。昔許劭。品藻

1. 値 승계문고본은 '價'로 되어 있다.
2. 只 『홍영』은 '止'로 되어 있다.

淑慝。判若涇渭。而未聞當世能知許劭者也。今汝五。工於鑑賞。而能識拔此器於衆棄之中。嗚呼。知汝五者。其誰歟。

借筆洗而自悼無人知自家文者。

擬請疏通庶孼[1]疏

云云[2]天之降才。非爾殊也。故顚蘗駢枝。均露雨露。朽[3]株糞土。蒸出菌芝。聖人[4]致治。士無貴賤。詩云。文[5]王壽考。遐不作人。是以王國克寧。駿聲不已。嗚呼。國朝廢錮庶孼三百餘年矣。爲大欸政。無過於此。稽之往古而無其法。攷諸禮律而無所據。則此不過國初宵小之臣。乘機售憾。遽成大防。而後來當途之人。託論名高。襲謬成俗。年代浸遠。因循不革矣。由是而公朝專尙門閥。缺[6]遺才之歎。私家 缺 嚴 缺[7]爲斁倫之端。以之立後於支族。則率犯欺君之科。歸重於外黨。則反輕宗本之義。噫嘻。等威 缺[8]殊。而無益於國體。區限太刻。而少恩於家庭。夫自家之庶孼。則誠足卑矣。非可絀於擧世。一門之名分。則固當嚴矣。非可論於通朝耳。然而膠守名分之論。則枳塞轉深。諉以祖宗之制。則更張猝難。玩惕至今。因循而不革者。何也。於古則無稽。於禮則無攷。而爲有國大瘤深弊。則先正名臣深識治道者。莫不以此爲先恢張公理。必欲疏通。筵陳箚論。前後相望。列聖建中。治體蕩蕩。設官須賢。分職惟能。一體均 缺[9]豈復差於 缺[10]哉。故未嘗不臨朝博詢。藎然矜惜。思所以通變疏滌之道。只緣士族權重。議論在下。淸途華貫。固所己有。則猶恐岐路多旁。權

---

1. 庶孼　대본에는 없는데, 김택영 편 『중편연암집』 등에 의거하여 보충하였다.
2. 云云　『중편연암집』 등은 '伏以'로 되어 있다.
3. 朽　대본에 '朽'로 되어 있는 것을 바로잡았다.
4. 人　영남대본과 승계문고본 등 여러 이본은 '王'으로 되어 있다.
5. 文　영남대본은 '周'로 되어 있다.
6. 缺　영남대본과 승계문고본 등 여러 이본은 '致有'로 되어 있다.
7. 私家 缺 嚴 缺　영남대본과 승계문고본 등 여러 이본은 '私家徒嚴名分 遂'로 되어 있다.
8. 缺　영남대본과 승계문고본 등 여러 이본은 '雖'로 되어 있다.
9. 缺　영남대본과 승계문고본 등 여러 이본은 '視'로 되어 있다.
10. 差於 缺　영남대본과 승계문고본 등 여러 이본은 '差別於母族之貴賤'으로 되어 있다.

衡有分. 同是世胄. 銖秤縷度. 一經政注. 羞怒橫集. 彈軋蜂起. 況乃庶孽. 名膠跡泥. 久屈於世. 不肯等列. 固其勢也. 雖然. 此實專門濟私之 缺[11] 大非有國共公之通道也. 臣請極言其失也. 夫庶孽之與正嫡. 誠有差等. 而顧其家世. 亦一士族固[12]何負於國家. 而禁錮之廢絶之. 缺[13] 不得齒衿紳之列哉. 孟子曰. 無君子. 莫治野人. 無野人. 莫養君子. 夫君子野人. 以位言也. 缺[14] 而明明揚側陋. 帝堯之官人也. 立賢無方. 成湯之求治也. 繇是觀之. 三代之時. 已有君子小人之別. 而擧人之際. 固無間乎貴賤. 不問其彙類. 而況國朝所謂庶孽. 世有簪纓. 門閥燀赫. 則寧可以母族之卑微. 混茂其本宗之華顯也哉. 晉唐以來. 漸尙閥閱. 然而江左衣冠. 不擯陶侃. 王謝貴族. 亦齒周顗. 蘇頲[15]乃蘇瓌之 缺[16] 産. 而位至平章. 李愬乃李晟之孽子. 而官至太尉. 韓琦范仲淹. 爲宋賢相. 胡寅陳瓛鄒浩. 爲世名儒. 當世不以庶孽錮禁者. 何也. 誠以論人門閥者. 只重其父世. 不問其母族. 其不重母族者. 何也. 重本宗也. 夫然則母族雖顯. 父世甚微. 則其不可以華閥著稱. 亦且明矣. 勝國之時. 鄭文培爲禮部尙書. 李世璜爲閣門祇候. 權仲和以大司憲. 亦入我朝爲都評議使. 若以我朝之法律之. 則陶周之賢. 將不廁衣冠. 蘇李之才. 將不得將相. 韓琦范仲淹胡寅陳鄒之徒. 擧將抑塞禁廢. 文而芸館. 蔭而典獄. 位不離流品. 祿不過升斗. 而功業志節. 將不得赫然於[17]當世. 流光於百代耶. 此臣所謂稽之往古而無其法者也. 經曰. 庶子不得爲長子三年. 鄭玄註曰. 庶子者. 爲父後者之弟也. 言庶者. 遠別之也. 夫庶子雖與 缺[18] 而其截然別而遠之者. 如此其嚴. 至於妾子之賤. 爲尤卑於庶子

11. 缺 영남대본과 승계문고본 등 여러 이본은 '偏意'로 되어 있다.
12. 固 영남대본은 '彼'로 되어 있다.
13. 缺 영남대본과 김택영 편 『연암집』 등은 '使'로, 승계문고본은 '使之'로 되어 있다.
14. 缺 영남대본과 승계문고본 등 여러 이본은 '然'으로 되어 있다.
15. 頲 대본에 '洄'으로 되어 있는 것을 바로잡았다.
16. 缺 영남대본과 승계문고본 등 여러 이본은 '賤'으로 되어 있다.
17. 於 대본에는 없는데, 여러 이본에 의거하여 보충하였다.
18. 缺 영남대본과 승계문고본 등 여러 이본은 '嫡子同母'로 되어 있다.

而更無所區別於庶子。何也。禮所以序也。故宗無二本。殺無再降也。記曰。父母有若婢子[19]庶子庶孫。甚愛之。雖父母沒[20]。沒身敬之不衰。陳澔註曰。婢子[21]賤者之所生也。夫父母之所愛。雖妾之子。猶尙引而重之。不敢疏略而外之者。亦所以重本而尊宗也。會典曰。凡襲職替職。無適子孫。則庶長子襲替。庶長子。妾子之謂也。夫禮所以別嫌疑也。故正名而定分。則雖同母之適弟。尙且別而遠之也。夫禮所以厚也。故重其本支。則雖妾之賤子。尙且引而內之也。律之所以襲替父職。不以適庶爲拘者。良以此也。周官。周公之定官制也。漢之百官表。所以分庶品也。禁錮庶孽之文。不少槩見焉。此臣所謂攷諸禮律而無所據者也。臣嘗聞之。古傳鋼廢庶孽。蓋亦有由。缺[22]相鄭道傳。庶孽子也。右代言徐選。爲道傳寵奴所辱。思所以報仇者。及道傳敗。選乃傅會名分之論。逞快一辱於旣死之後。非爲其言之必立。其法之必行也。方是時。道傳以罪新誅。所以其言易售而其法易成也。贊成姜希孟安瑋等。草創大典。文理未遑。庶孽停科錮仕之論。條列撰入。及戊午之禍。士流積怨於子光。無所發憤。禁錮庶孽之論。益嚴且深。其所洩怒。誠亦悲矣。雖然。自古亂賊。豈專出於子光者流哉。不幸一出於庶孽之中。而因一子光。盡塞庶孽。則若不幸而接跡於士族。亦將何法而處之耶。嗚呼。儒宗文師。磊落相望。一轉而局於名分之論。再轉而屈於門地之尙。宋翼弼李仲虎金謹恭之道學。朴枝華李大純曺伸之行誼。魚無迹魚叔權楊士彦李達辛喜季梁大樸朴湜[23]之文章。柳祖認崔命龍柳時蕃之才諝。上可以黼黻大猷。下可以標準一世。而卒老死於蓬蓽之下。時有間沾微祿者。碌碌栖息於冗仕末品之中。雖其[24]守分行素。佚厄而不慁。聖王之所以設官分職待授[25]能之意。果安在

19. 婢子　대본에는 없는데,『예기』禮記「내칙」內則에 의거하여 보충하였다.
20. 雖父母沒　대본에는 없는데,『예기』「내칙」에 의거하여 보충하였다.
21. 婢子　대본에는 없는데, 진호陳澔의『예기집설』禮記集說에 의거하여 보충하였다.
22. 缺　영남대본과 승계문고본 등 여러 이본은 '國初罪'로 되어 있다.
23. 湜　'寔'의 오자인 듯하다.
24. 其　승계문고본은 '有'로 되어 있다.

也[26]. 至若李山謙洪季男. 奮義糾旅. 摧破倭賊. 權井吉沬血誓衆. 入援南漢. 其忠膽義肝. 猶能自振於衆棄之中. 如彼其卓卓也. 然而時平世恬. 則朝廷之上. 漠然相忘. 曾不識其何狀. 此古人所謂所用非所養也. 臣嘗慨然於此也. 以近事觀之. 洪霖一屠孼. 白頭闖幕. 淒涼口腹之計. 而猝然殉難. 凜然有烈士之風. 朝廷不惜褒贈之典. 雖[27]加以非常之職. 與其生爲百夫之長. 屹然臨城. 則其固圉捍患. 豈特幕府之一死也哉. 噫. 禁錮之不足而棄絶之. 使其固有之倫常. 不得自列於平人. 則恩莫重於父子. 而不敢稱父. 義莫大於君臣. 而不得近君. 老者坐末. 而庠塾無長幼之序. 恥與爲類. 而鄕黨無朋友之道. 孔子曰. 必也正名乎. 子而父父. 父而子子. 兄兄而弟弟. 此所以正其名也. 故人倫之尊稱. 莫加於父兄. 而今之庶孼則不然. 子弟之於父兄. 猶不敢斥然正而呼之. 自同奴僕之於其主. 所謂名分者. 適庶之謂也. 豈爲其稱謂之間. 不得曰父曰兄. 下同於奴僕之賤. 然後迺謂之嚴名分而別適庶也哉. 今之庶孼. 郞署猶不得爲. 侍從安敢望乎. 雖有願忠之心. 補袞非職. 雖抱經綸之才. 展布無地. 引儀臚傳. 暫序朝班. 而卒同輿儓. 該署輪對. 或襯耿光. 而不免疎逖. 進不敢爲大夫之事. 退不忍爲齊民之業. 所謂國之孤臣. 家之孼子. 疹[28]疾而心危者也. 禮曰. 入學以齒. 以齒者. 尙年也. 傳曰. 燕毛. 所以序齒也. 毛者. 髮之黑白也. 今之庶孼入太學. 則不得序齒. 黃髮鮐背者居下. 勝冠者反坐上座. 夫太學所以明人倫也. 故自天子之元子衆子. 以至諸侯之世子. 尙得齒學. 所以示悌於天下也. 天子視學於辟雍. 有乞言饗食之禮. 所以廣孝於天下也. 由是觀之. 庶孼之不得序齒於太學. 非先王廣孝悌之道也. 傳曰. 以文會友. 以友輔仁. 孟子曰. 友也者. 友其德也. 故不挾長. 不挾貴. 不挾兄弟而友. 貴賤雖殊. 有德則可師也. 年齒不齊. 輔仁則可

25. 授 대본에는 '守'로 되어 있고 다른 이본들에는 '授'로 되어 있는데, 문맥상 '授'가 더 적합하다고 보아 이를 따랐다.
26. 也 승계문고본은 '哉'로 되어 있다.
27. 雖 승계문고본은 '輒'으로 되어 있다.
28. 疹 『맹자』孟子의 원문대로 '痰'으로 되어 있는 이본들도 있으나, 뜻은 마찬가지이다.

友也. 況乃庶孽. 固皆士族之子弟耳. 其無才美賢能則已. 若其諒直多聞. 才德賢我.
則顧安可以庶孽恥之哉. 然而庶孽之於士族. 相交而不得友. 相親而不得齒. 無忠告
責善之道. 絶琢磨切偲之義. 言辭之間. 禮數太苛. 揖讓之際. 謗讟横生. 由是論之.
倫常之中. 不絶而僅存者. 惟夫婦一事耳. 嗚乎. 才賢遺而莫之恤. 倫常斁而莫之
救[29] 曰庶孽無才賢. 亦曰如此而後名分正. 是豈理也哉. 夫無子而立後者. 所以繼
祖而傳重也. 昔石駘仲無適子. 有庶子六人. 卜所以爲後者. 祁子兆. 是擇賢也. 唐
律. 諸立嫡違法者. 徒一年. 議者曰. 適妻之長子爲適子. 婦人年五十以上. 不復乳
育. 則許立庶子爲適. 不立長者. 律亦如之. 是防亂本也. 大明律. 凡立適子違法者.
杖. 適妻年五十以上無子者. 得立庶長子. 不立長者同罪. 經國大典. 適妾俱無子.
然後取同宗之支子而爲後. 於是焉官斜私契. 明證攷據. 然後廼得告君. 重造命也.
世之士夫熟習見聞. 率蹈謬規. 正適無男. 則雖多衆妾之子. 反爲門戶之私計. 割情
忍愛. 杜撰告君之文. 取嗣支族. 不擇遠近. 噫. 父傳子繼. 血脈相承. 祖祀孫將. 氣
類以感. 今也徒拘乎適庶之分. 或有遠取乎族系旣疎之後. 以奉其先靈. 此正古人所謂
所不知何人耳. 挾甒灌鬯. 夫何怳惚之有乎. 焄蒿凄愴. 夫何精氣之交乎. 詩云. 明
發不寐. 有懷二人. 二人者. 父母之謂也. 故曰. 致愛則存. 致慤則著. 君子之祭也.
然而舍其親而求諸疎. 以祭其先人. 夫何優然著存之有乎. 逆天理. 畔人情. 以禮則
遠祖. 以法則罔君. 臣嘗痛恨於此也. 夫名分之論勝. 而習俗難變. 門庭之内. 區限
之法. 殆同外人. 甚者. 至於父兄. 而奴虜其子弟. 宗族[30]恥於爲類. 或有黜於族派
之譜者. 或有别其排行之名者. 此但歸重於外黨. 而不知反輕乎本宗. 則此於倫常.
不其太刻而少恩乎. 先正臣趙光祖建白于朝曰. 本朝人物. 少於中國. 而又有分別適
庶之法. 夫人臣願忠之心. 豈有間於適庶. 而用舍偏隘. 臣竊痛惜. 請於庶孽中擇才
而用之. 貴顯之後. 或有亂分之罪. 嚴立科律. 及宣廟時. 申湞等一千六百人. 上章

29. 莫之救 승계문고본과 김택영 편『연암집』 등은 '莫之救而'로 되어 있다.
30. 宗族 승계문고본과 김택영 편『연암집』 등에는 그 다음에 '而' 자가 추가되어 있다.

籲冤。上下敎曰。葵藿向陽。不擇旁枝。人臣願忠。豈必正適。於是先正臣李珥首建通用之議。始得赴擧。先正臣成渾先正臣趙憲。連上封事。各請其通融淸要。仁廟時。故相臣崔鳴吉爲副提學。與館僚沈之源金南重李省身應旨聯章。請通用庶孼。其言甚切。故相臣張維亦上疏啓論。上下其議。於是故相臣金尙容爲吏曹判書回啓曰。天之生才。無間適庶。而禁錮之法。所未有於古今也。玉堂箚陳。可見公議。欲爲痛革宿弊。應旨切言。請議大臣定奪。事下備局。故相臣李元翼尹昉等議曰。卑薄庶孼。天下萬古所無之法。儒臣箚陳。大有所見。故相臣吳允謙議曰。禁錮庶孼。古今天下所未有之法。朝廷用賢收才而已矣。貴顯之後。名分紊亂。則邦憲固嚴。非可慮也。戶曹判書沈悅順興君金慶徵工曹判書鄭岦判决事沈諿同知鄭斗源護軍權怗[31]立異。都承旨鄭蘊陳疏立異。先正臣宋時烈嘗擬疏。引鄭道傳猶爲大提學。蓋防限之法。出於中世。請一切疏通。疏未果上。而載尤菴集中。且先正臣朴世采啓曰。庶孼之中。雖有奇才異等。無以進用。請大加通變。願上勿滯於流俗。勿拘於常規。自見[32]必然之理。斷而行之。故知事臣金壽弘疏請通用。事竟不行。故判書臣李袤爲大司憲。上疏請[33]通用庶孼。都承旨臣金徽卻之。疏未上。其後故相臣崔錫鼎爲吏曹判書。上疏請通用庶孼。然議久不行者。何也。噫。專門濟私之計深。則膠守名分之論。通塞與奪之權重。則反諉祖宗之法。忍情棄恩。而蔑重本。舍親取疏。而故欺君。襲謬成俗。而不知斁倫。銖稱縷度。而莫恤遺才。名分[34]之說。臣已辨之悉矣。請於更張舊制之論。復得而極言之。夫法久則弊。事窮則通。故時當遵守而遵守者。迺繼述也。時當通變而通變者。亦繼述也。固執更張。惟其時宜。則其義一也。詩云。天生[35]烝民。莫非爾極。書曰。惟精惟一。允執厥中。夫極者。理之盡也。中者。義之當也。洪範曰。

31. 怗　대본에 '帖'으로 되어 있는 것을 바로잡았다.
32. 自見　영남대본과 승계문고본 등 여러 이본에는 그 다음에 '其'가 추가되어 있다.
33. 請　대본에는 빠져 있는데, 영남대본과 승계문고본 등에 의거하여 보충하였다.
34. 名分　『중편연암집』은 '凡此'로 되어 있다.
35. 天生　'立我'의 잘못인 듯하다.

無偏無陂[36]. 王道平平. 此之謂也. 況且禁錮之法. 稽之往古而無其法. 攷諸禮律而無所據. 初出於一人之售憾. 而本非開國之定制. 百年之後. 宣廟始許赴擧. 及仁祖又許三曹. 由是觀之. 列朝更張變通之聖意. 斷可知矣. 嗟乎. 生爲庶孽. 爲世大僇. 禁錮顯要. 而疎逖於朝廷. 遷就名謂. 而迫隘於家庭. 長幼亂於庠塾. 朋友絶於鄕黨. 踪跡詭脆. 身世踽涼. 如負大何. 則人賤之. 窮無所歸. 靡所措躬. 或遯跡而自靖. 離群而尙志. 則謂之驕傲. 或脅肩而取憐. 屈膝而苟容. 則謂之鄙佞. 噫. 非天之降才爾殊也. 此特培養殊方. 趨向異路耳. 孟子曰. 苟得其養. 無物不長. 苟失其養. 無物不消. 特不培養而作成之. 庸何責乎無人於其間哉. 或承嫡傳. 而不刊庶名. 雖遠年代. 而永爲賤屬. 實同奴婢之律. 支屬繁衍. 幾至半國. 而旣無歸宿. 又無恒産. 黃馘枯項. 苶然罷弊. 貧窮到骨. 莫能振刷. 嗚呼. 昔之伊尹. 一夫不得其所. 若己推而納之溝中. 今之庶孽失所顚連者. 豈獨一夫而已哉. 抑塞旣久. 冤鬱彌亘. 干和召沴. 未必非此爲致之也. 恭惟我殿下. 體天茹物. 聖功巍煥. 率域含生. 莫不得所. 各得樂其生而安其業. 振淹起廢. 克恢蕩平之政. 刮垢掩瑕. 率囿陶匀之化. 宿弊闕典. 靡不釐擧. 而獨於通融庶孽之法. 未有著政. 噫. 今臣此言. 非臣愚一人之私言. 迺一國有識之公言. 非一國今日之公言. 迺列朝以來先正名臣之所眷眷者也. 其立異者. 臣旣歷數而陳之. 蓋其術識粗淺. 規模隘塞. 膠守[37]見聞. 徒循流俗. 其所執言者. 不過嚴名分難更張而已. 當今之世. 主張偏私. 好生厓異者. 未必無此等. 而皆引名臣鄭蘊之一疏. 以爲口實. 夫蘊之精忠大節. 可與日月爭光. 則臣未敢知此疏卽[38]何所[39]激. 而蓋其旨義. 亦不過名分國制兩事而已. 噫. 遐方之人. 不知來歷. 而猶能文通兩司. 武歷閫帥. 不問其世閥. 無所拘礙. 而今此庶孽. 近則迺祖迺父. 俱是公卿大夫. 遠則名儒賢輔. 爲厥祖先. 比諸遐方之人. 來歷甚明. 而禁廢之法. 甚

36. 無偏無陂 '無黨無偏'의 잘못인 듯하다.
37. 守 대본에는 '乎'로 되어 있는데, 이본들에 의거하여 바로잡았다.
38. 卽 영남대본은 '有'로 되어 있다.
39. 所 『중편연암집』은 '所' 자가 없다.

於爨累。等殺之分。嚴於僕隷。豈不冤哉。臣非以爲目今庶孽之中有某賢可用某材可拔。而但朝廷一視之恩。與天同德。大造之化。與物無間。洗濯磨礪。復敍旣斁之倫彝。作成培養。復收久遺之才賢。使立後之法無違大典。宗本之義悉返古禮。家庭之內。正父子之名。庠塾之間。敍長幼之齒。復得爲人於三百年積廢之後。則人人咸思自新。飭厲名行。願忠圖報。爭死[40]國家之不暇矣。今日王政之大者。無過於此[41]。大聖人壽考作人之功。云云[42]。

40. 爭死　승계문고본은 ‘爭先死’로 되어 있다.
41. 此　『중편연암집』은 그 다음에 ‘而’자가 추가되어 있다.
42. 云云　승계문고본과 『중편연암집』은 ‘其亦捨此而奚求哉’로 되어 있다.

酒禁策

先人文字多散佚。如伯夷論等篇。從人家古紙中得之。今尚有有目無文者十數
種。未可期其一一蒐弃。而若酒禁策三編。輩行長老。多有誦道其句語者。可知其流
傳不泯矣。謹空其卷以俟他日書塡。或冀同好者見之。不勞傳寫以歸。此區區有望於
世之大雅君子。宗侃。謹書。

答兪士京書

昨日車衆儼臨, 而適避暑出郊, 有失迎晤, 瞻悵倍至, 卽又書至, 慰荷殊深, 聰外車騎過者日數十[1]輩, 從者足聲如雷, 屋角欲摧, 初移家時, 小兒輒撤書吐哺, 顚倒出看, 及其稍久, 亦不出看, 非但家兒如此, 此洞街童, 視皆尋常, 此無他, 不辨賢愚, 而但日閱故耳, 由是觀之, 憑數尺獨輪之車, 假皁隷呵導之聲, 其慕悅不足以顚倒街童, 而遽作態色, 項長三尺, 氣湧如山, 果以爲何如哉, 前日安城兪應敎, 雖蠹鞍羸駒, 固無損於所性, 今日松都新留守, 雖建牙擁蠹, 固無加乎素行, 西京戶不下九千, 不無忠信豪傑, 則又況其智足以辨其大夫之賢愚乎, 好呵好呵,

---

1. ＋ 승계문고본은 '百'으로 되어 있다.

謝黃允之書

某頓首 頃者 金僯袖致兄手書[1] 備審僉哀孝履支相 而盡室壟畝 依倚松楸 此弟前秋未成之計也 別語耿耿 何使我心悲也 淫潦乍霽 秋序已半 僉兄氣力何似 君子孝思 感時增新 新寓凡百 頗得整頓就緒否 係係念念 不勝悵黯之懷 弟頑喘延到 奄闋喪制 天地空廓 身世孤露 慟甚慟甚 平生所以爲子職者幾希矣 庶其自致於喪紀之間 而長嬰痼疾 躬奉饋奠 亦無幾日 轉眄之頃 筵几遽撤 攀號無地 痛矣痛矣 元發屈首升斗 滾泪無暇 悠久想已南下 汝中時雖相見 率一歲中不過三數 兄又惸然在疚 而不見者且三年矣 今旣結廬墓畔 墨容杳然 人生會散悲歡 不離乘除 緬思相隨於大陵小陵之間 若一夢境 寧不慨然 喪威以來 形如枯蟬 癡似團塑 寄宿閣浮 惟是大覩於夢 其寐可樂 其寤可悲 三十年之間 轉徙數四 而每夜得夢 則魂神悠悠 常在城西古宅 身遊杏梨桃樹之下 或捕黃雀兒 或捕蟬逐蝶 東園百花齊發 又摘黃熟[2] 某兩世皆無恙在堂 仲父季父與我從父之兄 宛然如平昔 及旣悟[3] 怳然如失 庶幾追而返之也 如復見之而不可得 則悲啼擗摽 悔其覺也 密數其在世者 又不如夢中之多且親也 夢則樂矣 雖復因此偃然大寢 其樂又有甚於其夢否也 幼子四歲 稍纏辨別 不呼他人爲父母 常在懷中 口授數十字 忽問我有父在 父何獨無 我父之母安在 父亦嘗乳乎 不覺推隨膝下 失聲長呼 此皆弟喪餘肝膈悲苦之思 不必爲他人道之 今哀兄新罹荼毒 情事憂苦 想必爲我一泗 未審讀禮之餘 復看何書 吾輩從此方便 只是帶經躬畊 闟唐之什

---

1. 書 영남대본과 승계문고본 등은 '疏'로 되어 있다.
2. 熟 승계문고본은 그 다음에 '梅' 자가 추가되어 있고, 대신 그 다음의 '某' 자가 없다.
3. 及旣悟 영남대본은 '及旣寤', 승계문고본과 연세대본은 '及其寤'로 되어 있다. 대본의 '悟'는 '寤'의 오자인 듯하다.

農家之時曆。一部魯論。居鄕之要訣。中庸三十章。攝生之良方。暮年究竟。不出此等。弟將於季秋望間。爲上游之行。求田丹永之間。未知其能成否也。卒卒。未能盡意。唯冀節哀自護。毋至傷孝。不備疏例[4]。允之大兄禮席。八月初二日。禫制人弟某拜。

4. 例 승계문고본은 '禮'로 되어 있다.

與人[1]

日來哀侍奠氣力何似。顧此疾病侵尋。運動無日。則彼此相面。猝難與期。所欲仰告者。非止一再。而其道無由也。今哀弱齡罹憂。無他輔翼之友生。又無强近之親戚。則每一念至。寧不於悒。托契旣深。猥先數齒。可貢一得者。宜莫如我也。故玆病中胡草。統希諒恕。

以子之才。旣有溫恭豈弟之質。兼之以聰明粹謹之資。加以年富力强。則豈可徒費心力於文詞之末。枉用工夫於無實之地哉。讀書窮理四字。此是老生朽譚而勉人例語。然大抵及今。下工於實地。究竟於本領。則自然心有所底定。氣有所歸宿矣。仁精義熟。非可造次。愼思明辨。自有次第。則功效得失。未可先論。而其爲養壽命全家道。則未必非此爲之大端也。

平日於文學。好看批評小品。探索者。惟是妙慧之解。深味者。無非尖酸之語。此等雖年少一時之嗜好。漸到老實。則自然刊落。不必深言。而大抵此等文體。全無典刑。不甚爾雅。明末文勝質弊之時。吳楚間小才薄德之士。務爲弔詭。非無一段風致隻字新語。而瘦貧破碎。元氣消削。則古來吳儈楚儂之畸蹤窮跡。鹿唾泟咳。何足步武哉。

今哀血氣未定。荐遭喪威。環顧一身。無所毗覆。單寒孤弱。天地空廓。哀苦窮戚。心志如何。此人間世一大窮民。而亦人生一大變節處也。故凡人。其或氣弱心屚。震剝摧殘。因而澌盡滅性者有之。其或喪威之餘。達觀曠念。心靈虛廓。則知百年之無幾。悲萬事之歸空。無所愛惜。不自檢攝。因而喪性易心者有之。其或君子以禮自將。動忍增益。譬如艸木之堅固於大冬盛寒之中。收實於風

---

1. 與人　일본 동양문고東洋文庫 소장 『연암집』은 제목 아래에 "此篇得於亂藁　未知與何人　容俟後考"라는 주가 있고, 또 "當作與李洛瑞"라는 두첨頭籤이 있다.

霜刻厲之際。今哀年雖弱冠。志氣早定。才藝夙就。苟能立志堅確。稍自奮發於此中。每事皆以古人自期。則亦何患夫力量之不大也。才氣之不逮也哉。

人生每於靡逮之後。追念疇昔。則其所爲子職也者無幾矣。此尤痛骨刺心處也。追致孝思。不但在於侍筵几奉祭奠而已。此則以哀不匱之思。想益無窮。而念此居廬。疾病纏綿。尋常禮節。亦盡廢却。則至今慚悚[2]。心骨沸熱。故乃[3]追訟而及之。

古人居喪所讀。惟是禮書而已。其他汗漫不急之書。廢而不觀者。爲其一念哀疚。未嘗小須臾有忘也。然而至於古聖經傳。亦何嘗一刻廢之哉。

家禮雖是朱子未定之書。而先宜熟觀。則凡於送養之際。次第節目。可以取衷矣。

何必禮記然後謂之讀禮也哉。今哀旣入首於大人之學。則於小學不必用工。而古人有至老自稱小學童子者。爲學次第。不可胡亂躐等做去。直先立基於小學。則門路經正。

---

2. 悚　승계문고본은 '惶'으로 되어 있다.
3. 乃　승계문고본은 '因'으로 되어 있다.

答洪德保書

千里傳書。如朗亭汶軒之爲。獲此於氷崖雪壑之中者。寧不慰踊欣躍。反有勝於
乍接淸儀。旋惹別緖也。況審至寒侍餘。政履神相。令胤無恙。吾輩爲別。倏已三載。
顏容鬒髮。憑我準他。第未知自檢精力志氣。衰旺何似。聖人千語。使人消除客氣。
客氣與正氣。如陰陽消長。譬如大冶鎔鍛[1]。客氣纔除一分。則正氣自立。而正氣無
形可摸。惟俯仰無怍處。可以尋覔。聖人治其一已。何苦如大盜巨姦。而猛下一克字。
克之爲言。如百道攻城。刻日必勝。故牧野之誓[2]曰。戎商必克。易曰。高宗伐鬼方。
三年克之。所謂漢賊不兩立。弟之平生。常以客氣爲病。所以克治之工。旣無九容之
閑衛。四勿之兵甲。則耳目口鼻。無非群盜之淵藪。志意言動。俱是客氣之城社。比
年以來。平生病源。不攻自除。倂與所謂正氣。而消落無餘。譬如窮寇恃險。强梁自
肆。及其兵散食盡。坐受困弊。志業反不如客氣用事時。不知如何涵養。如何集義。
如何師資。如何友益。乃得復禮。禮非別事。乃吾固有之天常。常爲客氣所乘。客氣
旣除。則事事當理。不患正氣之不立。而荼[3]然疲苶。澌頓摩耗。情不內炎。澹泊相遭。
非復舊日志氣。頹然成一老農夫。今承別幅垂勉。不覺愧汗被面。聊此云云。想必發
閲一笑曰。是必朽[4]落困窮者曰甚耳。若能除得客氣。頂天立地。緣何澌荼乃爾。所
以澌荼。乃是客氣云耳。蓋吾平居。雖乏莊敬。日强之工。亦有然者。人生學殖。隨
氣衰旺。所以問兄精力志氣。自檢如何。幸賜詳覆。且錄切着數語。以爲開發振作之
也。

---

1. 鍛 대본에 '鍜'로 되어 있는 것을 바로잡았다.
2. 牧野之誓 '泰誓'의 잘못이다.
3. 荼 영남대본과 승계문고본, 연세대본은 '茵'로 되어 있다. 뜻은 비슷하다. 아래에 나오는 '荼'도
마찬가지이다.
4. 朽 대본에는 '枵'로 되어 있는데, 승계문고본에 의거하여 바로잡았다.

第二

弟之平生交遊¹ 不爲不廣 挈德量地 皆許以友 然其所與者 不無馳名涉勢
之嫌 則目不見友 所見者 唯名利勢也 今吾自逃於蓬藋之間 可謂不剃之比邱
有妻之頭陀 山高水深 安用名爲 古人所謂動輒得謗 名亦隨之 殆亦虛語 纔得
寸名 已招尺謗 好名者老當自知² 年少果慕浮名 剽飾詞華 借藉獎譽 所得名字
僅如錐末 而積謗如山 每中夜自檢 齒出酸泚 名實之際 自削之不暇 況敢復近
耶 名之友 已去吾目中久矣 所謂利與勢 亦嘗涉此塗 蓋人皆思取諸人而歸諸己
未嘗見損諸己而益於人 名兮本虛 人不費價 或易以相予 至於實利實勢 豈肯推
以與人 奔趨者多見其前蹎後踣 徒自近油點衣而已 此亦利害卑鄙之論 而其實爾
然如此 亦嘗受戒於吾兄 避此兩塗者 亦已十年之久 吾旣去此三友 始乃明目 求
見所謂友者 蓋無一人焉 欲盡其道 友固難矣 亦豈眞果無一人耶 當事善規 則
雖牧猪之奴 固我之良朋 見義忠告 則雖采薪之僮 亦吾之勝友 以此思之 吾果
不乏友朋於世矣 然而牧猪之朋 難與參詩書之席 而采薪之友³ 非可實揖讓之列
則俯仰今古 安得不鬱鬱於心耶 入山以來 亦絕此念 而每思德操趣黍 佳趣悠然
沮溺耦耕 眞樂依依 登山臨水 未嘗不髣髴懷想也 念兄於友朋一事 知有血性
而至於九峯諸人 天涯地角 間關寄書 可謂千古奇事 然⁴此生此世 不可復逢 則
無異夢境 實鮮眞趣 庶幾一見於方域之中 無相闊諱 亦不難千里命駕 未知吾兄

---

1. 遊　승계문고본은 '友'로 되어 있다.
2. 古人所謂動輒得謗 …… 好名者老當自知　김택영 편 『연암집』과 『중편연암집』은 이 부분이 없다.
3. 友　대본에는 '僅'으로 되어 있고 영남대본과 승계문고본은 '友'로 되어 있는데, 앞 구절의 '牧猪之朋'과 대구인 점을 감안하여 후자를 따라 고쳤다.
4. 然　승계문고본은 '然而'로 되어 있다.

亦未之有見耶。抑斷此念於胷中否也[5]。往日談屑之際。未嘗及此。今適因一段悠鬱。
聊以奉質焉。

5. 念兄於友朋一事 …… 抑斷此念於胷中否也　김택영 편 『연암집』과 『중편연암집』은 이 부분이 없다.

第三

　　炯楚輩遷喬。可謂奇矣。盛世抱珍。自無遺捐。從此得霑微祿。足以不死。安可責人如枯蟬抱木。竅蚓飲泉而已哉。第其東還以來。心目益高。百無可意。眉眼之間。時露鋒穎。奇遊一段。已於乾淨錄中。耳染目擩。實如足踏。不須更事探討。非爲更無奇事。聊以抑之。故不語蘆溝以西事。諸君輩[1]頗亦怪之。不無鬱陶之意。想不喩此意也。惠風之道見天子。眞是壯觀。黃屋左纛。千乘萬騎。燀爀如雷霆鬼神。而親駐馬按轡。手招東人。令平立仰視。其鼻脊隆起。直挿天庭。眼尾甚長。橫拂鬢間。髯髵若林。楞骨如岳云。吾答曰。此始皇帝副本也。惠風曰。何以知之。曰。吾已識之於三才圖會帝王像中矣。三人者皆大笑。對我不復自詫其奇觀。炯也得香祖筆燕巖山居四字以贈。故已刻揭山齋。而其眞本奉納。合附古杭帖中。以爲傳久之地。如何。其印首章。爲暑月亦霜氣。名字章及尾識。稱德園。未知其字與號也。三人見唧。巧湊一團。其平生遊居也同。志趣也同。故自中猜怨頗多。而近者尤甚云。無足恠者。雖無猜疾。自當戒謹。而況處卑而塗榮。職近而事艱。尤當息交誡飲。專精校閱。而浮華者日噪其側。欲避無門云。勢似然矣。已以一書。報知此意。而炯也自爾細心。能自防愼。楚也太銳自用。則安能知之。吾今枯落鄕廬。山以外事。不惟不聞。亦所不問。無關他事。第其平生愛惜者存。與吾兄頗同。故臨書自然及之。未知其間有甞往復。而諸君日記已成。有所示否。

---

1. **諸君輩** ‘輩’자는 연자衍字이다. 일본 동양문고본에는 이를 삭제하라는 두첨이 있다.

第四

弟之營一邱一壑。今已九年之久。水宿風餐。徒握兩拳。心勞才拙。何所成就。
纔有石田數頃。茅屋三間。而其懸崖束峽。草樹蒙茂。初無逕路。旣入洞門。則山脚
皆藏。忽換面勢。崗平麓嫩。土白沙明。夷衍開曠。向南結局。其結局至小。而徜徉
遊息之所。能備其中。前左蒼壁削立。如開畫障。石礐嵤岏。自成广广。燕巢其中。
是爲燕巖。堂前百餘武有平臺。臺皆層巖矗成。而溪彎其下。是爲釣臺。泝溪。白石
盤陀。如施繩削。或爲平湖。或爲澄潭。遊魚極多。每西陽映帶。影澈石上。是爲罨
畫溪。而山廻水複。四絶村閭。出大路七八里。始聞鷄犬。自去秋。所以保聚鄰戶者
不過三四。皆鶉衣鬼面。啁啾艦舩。專事埋炭。不治農業。無異溪獠洞蠻。虎豹之爲
鄰。魑魅之與友。其險阻孤絶如此。而心旣樂此。無與爲易。已葬嫂屋後。爲不可遷
移之地。茅茨松簷。冬溫夏涼。粟麥可以卒歲。蔬蕨甚肥。一采盈筐。或雪天 缺。

舊聞此書共八頁。今於篋衍搜得四頁。猶未完。

謝留守送惠內宣二橘帖

契托金蘭 方深柏悅 香動蓬華 佳惠木奴 知出恩宣 亦被溢渥 僕隨處爲樂 旅味多酸 林泉忘機 寧嫌渡淮之迹 璚琚思報 媿乏作頌之才 竊惟燕岩一區 鹿門晚計 柳惠援止 詎無不恭之嫌 龐公耕耘 竊效遺安之術 畫邑之安步晚食 陌車肉之難忘 孤山之子鶴妻梅 笑家累之尙在 留相閣下 文稱綉虎 道希猶龍 直提華嘲 長帶奎章之新閣 管理雄府 曁尹高麗之舊都 出入人皆爭觀 依然君實之守洛 淸靜誰與爲比 宛是蓋公之治齊 蠟花題詩 幾枉山公之車騎 牛[1]罏煖酒 亦飽亥[2]唐之菜羹 缺[3]

---

1. 牛 대본에 '羊'으로 되어 있는 것을 바로잡았다.
2. 亥 대본에 '奚'로 되어 있는 것을 바로 잡았다.
3. 缺 『엄계집』은 '僕敢不'로 되어 있다.

答族孫 弘壽 書

匪意奴來 開緘未半 一字一涕 千言化[1]淚 全紙皆濕 此吾疇昔所備嘗者也 安得不疚心痛骨 淚落如荳也 嗚呼 世間貧士 有千冤萬屈而終古莫伸者 夫受一城 爲國保鄣 而不幸強鄰驕敵 迭相侵伐 雲梯衝車 百道來攻 外絶蚍蜉蟻子之援 內盡雀鼠馬妾之肉 畢竟肝腦與城俱碎 猶不降志屈身者 爲有所守之也 故生爲忠臣 死爲義鬼 封妻蔭子 萬世永賴 名垂竹帛 不絶俎豆 至於貧士苦節 其經歷艱虞 亦何嘗小異於烈士之孤城哉 亦惟曰吾有所守之也 然而默計平生 孝悌忠信 禮義廉恥 蕩然掃地 末梢[2]成就 不過效諒溝瀆而已 存爲拙夫 歿惟窮鬼 僮僕流離 妻子莫保 名字湮滅 寂寞邱原 嗟乎嗟乎 天之降衷 寧有爾殊 而志之所篤 亦豈不若乎人哉 此其冤抑沈屈 終古莫伸 而乃世之論者 輒一言磨勘曰 貧者士之常 殊不識此語出在何書 歸閱古聖遺訓 則孔子曰 君子固窮 孟子則曰 士尙志 天下固窮尙志之士 莫尙於若人 而乃聖人則有若爲若人 準備此語 丁寧垂戒者然 豈不是至冤至屈之事乎 所以蘇季之錐股 窮皐之益讀 乃其雪冤伸屈之資耳 留奴奚爲 而不得不待場貿布 兼爲榨絮 頗費空日 且雨雪連仍 不卽發送耳 次兒婚期姑無定處 奚論預措耶 庶幾諒我平生迁性 而猶出是語 還覺一笑 妹書雖慰 而盡送內行 獨守空衙 傍無替讀侍寫者 奈何 吾之平生 不識一簡諺字 五十年偕老 竟無一字相寄 至今爲遺恨耳 此事想有聞知 爲之傳及如何 玄壽有書 而若干物雖欲送助 苦無信便 尙此莫遂 如物在喉 極欲付送此漢 而此漢貌樣若[3]不信實 故姑已之 容俟他便而已 治簿已久 畢糶則決歸矣 方此掛鏡 書此未卒 通津兩札又至矣 姑未發視 而書中事可知 不宣

1. 化 대본에는 '和'로 되어 있는데, 승계문고본에 의거하여 바로잡았다.
2. 梢 대본에는 '稍'로 되어 있는데, 여러 이본에 의거하여 바로잡았다.
3. 若 영남대본과 승계문고본, 연세대본은 '苦'로 되어 있다.

答咸陽郡守書

便中惠書，慰荷，防川軍丁，排定日字，有此先示，深感深感，第貴郡始役之後，亦應自聽弊邑民情，其緩急先後，俾得自由，不當抑之殿後，來教每舉居昌，較其遠近，有此排定，而弊縣抄戶調丁，悉出於西北兩上洞，此兩面之距弊衙，或爲八十里，或爲九十里，比去役所，皆爲百數十里之遠，以此較之，居昌返邇於弊縣，何者，居昌所募之丁，皆於邑內代立，比距役所，爲七十里之近故也，今以役處則一也，別無先後利害之殊爲教，未敢自安於鄙心，惟恐或後則有之，有何可利，而疾趨爭先耶，驅十百無紀律之軍丁，食己食而役他役，諺所謂食高陽之飯，赴坡州之役，若又進退號令，不自本縣，使之姑徐，則自破已期之日，使之等待，則自奪方農之時，雖趁十一日，勉從指揮，又安能視若己事，奔赴努力乎，且以農形言之，野峽懸殊，山高水冷，風霜頗早，耕蓐凡節，最先於他，非可與貴郡平曠之地，較其早晚也，來教，又以助之反以害之爲責，是又豈所安於鄙心耶[1]，其在共濟之義，惟力是勉，而況朝令之下，孰敢爲妨功害事之計乎，設令貴郡役丁頗優，無所更事乎鄰邑，而許其中止，則此亦將厭然爲得計，逡巡而蹲仍耶，亦未敢曉盛意也，既已[2]役處浩大，他邑役丁若與幷付，則實難監董，凡事不可無主客之別爲教，誠如盛慮，則第當於初四日，擔曳病軀，親自領赴，躬率董飭，似當兩無相妨，策駑磨鈍，固所甘心，望須諒察，毋使已團束之役丁，中道改期，

---

1. 耶　영남대본과 승계문고본, 연세대본은 '哉'로 되어 있다.
2. 已　영남대본과 승계문고본, 연세대본은 '以'로 되어 있다.

答巡使書

教意謹悉。到任初。寺奴一款。紛紜入聽。故趁時密探。則癸卯年間。其頭目輩托以防貢。收斂錢財。摠爲九百餘兩。而都歸消融[1]。以此敗亡者多。痛怨入骨。及夫昨冬加括也。又復乘時作奸。而寺奴之暗地納賂者。本以圖免於將來矣。十年之後。竟入加括。故其他漏名隱身者。擧懷危懼。追提往事。胥動怨言也。今此提教。似認事在目下。而頭目之所以憑藉侵虐。自有其時。卽歲末加括。今則加括尚遠。雖欲作奸。其勢末由也。蓋昨冬不無此弊。則捏合往事。怨讟朋興。非不知嚴覈報聞。而不但事屬旣往。多關前任。前任之作故者。已是三等。而其中族叔。最爲碍逼。故反覆沈量。未敢輕發。欲觀來頭。以爲處置之計。本事苗脈不過如此。但恐此輩怨毒旣深。猥濫登徹。比比有之。無論某事。若以收斂等說。混淪稱怨。則本邑生事。姑舍之。其爲貽憂上營。當復如何哉。積憾[2]旣久。騰播亦遠。則事非可秘。若蒙直關嚴查。則亦安敢因循退托。不自圖善後之策耶。此呈胎紙。卽賀右相大拜書也。自藩入閣。初筵陳白。似易爲力。故果以此弊。信手錄入。此其副本也。覽之[3]可諒。此固平日苦心矣。不宣。

---

1. 融 대본에 '瀜'으로 되어 있는 것을 바로잡았다.
2. 憾 대본에 '感'으로 되어 있는 것을 바로잡았다.
3. 之 대본에는 '至'로 되어 있는데, 승계문고본에 의거하여 바로잡았다.

與人

政衙西南面百里外. 如垂翠帳者. 即雄蟠湖嶺九邑之山. 其名曰智異也. 皇輿攷所稱天下神山有八. 其三在外國. 或曰. 楓嶽爲蓬萊. 漢拏爲瀛洲. 智異爲方丈. 秦之方士所言三神山有不死藥. 此乃後世之人蔘也. 一莖三椏. 其實如火齊. 其形如童子. 古無人蔘之名. 故稱不死藥. 以誑惑貪生之愚天子. 今吾出錢數百兩. 採之於山. 養之於後圃. 未幾而忽病亡陽. 採食幾盡. 味殊淸苦. 香有遠韻. 而其實不如常食之當歸竹筍菜. 然而服此三兩而後. 能塞數朔如沐之虐汗. 未必能令人不死. 而亦豈非惑人之妖草乎. 日對方丈. 其垂翠帳者. 忽變爲石靑. 俄頃之間. 忽爲藍綠. 夕陽乍[1]映. 其色又變爲爛銀. 而金雲汞烟. 橫帶山腰. 化作萬朶芙蓉. 旖旎如姱帊. 疑有仙人隱君子. 披霧裾. 飄霞帶. 綽約出没於其間. 吾顧語阿彭曰. 今吾所服三椏. 果能令人不死. 輕身退擧. 雲遊三山. 而如不眷率. 又無朋從. 有何佳趣. 雖得暫遇安期赤松. 人間爛柯. 乃是仙界一日. 其爲歲月. 又何其促也. 一日所唊. 雖火棗靈芝何如近喫之氷梨赤柿哉. 設令眞遇安期赤松. 講黃庭. 讀綠字. 亦何如 缺七字 之玄談妙偈哉. 設令世外談笑. 或有可樂. 其談笑之頃. 人間雲仍. 已爲十代矣. 不無慈戀之心. 有時御風而歸. 語其雲仍曰. 我乃汝之十代祖. 未有不勃然大怒. 荷杖逐之者也. 使秦皇漢武. 早識此解. 則寧肯捐富貴. 舍眞樂. 就枯槁. 甘寂寞. 棄其萬乘之尊. 而棲身於無何有之鄕哉. 願足下乘興而來. 喫緊[2]此滿園筍蔬. 鱠錯一川銀口魚. 眞正流觴泛卮於淸池曲水之上. 而不讓晉賢之風流. 無負癸丑之修禊. 爲眞可樂也.

---

1. 乍 영남대본과 승계문고본, 연세대본은 '斜'로 되어 있다.
2. 喫緊 영남대본은 '頓喫'으로 되어 있다.

上巡使

鋤後亢旱。忽自夏季。一直到今。天無一點雲。搖扇飲冷。晝夜如在熾爐中。六十年來所初經也。伏惟旬宣起居萬重。下官衰病轉深。而奔走禱雨。霉應彌邈。民事渴悶。居邑三載。無一惠政。災咎之召。理或固然。但從朝至暮。亂朱胡撊[1]。莫非不正。今日如是。明日如是。而因訛襲謬。莫之矯革。則庸詎非距心之罪乎。缺七十四字。今之所謂兩班。古之所謂大夫士。今之所謂守令。古之所謂盜臣。如使伯夷於陵。處今長吏之一席。則奚但如坐塗炭。必將出而哇之矣。然而來關去牒。無一實事。民憂國計。了不關涉。囫圇喫着。糊塗做去。如今暑熱所病。瘧痢也關格也。或源於風寒暑濕。或崇於虛勞內傷。而忙邀周命新。初何嘗診脈察證。一邊呼寫二陳湯。一邊誦傳七律詩。吃麪喫猪。悤悤起去。日閱百病。到處如此。吾則執其證曰。因循姑息。苟且彌縫也。以此而以福醫行世。豈不痛哉。先治其福醫。然後方可。昔之豚蹄穰田者。所持雖狹。其情猶原。其辭甚愨。以今祈雨之祭驗之。雖曰掃地而祭。陳席設幕。旣不甚平正。而器皿告窳。俎豆傾側。鄉曲執事。不嫻禮儀。跪拜歪斜。冠非古非今之冠。以平去難卜之音。讀枯[2]淡無味之文。以此而欲邀方千里之大霈。豈不難哉。世間萬事。莫非此類 缺。

---

1. 撊　대본에 '蹋'으로 되어 있는 것을 바로잡았다.
2. 枯　대본에 '古'로 되어 있는 것을 바로잡았다.

上金右相書[1]

　　昨秋盡送子女婢僕　衙中一空　隨身只與一小童　知印相守　夜輒夢裡呼空　寒心憐之　常令更直東軒　獨與一盆梅一盆芭蕉　伴宿三冬　古人有妻梅者　而雪天綠蕉　可作虛心之友　春來　上池水溢　循除鳴濺　響若操琴　堂前一株雪梨盛開　地[2]臥其下　仰看玉葩璚藥　上承月光　珠露相映　景物太空寂　獨咏承天寺記　神骨淒清　不能寐　朝起　仲存書來　慰此幽獨日　古來無率眷神仙　寥寂何妨　寥寂　然後見神仙　此人卽新榜老進士也　想應與渠有先誼　晴窓試筆　信手及之　吉士之誘　迨其今乎　但恨世無知之者　其皎潔可與玉樹爭華耳　厚蒙天恩　專城自牧　伊來四載　庖有肥肉　廩有餘粟　荷堂竹閣　清趣自足　奈此衰病日深　歸思轉甚　而千里久覊　還令燕岩耕鑿　用違其時　是爲懊悵　嘗謂千古喜事者　莫如伊傅　不自竟其畎釣版築　忙赴他宴　誨排柿梨　未免聒噪於梅酸鹽醎之間　固已不緊於自己身分矣　況其所謂萬兩太守　滔滔逐豕於山　而反縱舍猪乎　較其得失　孰爲多少　又況世間　元無千金太守乎　昨與數三隣宰會　烹河豚　廚人棄卵井欄下　群鳶盤旋久之　次第側翅　如掣翎　斂足翻身而過　最後一老鴟　大膽一攫　褰徊雲霄間　竟墜之屋脊　一烏來坐　良久傍睨而去　闔堂齊笑曰　毒哉斯人　以鳶饕烏貪　猶能致愼於口腹　若是之審　而乃坡翁尙直一死也　小焉　厥烏復含一大塊黔物而來　得意俛仰　左右交啄　忙了一飽　礪昧瓦上　一魄而飛　使官僮徐審之　前之所啣　乃糞塊也　糞能解毒　彼能智於解毒　而於味則未也　未知世間亦能有解毒良方　果如烏有先生否也

1. 上金右相書　영남대본은 '上金左相書'로 되어 있다.
2. 地　그 앞에 '席' 자가 누락된 듯하다.

答金季謹書

去秋仲存袖傳一書。繼又聖緯來留。五一亦來會。雙池水淸。氷梨火棗。磊落盈庭。況復滿園高種柹。不減越中紅。雲社日夜娓娓者。半是松園。是時。雖未奉謝一字。足想足下兩耳癢癢。伊後。仲存逼歲起去。聖緯亦趁春科。一鞭馳還。始覺此身忽在嶺南八百里外。寧不慨然哉。庚炎比酷。仕履起居神相。令從兄時可氏。奄作故人。痛矣如何。元禮之訃。又至矣。此兩人者。皆吾弱冠友也。氣可以崩山岳。辯可以決河漢。不知天地間有甚難事。可以學神仙。可以做將帥。文章功業。指日可建。四十年都會計。不過悤悤做俗史。纏樹若干屋子。人生百歲間。忽如遠行客。非可黏滯於胸中。每一念至。悵然耿結耳。今之爲守令者。以邑貺¹厚薄爲好否。未聞以山水勝槪爲好否也。所謂厚薄。指得何物。弟之居官已三載。日閱案頭之邑摠 缺²。都不見可食之物。一日謂家兒曰。汝讀禮乎。片肉之厹切。何害於口腹。小憩之偏倚。何妨於尻股。聖人丁寧垂訓於在姙之時曰。割不正不食。席不正不坐。是自胞胎養生。莫不正也。推是類也。蓋祿萬鍾。未必非鴟鴞之鵊。洛邑九鼎。豈不是望望之冠乎。今之所謂兩班。古之所謂大夫士。今之所謂好太守。古之所謂盜臣。其所喫著。能有不名色不正者乎。使伯夷於陵處之。奚但如坐塗炭。必將出而哇之矣。然而烏信百鳥皆黑。蛙疑萬蟲同聲。今吾兄出而仕矣。出而仕者。將欲爲好太守也。欲爲好太守者。將以多喫也。未知足下所自處。不夷不跖可否之間乎。然則牛刀一試。莫如此縣。茂林脩竹。酷似山陰。流觴曲水。不讓蘭亭。今方擠龍³解褟。銀唇入網。雖使伯夷爲監。還應欣然一飽矣。深願足下不必希多錢之好太守。坐待老友之交承如何。少醉俉筆。姑此不宣。

1. 貺 영남대본과 승계문고본, 연세대본은 '況'으로 되어 있다.
2. 缺 『연암산고』燕岩散稿 제4책이나 『유상곡수정집』流觴曲水亭集 곤坤에는 "丈八瞋目"이라는 4자가 있다.
3. 擠龍 대본에 '龍擠'으로 되어 있는 것을 바로잡았다.

答湖南伯

雪寒。巡宣體履萬勝。伏慰區區。前書所諭。逝者九原。存者晨星。纏綿悲惻。何使我淚下也。昔之范富。未嘗非迂儒拙士也。其平居何嘗以經濟自詡哉。但其平日實心讀古人書。及乎出而當世務。則毋論夷險。只是尋方於古人書中。自己所費。不過一個誠字而已。頃書所教。有若視此兩公。爲軒天動地底別般人。非愚之所期於使家也。使家讀書。不下范富。而又後范富幾百年。則其良方又多於范富也。但所未敢知者。費得一個字。能如古人否也。古之所謂盜臣。今之所謂守宰也。古之所謂聚斂之責[1]。亦豈無所歸耶。孟子曰。毋得罪於巨室。一邑之吏屬。卽一邑之巨室也。列邑之守宰。卽亦一道之巨室也。如此是守法。如此是非法。惟彼官吏知之。彼雖畏目下之桁威。亦豈無皮裡之陽秋耶。想彼前修。當不得罪於巨室也。頃秋風災。有甚有不甚。所謂千里不同風者是也。但大嶺以南。不似蘆嶺以北。折木飛瓦則有之。而其萬木怒號。八表掀動。何處不然乎。方其風雨時。自永川行向慶州。遙看百里外。海天黑雲如潑墨。更似無數菌芝。千萬車輪。行人遙指。白龍矯矯。其狀更如山隴間樵徑岐出。其色非白非玄。澄瑩如薄氷。雖未識是龍是雲。而伊日風力之猛可知矣。來書不災之賀。非賀也。風者。無乃風耶。自以下邑小吏[2]。千餘里赴闕。獲襯耿光。至榮也。俯詢本縣之豐歉。次咨沿路之農形及道內民情如何。向來風災與否。天語諄複。至於道內民情。較之壬子。以從所聞見仰對之意。丁寧勤摯。于時。殿上玉燭輝煌。左右。惟承史而已。上之所以待賤臣。無異近密。則在賤臣義分。旣借方寸之地。惟當畢陳無隱。而胸中不字萬言疏。背上都化一斛汗。疎賤之蹤。言不盡懷。固其勢也。然其視范富諸公。又何如也。缺

---

1. 責 영남대본은 '臣'으로 되어 있다.
2. 吏 영남대본은 '宰'로 되어 있다.

答李監司 書九 謫中書

初秋。爲行兒婚赴都。得逢賢仲季兩上舍。畧聞匪所起居。我雖不見寧海。蓋天下之東盡頭也。上蒼下碧。如黏膠線縫。章擧鮫人。誰與爲鄰。戴恩訟愆。古人所以無入而不自得焉。願言君子。益崇明德。秋盡冬屆。風霜高潔。瞻悵方切。豈意巢谷忽傳手書。時則舊瘇方作。重衾寒欹。得書發蒙。歡溢爲汗。背撎旋止。因審寓中體度神護。何由健步勇往。得如韓大夫也。向平之婚嫁已畢。淵明之松菊猶存。胡爲久作老饕。獨守空館乎。但梅妻卿卿。能不去帷。又有小盆。從而爲媵。古人無友蕉者。吾獨愛渠。心雖百卷。中兮本虛。一展則無表襮邊幅。所以爲吾虛心之友。月窓雪戶。開襟暢欹。不似中山君狡而默逃也。念少年時。當食忘齒。物無硬毳。運舌如風。鼓頰如雷。殊不覺其齧嗑咀嚼。各有主用。此來四載。斷齶之間。騷然皆動。酸醎溫冷。痛各異形。造次飲吃。戒先在心。去秋。左輔第二車。倏已脫去。右輔第三牙。內脫外冑。如枯葉之戀枝。談言呼噏之際。顚倒出入。珊珊然微聞環珮之聲。嗟乎。齒亡而後有齒。有齒者是豈眞吾有耶。朝日就窓。細玩落齒。非骨非石。托根甚淺。有非椎鑿所可安固。蓋一身之全力元氣。有以收斂而紀綱之。及其血肉漸乾。眞元不綱。則昔之爲我利用者。渙然先頹。古來天下大勢。固多類此。吾今於一齒之落。亦復何哉。近有拙作數篇。玆以錄呈。奉慰寂寞。妄希斧政。評語皆仲存筆也。冬暄如春。惟冀台履益加調護。餘萬姑不備。

答巡使書

大凡殺獄何限。而未有若此獄之乖常悖理者也。疑於迹者。究之於情。晦於詞者。參之於證。審克大體。固不出此。而至於此獄。以情則囚供所稱。親雖舅甥。而父呼子養也。以迹則檢場所驗。直是刃刺。而血盡死繼也。以詞則恩愛至切之間。宣出於警其放心。以證則依違吞吐之中。猶不得諱其持刀。參究情迹。實非常理。反覆詞證。彌生疑晦。何則。當初判烈之父曺應鵬。與其妻娚林宗德。同閈居生。數十餘年。貨産俱饒。情好幷篤。判烈自其幼時。養於其舅。則宗德視同己子。勤其訓課。應鵬實忘其子於宗德也。及判烈旣長娶妻。而數年以來。浪蕩酒色。被人慫慂。沈惑宗德家童婢。疎棄正妻。從遊無賴。非但其舅之所深憂慮。其父夙宵亦思所以懲戢之道。第其慈愛至情。未能威制憍子。而平日畏憚。不如其舅。則果爲躬執判烈。共詣宗德。要其服罪。猛加警覺。伊日事根。不過如此。宗德性是癡蠢。臨事無難。妄以家長自處。嚴峻自任。忽行悖擧。自作凶身。噫。父子責善。猶爲大戒。何況舅甥之間。不思賊恩乎。兒罪當笞。何忍刀脅。愛之欲生。胡爲至死。此獄之所以不煩詞證。而執迹而論情。無缺。

上巡使書

向以疑獄鄭順己事 有所面陳 而未畢其委折矣 大抵此獄實涉孟浪 初非再檢
成獄之事 而其時兼官茌任數日 遽當此獄 則兼邑下屬之得得行檢 不顧痕捐之如
何 不計詞證之有無 而草草具案 已不免疎率之歎 覆檢之別添墮胎一款 尤涉無
據 前巡使時 不無廉得其冤狀 而別關論理 使諸推官 出意見論報者此也 然追
反獄情 自乖成案 亦不無前後矛盾之嫌 故所以遷就至此也 所謂元犯 觀其狀貌
則庸庸平平 至順至劣之漢 閱歲牢犴 父母雙亡 妻又他適 非但本事之可冤 亦
其情理絶矜 無所告訴 況此自前冬圄圄一空 則彼雖死囚 獨置空獄 顧養無人
飢病相仍瘐死 丁寧愼重審克之外 亦豈是欽恤之道乎 枚舉事實 俱在報牒中 惟
望裁處

報草 _附

今此獄事 出於郡守上京之時 未得參檢 而旣無干連之可問 惟以初覆檢
案 反覆審覈 則屍親金汗成 以爲其妻雪云禮 與巡己爭鬨[1] 欲打其頰 則巡
己兩手牢執 捽之踢之 痛臥三日 以至致命 而當初爭鬨之時 渠則出他 初
不目覩爲招 元犯鄭巡己之招 則[2]以爲雪云禮爭鬨之時 厥女持椎奔入 故執
其兩手 要免其打 相[3]撐拒之際 所昧過去之人 力挽分解 則厥女不勝其毒

---

1. 鬨 대본에 '鬪'로 되어 있는데, 영남대본과 승계문고본, 연세대본에 의거하여 바로잡았다.
2. 招 則 승계문고본은 '招內'로 되어 있다.
3. 相 영남대본과 승계문고본, 연세대본은 '互相'으로 되어 있다.

投擲四體 自顚自撲爲招 觀此兩招 俱不成說 屍親雖曰目覩 非可取信 故拘[4]礙干連 以爲參證 渠旣自招其初不目覩 則必有傳聞之緊證 而所證者不過渠子之七歲孩[5]兒 汗成之家 孤在山谷 則相鬪時光景 被打時輕重 無人參看 推此可知 雖他家七歲之兒 年旣未滿 語言未詳 不可爲證 況非別人 乃是渠子 則在法非所當問 而乃敢作證 豈成事理乎 至於元犯論之 兩相詬辱之層激 持椎欲打 若不避走 則勢當迎擊 渠以壯丁 豈徒執其兩手 挺挺凝立乎 摔之踢之 在所不已 及作凶身 無所逃罪 則極口發明 何所不至 而其曰初不犯手者 豈可成說乎 執手拒打之時 解挽者果是何人 而以所昧過去[6]人 漫漶作證 極爲巧惡 此所以詞證不備 情跡轉晦者也 雖以兩案實因論之 未免摸撈 强覓痕損 而一則曰陰岸之紅暈 一則曰小腹之靑黯 宛是受損之痕 而旣無顖門之血紅 則所傷之不深重可知 傷果不重 則豈足致命 宛是者 其然似然之辭也 旣無者 果然截然之辭也 小腹陰岸 俱係要害 則亦何能延至三日 宛是之痕 旣無之驗 豈足以具案乎 腰眼上脊膂下 擦傷之痕 若是丁寧 則其所被踢在前 而不當在後也 巡己之自顚自撲之說 以此抵賴歟 傷痕之不明的 推此可知 實因之一以內傷 一以胎傷 終涉强覓 外痕未著 則率歸內傷 內傷難審 則執定以胎傷 其所執定 尤似未審 凡死人大脈旣放 則平日癖積瘀血 有自然堆下者 至於多産婦女 其血塊之露出 不是異事 則以此硬定其胎傷可乎 況其産後纔滿十朔 則一年再胎 乃是絶罕之事乎 又況其夫之所不知 而安可以凸物之微見 謂之墮胎乎 且汗成之三日後勉强發告之狀 已非苦主 而前巡使別關 枚擧疑端 以爲反覆詳覈 出意見論報 俾無無辜橫罹之弊 而其時遽値營門交遞之際 未及論報 是後汗成亦無去

---

4. 拘 영남대본과 승계문고본, 연세대본은 '鉤'로 되어 있다.
5. 孩 대본에는 '奚'로 되어 있는데, 승계문고본에 의거하여 바로잡았다. '奚兒'는 '아이 종'을 가리키는 말이어서 적절치 않다.
6. 過去 승계문고본은 그 다음에 '之'자가 추가되어 있다.

處。究覈無路。以至閱歲遷就。實非重獄體之道。大抵此獄。未有顯著之痕損。
且無參見之緊證。則墮胎與否。終涉亂昧。元犯之停推許久。而屍親之蹤跡永絕。
更無盤詰之地。則有非審克之道云云。

答巡使書

十八飾喜、率土同情、雖無盛速、固當翼趨於拱北雙樹之間、共歡此太平萬歲之樂、而顧今中暑暴下、飲啖全廢、多日委頓、無以自力、只自慊恨而已、郡郭之東、校宮之前、有廢堰周一千五十六尺、堤下蒙利者、可苗種二十餘石、年久塡塞、堤內馬塚累累、荊榛之所蕪、虫蛇之所藏、春間疏鑿、盡去其馬塚、中築小臺、臺上樹一笠六面草亭、爲三空長橋、屬之北塢、雲水空濛、連山遠沈、平疇莽瀾、或乘月蕩舟、或憑欄垂釣、雖其結搆鋪置、未免寒儉、至若景物風致、不讓昔人、昔人之名亭者、蒼顏白髮、飲少輒醉、則曰醉翁、一雨三日、吾亭適成、則曰喜雨、今此所[1]搆、實兼二事、則遂敢題之曰醉翁喜雨又斯亭、欲刻揭此七字、而非但筆意本自荒拙、年來久患風痺、積拋筆硯、洒者臨池、濃爲墨猪、焦爲枯藤、易數十紙、終不成字、玆敢忘其僭妄、仰[2]丐此掌大七字、倘蒙不鄙、則其爲湖右侈觀、當復如何、非但下邑無刻手、畫者難得、更乞亟付剞劂、令畫神略施顏色、俾得成就斯亭、幸甚幸甚、環堤植柳、又種杏子李核五六斗、又囑官僮、拾秋桃遺仁、爲列樹計、未嘗不自笑其迂、然亦奈何、

---

1. 所 영남대본과 승계문고본, 연세대본은 '小'로 되어 있다.
2. 仰 승계문고본에는 그 다음에 '面'자가 추가되어 있다.

上巡使書

因山奄過，弓劍永閟，瞻望長號，何所逮及，臘沍，旬宣體履如何，下官衰病日深，而猶復間關嶺海，甘作老饕，是誠何心，曩者置對時，適值初寒，五日處冷，脚部不仁，因復跋涉險遠，遂成瘰瘻[1]，自憐奈何，邑瘼民肓，俱屬難醫，而居止數朔，始覺風氣絕殊，盲颶腥颻，發軱飄瓦，鯨吼黿噴，如在枕頭，回想家鄉，千嶂挿昊，大抵一時遊客，筇屐賞勝之地則可也，殊非暮境盤桓嗇養之所，況其不帶一丁，孤棲如僧者乎，到任九日，坐席未溫，旋作就理之行，十月望後，扶病更來，遽當黃腸之役，而差官纏送，催科時急，捧糴纔畢，又復速幸鎭營，日事惱撓，默計在官未滿五旬，則百務倥偬，頭緒未定，而鎭校之木根摘奸，譎詭莫測，村氓之生悧投牒，日復盈庭，鎭營之慢題誶罵，操束甚峻，因一海夫之改船，致令不韙之語，波及前倅，其爲不安，當復如何哉，此不過當初鎭校之歷路橫侵，乃其伎倆，而欲掩索賂之跡，含憾訐訴，則未免偏聽校卒，曲爲之地，且爲發怒於徑先報營，必欲右袒立幟，轉展至此，非但困境無比，因此事關交承，至於行查之境，此莫非新到昏瞶，不諒事勢，疎率所致，慚恨何極，前此巡營爲軫奸商流入之弊，別關嚴飭於列邑，非止一再，則何獨於襄陽一境，而特使鎭營，別爲摘奸其木根乎，今其鎭校再來三來，不分封山之標內標外，無論木根之若大若小，貪多務得，有見輒錄，山下居民，殘寺僧徒，咸思駭散，幸望特遣親裨 缺

---

1. 瘻 '疾'의 오자인 듯하다.

上巡使書

伏惟新元。旬宣體履神相萬重。侍候一向康寧。伏庸慰賀。無任下誠。下官前冬
重經毒感。兩脚無力。因成膝攣。房闥轉動。亦須扶擁。歲翻此久。尚稽就拜。下懷
悵鬱何極。今此禮曹關內。神興寺雜役蠲減之後。紙墨未乾。其所侵徵十倍於前。至
有首鄉吏上使嚴刑之舉。爲其守土者。萬萬震懍。靡所容措。去年夏間。蠲減節目。
自營門反貼成册。一置營門。一置本府。一付該寺。以爲憑考之地。則設有貪官汚吏。
寧肯區區於數卷之紙。加徵於節目之外。而官屬輩方爲該寺所脅持。兢業度日。猶恐
其一毫執頉。亦安敢橫肆十倍之侵徵乎。揆以利害。萬萬無此理也。誠如關辭。則以
若無所顧忌之寺僧。何不枚擧節目。卞正于本官。亦何不卽呈議送于巡按之下。而乃
敢不有營邑。越訴京司。無難搆捏。至於此極乎。下官莅任。自去年十月之望。至今
晦間。纔滿百日。其於邑事。未諳頭緖。則凡諸施措。只按成規。所謂朔納紙地。不
過數卷。雖名官納。自來優價貿用。而今又添給價本矣。其他營需紙席。上司例納。
莫不以本錢直買。逐條係價。一按可知。而此猶細事。不須多卞。大抵本府之有神興
寺。卽一邑心腹之疾。而該寺之有僧名昌悟[1]巨寬者。亦一寺心腹之疾也。渠以么麼
緇徒。逗遛京山。許多年所。而誘脅衆僧。蕩盡寺財。言貌姦譎。蹤跡詭祕。締結無
賴。猥托莫重。專事陷害長吏。立威官屬。此其伎倆。則官不得爲官久矣。土豪之武
斷鄉曲。把持官府。古或有之。僧徒之若是橫恣。今始初見。乃者飜關內司。粘連龍
洞宮手本。首擧江原道襄陽所在神興寺。卽列聖朝舊蹟奉安之處。臚列守令不謹奉
行之罪。此莫非昌悟巨寬之所誣罔也。此不明卞。則一身駭機。固不足恤。而其於邑
瘼何。其於國綱何。列聖舊蹟云者。如本府所在洛山寺之謂也。非神興寺也。光廟內

1. 昌悟 '暢悟'의 오기인 듯하다. 아래에 나오는 '昌悟'도 마찬가지이다.

戌。洛山爲駐蹕之所。而成廟宸翰。十襲寶藏。肅廟御製。紗籠板揭。至今寶墨煌煌。
雲漢昭回。成化五年所鑄大鍾。俱有當時名臣承命銘述。爲一寺重器。此皆洛山古
寶[2]也。至若神興寺。新刱於崇禎甲申。百餘年間。列朝遺文。本無有在。而乃敢漫湊
引重。瞞囑宮屬。圖出手本。若是容易。則他尙何說。昨年營邑。雖知實狀之如此。
而第以語涉莫重。事關內司。故莫敢明言暢說。彌縫以度。則僧徒之益肆悖慢。職此
之由也。該寺素饒田産。號稱富刹。多不守分。甚至歲初。乘醉起鬧。縛打流丐。幾
成殺獄。多至六名。幸限旣過。五名則僅得生道。扶杖起動。庶可無虞。其中一名。
尙在危境。前頭之事。有未可知。卽此一款。足驗僧習。怙勢頑悖。無所不至。願堂
復設。所重有在。非關於一僧徒。則揆以事理。實無忌器之嫌。伏望將此事情。或論
報備局。或狀請勘覈。亟正妖僧藉重誣罔之罪。如何如何。顧今病勢。又挾風感。宿
症俱作。實爲難強。而方當赴操。期日甚促。束伍之多年闕額。充補無計。則果非言
病廢務之時。私情悶迫。如何勝喩。過操後。勢將控辭申懇。庶蒙諒悉。姑此不備。

2. 寶　　영남대본, 일본 동양문고본 등은 '實'로 되어 있다.

祭榮木堂李公文

維歲次乙亥十一月庚午朔一日庚午。潘南朴趾源。謹具酒果之奠。哭訣于弘文館校理李公靈筵曰。

余年二八。入贅賢門。弟兄湛樂。和氣氤氳。外舅謂我。余季好文。仕宦雖疎。文學甚勤。來舍甥館。余季汝師。公之愛我。視舅亦采。授我詩書。嚴課無私。陪公周旋。四年于茲。文與世降。公起其衰。文劈韓骨。詩骭杜肌。小子不佞。才魯性癡。荷公誘掖。庶幾愚移。余方有進。公奄棄世。茫茫岐路。我尙疇詣。讀古一傳。已多觝滯。數行才下。群疑交蔽。廢書太息。繼以悲涕。我疑何質。我惰孰勵。念茲益悲。實爲我地。去夏潦暑。公疾始崇。玉巖淸泉。公于濯纓。浴沂新服。此日旣成。顧謂小子。盍觀於水。盈科而進。有爲若是。逝水其忙。言猶在耳。而今思之。警誨止此。天生我公。年命何屯。苫席無孤。萱堂有親。昧昧者理。難質鬼神。無年無嗣。昔人所愍。孰主張是。其亦不仁。早擢魁科。家甚淸貧。歷敭華要。養未專城。金馬玉堂。於公非榮。曩進一疏。遼竄南荒。余病未別。來拜高堂。壁掛輿圖。指示泫然。逖矣遷人。鬱繆山川。某水某山。何時度越。不忍生離。況此死別。昔公謫去。奉慰有說。今公此行。忍作何言。余懷抑塞。不覺聲吞。維廣之陽。卽公眞宅。啓殯隔宵。含哀告訣。文辭雖拙。腑肺攸出。奠物雖薄。情禮所設。尊靈不昧。庶歆茲酌。尙饗。

祭外舅處士遺安齋李公文

維歲丁酉六月二十三日丁巳、外甥潘南朴趾源、謹以淸酌、哭訣于外舅遺安齋李公之靈曰、嗚呼、小子年十六、入先生之門、于今二十六年矣、雖愚鹵顓蒙、未能學先生之道、亦自以爲不至阿好以羞先生爾、今於先生卽遠之日、可無一言以攄其無窮之哀乎、

嗚呼、以士沒身、世俗所恥、彼以卑[1]賤、惡能識士、所謂士者、尙志得己、柳介莘囂、不過如是、由是觀之、沒身以士、亦云難矣、嗚呼、先生存沒、不違士也、六十四年、善讀書者、積久光輝、溫乎發雅、樂飢若飽、守節如寡、孤不離群、貞不詭物、發言破觚、制事截鐵、氷壺秋月、外內洞澈、陋世酸儒、恥士一節、夙刊客浮、晚韜英豪、視眞履坦、心降氣調、所性之外、不著一毫、墨則斯浣、稂豈不薅、曲肱飲水、繫馬千駟、旣無加損、士之一字、命有所定、時有所値、能辨此者、始識公志、嗚呼、梁木之哀、江漢之思、奠斝一慟、萬事已而、眉宇之寄、獨有庭芝、歡戚造次、庶共挈携、不忘偲怡、以報受知、嗚呼、昔日小婿、今亦白頭、從今未死、庶寡悔尤、維德之愛、願言冥酬、肝膈之寫、靈或知不、嗚呼哀哉、尙饗、

---

1. 卑　승계문고본과 김택영 편『연암집』등은 '貧'으로 되어 있다.

祭梧川處士李丈文

維年月日。潘南朴某。謹具隻雞漬絮之奠。祭而哭之以文曰。

嗚呼。我生三年。自始能言。栗兮楂兮。詠言梧川。云誰之誇。新婦之家。公來視女。常乘白驢。深目長髯。威儀雅魚。超躍迎拜。喜闢課書。亦呼丈人。隨兄而如。怳若隔晨。三十年餘。公性剛明。深達事情。博古好禮。倫備義精。進不需國。守老一堅。命也何怛。生無悔怍。嗚呼。先妣之似。母我嫂氏。嫂氏於家。如古蓋臣。盡瘁後已。公癏若身。綢繆慇懃。如古侯邦。恤鄰保民。賑糶以時。視厥赤子。女固念矣。推及厥婣。自我孤露。益仰燾庇。路見斑白。我心怵惕。況公年德。父之誼執。胡不百年。使我深慽。小子來哭。周瞻院屋。菊有剩馨。松翠滿庭。梧山鬱鬱。梧水泠泠。遺[1]躅如昨。拜床非昔。雙淚磊落。聲苦喉嗌。不倦獎扱。今安請益。丁寧遺托。敢不銘臆。尊靈不膈。庶歆玆酌。尙饗。

---

1. 遺　대본에 '遣'으로 되어 있는 것을 바로잡았다. 여러 이본에도 바로잡혀 있다.

李夢直哀辭

大凡人之生, 可謂倖矣, 而其死也非巧, 何者, 一日之中, 其所以觸危亡犯患難者, 不知其有幾, 而特其倏忽於毫髮之際, 經過於頃刻之間, 而適有耳目之捷, 手足之捍, 故自不覺其所以然者, 而夫人者, 亦能坦懷安行, 無終夕之慮也, 誠使人人者, 常懷不虞之慮, 則懍然畏懼, 雖終日閉門掩目而處, 將不勝其憂爾, 昔有望氣者, 相一女子, 戒牛觸, 嘗臨戶喑挑, 戶激觸耳而死, 喑則牛也, 又算命者, 論一丈夫, 當食金而死, 嘗早食, 肺吸其匙而死, 其奇中巧驗如此, 而又未嘗不先事而丁寧戒囑, 然金非可食之物, 而牛非閨門之畜, 則雖知命之士, 難可逆料而戒謹于此也, 嗚呼, 君子恐懼乎其所不聞, 戒愼乎其所不覩, 豈觸牛食金之謂哉, 要之, 不登高, 不臨深, 愼言語, 節飲食, 而戒吾一念之所內發耳, 其於外至之患, 亦復何哉, 李夢直, 諱漢柱, 德水人, 忠武公之後也, 其考, 節度使諱觀祥, 與[1]吾姊壻徐金吾重修氏[2]爲內舅, 故夢直自其幼時, 從余學, 其妹壻朴氏子齊雲, 年少能文章, 號曰楚亭, 與余善, 夢直世世將家, 雖從武業乎, 然喜文士, 常從楚亭遊於余, 爲人, 幼娟好, 及旣壯, 疎朗可喜, 一日習射南山中, 中荒矢死, 死又無子, 嗚呼, 國家昇平日久, 四境無金革可[3]戰鬪之事, 而士之獨死乎鋒鏑之下者, 豈非巧歟, 夫人一日之生, 可謂倖矣, 於是作辭, 以哀夫壯士之死於戰場者, 而以弔夢直焉, 辭曰,

士踴躍兮赴戰場, 風沙擊兮兩軍當, 聲厮暴兮還不屬, 口含劍兮前舞槍, 目不瞬兮集衆鋩, 踏右足兮左脚揚, 竭膂力兮爲君王, 容聲惡兮諒非狂, 嗚呼, 死已久兮

---

1. 與 김택영 편 『연암집』과 『여한십가문초』 등은 '於'로 되어 있다.
2. 氏 김택영 편 『연암집』과 『여한십가문초』 등은 '氏' 자가 없다.
3. 可 김택영 편 『연암집』과 『여한십가문초』 등은 '可' 자가 없다.

立不僵. 手[4]猶握兮兩目張. 蔭子孫兮表其鄕. 史書之兮流芬芳.

　　余自吾友李士春之死. 不欲與人更交. 並廢慶賀弔慰. 平生親友之如兪士
京黃允之輩. 遭罹奇險. 幾死海島. 而亦未嘗以一字相問. 雖有過從. 不過比隣
水火之所資. 一門緦服之內而已. 人頗怨怒. 誚責備至. 而亦不敢自言如此. 而
甘心棄絶. 雖目之以狂顚不慧. 亦不怨也. 蓋想皆妄想. 緣皆惡緣也. 想而緣
緣而交. 交而親. 親而情. 情而乃冤業也. 其死. 如士春之慘. 而夢直之巧. 則
平生歡樂無幾. 而乃其禍患死喪. 痛楚刺骨. 玆豈非妄想惡緣. 湊爲冤業耶. 若
與夢直. 初不識面. 雖聞其死. 疢心慘懷. 應不若此其甚也. 夢直之從余遊. 雖
不如士春之情深誼厚. 而月明之夕. 大雪之夜. 輒持多酒而來. 按琴評畵. 跌宕
淋漓. 余靜居習玆. 或步月怊悵. 則夢直已至矣. 見雪則輒思夢直. 而門外剝啄.
果夢直矣. 今焉已矣. 余旣不能哭弔于其室. 則爲作此辭. 而倣昌黎之自書歐陽
生哀辭. 乃書一通. 以遺楚亭云.

---

4. 手　대본에는 '矢'로 되어 있는데, 『중편연암집』 등에 의거하여 바로잡았다.

俞景集哀辭

俞景集. 諱成煥. 杞溪人也. 狀貌魁健. 性行順讓. 强記絶人. 有詞翰俊才. 年二十二. 遘疾沒. 嗟乎. 吾景集之父友也. 景集之未有生也. 吾知之矣. 景集之大父母. 唯景集之父早育. 而截然無他子. 則景集之生也. 不以孫而以小子也. 景集之父母. 亦不敢自子其子. 而景集自其幼時. 乃大父焉是母[1]. 及景集之歿. 其父母不敢哭其子. 恐傷其老父母心. 則泣以腸. 大父母不忍哭其孫. 恐重其子之戚. 則泣以腸. 有二歲子. 茫然不識其哭父之哀. 而唯其母之哀是啼. 則其妻李不敢死. 亦不敢哭. 泣以腸. 親戚故舊. 莫不哀生之有才行早歿. 而未暇哭弔其父. 則以其有大父母老白首而失小子也. 是景集之沒. 重可哀也. 乃作辭以哀之曰.

死而不知死之悲. 生而知死者之不知其死之可悲之可悲. 孰悲. 或曰. 死者悲. 死者不知其死之可悲. 又不知生者之悲其死之可悲. 是可悲. 或曰. 生者悲. 死者旣昧昧然. 無悲可悲. 生者則日日思之. 思之又思. 思之則悲. 欲溢然而無知. 是可悲. 或曰. 不然. 孝子或滅其性. 慈父或喪其明. 而烈妻或決其命. 是皆由死者之可悲. 而或從死. 或以病. 由玆以論之. 之死也之生也之悲. 不可以倂. 余於俞生景集之沒. 而斷之曰. 生者悲. 凡人情之最怨恨痛毒刺骨者. 莫若我信而彼欺. 受欺之苦. 莫苦乎最親而有情者. 忽然背我而去之. 然則天下之最親而有情者. 夫孰如孫之於祖. 子之於父. 夫之於婦. 而一朝背之. 曾不少遲. 其信而無疑. 孰如景集之才貌可以有爲. 而今乃舛常鑿理之如斯. 安得不怨恨痛毒刺骨. 而嗚呼噫噫. 雖然. 生者自悲其悲. 不知死者之悲與不悲. 則平日相愛之如我者. 庸詎不作辭. 一以慰[2]生者之悲. 二以哀死者之不能自悲其悲.

---

1. 乃大父焉是母 문리가 통하지 않는다. '乃大父母是父母焉'으로 고쳐져야 할 듯하다.
2. 慰 대본에는 '爲'로 되어 있는데, 영남대본 등 여러 이본에 의거하여 바로잡았다.

再從叔父禮曹參判贈領議政公墓碣銘

　　公諱師正。潘南人也。字曰時叔。考諱弼夏。維我朴氏。肇自新羅。分爲八望。潘爲大家。維平度公。相我太宗。冶川發祥。族世遂昌。錦溪功業。錦陽文章。曾祖世橋。祖諱泰斗。榮贈襲休。君封世受。妣尹夫人。監司攀女。公於肅廟。癸亥以擧。己未乃卒。壽五十七。丁酉庭試。翰林玉堂。春坊臺閣。檢詳銓郞。周歷流轉。有冗有兼。間補海邑。亦按湖廉。厥初凶黨。圖秉史筆。絀公于外。獷梟峙列。公發其姦。遂駁雲彬。誰其同剟。可知其人。肅肅淸廟。庭食嚴哉。若彼三相。寔俱禍魁。並斥其享。以重祀典。持我矯矯。譏彼銓選。並祠四忠。詢謀自公。賊臣執命。國是北崩。平陂之會。又一淫朋。公不詭隨。貞于介石。視公進退。占時榮辱。董匠遷陵。勞陞銀臺。著治安邊。廉約自裁。入長薇垣。參議禮刑。三入選部。錙分渭涇。擢守沁府。左右尹宗。再佐秩宗。一爲知申。階則嘉義。春秋經筵。金吾摠管。提擧奉常。力辭籌司。首席據光。夫人李氏。其籍咸平。父曰宅相。高祖春英。距公之沒。十九年卒。六子是擧。四男二女。興源弱冠。洄成進士。昌源魁科。正言而止。亨源蚤歿。俱未册禩。明源尙主。封錦城尉。贈公議政。寔用其貴。女金基祚。次李度陽。烈烈李妻。從夫自牫。長派三男。相德吏判。相岳正言。相喆府尹。岳繼亨後。喆爲尉子。族子相集。亦承昌祀。公美姿度。天姿[1]抗簡。視人不正。若俶厥冠。在家獻獻。在官侃侃。小子作銘。永世不刊。

---

1. 姿　영남대본 등 여러 이본은 '資'로 되어 있다.

三從兄綏祿大夫錦城尉兼五衛都摠府都摠管贈諡忠僖公墓誌銘

　　上之十四年庚戌三月二十五日乙巳　錦城尉朴公考終于濟生洞賜第之正寢　訃聞　輟朝　亟降旨以隱之　股肱肺腑之臣　得一字以爲死生之榮者　乃三百餘言　柩賜長生殿秘器之副　葬用一等之禮　凡賵襚饋奠之物　皆出自內府　有司者各執其事　方奔走待門下　家人陳遺意　丐免禮葬　上勉俞之　俾成其志　卽令戶曹　代輸錢三十萬　米一百石　綿葛之布千有四百餘正　旣斂　遣承旨致弔　命公卿大臣咸赴弔　旣成服　遣承旨宣御製文以祭之　匪躬盡節之臣　得一字以代旂常之庸者　又三百餘言　乃命道臣曰　都尉之葬有期矣　予將親撰其麗牲之碑　以賁其神道　汝其伐穹石以待　乃命詞臣曰　賢都尉　厥易名有常典　汝其狀厥德　以告太常　於是太常氏　采其特書公始終之槪者　曰密贊翊護　曰建議遷園　政府館閣之臣僉議曰　公嘗效節於外廷之所不能　畢忠於擧國之所不敢　功在社稷　宜與諡忠僖　上可其議　謹按諡法　慮國忘家曰忠　小心恭愼曰僖　嗚呼　公其得之矣　公諱明源　字晦甫　我朴系出新羅　始祖得氏于羅州之潘南　麗季有諱尙衷　我朝贈諡文正　是生平度公諱訔　相我太宗　五傳至文康公諱紹　世稱治川先生　宣廟名臣曰忠翼公　諱東亮　勳封錦溪君　子文貞公諱瀰　尙穆陵貞安翁主　國朝文章大家　必數錦陽尉[1]　寔公之五世祖也　高祖僉正公　諱世橋　贈吏曹判書錦興君　曾祖郡守公　諱泰斗　贈左贊成錦恩君　祖參奉公　諱弼夏　贈左贊成錦寧君　以忠翼世嫡　俱襲勳封　考禮曹參判　諱師正　贈領議政　妣貞敬夫人咸平李氏　學生宅相之女　公以英宗大王元年乙巳十月二十一日生　十四　尙英宗第三女和平翁主　初授順義大夫　積階至綏祿　兼

---

1. 尉　영남대본 등 여러 이본은 '君'으로 되어 있다. 박미朴瀰는 1638년 동지사로 청나라에 다녀온 뒤 금양군錦陽君으로 개봉改封되었다.

帶都摠管、提調奉常典醫繕工司宰長興濟用諸寺監、屢寫金寶玉册、輒蒙錫馬恩、奉使三赴燕、特旨授都監堂上者三、而最著勞績於孝昌墓、公美風儀、姿[2]性端吉誠莊、出入禁闥五十餘年、視不踰履、聽無移屬、口絶朝議、跡斷廷紳、寵遇冠絶諸貴、而夙夜祇畏、至老靡懈、別賜田民、輒辭曰、臣蒙恩、早入禁闥、不憂貧也、特賚有舊器玩、不敢自留、初賜宅梨峴宮、上疏力辭、和平主卒、英考屢臨視喪、公陳章力止乘輿、不得則猶攀駕固爭、家居寂若無人、非迎醫、莫接新面、時人爲之語曰、誰獲心、寧掘金、莫饒舌、屈寸鐵、故從子宗德、秉銓十數[3]年、世無敢干公者、持身恒若衣新、曰、以物相與、尙吹塵、況以身獻君乎、嘗語趾源曰、駙馬何官、對曰、秩高而非具瞻之職、祿厚而無素餐之責者歟、公笑曰、嘗賜車命之乘、乘自南城至湖亭而止、十數年、復詢所乘、惶恐未及對、有從旁替奏曰、是無車、遽命造給、又自東門出止郊墅、問何爲不乘、曰、此命德之器、安得與宰相並驅、他日又謂曰、儀賓何人、對曰、入承起居、出扈警蹕、蓋貴近人歟、公愀然曰、雨露霜雪、莫非造化、若復瞻天望雲、妄占雨暘、皆人臣死罪、況貴近人乎、公之心以爲躋聯王室者、當靖其聲臭、勿爲世眂、與其有令聞、無寧國人莫省有某都尉也、故雖步趨顰笑、必愼幾微、惟從國是、毋參己意、公聽並觀、不欲先衆、曲謹細廉、未敢後人、其恭謙愼默、皆類此早承殊遇于莊獻世子、常默審艱虞、公曁貴主[4]、外內協贊、竭誠調護、而事在宮闈、莫有知者、主旣早世、公之耿耿孤忠、獨記在聖衷、而不忍詳宣、屢致意于侑主之文、於是始知公有翊輔大功、有微問公者、公默然良久曰、感泣天恩、及公備陳舊園[5]四害、上叶天心、下洽輿情、爰奉吉兆、永鞏邦基、則公之爲先世子未卒之忠、庶幾畢願于斯役矣、方是時、聖上視爲恩人、國中信若蓍龜、而公之疾病浸欼[6]、幾絶粒食將[7]數歲、然猶能相地董工、每一聞命、必迅往遄反[8]、罔恤顚仆、其憂勤王事、至死

2. 姿　영남대본 등 여러 이본은 '資'로 되어 있다.
3. 十數　대본에 '數十'으로 되어 있는 것을 바로잡았다.
4. 常默審艱虞 公曁貴主　김택영 편 『중편연암집』은 '世子之在艱虞 與貴主'로 되어 있다.
5. 舊園　『중편연암집』은 '永祐園'으로 되어 있다.
6. 國中信若蓍龜 而公之疾病浸欼　『중편연암집』은 '委以其事 方是時 公以疾病'으로 되어 있다.
7. 將　『중편연암집』은 '者'로 되어 있다.

方休者。蓋亦天性所然也。趾源嘗從公出疆。阻雨遼河。一日公自出視水。遂趣鞭直渡。衆錯愕隨之。旣渡河。公招衆慰之曰。今日事誠危矣。仗王靈者。理無溺死。設溺死。職耳。自是衆莫敢復言。水盛不可渡者。又疾行。趣熱河。其料事應變。動合機宜。律己御衆。儼若行陣。不特唯命一事有足觀公[9]。其明識勁操。可以正色廊廟。而旣局[10]邦制。則實惟一世之所共惜。而屢形臨朝之歎也。上嘗輦過公第。嘉公所寢處蕭然若素[11]士。御書賜扁曰晩葆亭。又賜詩以寵之。及顯隆園禮成。遣承旨宣賜田奴婢。加賜白金廐馬。凡賜批。必史官臨宣。皆殊禮也。疾甚。太醫齎藥。晝夜診護。掖庭使者問疾。日屬於道。上欲輦路歷臨。先使史官往視之。公已不能言。莫可以拖紳[12]矣。上悵盡而還。旣數日。公竟不起。壽六十六。以五月十六日。合窆于貴主墓。貴主以英宗三年丁未四月二十七日生。戊辰六月二十四日卽世。享年二十二。有先王御撰孝友錄。公有小像兩本。先王俱以忠孝小心贊之。公取兄子相喆爲嗣。文科府尹。取安東金簡行女。早歿。側室四男三女。宗善宗顯宗蹇宗璉。女張僎徐瑾修李建永[13]。相喆系宗德第二子紹壽。進士參奉。早歿。子齊一。今承重。特命待服闋。加補敦寧參奉。女李義先[14]洪正圭。文孝世子喪時。上察公綜練。自攢殯。至建廟。事多委公。公則已積瘁成疾。而猶不覺寒暑之在體也。靜居深念。忽忽若癡。有時忘言。自然流涕。自是不復聽絲竹。斷後房之娛。絶亭榭之遊。雖杯酌小讌。不設於家。蓋有隱痛在心也。臨終。執從子宗岳手曰。我受恩三朝。涓埃未報。是不瞑也。欲艸遺疏而不能。呼無一言及私者。如公者。可謂國之藎臣。而其得謚忠僖不亦宜哉。銘曰。

　　獻獻錦城。作配和平。功在王室。匹徽共貞。公於古人。將誰與京。缺。

　　　一作翼翼錦城。天家作甥。功在王室。匹徽共貞。天作隨山。缺。

8. 迅往遄反　『중편연암집』은 '遄往迅返'으로 되어 있다.

9. 公　『중편연암집』은 '也'로 되어 있다.

10. 旣局　『중편연암집』에는 그 다음에 '於'자가 추가되어 있다.

11. 素　『중편연암집』은 '寒'으로 되어 있다.

12. 莫可以拖紳　『중편연암집』은 이 5자가 없다.

13. 女張僎徐瑾修李建永　영남대본은 '女長適張僎 次適徐瑾修 次適李建永'으로 되어 있다.

14. 先　승계문고본 등은 '元'으로, 영남대본과 일본 동양문고본 등은 '永'으로 되어 있다.

映帶亭雜咏

叢石亭觀日出[1]

行旅夜半相叫譍	遠鷄其鳴鳴未應
遠鷄先鳴是何處	只在意中微如蠅
邨裏一犬吠仍[2]靜	靜極寒生心兢兢
是時有聲若耳鳴	纔欲審聽簷鷄仍
此去叢石只十里	正臨滄溟觀日昇
天水頩洞無兆眹	洪濤打岸霹靂興
常疑黑風倒海來	連根拔山萬石崩
無怪鯨鯤[3]鬪出陸	不虞海運値搏鵬
但愁此夜久未曙	從今[4]混沌誰復徵
無乃玄冥劇用武	九幽早閉虞淵氷

1. 叢石亭觀日出 『병세집』과 『흠영』은 '叢石觀日'로 되어 있다.
2. 仍 『흠영』은 '因'으로 되어 있다.
3. 鯤 『병세집』과 『흠영』은 '鼉'로 되어 있다.
4. 今 『병세집』과 『흠영』은 '玆'로 되어 있다.

恐是乾軸[5]旋斡久　　　遂傾西北隤[6]環絙
三足之烏太迅飛　　　誰呪[7]一足繫之繩
海若衣帶玄滴滴　　　水妃鬟鬟寒凌凌
巨魚放蕩行如馬　　　紅髻翠鬣[8]何髬髵
天造草昧誰參看　　　大叫發狂欲點燈
欃槍擁彗火垂角　　　禿樹啼鶗尤可憎
斯須水面若小癟　　　誤觸龍爪毒可瘵
其色漸大通萬里　　　波上[9]鬖鬘如雉膺
天地茫茫始有界　　　以朱劃一[10]爲二層
梅澁新惺[11]大染局　　　千純濕色縠與綾
作炭誰伐珊瑚樹　　　繼以扶桑益燉蒸
炎帝呵噓口應喎　　　祝融揮扇疲右肱
鯤鬚最長最易蓺　　　蠣房逾固逾自胿
寸雲片霧盡東轓　　　呈祥獻瑞各效能[12]
紫宸未朝方委裘　　　陳屍設髍仍虛凭
纖月猶賓太白前　　　頗能爭長薛與滕
赤氣漸淡方五色　　　遠處[13]波頭先自澄

5. 軸　『병세집』과『흠영』 등 여러 이본은 '紐'로 되어 있다.
6. 隤　『병세집』과『흠영』은 '墮'로 되어 있다.
7. 呪　『병세집』과『흠영』은 '叱'로 되어 있다.
8. 紅髻翠鬣　『병세집』과『흠영』은 '綠髻紅鬣'으로 되어 있다.
9. 上　『병세집』과『흠영』은 '頭'로 되어 있다.
10. 以朱劃一　『병세집』과『흠영』은 '殷紅深碧'으로 되어 있다.
11. 惺　『열하일기』「일신수필」馹迅隨筆 7월 20일 조에는 '醒'으로 되어 있다.
12. 呈祥獻瑞各效能　『병세집』과『흠영』은 '呈祥效瑞難具稱'으로 되어 있으며, 이어서 '成曇變靄爭來王 綠緣絳領金線滕' 2행이 추가되어 있다.

海上[14]百怪皆遁藏	獨留義和將驂乘[15]
圓來六萬四千年	今朝改規或四楞[16]
萬丈海深誰汲引	始信天有階可陞
鄧林秋實丹一顆	東公綵毬蹙半登
夸父殿來喘不定	六龍前道[17]頗誇矜
天際黯慘忽軒輊	努力推轂氣欲增
圓[18]未如輪長如瓮	出沒若聞[19]聲砅砅
萬物咸覩如昨日	有誰雙擎一躍騰[20]

13. 處 『병세집』과 『흠영』은 '海'로 되어 있다.
14. 海上 『병세집』과 『흠영』은 '俄者'로 되어 있다.
15. 獨留義和將驂乘 『병세집』과 『흠영』은 그 다음에 '有物如盖來覆之 其下蜿蜒馳神鼇' 2행이 추가되어 있다.
16. 圓來六萬四千年 今朝改規或四楞 『흠영』은 이 2행이 누락되어 있다.
17. 道 『열하일기』 「일신수필」 7월 20일 조에는 '導'로 되어 있다.
18. 圓 『병세집』과 『흠영』 등 여러 이본에는 '團'으로 되어 있다.
19. 聞 『병세집』과 『흠영』은 '有'로 되어 있다.
20. 萬物咸覩如昨日 有誰雙擎一躍騰 『병세집』과 『흠영』은 이 2행이 '金銀震蕩色未定 欲掛冥靈枝不勝 慌惚直欲雙手擎 轉眄之間一躍騰 快如盡曉難解書 喜極新逢欲招朋 爽如翻惺作噩夢 喉中未聲聲忽能 離海一尺無不照 儘覺生平天宇弘'으로 되어 있다. 단 『흠영』은 '離海一尺無不照'의 '照'가 '明'으로 되어 있다.

贈左蘇山人

我見世人之　譽人文章者
文必擬兩漢　詩則盛唐也
日似已非眞　漢唐豈有且
東俗喜例套　無怪其言野
聽者都不覺　無人顏發赭
駭骨喜湧頰　涎垂嘘而哆
黏皮乍撟謙　逡巡若避舍
餒骭驚目瞠　不熱汗如瀉
懦肉健慕羨　聞名若衡若
恧肚公然怒　輒思奮拳打
我亦聞此譽　初聞面欲剮
再聞還絶倒　數日酸腰髁
盛傳益無味　還似蠟札葅
因冒誠不可　久若病風傻
回語恧克兒　伎倆且姑舍
靜聽我所言　爾腹應坦鼾
摸擬安足妒　不見羞自惹
學步還匍匐　效嚬徒醜魖
始知畫桂樹　不如生梧檟
抵掌驚楚國　乃是衣冠假
靑靑陵陂麥　口珠暗批[1]撦

1. 批　『흥영』은 ‘別’로 되어 있다.

不思腸肚俗　　　強覓筆硯雅

點竄六經字　　　譬如鼠依社

掇拾訓詁語　　　陋儒口盡啞

太常列飣餖　　　臭餒雜鮑鮓

夏畦忘疎略　　　倉卒飾綾銙

即事有眞趣　　　何必遠古抯

漢唐非今世　　　風謠異諸夏

班馬若再起　　　決不學班馬

新字雖難剏　　　我臆²宜盡寫

奈何拘古法　　　刧刧類係把

莫謂今時近　　　應高千載下

孫吳人皆讀　　　背水知者寡

趣人所不居　　　獨有陽翟賈

而我病陰虛　　　四年疼跰䟷

逢君寂寞濱　　　靜若秋閨姹³

解頤匡鼎來　　　幾夜剪燈炧

論文若執契　　　雙眸炯把斚

一朝利膈壅　　　滿口嚼薑檞

平生數掬淚　　　裹向秋天灑

梓人雖司斲　　　未曾斥鐵冶

圬⁴者自操鏝　　　蓋匠自治瓦

2. 臆 『흠영』은 '腹'으로 되어 있다.
3. 姹 대본은 '妼'로 되어 있는데, 『흠영』과 영남대본, 김택영 편 『연암집』 등에 의거하여 바로잡았다.
4. 圬 대본은 '巧'로 되어 있는데, 『흠영』과 영남대본과 승계문고본, 김택영 편 『연암집』 등에 의거하여 바로잡았다.

彼雖不同道　　　　所期成大廈

悴悴人不附　　　　潔潔難受蝦

願君守玄牝　　　　願君服氣姐

願君努壯年　　　　專門正東閭

一鷺 一作道中乍晴

一鷺踏柳根　　　　一鷺立水中
山腹深青天黑色　　無數白鷺飛翻空
頑童騎牛亂溪水　　隔溪飛上美人虹

田家

翁老守雀坐南陂　　粟拖狗尾黃雀垂
長男中男皆出田　　田家盡日晝掩扉
鳶蹴鷄兒攫不得　　群鷄亂啼匏花籬
小婦戴棬疑渡溪　　赤子黃犬相追隨

搜山海圖歌

夏日奉伯氏。及從弟履仲。約德保懋官遊玄園。各出一甇以較之。此軸延袤幾竟一幬地。張之園中。群行而甇之。

蓼龍服不誰其司　四荒之野多詭奇
北斗星斜拜老[1]狐　華表柱下[2]啼黃貍
南山大玃盜媚妾[3]　與處岩穴强之私
山魈白日下山來[4]　借人竈突[5]燒蝘蜓
挪揄鬱累迷伯盎　蒩澤叢林忞飽嬉[6]
關王變相領神兵　白面乃無一莖髭[7]
玄冠赤舄黃羅袍[8]　三尺胡床委皋比
左手垂膝右顧視[9]　怒[10]而微笑竪其眉
奉刀劍者右其柄　小童執彈親身隨

1. 斜拜老　유득공柳得恭의 『영재집』泠齋集은 '高拜蒼'으로 되어 있다.
2. 下　『영재집』은 '老'로 되어 있으나, 잘못인 듯하다.
3. 媚妾　『영재집』은 '媚婦'로 되어 있고, 김택영 편 『중편연암집』은 '美妾'으로 되어 있다.
4. 白日下山來　『영재집』은 '彳亍窺村竈'로 되어 있다.
5. 借人竈突　『영재집』은 '束蘊乞火'로 되어 있다. '突' 자가 '堗'로 되어 있는 이본도 있는데, 뜻은 같다.
6. 嬉　대본은 '憘'로 되어 있는데, 『영재집』에 의거하여 바로잡았다. '憘'는 거성去聲 지운志韻에 속하여, 이 시의 운자인 평성平聲 지운支韻과 맞지 않는다.
7. 關王變相領神兵 白面乃無一莖髭　『영재집』은 '帝聞之怒勑鬼伯 部勒六丁兵一枝'로 되어 있다.
8. 袍　『영재집』은 '襖'로 되어 있다.
9. 視　『영재집』은 '眄'으로 되어 있다.
10. 怒　『영재집』은 '吒'로 되어 있다.

綠衣老吏執白策[11]　　鞠躬將趨頻先窺

或佩囊鞬或秉鉞　　　肅敬伊誰敢嘵嘻

鳳扇鶴傘[12]立簇簇　　紅旂半遮風旖旎

伏地聽令挐雲去　　　盡是黑漢與醜厮

綠者其面如入藍[13]　　黃者其腳如塗梔

有如鷄者喙尖尖[14]　　有如兕[15]者角磽礭

生不梳頭髮髸鬐[16]　　人言鬼憎吾今[17]知

脇上有口吁可怕　　　其口遇劍如含匙

耳穿銅環臂跳[18]脫　　腳繫毛偪不屨綦

或不執兵但執石　　　拔木去枝仍倒持

萬丈鐵索係毒龍　　　一聲許邪[19]拔澤陂

索絶二鬼顛傷尻[20]　　一鬼張臂大笑之

龍也搖頭不能落　　　纍纍縣其鱗之而

無恠驚濤黑如此　　　應洗鬼腳和龍漦

有捕蛇者蛇纏頸　　　目瞪[21]面赤簸其頤

揮劍直前復小卻　　　實燀[22]如炎舌有歧

---

11. 策　『영재집』은 '板'으로 되어 있다.
12. 鳳扇鶴傘　『영재집』은 '頭稀脚衆'으로 되어 있다.
13. 藍　『영재집』은 '靛'으로 되어 있다.
14. 喙尖尖　『영재집』은 '嘴微曲'으로 되어 있다.
15. 兕　『영재집』은 '牛'로 되어 있다.
16. 髸鬐　『영재집』은 '蓬葆'로 되어 있다.
17. 吾今　『영재집』은 '今乃'로 되어 있다.
18. 跳　대본에 '挑'로 되어 있는 것을 바로잡았다. '跳脫'은 '條脫'이라고도 하며, 팔찌를 뜻한다.
19. 許邪　『영재집』은 '邪許'로 되어 있다.
20. 尻　『영재집』은 '腦'로 되어 있다.
21. 瞪　대본은 '湧'으로 되어 있는데, 『영재집』에 의거하여 바로잡았다.
22. 燀　대본에 '憚'으로 되어 있는 것을 바로잡았다.

喙且走者衣紫衣²³　　　　尾豐似是雄綏綏

一妻箭中兩臂伸²⁴　　　　一妻鷹攫右眉敧

一妻抱兒奉誓走　　　　　兒猶吮乳嗔其兒

猴王被打骨到軟　　　　　頭垂過臍委四肢

兩女扶腋跟蹣行²⁵　　　　手忙觸落烏接䍦²⁶

欲全焦揚一塊肉　　　　　侍婢泣以錦襦詩

縛虎四蹄貫以木　　　　　離披有如裘掛桃

植棒地上纒赤帶　　　　　手執其尾引如飴

兩指穿挽水牛鼻　　　　　索緌不得項繫縻

飛上鹿定摧角下　　　　　太尖只合磨爲觿

負龜龜以爪爬腿　　　　　抱鯨鯨以鼻嗅髭

曳鼈提蟾挾擁劍　　　　　肩豕揮狼佩肥遺

大小鬼凡九十八　　　　　又一鬼王²⁷不在斯

贏毛之醜二十一　　　　　一十有六之魔姬

龍魚鼇鼈²⁸蛇十八　　　　犬一鷹一復一龜²⁹

借問何人作此畫　　　　　王迪起侯之所爲

諸客聚觀爭讚歎　　　　　相戒勿汚寒具脂

我亦歸家眼森森³⁰　　　　宵不成寐念在玆

聊復捻筆記其³¹數　　　　時時披閱以自怡

---

23. 衣紫衣　『영재집』은 '其衣紫'로 되어 있다.

24. 伸　『영재집』은 '展'으로 되어 있다.

25. 行　『영재집』은 '去'로 되어 있다.

26. 䍦　대본에 '罹'로 되어 있는 것을 바로잡았다. 접리接䍦는 두건의 일종이다.

27. 王　『영재집』은 '伯'으로 되어 있다.

28. 鼇　『영재집』은 '蟹'로 되어 있다.

29. 復一龜　『영재집』은 '蟾與龜'로 되어 있다.

30. 我亦歸家眼森森　『영재집』은 '我歸森森長在眼'으로 되어 있다.

31. 其　『영재집』은 '厥'로 되어 있다.

海印寺

陝川海印寺　　壯麗稱八路
肩輿初入洞　　幽事漸相聚
湫深若貯汞　　窈窕萬象具
樹影錯脛肘　　山光寫肺腑
愛羽鳥頻窺　　恃毛獺能泝
剔幽類夢魘　　叫奇競清酗
齟齽頰藏栗　　蝟載背刺芋
俄頃轉譎詭　　生疎甚疑懼
照爛忽衣錦　　十里擁丹樹
飛霆鬭高峽　　百泉湧傾注
搏噬驚相合　　觸鬪卻還赴
水性木柔順　　犖确石與遇
不肯一頭讓　　遂成千古怒
餘湍伏沙鳴　　幽咽向人訴
不知水於石　　有何相嫉妒
使水不相激　　石應無怨忤
願言石小遜　　水亦流平鋪
奈何力排爭　　日夜事喧嘩
歷險賴羸僧　　替擔緣數步
肩駬憐凹筧　　巔赭恐破瓟
捧腰喘方短　　透背汗因洍
問爾何所聊　　辛苦萬山住

雜役供官紙　餘力織私屨
猶將畏過客　犖趨似赴募
見此心悱惻　不忍無控籲
換屨覓短笻　仄逕任顛仆
畫史入秋山　意匠在遠暮
霜林饒丹青　冷陽替絹素
洞門忽廣坼　百車可並驅
疊樹遠掩映　層閣半呈露
老僧候蘿迳　巾袖詭制度
慇懃勞遠途　合掌成禮數
引我入寺門　眩轉勞眄顧
巨靈屹當前　手腳實危怖
張口裂至目　突睛黃金鍍
耳中拔雙蛇　蜿蜒若射霧
汗漫擁琵琶　落莫執劍韄
努力蹋鬼腹　鬼目舌並吐
楓櫨腕鑿落　竹魃爪回互
覆肩薜蘿襟　掩肚虎皮袴
乘龍及旱魃　尻角相依附
雷公與飛廉　嘴額獨天賦
顛倒竄鞾底　爬空匝臂股
佛殿寒洞天　薨桷繞容煦
金碧閃相奪　視陽自昏昚
雕窓成菌荅　翩翩浴鴛鷺
連理并紫蔕　比翼結翠嗦
妖童弄驪珠　豔女調鳳笲

星官從羽衞　步雲集瓊圃
玲瓏罷周覽　悵然使心斁
還如夢中景　沈沈常雨雨
又似愁裏饍　滿眼不飽饇
始知詭異觀　樂極還無趣
我聞牟尼佛　鼻眼本醜惡
或恐後世人　嘔穢不愛慕
輕儇齊梁兒　私意傅[1]繪塑
幺麽或如豆　前生若可悟
塊然[2]丈六身　一肢可專輅
箇箇指連坎　巨細悉嫩嫮
於佛更何有　此計儘錯誤
所以尊之者　還自極訕謗
紛紛姸蚩間　慧心應如故
回廊八十間　蕩蕩藏經庫
漆板明如鏡[3]　烹鹽備蟫蠹
委積若凌陰　失目驚瞿瞿
譬如列錦肆　缺
纖纖比盾干　簀簀揷箘簬
徘徊試抽看　茫然失箋註
光怪時迸發　五金入鎔鑄
誰能說乘法　無人缺蘆[4]渡

1. 傅　영남대본과 연세대본은 '傳'으로 되어 있다.
2. 塊然　이본에 따라 '瑰然'으로도 되어 있지만, '높고 크다'는 그 뜻은 마찬가지이다.
3. 鏡　영남대본과 승계문고본, 연세대본은 '鑑'으로 되어 있다.
4. 蘆　대본에 '廬'로 되어 있는 것을 바로잡았다.

步庭不敢唾　　粒墜堪拾哺
除級無封螘　　瓦縫絶棲羽
不掃自無塵　　淨若沐新澍
寒風缺瑟然　　百神陰呵護
問誰粃此寺　　傾國致財賂
宿昔穿胄僧　　浮海常來寓
厥像黑如烏　　崎嶇若老嫗
緬言刻經初　　荒怪難討缺
李氏名居仁　　媚佛求駶祚
家産三眼狗　　愛養如養孺
狗去不知處　　忽若忘濡[5]响
及死到黃泉　　乃與神人迕
三目亦如狗　　驚喜潛囑喩
實感主人恩　　冥祐行缺窹
願刻八萬偈　　佛事廣傳布
汗發若夢寐　　洒然去沈痼
親戚謀棺斂　　鄉隣致賵賻
感激神所言　　全經剖劂付
此事誠荒唐　　邃古非可溯
且令眞有是　　儒者所不措
所歎十三經　　遠購燕市鶩
彼能一人力　　刻板千載固
朝上學士臺　　文昌如可晤
此子喜神仙　　終身不再娶

---

5. 濡　대본에 '嚅'로 되어 있는 것을 바로잡았다.

得道忽飛昇　　　　　　雙屨遺林步
軒轅雖騎龍　　　　　　喬山尙有墓
暝宿倚禪榻　　　　　　初月缺[6]蟾兔
金塔鳴風鐸　　　　　　玉燈貫虹炷
淸梵搖魚缺　　　　　　虛籟發鈞濩[7]

6. 缺　대본에는 결자(缺字)의 표시로 작은 글자로 되어 있는 것을 본문 글자로 바로잡았다.
7. 鈞濩　대본은 '釣護'로 되어 있는데, 문리가 통하지 않고 또 '護'는 이미 운자로 한 번 썼으므로 또
쓸 수가 없다. 이에 연세대본에 의거하여 바로잡았다. 영남대본과 승계문고본은 '勻濩'로 되어 있는데,
뜻은 같다.

笠聯句

春夜集烟湘閣。賦笠得未字。以齒次自第一字。余丁巳。青莊辛酉。泠齋戊辰。余遂先倡曰。

布弁周製歟	竹冠漢儀未
金華輪雅致	青篛饒風味
白方畿吏愁	骨多[1]麗朝貴
旁圓佛放光	中凸醫畫胃
結盟越人自	止鬪[2]箕邦謂
以規不以矩	有經復有緯[3]
蔽陽或異件	折風是常彙
雨冒紙類莩	塵刷毛肖蝟
成虧眞凡楚	精粗或涇渭[4]
曆頰左縮瑚[5]	儒頷雙綾絹
燥鬏乘雨灑	緻膠藉火煴
獨整儼華蓋	離立峙象魏[6]

1. 骨多 『영재집』은 '蘇骨'로 되어 있다.
2. 鬪 대본은 '門'으로 되어 있는데, 『영재집』에 의거하여 바로잡았다.
3. 以規不以矩 有經復有緯 『영재집』은 '怪彼倭帽兀 鄙哉滿冠緯'로 되어 있다.
4. 成虧眞凡楚 精粗或涇渭 『영재집』은 '風欹醉登峴 雪覆翁釣渭'로 되어 있다.
5. 瑚 『영재집』은 '珀'으로 되어 있다.
6. 獨整儼華蓋 離立峙象魏 『영재집』은 '何物人笑齊 小加史證魏'로 되어 있다.

康莊動相觸　　　　黎黔鬧若沸

仄影看卷荷　　　　疏陰怳棠蔕[7]

共食礙[8]堪嫌　　　如廁免何誹

王圻畫殊失　　　　倭奴刻浪費*

*世傳集一倭人見笠好之。以爲刻也。國之巧工刻之。終不成云。

可加飯顆甫　　　　寧資椎髻尉

帽妥仕堪詑[9]　　　簪支老難慰

襯壁倚不便　　　　過楣觸可畏

比邱圓覆盂　　　　優婆[10]疎結尉

參[11]座圍岌嶪　　觀場簇蓊蔚

牟挫俠故喜　　　　太博矮所諱

達官儼朱線　　　　新堞姣黃卉[12]

不稱士冠鸃　　　　寧屑女髶狒

達可鬆而鞾　　　　窮可氈而扉

耽羅薄於蛚　　　　高麗染如翡

纖彩旭滿眶　　　　圓影午壓肺[13]

夕簷蒙蛜蛛　　　　秋場戴跳蚍

---

7. 仄影看卷荷 疏陰怳棠蔕　이덕무李德懋의『아정유고』雅亭遺稿에는 '護髮峙婆婆 俯肩蔭蔽蔕'로 되어 있
다.『영재집』은 '卷荷'가 '荷卷'으로 되어 있다.

8. 礙　『영재집』은 '似'로 되어 있다.

9. 帽妥仕堪詑　『영재집』은 '巾妥仕頗稱'으로 되어 있다.

10. 優婆　『아정유고』는 '頭陀'로 되어 있다.

11. 參　『영재집』은 '赶'로 되어 있다.

12. 達官儼朱線 新堞姣黃卉　『아정유고』는 '取輕鋪玄鬃 憐細編黃卉'로 되어 있고,『영재집』은 '達官'
이 '高官'으로 되어 있다.

13. 纖彩旭滿眶 圓影午壓肺　『영재집』은 '簪縋避漢溺 冠玉笑莉蹠'로 되어 있다.

平頂天穿補	玄規月蝕旣
金雀加優旃[14]	玉鷺賜樂毅
額穹竹彎體	髻鬱綷泄氣
面覆睡暫悅	腋挾超詎歃
墨塗慰服襌	銀飾賀祿餽[15]
迅馳細嘯颷	閃睍潤縝籟
恐濕撐繩糾	惜汚[16]套匣衣
岸腦則近蕩	貼額者若愊
頭顱苟不異	朋友可相乞

14. 優旃　『영재집』은 '優孟'으로 되어 있다.
15. 餽　대본에 '糧'로 되어 있는 것을 바로잡았다.
16. 汚　대본은 '汗'으로 되어 있는데, 『영재집』에 의거하여 바로잡았다.

澹園八詠 事見避暑錄

紅蕉綠石出東墻
一樹梧桐窈窕堂
傲骨平生迎送嬾
丈人惟拜暮山光
　　右來青閣

南陀竟日影婆娑
耐可呼吾亦喚他
乍綴微風鳧鷺去
不禁撩亂百東坡
　　右鑑影池

已觀微白鼻端依
欲辨臟神掩兩扉
獨有暗香侵夢冷
羅浮明月弄輝輝
　　右素心居

松覆深深卍字欄
垂蘿皷石翠相攢
一任畫舫風吹去
盡夜寒聲瀉作灘
　　右松蔭亭

喫輕堪醒醉魂花
天裏行空翠鬢髿
採藥將尋劉阮去
路迷廉閃赤城霞
　　右飛霞樓

花似將歸强挽賓
囑他風雨反逢嗔
自從洞裏修瓶史
三百六旬都是春
　　右留春洞

玉塵清宵獨上臺　　　杞棚霜落鴈流哀
一聲劃裂秋雲盡　　　萬里瑤空皓月來
　　右嘯月臺

花藥夫人初入宮　　　含羞將語臉先紅
鸚哥舍利元非妙　　　誰識阿難悟道功
　　右語花軒

元朝對鏡

忽然添得數莖鬚　　　　全不加長六尺軀
鏡裡容顏隨歲異　　　　穉心猶自去年吾

曉行

一鵲孤宿蜀黍柄　　　　月明露白田水鳴
樹下小屋圓如石　　　　屋頭匏花明如星

極寒

北岳高戍削　　　　南山松黑色
隼過林木肅　　　　鶴鳴昊天碧

山中至日書示李生[1]

築室燕岩下　　　　　乃在華藏東
倚杖臨水石　　　　　携鎌剪灌叢
奇巖翠滴屛　　　　　幽湍響操宮
庭中何所植　　　　　桃竹與松楓
磵畔飮蒼鹿　　　　　階除啄華蟲
簷茅工鏤月　　　　　楹磬自戞風
盡日不見人　　　　　寂寞守窓櫳
還如僧入定　　　　　復似佛[2]逃空
誰謂冬日短　　　　　午睡時朦朧
相隨有李生　　　　　古書携滿籠
山田秋不熟　　　　　蔬菽苦未充
猶然勤誦讀　　　　　伊吾嗑喉嚨
感君警衰惰　　　　　媿我蔑磨礱
是日値陽至　　　　　君讀曾傳終
問君何所得　　　　　一理本相通
消長各有漸　　　　　累積乃無窮
及冬雖貞固　　　　　至春得發融
不疾亦不舒　　　　　來往非怱怱
一事雖得專　　　　　四時不自功

1. 李生　영남대본과 연세대본, 승계문고본 등은 그 다음에 '賢謙'이라는 이름이 밝혀져 있다.
2. 佛　김택영 편 『중편연암집』은 '仙'으로 되어 있다.

譬如鷄伏卵　　默化育冥中
微陽僅如線　　初月又似弓
雖有離婁明　　復使師曠聰
其幾難聞覩　　判別肇鴻濛
寧容智力私　　乃見運化公
窓暑代曆日　　何用驗漏筒
願君崇明德　　漸看日新工

山行 一作山耕

叱牛聲出白雲邊　　危嶂鱗膌翠挿天
牛女何須烏鵲渡　　銀河西畔月如船

移居

移家官道下　　盡日看行人
去者逢來者　　前塵接後塵
由玆千里適　　老彼百年身
缺　　　　　　還嗟異所循

勞軍橋

漁歌樵唱幾英雄　　　　戰伐飛騰伯氣終
昔日御溝流水盡　　　　勞軍橋在麥田中

弻雲臺賞花[1]

戲蝶何須罵劇顚　　　　人還隨蝶趁芳綠
春靑晝白遊絲外　　　　井哄烟喧紫陌前
各各禽啼容汝意　　　　頭頭花發任他天
名園坐閱無童髦　　　　白髮堪憐異去年[2]

---

1. **弻雲臺賞花**　『연암집 초고보유』燕巖集草稿補遺 제9책은 '弻雲臺 與伯修(沈念祖) 克卿(吳載紹) 景
晦(沈公著) 懋官(李德懋)作'으로 되어 있고, "弻雲臺賞花 歸路過趙園 拈誠齊韻"이라는 주가 있다.
2. **名園坐閱無童髦 白髮堪憐異去年**　대본은 결구缺句 표시를 하였는데, 영남대본과 승계문고본에 의거하
여 보충하였다.

江居

鳴鳩乳鵲綠陰垂　　　　亂颭檣¹頭漕上時
江閣罷眠無一事　　　　紫荊花下錄唐詩

渡鴨綠江回望龍灣城

孤城如掌雨紛紛　　　　蘆荻茫茫塞日曛
征馬嘶連雙吹角　　　　鄉山渲入萬重雲
龍灣軍吏沙頭返　　　　鴨綠禽魚水際分
家國音書從此斷　　　　不堪回首入無垠

---

1. 檣　대본에 '墻'으로 되어 있는 것을 바로잡았다.

露宿九連城

臥念遼陽萬里中　　　山河今古幾英雄
樹連李勣曾開府　　　雲壓東明舊住宮
戰伐飛騰流水盡　　　漁樵問答夕陽空
醉歌出塞歌還笑　　　頭白書生且櫛風

滯雨通遠堡

塞雨淋淋未肯休　　　皇華使者滯行輈
遊談從古羞牛後　　　眷屬還憐恃馬頭
醉裏相看非故國　　　人間何世又新秋
前河報道闢舟楫　　　長日無聊那可由

遼野曉行

遼野何時盡　　　一旬不見山
曉星飛馬首　　　朝日出田間

留宿東[1]關

前溪水漲又停車　　　只得憑欄喚奈何
自幼讀書中國事　　　從玆觀俗大方家
雨今雲古纔經夏　　　暮四朝三幾渡河
缺[2]

---

1. 東　대본은 '潼'으로 되어 있는데, 『열하일기』 「일신수필」 7월 20일 조에 의거하여 바로잡았다.
2. 缺　숭계문고본 역시 결구 표시를 하였으나, 그 아래에, 어떤 이본에는 '我政笑君泥點額, 君還向我笑甚麽'로 되어 있다고 하였다.

缺 吟得一絶[1]

書生頭白[2]入皇京　　　服着依然一老兵
又向熱河騎馬去　　　眞如貧士就功名

缺 馬上口號 說見避暑錄

翠翎銀頂武夫如　　　千里遼陽逐使車
一入中州三變號　　　鯫生從古學蟲魚

弼雲臺看杏花

斜陽倏斂魂　　　上明下幽靜
花下千萬人　　　衣鬢各自境

1. 吟得一絶　김택영 편 『연암집』과 『중편연암집』은 '熱河途中'으로 되어 있다.
2. 頭白　김택영 편 『연암집』은 '白首'로, 승계문고본 등은 '白頭'로 되어 있다.

絶句四首 無題 似送人入燕 或燕行時雜咏

征裙換盡越羅裳　　　　江右文蘭滿店香
唯有東韓編艷史　　　　城寒榛子帶斜陽

金屋鷄聲似柳長　　　　陪臣牙頰至今香
蘆溝曉月涓涓在　　　　誰識潘王萬卷堂

六王纔畢一椎來　　　　山鬼無聲白璧哀
尾蔗¹聞談推第一　　　　幾人中土似袁枚

灤水沙晴²島嶼孤　　　　鶬鶊身世一塵無
夷齊祠下悄然立　　　　欲寫徐熙沒骨圖

---

1. 尾蔗　대본은 '蔗尾'로 되어 있는데, 이조원李調元의 『미자헌한담』尾蔗軒聞談에 의거하여 바로잡았
다.
2. 灤水沙淸　이덕무의 『청비록』淸脾錄 권3 「연암조」燕巖條에는 '水碧沙明'으로 되어 있다.

江居謾吟

我家門外即湖頭　　米闌鹽喧幾處舟
霜鴈一聲齊擧矴　　滿江明月下金州

燕岩憶先兄

我兄顏髮曾誰似　　每憶先君看我兄
今日思兄何處見　　自將巾袂映溪行

次洪太和秘省雅集韻

新秋清讌洒蘭薰　　　會飯群公畁毳分

老樹蒸芝藏舊雨*　　　遙樓學蜃擁頹雲

* 一作含積雨。

詩魔邂逅從他笑*　　　龍角崢嶸**倚半醺***

* 自註。次修見余詩曰。無乃邂逅詩魔乎。座皆大笑。

** 一作墨畫蒼茫。

*** 自註。太和展紙。强余畫龍。余略瀉鱗角以墨潑之。

霜鬢由來優入社　　　北山應不便移文

齋居 齊陵令

淺酌村醪獨自寬　　蕭蕭霜髮不勝冠
千年樹下蒼涼屋　　一字啣中冗長官
都付鼠肝閒計小　　猶將雞肋快抛難
逢人盡說前冬苦　　最是齋居却忘寒

小酌[1]

禽聲當戶緩　　花影上階遲
酒重添丁日　　身輕解紱時
三毛贏舊飯　　雙鬢耀新絲
靜裡還尋事　　爲人寫輓詩

---

1. 小酌　승계문고본과 영남대본에는 '時丙辰春 解安義宰歸 小孫生才數日 又有人請輓'이라는 소주小註
가 있다.

九日登孟園次杜韻

霜鬢爭誇步屧飛　　　　三清雲木望中微

半酣爲問楓何似　　　　晚節眞堪菊與歸

宋洞花饁吟古事　　　　孟園風帽媚秋暉

婆娑又得今年健　　　　千仞岡頭試振衣*

* 自註。前此約會宋洞煮饁登高。未果。劉夢得作九日詩。欲用饁字。以五經中所無。輟不復爲。故
宋子京詩曰。劉郎未敢題饁字。空負詩中一世豪。

　　　詩古今體共四十二首。府君雅不以詩自命。與人唱酬絶罕。尋常應副之作
　亦未曾留之巾箱。故篇目甚尠。且因人傳誦而得者多。故頗有斷缺未定處。謹
　追平日雅意。附之文編之末。而舊有映帶雜咏編題。今仍之。男宗侃。謹書。

映帶亭賸墨 尺牘

自序

  缺六十字 唾以右謹陳。所謂右謹陳。誠俚且穢。獨不知世間操觚者何限。印板摠是餖飣餕餘。則何傷於公格之頭辭。發語之例套乎。帝典之曰若稽古。佛經之如是我聞。迺今時之右謹陳爾。獨其聽禽春林。聲聲各異。閱寶海市。件件皆新。荷珠自圓。楚璞不劚。則此尺牘家之祖述論語。泝源風雅。其辭令則子産叔向。掌故則新序世說。其核實劌切。不獨長策之賈傅。執事之宣公爾。彼一號古文辭。則但知序記之爲宗。架鑿虛譌。挐挹浮濫。指斥此等。爲小家妙品。明牕淨几。睡餘支枕。夫敬以禮立。而嚴威儼慤。非所以事親也。若復廣張衣袖。如見大賓。略敍寒暄。更無一語。敬則敬矣。知禮則未也。安在其婾色怡聲。左右無方也。故曰莞爾而笑。前言戲耳。夫子之善謔。女曰雞鳴。士曰昧朝。詩人之尺牘爾。偶閱巾笥。時當寒天。方塗窓眼。舊與知舊書疏。得其副墨賸毫。共五十餘則。或字如蠅頭。或紙如蝶翅。或覆瓿則有餘。或糊籠則不足。於是抄寫一卷。藏弆于放瓊閣之東樓。歲壬辰孟冬上澣。燕岩居士。書。

答京之

別語關關. 所謂送君千里. 終當一別. 奈何奈何. 只有一端弱緒. 飄裊纏綿. 如空裡幻花. 來郤無從. 去復婀娜¹耳. 頃坐白²華菴. 菴主處華. 聞遠邨風砧. 傳偈其比丘³.霧托日. 揉揉礄礄. 落得誰先. 托拱手日. 不先不後. 聽是那際. 昨日足下. 猶於亭上. 循欄徘徊. 僕亦立馬橋頭. 其間相去. 已爲里許. 不知兩相望處. 還是那際.

之二

讀書精勤. 孰與庖犧. 其神精意態. 佈羅六合. 散在萬物. 是特不字不書之文耳. 後世號勤讀書者. 以麤心淺識. 薾目於枯墨爛楮之間. 討揍其蟫溺鼠渤. 是所謂哺糟醨而醉欲死. 豈不哀哉. 彼空裡飛鳴. 何等生意. 而寂寞以一鳥字抹搬. 沒郤彩色. 遺落容聲. 奚异乎赴社邨翁杖頭之物耶. 或復嫌其道常. 思變輕淸. 換箇禽字. 此讀書作文者之過也. 朝起. 綠樹蔭庭. 時鳥鳴嚶. 擧扇拍案. 胡叫日. 是吾飛去飛來之字. 相鳴相和之書. 五采之謂文章. 則文章莫過於此. 今日僕讀書矣.

---

1. 娜 대본에 '娜'로 되어 있는 것을 바로잡았다. '婀娜'는 가볍고 부드러우면서도 아름다운 모양을 나타내는 말이다.
2. 白 대본에 '百'으로 되어 있는 것을 바로잡았다. 『연암집』 권3 「금학동 별장에 조촐하게 모인 기록」(琴鶴洞別墅小集記)에 연암이 금강산 유람 중에 백화암白華菴에 들른 내용이 나온다.
3. 丘 대본은 '北'으로 되어 있는데, 영남대본과 승계문고본에 의거하여 바로잡았다.

之三

足下讀太史公。讀其書。未嘗讀其心耳。何也。讀項羽。思壁上觀戰。讀刺客。思漸離擊筑。此老生陳談。亦何異於廚下拾匙。見小兒捕蝶。可以得馬遷之心矣。前股半跧。後脚斜翹。丫指以前。手猶然疑。蝶則去矣。四顧無人。哦然而笑。將羞將怒。此馬遷著書時也。

與中一

以力救人曰俠。以財惠人曰顧。顧爲名士。俠猶著傳。兼俠與顧曰義。若有其人。
豈不誠大丈夫哉。夫禮防專行。義無擅斷。然而至於急義而行善。雖擅且專。肖子有
所不稟。而賢父有所不禁也。昔漢汲黯矯制發倉。以振河南[1]。范堯夫以麥舟付曼卿。
夫矯制[2] 死罪也。私與。非禮也。君父至尊嚴。至於義有所急。則不避鈇鉞之誅。身
犯專行之罪。然而武帝不失爲明主。而文正爲賢父。長孺不害爲直臣。而堯夫爲宜子
也。今俊[3]也袒括。親友側席。當食不飽之時也。非特河南之饑而曼卿之急也。足下匍
匐而救之。非如發倉與付舟之爲恣也。

之二

足下予士俊百金而爲販。何其少予也。將見士俊空手而歸。其時足下勿咎僕不
言也。夫能治一家之産者。與爲政於天下。何異哉。湯之地方七十里。文王百里興。
孟子以爲口實。動引殷周以說時君。至於滕。可謂得君而道可行矣。文公天下之賢
君也。而作之主。許行陳相[4]當時之豪傑也。而爲之民。猶去之者何。勢不可也。齊魏
之君。至不肖。猶眷顧徊徨。不忍去者。何也。以其土地之廣也。人民之衆也。兵甲

---

1. 河南 ‘河北’ 또는 ‘河內’의 잘못인 듯하다. 아래에 나오는 ‘河南’도 마찬가지이다.
2. 范堯夫以麥舟付曼卿 夫矯制 대본은 ‘范堯夫麥舟付曼卿 夫以矯制’로 되어 있는데, ‘以’자가 잘못 삽입된 듯하여 바로잡았다.
3. 俊 ‘士俊’의 잘못인 듯하다. 두 번째 편지에 ‘士俊’이 나온다.
4. 相 대본에 ‘常’으로 되어 있는 것을 바로잡았다.

之利也。貨賂之厚也。因其勢則易爲功爾。故其言曰。以齊王猶反手也。於滕則曰。
截長補短。將五十里。可以爲大國[5]。師道非加尊於齊。而有貶於滕也。時有屈伸者。
大小之勢異也。滕之地非加小於殷周之國也。言實相戾者。古今之時異也。

之三

孺子謠曰。揮斧擊空。不如持鍼擬瞳。且里諺有之。无交三公。淑愼爾躬。足下
其志之。寧爲弱固。不可勇脆。而況外勢之不可恃者乎。

---

5. 大國 『맹자』 원문은 '善國'으로 되어 있다.

答蒼厓

寄示文編。漱口洗手。莊讀以跪曰。文章儘奇矣。然名物多借。引據未襯。是爲圭瑕。請爲老兄復之也。文章有道。如訟者之有證。如販夫之唱貨。雖辭理明直。若無他證。何以取勝。故爲文者。雜引經傳。以明己意。聖作而賢述。信莫信焉。其猶曰康誥曰克[1]明德。其猶曰帝典曰克明峻德。官號地名。不可相借。擔柴而唱鹽。雖終日行道。不販一薪。苟使皇居帝都。皆稱長安。歷代三公。盡號丞相。名實混淆。還爲俚穢。是卽驚座之陳公。效顰之西施。故爲文者。穢不諱名。俚不沒迹。孟子曰。姓所同也。名所獨也。亦唯曰字所同。而文所獨也。

之二

還守[2]本分。豈惟文章。一切種種萬事摠然。花潭出。遇失家而泣於塗者曰。爾奚泣。對曰。我五歲而瞽。今二十年矣。朝日出往。忽見天地萬物淸明。喜而欲歸。阡陌多岐。門戶相同。不辨我家。是以泣耳。先生曰。我誨若歸。還閉汝眼。卽便爾家。於是。閉眼扣相。信步卽到。此無他。色相顚倒。悲喜爲用。是爲妄想。扣相信步。乃爲吾輩守分之詮諦。歸家之證印。

---

1. 克　대본은 '明'으로 되어 있는데, 『서경』에 의거하여 바로잡았다.
2. 守　대본에 '他'로 되어 있는 것을 바로잡았다.

之三

里中孺子。爲授千字文。呵其厭讀。曰。視天蒼蒼。天字不碧。是以厭耳。此兒聰明。餒煞蒼頡

之四

昨日。令胤來問爲文。告之曰。非禮勿視。非禮勿聽。非禮勿動。非禮勿言。頗不悅而去。不審定省之際。言告否。

之五

暮登龍首山。候足下。不至。江水東來。不見其去。夜深泛月而歸。亭下老樹。白而人立。又疑足下先在其間也

之六

士非窮儒之別號。譬如繪事而後素。則自天子達於庶人。皆士也。彼自名官。疲餒士稱者。平生乾沒於場圍之間。自憎自侮故耳。天子而非士者。惟朱全忠一人。若曹子桓。東京之秀才。桓敬道。江左之名士耳。

之七

足下其稅裝卸鞍。來日其雨。泉鳴水腥。堞潮螘陣。鸛鳴入北。烟盤走地。星矢西流。占風自東。

之八

種樹蒔花。當如晉人之筆。字不苟排。而行自疎直。

之九

鄭翁飲逾豪而筆逾健。其大點如毬。墨沫飛落左頰。南字右脚。過紙歷席。擲筆笑。悠然向龍湖去。今不可尋矣。

與雪蕉

何可言何可言。鵝溪題人帖。稱鵝翁。松江見而笑之曰。相公今日。喚出自家聲。謂其鵝翁。與猫聲相類。此人今日寫出自家心。可怕可怕。

與穉圭

伯雨殆其不振乎。女巫入門。鬼盈其室。朝日就診。色煤晴騂而浮。問之祟。曰。多懼且多悔。是爲祟也。曰。君子樂而忘憂。順命循理。中道而行。夫何懼何悔。侍者目而止。視晷出而問諸左右。對曰。夫子病多惡。婦人最忌。念伯雨皙而都。常自容。今祟。寵嬖過也。火爍金虧。木剋土流。懼來悔乘。是生疑惡。非鬼祟也。而禱之用巫。吾恐伯雨之疾。實爲鬼祟也。夫鬼有君子有小人。三辰五行。社稷山川。以其利也。勤死勞定。法施禦捍。以其功也。功德美利。皆登祀典[1]。是爲明神。賢而靈。貴而壽。尊而顯。君子之鬼也。至于竈奧戶霤。皆得其報。苟非其類。是爲奸神。愚而不靈。賊而夭。卑而幽。小人之鬼也。林澤爲魅。藪谷爲魍。蟲魚爲妖。卉木爲祥。在物爲怪。在人爲豎。在夢爲魘。在事爲魔。在疾爲魘。祀典不載。天地不容。日月燭之。風霆蕩之。穴竇隙投。窮餒壹鬱。間爲民慝。女巫伙淫。拊缶而舞。氣類以呼。以恐家人。詩云。愷悌君子。求福不回。君子有疾。如之何小人之鬼是事。婦人是簡。用是多舌。婦人多舌。巫之囮也。女巫缶舞。鬼之媒也。囮媒旣成。實爲禍階。劾祓符說。陽魘陰招。稽首呼服。實爲徠咎。鬼言鬼笑。鬼怒鬼喜。招徠盈室。入則餂喉。出則乘尻。覘疾而貨之以饕賂。焉其能振乎。聖人敬鬼神而遠之。故曰某之禱久矣。今恒禱于室。鬼孰近焉。是果明神也。其肯舍其牷玉。左食于家人乎。如其奸淫不逞。何福之賴也。龜筮其繇。尙且不告。而況豐于非禮。章賂而將之。伯雨言令妹賢。甚有兄風。每事諏於足下。足下知而不諫。與有過焉。足下其圖之。

---

1. 祀典 대본에 '典祀'로 되어 있는 것을 바로잡았다. 아래에 나오는 '祀典'도 마찬가지로 바로잡은 것이다.

與仲觀

僕聞足下絶季雨。 此何事也。 使季雨賢也。 不可絶也。 如其不肖也。 子不能輔之。
乃棄其世好。 若之何。 夫[1]絶賢不祥。 不輔不肖。 不仁也。 如使平其曲直也。 以俟鄕黨
之父兄也。 背祥棄仁。 僕知責在足下也。 昔子之冠也。 子之先君子筮賓于子方氏。 伯
雨實爲之贊。 揖子升階。 祝而加之。 以成其人。 醮而祭之。 以定其祥。 拜而字之。 以
表其德。 至于帶履。 皆有訓命之辭。 子方氏伯雨歿。 不有其孤子弱弟。 以戚其遊魂。
子其安乎。 使逝者無知也。 不可忘也。 如其有知也。 獨無愧乎二父之心乎。 夫冠所以
戴也。 帶所以繫也。 履所以踐也。 今子戴其冠[2]而不戴其德。 繫其帶而不繫其辭。
踐其履而不踐其訓。 是隳戴解繫。 不武其先懿也。 將何以冠帶衣履。 以行于州閭哉。
子其圖之。

---

1. 夫 영남대본과 승계문고본, 연세대본은 '其'로 되어 있다. 그렇게 되면 구두句讀가 변하여, '若之何
其 絶賢不祥'으로 되어야 한다.
2. 今子戴其冠 대본은 '今子冠'으로 되어 있는데, 승계문고본은 '今子戴其冠', 김택영 편『연암집』과『중
편연암집』은 '今子戴冠'으로 되어 있다. 대구對句를 이루는 뒤의 문장을 감안하여 '今子戴其冠'으로 바
로잡았다.

與人[1]

足下多蓄古書。絶不借人。何其謬也。足下將欲以世傳耶。夫天下之物。不能傳世也久矣。堯舜之所不傳。三代之所不能守。而秦皇帝之所以爲愚也。足下尙欲世守於數帙之書。豈不謬哉。書無常主。樂善好學者有之耳。若後世賢。樂善好學。壁間所藏。家中所秘。九譯同文。將歸於南陽之世矣。若後世不賢。驕逸惰荒。天下亦不可守。而況於書乎。馬不借乘。仲尼猶且傷之。有書者不借人讀之。將若之何。足下若言子孫無賢愚。皆可以世守。則是又大謬。君子叙業垂統。爲可繼也。故莫不明之以法。將之以德。示之以容。後世猶或失墜。罔有承將。關石和鈞[2]。夏之子孫苟可以世守。則九鼎何遷。明德馨香。殷之子孫苟可以世守。則亳社何改。天子穆穆。周之子孫苟可以世守。則明堂何毀。由是觀之。明法而垂之。德容而眎之。尙猶難守。今乃私天下之古書。不與人爲善。挾驕吝以濟其世。無乃不可乎。君子以文會友。以友輔仁。子如求仁。千箱之書。與朋友共弊之可也。今乃束之高閣。區區爲後世計耶。

---

1. 與人　승계문고본은 '謝子安'으로, 일본 동양문고본은 '與子安'으로 되어 있다.
2. 鈞　대본에 '勻'으로 되어 있는 것을 바로잡았다.

答仲玉

附耳之言。勿聽焉。戒洩之談。勿言焉。猶恐人知。奈何言之。奈何聽之。旣言而復戒。是疑人也。疑人而言之。是不智也。

之二

張公藝百忍字。終非活法。張公之九世。唐代宗能之。何以言之。不痴不聾。不作阿翁。然則那是活法。曰父父子子。兄兄弟弟。夫夫婦婦。長長幼幼。奴奴婢婢耳。今作忍齋記。欲攙入此意。未知如何。示破。

之三

昨日。非吾輩負月。月負吾輩也。世間甚事。摠非彼月耶。一月三十日。有大有小。一日二日。旁魄而已。三日堇如爪痕。而猶爲落照所射。四日如鉤。五日如美人眉。六日如弓。光輝未敷。自弦至旬。雖云如梳。虛圈猶醜。十一二三。如汴宋之山河。吳蜀江南。次第漸平。盡入版圖。而雲燕陷遼。金甌終缺。十四如汾陽之身命。五福俱全。惟是一邊旁着魚朝恩[1]。恐懼戒謹。乃缺陷事耳。然則正圓如鏡。不過十五一夕。或移望在六。或薄蝕暈珥。或頑雲掩罩。或甚風疾雨。沮敗人意如昨日耳。吾輩從今。當效宋朝之人物。正希汾陽之惜福可耳。

---

1. 恩　어조은魚朝恩은 당唐나라 때 총신寵臣인데, '恩'자가 대본에 빠져 있어 보충하였다.

之四

末世交人。當看言簡而氣沈。性拙而志約者。絶有心計之人不可交。志意廣張不可交。世所謂可用之人。是必無用之人。世所謂無用之人。是必有用之人。天下安樂。鄕井無故。眞若可用。亦安肯披露才氣。抖擻精神。輕示於人耶。彼被甲上馬似勇。而乃老人例習。固請六十萬似㤼。而乃智士深謀。

賀北鄰科

凡言僥倖。謂之萬一。昨日擧人。不下數萬。而唱名纔二十。則可謂萬分之一。入門時相蹂躪。死傷無數。兄弟相呼喚搜索。及相得。握手如逢再生之人。其去死也。可謂十分之九。今足下能免十九之死。而乃得萬一之名。僕於衆中。未及賀萬分一之榮擢。而暗慶其不復入十分九之危場也。宜卽躬賀。而僕亦十分九之餘也。見方委臥呻楚。容候[1]少閒。

---

1. 候　영남대본과 승계문고본, 연세대본은 '俟'로 되어 있다.

答士剛

握毫呵凍。爪甲衣帶。皆有酣臭。如少[1]將酣獵。袍䩞䵝旆。皆帶腥氣也。

---

1. 少　대본에 '小'로 되어 있는 것을 바로잡았다.

答泠齋

古人之戒酒．可謂深矣．使酒曰酗．戒其凶德也．酒器有舟．戒其覆溺也．罍係
纍．斝借嚴．盃爲不皿．卮類危字．觥戒其觸．兩戈臨皿．戒其相爭．樽示撙節．禁謂
禁制．從卒爲醉．屬生爲醒．周官．萍氏掌幾酒．按本草．萍能勝酒．僕輩嗜飲．賢於
古人．而昧古人垂戒之義．豈不大可懼哉．願從今以往．吾輩當酒．輒思古人作字之
義．復顧古人製器之名．如何如何．

之二

此廋辭也．僕已解之矣．馬革裹尸．終軍．不敢仰視．嚴顏．泡者．白起也．橘
者．黃香也．雲者．岳飛也．瀑者．山濤也．童顏白髮者．少翁也．集義所生者．孟浩
然也．馮子都者．凶奴也．

答某

　　偶頌野性。自況於欒。所以近人則驚。非敢自大也。今承明教。自比於驥尾之蠅。
又何其小也。苟足下求爲小也。蠅猶大也。不有蟻乎。僕嘗登藥山。俯其都邑。其人
物之若馳若騖者撲地。蠕蠕若屯垤之蟻。可能一噓而散也。然復使邑人而望吾。則
攀崖循巖。捫蘿緣樹。旣躋絕頂。妄自高大者。亦何異乎頭蝨之緣髮耶。今乃大言自
況曰欒。何其愚也。宜其見笑於大方之家也。若復較其形之大小。辨所見之遠近。足
下與僕皆妄也。欒果大於蠅矣。不有象乎。蠅果小於欒矣。若視諸蟻。則象之於欒矣。
今夫象立如室屋。行若風雨。耳若垂雲。眼如初月。趾間有泥。墳若邱壟。蟻穴其中。
占雨出陣。瞋雙眼而不見象何也。所見者遠故耳。象瞠一目而不見蟻。此無他。所見
者近故耳。若使稍大眼目者。復自百里之遠而望之。則窅窅玄玄。都無所見矣。安有
所謂欒蠅蟻象之足辨哉

與誠之

其言雖知虛詐而不可不信[1]。幸勿逆詐。姑許其可信如何。比如謊人說夢。不可認眞。亦不可道僞。他人夢裏。無可去走一遭。

---

1. 不可不信　대본은 '不可信'으로 되어 있으나, 여러 이본들에 의거하여 바로잡았다.

與石癡

昔袁愍孫頌[1]傅常侍清德云。經其戶。闃若無人。披其帷。其人斯在。吾每雪中步往。開閤尋梅。便覺常侍清德。

之二

君子道。淡而不厭。簡而文。此語正爲梅花頌。子瞻論淵明詩。質而實綺。癯而自腴。以此擬梅。無用更評。

之三

昔陪李學士丈。尋梅溪堂。李丈喟然嘆曰。郭有道[2]貞不絶俗。傅欽之。淸而不耀。不謂孤芳俱此二德。

之四

詩書言梅。論實不論華。吾輩今作梅花詩。評香比色。咀英啜華之不足。又從而傳神寫影。華之又華。去眞逾遠。曾謂泰山不如林放乎。

1. 頌 대본은 '誦'으로 되어 있는데, 다른 이본에 의거하여 바로잡았다.
2. 有道 승계문고본과 연세대본은 '林宗'으로 되어 있다.

與人[1]

　　僕家貧計拙。營生欲學龐公。歟同蘇季。蛻遲吸露之蟬。操慙飲壤之蚓。昔有[2]
樹梅三百六十五本。日以一樹自度者[3]。今僕寄身傲屋。園無孤山[4]。將若之何[5]。硯北
小僮。手藝工玄。僕亦時從。偸暇硯田。梅成折枝[6]。燭淚成瓣。羣毛爲藥。蒲黃爲珠[7]。
爲名輪回花。何謂輪回。夫生花在樹。安知爲蠟。蠟在蜂房。安知爲花。然而[8]魯錢猿
耳。菩蕾天成。窺鏡迎風。體勢自然。惟其不根於地。乃見其天。黃昏月下。雖無暗
香之動。雪滿山中。足想高士之臥。願從足下。先售一枝。以第其價[9]。若枝不如枝。
花不如花。藥不如藥。珠不如珠[10]。牀上不輝。燭下不疎。伴琴不奇。入詩不韻。有一
於此。永賜斥退。終無怨言[11]。不宣[12]。

1. 與人　대본의 목차에는 '與同人'으로 되어 있다. '與人輪回梅' 또는 '鬻梅牘'으로 되어 있는 이본들도
있다.
2. 有　『청장관전서』 권62 「윤회매십전」輪回梅十箋 팔지첩八之帖에는 '林和靖'으로 되어 있다.
3. 者　「윤회매십전」 팔지첩八之帖에는 '者'자가 없다.
4. 寄身傲屋 園無孤山　「윤회매십전」 팔지첩에는 '學之 無孤山之園'으로 되어 있다.
5. 將若之何　「윤회매십전」 팔지첩에는 그 다음에 '其'자가 추가되어 있다.
6. 手藝工玄 …… 梅成折枝　「윤회매십전」 팔지첩에는 '善作折枝之梅'로 되어 있다.
7. 蒲黃爲珠　「윤회매십전」 팔지첩에는 '蘸以蒲黃'으로 되어 있다.
8. 爲名輪回花 …… 然而　「유회매십전」 팔지첩에는 이 구절들이 없다.
9. 以第其價　「윤회매십전」 팔지첩에는 '以第其價之高下'로 되어 있고, 그 다음에 '惟足下圖之'가 추가
되어 있다.
10. 珠不如珠　「윤회매십전」 구지권九之卷에는 이 구절이 없다.
11. 永賜斥退 終無怨言　「윤회매십전」 구지권에는 '齊告社中 永杜買花事'로 되어 있다.
12. 不宣　「윤회매십전」 구지권에는 '梅主 薄遊館主人 證 烱齋冷菴 筆 楚亭'으로 되어 있다.

與某

初客他人。須存生澁故態。勿爲練熟多情。洗手作羹。先嘗小姑。作此詩者。其知禮乎。入太廟。每事必問。

之二

鄉人京態。摠是鄉闇。譬如醉客正色。無非醉事。不可不知。

答君受

寄示文。譬如沒骨圖。著色有淺深。然後可辨眉眼。

與仲存

　　梅宕必發狂疾。君知之乎。其在長淵。常登金沙山。大海拍天。自覺渺小。莽然
生愁。乃發歎曰。假令彈丸小島。饑饉頻年。風濤黏天。不通販貸。當奈何。海寇竊
發。便風擧帆。逃遁無地[1]。當奈何。龍鯨黿蜃。緣陸而卵[2]。噉人如蔗[3]。當奈何。海濤
盪溢[4]。澣覆邨閭。當奈何。海水遠移。一朝斷流。孤根高峙。嶷然見底。當奈何。波
齧島根。漰汩旣久。土石難支。隨流而圮。當奈何。其疑慮如此。不狂而何。夜聽其
言。不覺絶倒。信手錄去。

---

1. **逃遁無地**　『청장관전서』권62「서해여언」西海旅言에는 그 다음에 '盡被屠戮'이 추가되어 있다.
2. **緣陸而卵**　「서해여언」에는 그 다음에 '惡齒毒尾'가 추가되어 있다.
3. **蔗**　대본은 '庶'로 되어 있는데,「서해여언」에 '蔗'로 되어 있어 이를 따랐다.
4. **海濤盪溢**　「서해여언」에는 '海'가 '波'로 되어 있고, 그 앞에 '海神赫怒'가 추가되어 있다.

與敬甫

巧哉妙哉。此緣因湊合。孰執其機。君不先吾。吾不後子。並生一世。子不勞面。我不雕題。並生一國。子不居南。我不居北。并家一里。子不業武。我不學圃。同爲斯文。此大因緣。大期會也。雖然。言若苟同。事若苟合。無寧尚友於千古。不惑於百世。

之二

顏回陋巷。問所樂之何事。原憲蓬廬日。非病而乃貧。朝三暮四。旣賦芋而怒狙。以一服八。況緣木而求魚。爾日斯征。我日斯邁。

與遠心齋

惠風家。有續白虎通。漢班彪撰。晉崔豹注。明唐寅評。僕以爲奇書。袖歸。燈下細閱。乃惠風自集虎說。以資解頤。僕可謂鈍根。唐寅字伯虎故耳。雖然。可博一粲。覽已。可卽還投。

與楚幀

足下無以靈覺機悟。驕人而蔑物。彼若亦有一部靈悟。豈不自羞。若無靈覺。驕蔑何益。吾輩臭皮岱中。裹得幾箇字。不過稍多於人耳。彼蟬噪於樹。蚓鳴於竅。亦安知非誦詩讀書之聲耶。

與成伯

門前債客鴈行立。屋裡醉人魚貫眠。此唐時大豪傑男子漢。今僕孤棲寒齋。淡如定僧。而但門前鴈立者。雙眼可憎。每卑辭之時。還念滕薛之大夫。

之二

僕年二十時。元朝對鏡云。忽然添得數莖鬚。全不加長六尺軀。鏡裡容顏隨歲異。秤心猶自去年吾。蓋初見頤下毵毵短髭。喜而著之也。其後六年。讀書北漢。蠟幮朝旭。對鏡顧眄。雙鬢忽映數莖銀絲。喜不自勝。以爲添得詩料。愛不鑷去。今復五年。所謂詩料不禁撩亂。頤底毿毿者。强如魚鰓。回思年少癡心。不覺齒冷。若早知如此。雖得新詩幾多百篇。安肯自喜。猶恐人之不知耶。吾輩若要乘馬出門。難於登龍。相逢何時。意至便去。而但兀暵焦石。風塵撲面。而貴人喝扇。侍生下騎。是爲難塊。柰何柰何。

上從兄

　人於酷暑嚴沍。不識處之之道。脫衣揮箑。不勝炎熱則逾熱。炙爐襲裘。不禁寒栗則逾冷。不如着心讀書。要之自家胸中。不作寒熱。

之二

　所謂李廣數奇。偏裨盡侯。短褐天寒。曳裾何門。俯索文編。謹茲奉獻。而但操瑟齊門。笑售技之昧方。獻玉楚宮。恐遭刖而靡悔。

答大瓠

寄示遠觀樓賦。太馳騖橫肆。不顧題義。譬如傳神寫影。無一毫差爽。而若不題某公眞。竟不識何人。此猶不可。況復畫綠野堂中之人。而更摹白晳疎眉目。雖好掛觀。裴霍何有。

之二

求與予孰厭。日求厭。使予者之心。誠若求者之厭。人無予者。今僕不求而獲賜至厚。信乎足下之樂予也。

之三

眞誠者必有應。凝靜者必有養。寬厚者必有福。勤儉者必有成。此甘京語也。程山盆以四語曰。嚴敬者必無失。廉謹者必無咎。詳愼者必無悔。謙和者必無辱。僕嘗誦此兩言。李丈曰。何可必也。直須如此。今見無必齋記。洞見聖人無私

謝湛軒

昨夜月明。訪斐生。仍相携而歸。守舍者告曰。客乘黃馬。顧而髣。壁書而去。燭而照之。乃足下筆也。恨無報客之鶴。致有題門之鳳。慊慊悚悚。繼此月明之夕。聊當不敢出。